KB083736

네 건의 역사 드라마

국제재판기록 1907~1908 :
대한매일신보, 배설과 양기탁, 국채보상운동의 항일 현장 복원

지은이

정진석 鄭晉錫, Chong Chin-sok

한국외국어대학교 명예교수. 문학(중앙대 대학원), 언론학(서울대 대학원), 역사학(런던대 정경대학 School of Economics & Political Science-LSE, Dept. of International History, 박사)을 전공했다. 1964년 언론계에 입문하여 한국기자협회 편집실장, 관훈클럽 초대 사무국장 역임. 1980년부터 한국외국어대학교 언론학 교수로 재직하는 동안 사회과학대학장, 정책과학대학원장을 맡았다. 언론중재위원, 방송위원, LG상남언론재단 이사, 장지연기념회 이사, 서재필기념회 이사로 언론관련 사회활동을 계속했다. 29권의 단독 저서와 9권의 공저, 7권의 언론관련 자료집, 문헌해제, 신문 잡지의 색인을 만들었고, 한말 이래 발행된 방대한 신문 영인 작업을 주도했다. 2019년 한국언론학회 60주년에 회원들이 뽑은 학술영예상에 저서 '역사와 언론인'이 선정되었다.

네 건의 역사 드라마

초판 1쇄 발행 2022년 1월 10일

초판 2쇄 발행 2022년 10월 10일

지은이 정진석 **펴낸이** 박성모 **펴낸곳** 소명출판 **출판등록** 제1998-000017호

주소 서울시 서초구 사임당로14길 15 서광빌딩 2층

전화 02-585-7840 **팩스** 02-585-7848

전자우편 somyungbooks@daum.net **홈페이지** www.somyong.co.kr

값 43,000원 ⓒ 정진석, 2022

ISBN 979-11-5905-638-3 93900

네 건의

정진석 지음

국제 재판 기록 1907~1908 :
대한매일신보 · 배설과 양기탁 ·
국채보상운동의 항일 현장 복원

Four Scenes of a Historical Drama,
Records of International Court Trials in Korea 1907~1908 :
Reconstructing the anti-Japanese Newspaper & National Debt Redemption Movement

역사 드라마

일러두기

베델(Ernest Thomas Bethell) : 한국 이름 배설(裴說)로 통일. 하지만 경우에 따라서는 베델로도 표기했다. 제4부 '배설의 N-C 데일리 뉴스 명예훼손 재판'은 상하이에서 영어로 진행되었기 때문에 베델로 표기했다. 영국이 관할하는 상하이 지역에서 진행된 재판의 현장 분위기를 살리기 위해서다.

신문의 제호 : 약물 기호를 붙이지 않았다. 그러나 잡지와 단행본은 약물 기호(『 』)로 표시했다.

    예) 신문제호 : 대한매일신보, 황성신문, 코리아 데일리 뉴스, 경성일보.

    예) 잡지제호 : 『월간 세대』, 『신문과 방송』

    예) 단행본 : 『구한국외교문서』, 『대한매일신보와 배설』

논문제목 : 기사제목 등은 약물 기호(「 」)로 표시했다.

    예) 장지연, 「시일야방성대곡」

대한매일신보 : '대한매일신보', 또는 '신보'로 혼용. 대한매일신보 발행 당시에도 '신보'로 부르는 경우가 많았다.

노스 차이나 데일리 뉴스 : 'N-C 데일리 뉴스', 또는 '노스 차이나 데일리 뉴스'로 표기했다.

화폐단위 : 공판과정에 '엔', 또는 '원'으로 부르는 경우가 혼용되었으나 한국 화폐단위 '원'으로 통일했다. 다만 상하이 영국 법정 재판인 제4부에 나오는 화폐단위는 원문에 따라 '엔'으로 표기했다.

청·한고등법원(China Corea Supreme Court) : 중·한고등법원으로 표기했다.

경성, 한성 : 서울로 표기했다.

출전 : 한국과 일본 자료는 '면'으로, 영어 자료는 p.로 표기했다.

현장감이 살아 있는 역사 드라마

배설과 대한매일신보의 항일 언론, 국채보상운동 재판기록 네 건

국한문, 한글, 영문 세 개 신문

　대한매일신보^{이하 '신보'}는 일본과 러시아가 한반도에서 지배권 장악을 위해 충돌한 1904년 러일전쟁으로부터 한일합방으로 국권이 완전히 상실된 1910년까지 민족사적 격동기에 발간되었던 항일신문이다. 영국인 배설裵說, Ernest Thomas Bethell이 발행한 신보는 국한문판, 한글판, 영문판The Korea Daily News, 이하 KDN 등 독자를 달리하는 세 종류가 발행되었고, 발행부수와 영향력이 가장 큰 신문이었다.

　이 신문은 사주社主가 영국인 배설이었기에 치외법권治外法權, extraterritoriality의 특혜를 누리며 검열을 피할 수 있었다. 한국 거주 영국인은 민간인이라도 한국과 일본의 법에 의한 처벌을 받지 않는다는 특권 때문이다. 세계 최강국이었던 영국은 한국을 자국과 대등하지 않은 후진국, 심하게는 미개국으로 취급한 불평등조약이었다. 이에 따라 영국인이 한국에서 발행하는 신문의 항일논조는 불평등한 치외법권이 일본의 탄압을 막아주는 철옹성의 보호벽이 되었다. 일본에서도 19세기까지는 서양인들의 치외법권이 존재했지만 20세기로 넘어오면서 대등한 외교관계로 격상되면서 특권이 소

멸된 상태였다.

반면에 한국과 중국에는 치외법권이 존재했다. 따라서 한국의 경찰권과 사법권을 장악하고 있던 일본 통감부도 배설의 신문을 탄압하기는 어려웠다. 민족진영과 고종은 이러한 일본의 약점을 이용하여 신보와 *KDN*을 항일 민족운동의 거점으로 삼았다. 한국에서는 신문이 국민의 마음과 정치에 미치는 영향이 다른 나라보다 더 큰 것으로 인식되었다. 신보와 *KDN*은 한국에서 발행되던 신문 가운데 최대의 부수를 발행하면서 항일무장 의병 투쟁을 국내외에 널리 알리고 국채보상운동을 지원하는 한편으로 항일 비밀결사 신민회新民會의 본거지가 되었다.

신보는 민족진영의 대변지와 같은 역할을 수행하고 항일정신을 고취하였기 때문에 일제의 침략정책에는 가장 큰 장애물이자 두려운 존재였다. 편집 제작을 총괄했던 총무 양기탁梁起鐸을 비롯하여 신채호申采浩, 박은식朴殷植, 임치정林蚩正 등 항일 운동가와 지사志士풍 논객들이 참여했다는 사실만으로도 그 논조의 성격과 품격을 짐작할 수 있다. 직접 참여하지 않았더라도 일본의 침략에 항거하는 민족진영의 유·무명 인사들이 논조에 영향을 미쳤다.

배설은 사후 60년 후인 1968년 3월 1일 정부가 건국훈장 대통령장을 추서[1]했고 총무 양기탁은 그보다 앞서 1962년에 같은 훈장이 추서되었으며 초상화가 언론회관에 걸려 있다. 대한대일신보 국한문판 6년치는 한국신문연구소1976~1977가, 한글판 4년치는 관훈클럽정신영기금1984이 각각 영인본을 발행하였는데 이 두 영인본은 내가 직접 제작하였던 인연이 있다.

---

[1] 배설의 건국훈장 대통령장(제72호)은 그의 공적을 이렇게 표시하고 있다. "1905년 양기탁과 대한매일신보와 코리아 데일리 뉴스를 창설. 일제의 침략정책과 을사조약의 무효를 과감하게 논란(論難) 비판하였음." 그러나 대한매일신보의 창간은 한 해 전인 1904년 7월 18일이었다.

오늘날은 국한문판과 한글판 지면 전체를 디지털 데이터 베이스화하여 국립중앙도서관이 서비스하고 있다. 언론사를 포함하여 근세사 연구에 귀중한 기본 자료이기 때문이다.

1976년 영인본 제작부터 신보 연구

나와 신보와의 인연은 젊은 시절 1976년에 시작되었다. 한국신문연구소현 언론진흥재단가 출간한 영인본을 직접 만들면서였다. 내가 1904년부터 1910년까지 6년간 발행된 신보의 국내 소장처를 일일이 찾아다니면서 확인하여 만든 작품이 신보의 영인본이다. 영국 국립문서보관소National Archive, 예전 명칭은 Public Record Office에 수장된 방대한 외교문서도 직접 조사하였다. 런던의 신문도서관에서는 영국, 일본, 상하이에서 발행된 신문에 실린 기사를 열람하여 알려지지 않았던 배설 관련 새로운 사실들을 밝혀내었다.

1976년에 신보 지면을 조사-영인하는 과정에서 두 차례 진행된 배설의 공판기록이 소상하게 게재되어 있다는 사실을 발견하고 놀라움과 함께 깊은 감동을 받았다. 배설은 이토 히로부미 통감부가 다양한 공작을 펼치면서 영국에 강력하게 요구하여 1907년과 1908년 두 차례 재판을 받았는데 상세한 공판기록이 당시 신문에 실려 있었던 것이다.

특히 1908년도의 제2차 재판 내용은 국한문판과 한글판에 무려 41회6월 20일~8월 7일에 걸쳐 연재되어 있었다. 공판의 내용은 드라마틱하면서도 흥미로웠다. 재판정에 등장하는 인물들도 주인공 배설을 비롯해서 총무 양기탁, 상하이에서 이 재판을 위해 한국에 왔던 영국인 판사F.S.A. Bourne와 검사Hiram Parker Wilkinson, 일본 고베에서 온 영국인 변호사C.N.Crosse, 통감 이토 히로부미의 위임을 받아 고소인 자격으로 참석한 통감부 제2인자 서기관 미우라 야고로三浦彌五郎, 의병장 민종식閔宗植, 그리고 평민 등 실로 당시 한반도의 정세를 상징하는 인물들이 재판정에 모두 모인 것 같았다. 영어 통역은 정치가로 유명했던 김규식金奎植이었다. 한영 통역을 맡았던 일본인 마에마 교사쿠前間恭作는 후에 『조선의 판본板本』이라는 책을 쓴 서지학자이자 중세 국어학 연구자였다.

한국과 일본에서 비상한 관심을 모으면서 영국의 재판관들이 진행하였으므로 세 나라가 관련된 이 진귀한 재판은 한국문제를 둘러싸고 영국과 일본이 어떤 방침을 지니고 있었는가를 보여준 거대한 역사 드라마였다. 나는 이를 널리 소개하고 싶었다.

배설의 공판기록을 현대문으로 정리하기 위해 국한문판과 한글판 기사를 모두 사진으로 찍어 인화한 다음에 차근차근 검토해 나가면서 국운이 기울던 격동의 역사적 현장에 뛰어든 것 같은 형언할 수 없는 깊은 감동에 사로잡혔다. 1970년대에는 도서관에도 복사시설이 도입되지 않았기에 니콘 카메라에 접사렌즈를 부착하여 촬영한 필름을 인화하는 복잡한 과정을 거쳐 공판기록을 복원했다. 한자투성이 국한문판과 오늘날과는 사뭇 다른 용어의 한글판 기사를 대조하여 현대문으로 다듬은 공판기록은 『월간 세대』에 2회로 나누어1976년 8~9월호 발표하였다.

공판기록 네 건의 역사적 의미

나는 여러 도서관에 분산 보관된 대한매일신보 국한문판1904~1910과 한글판1907~1910의 실물을 직접 조사하여 영인본을 만들었기 때문에 누구보다도 이 신문의 서지書誌 사항을 많이 알고 기사를 일일이 열람할 수 있었다. 그 후 오랜 시간 영국의 국립문서보관소 자료를 열람하고, 신문도서관

등을 찾아다니면서 영국, 일본, 중국(상하이), 미국에서 발행된 신문에서 배설과 관련된 기사를 찾아내었다.

영국 국립문서보관소에서 발굴한 영문 공판기록과 당시 신보에 실렸던 내용을 대조해 보니 생략된 부분도 많았다. 이 책을 출판하면서 1976년에 발표한 공판기사를 토대로 빠진 내용을 대폭 보충하고 잘못된 곳은 바로잡았다. 길고 힘든 탐구의 대장정 막바지 결실이라 할 수 있다.

양기탁을 국채보상금 횡령혐의로 구속하여 재판했던 기록은 통감부 기관지 서울프레스에 실려 있었다. 양기탁 재판은 신보와 배설 탄압의 연장이었지만 특히 당시 전국적인 프레스 캠페인으로 불붙었던 국채보상운동을 와해시키려는 통감부의 의도가 숨어 있었기에 항일 민족운동의 관점에서 중요한 의미를 지닌다.

마지막 재판은 배설이 원고原告였다. 자신의 명예를 훼손한 *North China Daily News*이하 N-C 데일리 뉴스를 상대로 소송을 제기하여 상하이에서 열린 재판이다. 배설이 국채보상금 횡령을 시인했다는 잘못된 보도로 인한 명예훼손 재판이므로 국채보상운동이 많이 언급된다. 이 재판기록은 런던대학 유학 중인 때에 발굴하여 「裵說과 *North China Daily News*의 명예훼손 재판 사건」이라는 논문으로 『신문과 방송』1985.7~8에 2회 연재했다. 하지만 분량이 많고 복잡한 공판 내용을 모두 수록하기는 어려웠다. 이 책에 싣는 완전한 공판 내용은 최초로 공개되는 것으로, 국채보상기금의 운용과 긴밀한 연관이 있다. 국채보상운동 연구에도 의미 있는 자료가 될 것이다.

46년 숙원 연구 장정의 마무리

이 책에는 배설, 양기탁, 대한매일신보와 관련되어 위에서 언급한 네 차례 재판 기록 전문을 수록하였다. 배설의 두 차례 재판[1907·1908]을 당시 신보에 실린 기사를 토대로 『월간 세대』에 처음 소개한 때로부터 45년, 거의 반세기가 흘렀다. 이번에 영어 공판기록 원문에서 보완한 전문을 소개하게 되었으니 개인적인 감회도 크다. 네 차례 재판은 역사적으로 몇 가지 특이한 기록과 중요한 의미를 지닌다.

첫째는 재판의 정치 외교적 성격이다. 영국인이 한국에서 발행한 신문이 일본의 한국 보호통치에 어떤 부정적인 영향을 끼쳤는지를 놓고 영국과 일본이 법적으로 다투는 재판이다. 피고는 영국인이고 증인으로는 당시의 국내정세를 상징하는 다양한 인물들이 등장한다. 배설에 대한 첫 번째 재판[1907]은 서울 주재 영국 총영사가 재판장을 맡았던 '영사재판'이었다. 통감부의 고발로 기소된 사건이지만 통감부가 전면에 나서지는 않았고 다만 증인으로 통감부 외사과장 고마쓰 미도리小松綠가 나온다. 외국인이 피고가 되었던 재판이 국내에서 공개적으로 열린 첫 번째 사건이다.

둘째는 국내 최초의 국제재판이라는 역사성이다. 1908년에 열린 재판은 상하이 주재 영국고등법원 검사와 통감 이토 히로부미를 대리한 통감부 서기관 미우라 야고로가 공동으로 고소했다는 사실도 우리 사법사상 처음이자 마지막 사건이었다.

셋째, 양기탁 재판은 사법사상 최초의 한-일 공동 재판이었다. 일본인 판사 2명과 한국인 판사 1명이 진행했고, 한국인 변호사 2명이 변론을 맡았다. 피고는 한국인이었으나 증인으로 출두한 사람은 영국인(배설과 만함), 프랑스인(마르탱), 재판에 출두하지 않았지만 미국인 콜브란Collbran이 선서

구술서를 제출했기 때문에 모두 다섯 나라 국적을 가진 사람들이 관련되었다.

넷째, 배설이 제기하여 상하이에서 진행된 N-C 데일리 뉴스 명예훼손 재판도 국채보상운동과 연관이 있는 사건이었다. 배설이 국채보상금을 독단적이고 자의적으로 운용하였다는 점이 부각되고 있어서 이 운동 연구에 중요한 의미를 지닌다. 이와 함께 영국의 사법제도가 명예훼손에 관해서 엄격한 잣대를 가지고 있었음을 확인할 수 있다.

배설과 신보에 관해서는 나의 이전 저서에 소개가 되었지만 이렇게 재판 내용 전문을 가감 없이 상세히 소개하지는 못했었다. 1976년에 대한매일신보에 실린 배설의 공판기록을 처음 발굴 소개한 이후에 공판 원본을 찾아내어 전문을 소개하게 되었으니 거의 반세기의 세월인 46년의 오랜 숙원을 풀었다는 안도감과 새로운 감회가 있다. 책을 출간한 소명출판의 박성모 사장께 진심으로 감사드린다.

2021년 12월
정진석

차례

영국인 배설의 항일 언론

정치정세와 배설의 경력

영국인 배설E.T.Bethell이 데일리 크로니클*Daily Chronicle* 특파원으로 한국 땅을 처음 밟았던 날은 1904년 3월 10일. 방한 목적은 러일전쟁 취재였다. 일본에서 16년 동안 살았지만 그때까지 한국과는 아무런 인연이 없었다. 하지만 그는 곧 영국 신문 특파원을 사임하고 영문과 한국어 신문 대한매일신보를 창간하여 일본의 한국 침략을 반대하는 강력한 항일 논조를 펼치게 되었다.

배설은 1872년 11월 3일 영국 항구도시 브리스틀에서 양조회사 서기의 3남 2녀 가운데 장남으로 태어났다. 그곳 명문학교 머천트 벤처러스 스쿨Merchent Venturs School을 졸업하고 1888년에 일본 고베로 와서 무역업에 종사하는 동안 영국인들의 친목 사교모임인 '고베 레가타 아슬레틱 클럽Kobe Regatta & Athletic Club, KR & AC' 사무국장을 맡기도 하는 한편으로 미국 AP통신과도 관련이 있었다.[1]

하지만 그는 원래 언론인이 아니라 상인이었다. 일본에 오래 살아 일어를 해득할 능력까지 갖추고 있었는데도 그와는 인연이 없던 한국을 위해

---

[1] 배설의 출생부터 일본 생활과 한국에 오기까지의 경력은 다음 책에 상세히 고찰했다. 정진석, 『대한매일신보와 배설』, 나남출판, 1987, 29~70면.

대한매일신보 사장 배설. 1907년 무렵 서울 자택 앞에서. 맥켄지 촬영.

생명을 던져 싸웠던 이유는 어떻게 해석해야 할까. 그는 언론인의 자질을 타고 났으며 정의감, 민족진영 인사들의 영향력 등이 복합적으로 작용하였을 것이다. 그는 한국에 첫발을 들여놓은 지 5개월이 못된 6월 29일 대한매일신보 견본판(樣子新聞)을 만들었다. 상인이었던 그가 이 같이 짧은 기간에 신문발간 준비를 마쳤다는 사실을 놓고 보면 몇 가지 추론이 가능하다.

첫째, 신문발행에 사업적 계산이 작용했을 것이다. 전쟁터가 된 한국에 영어신문이 하나도 없다는 사실은 외국에서 전쟁취재를 위해 파견된 기자들에게는 대단히 불편했다. 따라서 영어신문을 발행하면 외국 기자들의 불편을 해소하는 동시에 수지타산을 맞출 수 있다고 판단했다. 대한매일신보는 처음에 영어 4면, 한국어 2면으로 된 '영어 중심 2국어 신문bilingual paper'이었다.

둘째는 일본, 러시아, 한국 어느 쪽이건 상관없이 지원이 가능한 나라의 재정적인 보조를 기대했다. 처음에는 주한 일본 공사관의 후원을 가장 크게 기대했으나 신보가 일본의 한국 황무지 개간권 요구를 비판하자 사이가 나빠져서 지원을 받을 수 없게 되었다고 재판정에서 말한 바 있다. 신문 창간 과정에 일본의 지원을 논의했던 기록도 남아 있다. 처음부터 한국 편에 서서 일본의 한국침략을 반대하는 항일신문을 계획하지는 않았다는 증거다. 그가 살았던 일본에서도 서양인들의 영어신문은 정부의 보조를 받는 관행이 있었다.

셋째, 그와 함께 신문제작을 맡던 양기탁 등 민족진영 인사들의 적극적인 도움도 있었다. 고종의 지원은 배설과 일본 공사관의 사이가 나빠지면서 반일적인 논조를 띠기 시작한 이후의 일이었다.

이같은 여러 요인이 복합적으로 작용하여 견본판 신문이 나온 지 20일

후인 1904년 7월 18일에는 대한매일신보가 창간되었다. 영문*The Korea Daily News* 4면, 순한글 2면의 영문 위주 신문이었다. 1896년 4월 7일 서재필이 창간한 최초의 민간지 독립신문도 비슷한 경우였다. 이 신문도 2국어 신문이었지만 한글판 3면, 영문판*The Independent* 1면으로 한글판 위주였다. 대한매일은 영문 4면 대 한글 2면이었고, 독립신문은 한글 3대 영문 1로, 독립신문과 대한매일신보는 영문과 한글의 비중은 반대였다.

러일전쟁이 한창인 시기 일본은 한국 침략을 노골적으로 거세게 밀어붙이고 무력으로 위협하여 체결한 「한일의정서」2월 23일에서 일본은 군사상 필요한 지역을 수용[점유]할 수 있도록 했고, 6개월 후의 제1차 한일협약8월 22일 체결로 한반도를 정치 군사적으로 장악하게 되었다. 일본은 소위 고문정치顧問政治로서 한국의 외교 및 내정을 조종하고 간섭했다.

언론에 대해서도 숨통을 틀어쥐는 손길을 조여 오고 있었다. 1896년 독립신문이 창간된 후부터 러시아, 프랑스, 일본 등 열강세력은 이권 탈취에 방해가 되는 민족지의 탄압을 여러 차례 요구 했는데 1900년도 이후에는 일본이 조그마한 기사까지 문제 삼아 항의를 거듭하고 있었다. 민족지의 배일적인 태도로 침략정책에 난관에 부딪치는 일이 많았기 때문이다.

특히 러일전쟁 직후인 1904년 3월 1일에는 주한 일본공사 하야시 곤스케林權助가 신문취체법을 만들어 일본군의 움직임을 보도하지 못하게 하라고 내정간섭적인 요구를 했고, 수차례에 걸쳐 신문기사에 대한 불만을 토로했다.[2] 이리하여 한국 정부는 1904년 4월부터는 신문의 사전검열을 실시하기 시작했지만 이해 8월에는 주한 일본군사령부가 직접 검열을 실시하겠다

---

2   고려대 아세아문제연구소 편, 『구한국외교문서』, 「日安 6」, 737면 및 동 「日安 7」, 12∼13면.

초기 한글판. 영문 코리아 데일리 뉴스 4면, 한글전용 2면을 발행하던 시기에 영문판 체재에 맞추어 편집된 특이한 지면이다.

는 강압적인 태도로 나왔다.[3] 마침내 주한 일본 헌병사령부는 이 해 10월 9일 제국신문에 민족 언론사상 최초의 강제 정간명령을 내리기에 이르렀다.

한국인의 저항을 대변

배설은 바로 이러한 시기에 대한매일신보를 창간하였다. 일제의 강요로 한국 정부가 민족지에 검열을 시작하고, 일본 헌병사령부가 제국신문에 정간을 명하는 초유의 사태가 일어나기 3개월여 전, 언론의 논조가 현저히 위축되던 무렵이었다.

일제는 무력으로 민족지를 탄압하는 한편으로 일찍부터 한성신보漢城新報, 1895년 2월 15일 창간, 조선신보朝鮮新報, 일어 1892년 창간 등을 지원하여 민족지와 대항하고 침략을 합리화하려 애썼다. 1904년 초에는 대한일보大韓日報, 대동신보大東新報 등을 창간하여 그들의 세력부식과 여론조작에 더욱 힘을 기울였다. 일인 발행 신문은 일본 외무성의 보조금을 받아 경영되면서 외무성의 기관지, 또는 준기관지가 되어 침략적인 논조를 거리낌 없이 펴고 있었다.

이러한 때에 출현한 대한매일신보는 위축일로였던 민족 언론에 구원의 존재였다. 이 신문은 서슬 푸른 일본의 무력 앞에서도 홀로 일본의 만행을 폭로하고 민족혼을 일깨우면서 매국 역적들을 힐책했다. 창간 다음 해인 1905년 3월 10일부터 기계설비 등을 갖추기 위해 일시 휴간하였다가 6개월 후 8월 11일에 속간하면서 영문판과 국한문판을 분리하여 두 가지 신문을 발행했다. 거기에 1907년 5월 23일에는 순한글판 대한매일신보를 새로 창간하여 배설이 발행하는 신문은 국한문, 영문, 한글판 3종이 되었고

---

3   「잡보, 신문검열」, 신보, 1904.8.23.

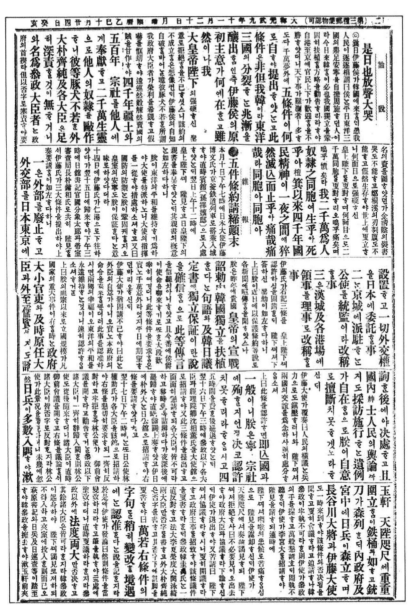

장지연의 「시일야방성대곡」과 「오건조약청체전말」. 검열받지 않고 배포한 이 논설로 황성신문은 정간되고 사장 장지연은 구속되었다. 황성신문, 1905.11.20.

발행부수도 1만 부를 넘어서 타 신문과는 비교가 되지 않을 정도로 큰 영향력을 갖게 되었다.

황성신문 사장 장지연이 을사조약은 일본의 강압으로 체결되었음을 폭로하는 「오건五件 조약 청체請締 전말」과 함께 명 논설 「시일야방성대곡是日也放聲大哭」1905.11.20을 검열받지 않고 배포한 후 체포되고, 신문이 정간 당했을 때에도 배설의 대한매일신보는 일본의 탄압을 겁낼 필요 없이 장지연의 행동을 찬양하고 일본을 맹렬히 규탄하기를 서슴지 않았다. 신보와 영문 코리아 데일리 뉴스는 장지연의 「시일야방성대곡」을 영문으로 번역한 호외까지 발행했다.11월 27일 자 호외는 한쪽 면에 영문, 다른 면은 순한문으로 이토 히로부미의 강요로 을사늑약이 체결된 내막을 폭로하는 「오건조약청체전말五件條約請締顚末」을 게재하였다. 통감부는 한국인 발행 신문은 탄압할 수 있었지만 치외법권의 보호를 받는 영국인 발행 신문은 손을 쓸 수가 없었기에 신보의 호외 발행이 가능했던 것이다.

영문 코리아 데일리 뉴스 호외의 여파는 국내에서 그치지 않았다. 일본 고베에서 영국인이 발행하던 저팬 크로니클은 영문 호외 「시일야방성대곡」을 전재해서 일본의 한국침략을 일본에 거주하는 서양 사람들과 서방 여러 나라에 널리 알렸다. 영문호외 「시일야방성대곡」은 맥켄지F.A.McKenzie의 『대한제국의 비극The Tragedy of Korea』1908과 『한국의 독립운동Korea's Fight for Freedom』1920에도 실렸다. 맥켄지의 책은 일본에서도 번역되었는데『朝鮮の悲劇』, 1972 거기에도 「시일야방성대곡」이 실렸다.

장지연의 논설은 이처럼 1905년 11월 발표로부터 반세기 넘는 세월 한국어 원문→영어→일본어로 번역되는 과정을 거치면서 원래의 문장과는 다소 달라진 모습으로 역사적인 사명을 다하고 있었다. 논설은 ① 황성신문

SUPPLEMENT TO

The Korea Daily News.

MONDAY, NOVEMBER 27, 1905.

THE MAKING OF A TREATY AND THE PASSING OF AN EMPIRE.

Diary of the Events which led to the New Treaty.

THE FOLLOWING IS A TRANSLATION OF THE ARTICLE WHICH LED TO THE SUPPRESSION OF THE WHANG SUNG SHIMBUN.

When it was recently made known that Marquis Ito would come to Korea our deluded people all said with one voice that he is the man who will be responsible for the maintenance of friendship between the three countries of the Far East (Japan China and Korea), and, believing that his visit to Korea was for the sole purpose of devising good plans for strictly maintaining the promised integrity and independence of Korea, our people, from the seacoast to the capital, united in extending to him a hearty welcome.

But oh! How difficult is it to anticipate affairs in this world. Without warning a proposal containing five clauses was laid before the Emperor and we then saw how mistaken we were about the object af Marquis Ito's visit. However the Emperor firmly refused to have anything to do with these proposals and Marquis Ito should then, properly, have abandoned his attempt and returned to his own country.

But the ministers of our Government, who are worse than pigs or dogs, coveting honours and advantages for themselves, and, frightened by empty threats, were trembling in every limb, were willing to become traitors to their country and betray to Japan the integrity of a nation which has stood for 4,000 years, the foundation and honour of a dynasty 500 years old, and the rights and freedom of twenty million people.

We do not wish to too deeply blame Pak Che-sun and the other ministers, of whom, as they are little better than brute animals too much was not to be expected, but what can be said of the vice Prime Minister, the chief of the cabinet, whose early opposition, to the proposals of Marquis Ito was an empty form devised to enhance his reputation with the people?

Can he not now repudiate the agreement or can he not rid the world of his presence? How can he again stand before the Emperor and with what face can he ever look upon any one of his twenty million compatriots?

Is it worth while for any of us to live any longer? Our people have become the slaves of others and the spirit of a nation which has stood for 4000 years since the days of Tun Kun and Keuja has perished in a single night. Alas! fellow country men, Alas!

* * *

The autograph letter which Marquis Ito brought from the Mikado to the Emperor of Korea stated that the special envoy had been sent with the object of maintaining the peace of the Far East and it was therefore hoped that the Emperor of Korea would obey his directions and come to an agreement with him. The letter concluded by saying that Japan must strengthen the defenses of Korea and guarantee the peace of the Imperial house.

On November 15th at 3 p. m. when Marquis Ito was received in audience by the Emperor he was accompanied by Mr. Kokubu, the interpreter of the Japanese Legation, who is an expert linguist and Mr. Pak Yong-wha, the auditor of the Imperial house who is pro-Japanese and speaks the language well. Through these two men the following proposals were submitted to the Emperor:—

1. To abolish the Foreign Office and place Korean diplomatic affairs in the hands of Japan.

2. To alter the functions of the Japanese Minister to Korea to those of Tongkam (Supreme administrator.)

3. To alter the functions of the Japanese consuls to those of Isa superintendants).

His Majesty the Emperor replied as follows:—

"Although I have seen in the newspapers various rumours that Japan proposed to assume a protectorate over Korea, I did not believe them as I placed faith in Japan's adherence to the promise to maintain the independence of Korea which was made by the Emperor of Japan at the beginning of the war and embodied in a treaty between Korea and Japan. When I heard you were coming to my country I was glad as I believed your mission was to increase the friendship between our countries and your demands have therefore taken me entirely by surprise."

To which Marquis Ito rejoined:—

"These demands are not my own, I am only acting in accordance with a mandate from my Government and if Your Majesty will agree to the demands which I have presented it will be to the benefit of both nations and peace in the East will be assured for ever. Please therefore, consent quickly."

The Emperor replied:—

"From time immemorial it has been the custom of the rulers of Korea, when confronted with questions so momentous as this, to come to no decision until all the Ministers, high and low, who hold or have held office have been consulted, and the opinions of the scholars and common people have been obtained, so that I cannot now settle this matter myself.

Said Marquis Ito again:—

"Protests from the people can easily be disposed of and for the sake of the friendship between the two countries Your Majesty should come to a decision at once."

To this the Emperor replied:—

"Assent to your proposal would mean the ruin of my country and I will therefore sooner die than agree to them."

Realizing that at that time there was nothing more to be done, Marquis Ito, after an audience lasting nearly five hours, was forced to return home.

On the following day, November 16th, at 3. p. m; the vice Premier and all the ministers and Mr. Shim Sang-hoon, the President of the Imperial treasury, were called to the residence of Marquis Ito and the Japanese demands were again discussed One by one the ministers were urged to give their consent but although the session lasted until dead of night they one and all persisted in their refusal.

On the same day Mr. Pak Che-sun the Minister for Foreign Affairs, was invited to the Japanese Legation where the Japanese Ministers pressed him to agree to the demands, but without result.

On the 17th instant at 2 P. M the Japanese Minister again invited all the Korean officials to his Legation but they remained unshaken in their determination to resist the Japanese proposals. Mr. Hayashi then advised them to go to the palace and open a cabinet meeting in the presence of the Emperor. This was done and Mr. Hayashi soon followed them and the Japanese proposals were again discussed but the Korean ministers still opposed them.

Presently the palace was surrounded by Japanese soldiers and men with fixed bayonets and drawn swords entered the courtyard and stood near the apartments of the Emperor. Marquis Ito and General Hasegawa then arrived, and finding that the representations of Mr. Hayashi had been without effect, they urged that the cabinet meeting should be reopened but in spite of Marquis Ito's repeated requests the president of the cabinet remained, for the time, firm in his refusal.

Then Marquis Ito requested Mr. Yi Che-kak, the Household Minister, to ask the Emperor to receive him in audience. This request the Emperor refused saying that he was in great pain with a severe throat affection Marquis Ito then approached the apartments of the Emperor and personally asked for an audience but the Emperor refused him saying "You need not see me. Please go away and discuss the matter with the cabinet ministers.

Marquis Ito then returned to the council room and told the ministers that the Emperor had commanded them to reopen the cabinet meeting to discuss with him and at the same time the clerk to the cabinet was set to copy out the Japanese proposals. A vote was then taken and all the Ministers with the exception of the president of the cabinet found to be in favour of yielding. The Minister for Foreign affairs voted against the proposals but qualified his refusal with the statement that he would assent if certain minor alterations were made in the text. Marquis Ito immediately had these alteratiens made but the president of the cabinet and the Ministers for law and finance still refused their assent.

The president of the cabinet, driven into a corner by the persistence of the Japanese, made an attempt to escape into the Emperor's apartments but was followed by Japanese officials and locked up in a room adjoining the Imperial apartment.

Hither Marquis Ito followed him and again earnestly urged him to agree to his proposals; cajolery and threats were alternately employed and General Hasegawa trifled with his sword. Mr. Han Kiu-sul still held out and said "I shall never consent, I prefer to die."

Marquis Ito was then very angry and asked him:—"Will you not sign even if your Imperial master orders you to do so?" The President of the cabinet replied that in such a matter he would disobey the orders even of the Emperor.

Marquis Ito's anger increased and calling Mr. Han Kin-Sul a traitor, he ordered the Household Minister to report to the Emperor that the president of the cabinet had announced his intention of disobeying Imperial orders (This resulted in the dismissal of Mr. Han and his sentence to exile for three years.)

Japanese employees were then despatched to the Foreign Office for the seal, as Marquis Ito had decided to dispense with the consent of the President of the cabinet The seal was then placed upon the "treaty" none dissenting.

(Here follow the terms of the as already published by us.)

As soon as the treaty was signed, Marquis Ito, General Hasegawa, Mr Hayashi and their suite left the palace and the Japanese soldiers were withdrawn The exact time was 2 A. M. November 18th.

The Korean Ministers remained in the cabinet and the President was sent for and informed that the treaty had been signed. As soon as he heard the news he became as one distraught and bitterly reproached Mr. Pak, the minister for Foreign Affairs, saying:—

"When you came to my house this morning you assured me of your firm determination never to assent to the Japanese proposals and even said that you would throw your seal into the pond so that no one else should get hold of it. Why have you broken your promise."

Mr. Han Kiu-Sul then addressed a memorial to the throne praying for the dismissal and punishment of all the ministers who had agreed to the treaty and discharged the clerk of the cabinet who had written out the treaty without orders from him.

When, next morning, the news became known among the Korean people, great indignation prevailed but the people are finding consolation in the reflection that although the seal of the Foreign office was placed upon the treaty the document was invalid inasmuch as it was obtaind by "force majeure" and not sanctioned by the Vice Prime Minister.

JAPAN AND KOREA.

The following indictment, which we recently received from a Korean correspondent will be found of renewed interest at the present juncture.

On the outbreak of war Japan compelled the Korean Government to sign a protocol alleged to be an alliance between the two Governments. This protocol contained six articles all proposed by the Japanese; the Koreans were not even allowed to discuss it; it was forced on them in its entirety.

Having obtained, by "force majeure," Korea's signature to this protocol, Japan has consistently made wrong use of the instrument to further her own ends. This and the appointment of "advisers" are mere schemes for the furtherance of Japan's interests. Japan now appoints and dismisses Korean officials as she chooses. Also by virtue of what she claims to be "necessities for military operations" Japan has appropriated Korean land and buildings.

Japan calls all patriotic Koreans "pro-Russian" and arrests and imprisons them or drives them abroad, the while she makes use of all the traitors in the Government.

The Japanese advisers who were forced upon the Government have worked solely in Japanese interests. The advisers to the war and financial departments, acting in concert, have reduced the army so that there are now barely sufficient men to guard the Imperial palace. The financial adviser forced a loan of Y3,000,000 upon the Government and has flooded the country with paper currency and meddled with the coinage, thereby inflicting great damage upon public and private interests. This was called "adjusting the finances of Korea."

If any patriotic Koreans, realizing the dangerous position of their country, organize societies to speak to the public or petition the Government or Emperor, Japanese gendarmes arrest and imprison them, thereby gagging all opposition, while the same gendarmes are sent to protect the Il-Chin-hoi. This society is a pro-Japanese organization and was recruited from the ranks of Korean political offenders, Tong-haks and robbers.

Japan has constructed, and is still constructing, railroads without permission under the pretence that they are for military purposes. Their railways run the length and breadth of the empire and have involved the destruction of a large number of houses, crops, graves and forests. The Japanese have also established settlements along the Railways (We are informed that about 8 miles in width on either side of the Seoul-Wiju Railway has been staked out. Ed. K. D. N.)

Japan compelled the Korean Government to employ a Japanese police adviser. This adviser has appointed many more and there are now Japanese police interfering with the affairs of 13 provinces.

Japan took the Korean Department of Communications which had been established in connection with the International postal union after many years of labour and expense. No compensation was paid nor is there any probability that the Korean Government will ever receive anything from what will presently be a very profitable department.

For the purposes of railway construction and military transport, the Japanese have forced Korean labourers and their cattle into their service without proper payment. The Korean coolies have been ill-treated and some have died from their injuries.

Koreans who have ignorantly tampered with the railroads and telegraph posts without evil intent have been summarily shot by the Japanese military.

Japanese subjects are everywhere cheating or bullying Koreans out of house and land. For this Koreans can obtain no redress.

Japan is sending thousands of her people to colonize Korea and compelled the Government to sign a contract which she had drawn up conferring upon Japan the right of navigation of coasts and rivers

Japan is perpetually attempting to procure the withdrawal of Korean Ministers from abroad.

Japan, alleging that Korea is deficient in diplomatic skill insist that Korea shall enter upon no negotiations with a third power without her knowledge.

Japanese also demand from Korea, mines, uncultivated lands and fisheries and has already obtained fishing rights off the coasts of the Whang-hai and Ping-an provinces.

PEKING-HANKOW RAILWAY.

The journey from Peking to Hankow over the railway which has just been completed will take thirty six hours, according to the "China Times."

This railway heretofore known as the "Lu-Han" (Lu-know-ch'-iao, referring to the classic bridge of Marco Polo, about 15 miles south-west of Peking, the "Han" standing for Hankow) will from now be called the "Ching-han" railway ("Ching" meaning capital).

It has been determined to run the first through train on the 16th of the present tenth moon (12th inst.) On the 16th, 17th and 18th of this moon (12th, 13th and 14th inst.) passengers will be carried free on the trains to fittingly mark the occasion.

The total coast of construction has been Tl 50,000,000.

장지연의 「시일야방성대곡」을 영문으로 번역한 코리아 데일리 뉴스 호외. 1905.11.27.

1905.11.20→② 대한매일신보·코리아 데일리 뉴스 호외[1905.11.27]→③ 저팬 크로니클[1905.12.17]→④ 맥켄지*The Tragedy of Korea*, E.P.Dutton & Co, New York, 1908; Korea's Fight for Freedom, 1920)→⑤ 일어 번역『조선의 비극』, 1972에 이르는 5단계, 또는 6단계를 거치면서 장기간에 걸쳐 세계 여러 나라에 전파되면서 역사적 사료로 인용되고 있다.

1907년에는 헤이그 밀사 사건으로 고종이 선위[禪位, 왕의 자리를 물려줌]할 때에도 신보는 호외를 두 차례 발행했다[1907.7.18 목; 7.19 금]. 18일 자 호외는 헤이그 밀사사건으로 인한 곤란을 면하기 위해 내각대신 8명이 다음 3개 항목을 요구했지만 고종은 이를 거절했으며, 이준[李俊] 열사가 자결하여 만국사신 앞에 피를 뿌렸다는 내용이었다.

> ① 1905년 11월에 체결한 신조약(을사늑약)에 고종의 어쇄[御璽, 옥새玉璽를 높여 이르는 말]를 찍을 것,
>
> ② 황제의 섭정[攝政; 군주가 직접 통치할 수 없을 때에 군주를 대신하여 나라를 다스림. 또는 그런 사람]을 추천할 일,
>
> ③ 황제가 친히 동경에 가서 일왕에게 사과할 것.

19일 자 호외는 외국인의 강핍[强逼(남의 의사를 무시하고 억지로 따르게 함)]으로 인해 고종이 황제의 자리에서 물러나게 되었으나 1905년 신조약에는 어압[御押(임금의 도장을 찍다)]을 아니할 것이라는 내용이다. (이 두 귀중한 사료는 다행히 남아 있지만, 이보다 며칠 뒤 군대해산 때에도 호외를 발행했다는 사실이 공판정의 진술에 나오고 있으나 발견되지는 않았다.) 배설의 용기에 대해 고종은 1906년 2월 10일 특별 위임장까지 하사했던 사실이 역시 공판정에서 증거로

제출되었다.

국민들 사이에는 1904년 러일전쟁 발발 직후 일본이 나가모리 도키치로 長森藤吉郎를 앞세워 황무지 개간권을 요구할 때부터 반일감정이 고조되다가 1905년 11월 을사늑약이 체결되자 의병활동이 본격적으로 재개되었다.

항일 무장투쟁을 벌인 대표적인 의병대는 민종식閔宗植의 홍주洪州의병이 었다(민종식은 후에 체포되었는데 배설의 2차 재판 때에 증인으로 출두했다). 이때 의병의 봉기는 고종의 내밀한 지원을 받고 있다는 소문도 널리 퍼졌다.[4] 의병 항전은 1907년 8월 일본군이 한국 군대를 강제로 해산한 후 군인 가운데 일부가 의병에 가담하여 전력이 강화되고 전국적인 규모의 구국 항일전의 성격을 띠게 되었다. 의병 항쟁을 진압하기 위해서 일본은 주한 일본군을 증강시키면서 헌병대를 편성하고 헌병보조원 제도를 신설하는 한편 한국의 경찰권을 접수하여 경찰력을 증강하는 등 여러 방안으로 대처했다. 군대해산 직후인 1907년 8월부터 1911년 6월까지 의병과 일본 병력의 충돌은 무려 2,852회나 되었고, 교전 의병의 숫자가 14만 1,815명, 사망 의병 1만 7,779명, 부상 3,706명에 이르렀다. 일본 측도 사망자 136명, 부상자 277명이었다.[5]

배설의 두 차례 재판은 의병의 항일전이 가장 치열하게 전개되어 많은 사상자가 나고 있던 때에 열렸다. 일본군 2만여 명이 의병 진압 작전을 펼치고 있었으며 고종이 헤이그에 밀사를 파견했다는 책임을 물어 강제 퇴위시킨 직후, 군대를 해산하자 의병이 봉기하여 일본군의 치열한 전투가

---

[4]　"Korea", *Japan Mail*, Oct. 14, 1905, p.416.

[5]　金正明, 「暴徒討伐彼我損傷類別表」, 『朝鮮獨立運動』 I 民族主義運動篇, 東京 : 原書房, 1967, 239~247면.

곳곳에서 전개되던 위급한 상황이었다.

THE JAPAN WEEKLY CHRONICLE.

December 21st, 1905.]　　811

THE SUPPRESSION OF A KOREAN NEWSPAPER.

TEXT OF THE INCRIMINATING ARTICLE.

In a supplement to a recent issue of the *Korea Daily News* is published a translation of the article which led to the suppression of the *Whang Sung Shimbun*, the Korean newspaper, which has been referred to by the Japanese newspapers under the title of the *Kanjo Shimbun*.

The following is the article in question :—

"When it was recently made known that Marquis Ito would come to Korea, our deluded people all said with one voice that he is the man who will be responsible for the maintenance of friendship between the three countries of the Far East (Japan, China, and Korea) and, believing that his visit to Korea was for the sole purpose of devising good plans for strictly maintaining the promised integrity and independence of Korea, our people, from the sea-coast to the capital, united in extending to him a hearty welcome.

"But oh! How difficult is it to anticipate affairs in this world. Without warning, a proposal containing five clauses was laid before the Emperor, and we then saw how mistaken we were about the object of Marquis Ito's visit. However, the Emperor firmly refused to have anything to do with these proposals, and Marquis Ito should then, properly, have abandoned his attempt and returned to his own country.

"But the Ministers of our Government, who are worse than pigs or dogs, coveting honours and advantages for themselves, and frightened by empty threats, were trembling in every limb, were willing to become traitors to their country, and betray to Japan the integrity of a nation which has stood for 4,000 years, the foundation and honour of a dynasty 500 years old, and the rights and freedom of twenty million people.

"We do not wish too deeply to blame

two men the following proposals were submitted to the Emperor :—

"1. To abolish the Foreign Office and place Korean diplomatic affairs in the hands of Japan.

"2. To alter the functions of the Japanese Minister to Korea to those of Tong-kam (Supreme Administrator).

"3. To alter the functions of the Japanese consuls to those of Isa (Superintendents).

"His Majesty the Emperor replied as follows :—

"'Although I have seen in the newspapers various rumours that Japan proposed to assume a protectorate over Korea, I did not believe them, as I placed faith in Japan's adherence to the promise to maintain the independence of Korea which was made by the Emperor of Japan at the beginning of the war, and embodied in a Treaty between Korea and Japan. When I heard you were coming to my country I was glad, as I believed your mission was to increase the friendship between our countries, and your demands have therefore taken me entirely by surprise.'

"To which Marquis Ito rejoined :—

"'These demands are not my own, I am only acting in accordance with a mandate from my Government, and if your Majesty will agree to the demands which I have presented it will be to the benefit of both nations, and peace in the East will be assured for ever. Please therfore consent quickly.'

"The Emperor replied :—

"'From time immemorial it has been the custom of the rulers of Korea, when confronted with questions so momentous as this, to come to no decision until all the Ministers, high and low, who hold or have held office have been consulted, and the opinions of the scholars and common people have been obtained, so that I cannot now settle this matter myself.'

"Said Marquis Ito again :—

"'Protests from the people can easily be disposed of, and for the sake of the friendship between the two countries your Majesty should come to a decision at once.'

"To this the Emperor replied :—

Cabinet meeting should be reopened, but in spite of Marquis Ito's repeated requests the President of the Cabinet remained, for the time, firm in his refusal.

"Then Marquis Ito requested Mr. Yi Che-kak, the Household Minister, to ask the Emperor to receive him in audience. This request the Emperor refused, saying that he was in great pain with a severe throat affection. Marquis Ito then approached the apartments of the Emperor, and personally asked for an audience, but the Emperor refused him, saying 'You need not see me. Please go away and discuss the matter with the Cabinet Ministers.'

"Marquis Ito then returned to the council room, and told the Ministers that the Emperor had commanded them to reopen the Cabinet meeting to discuss with him, and at the same time the Clerk to the Cabinet was set to copy out Japanese proposals. A vote was then taken, and all the Ministers with the exception of the President of the Cabinet were found to be in favour of yielding. The Minister for Foreign Affairs voted against the proposals, but qualified his refusal with the statement that he would assent if certain minor alterations were made in the text. Marquis Ito immediately had these alterations made, but the President of the Cabinet and the Ministers for Law and Finance still refused their assent.

"The President of the Cabinet, driven into a corner by the persistence of the Japanese, made an attempt to escape into the Emperor's apartments, but was followed by Japanese officials and locked up in a room adjoining the Imperial apartment.

"Hither Marquis Ito followed him, and again earnestly urged him to agree to his proposals ; cajolery and threats were alternately employed, and General Hasegawa trifled with his sword. Mr. Han Kiu-Sul still held out, and said 'I shall never consent, I prefer to die.'

"Marquis Ito was then very angry, and asked him :—' Will you not sign even if your Imperial master orders you to do so ?' The President of the Cabinet replied that in such a matter he would disobey the orders even of the Emperor.

"Marquis Ito's anger increased, and

재팬 위클리 크로니클(1905.12.21). 코리아 데일리 뉴스 호외 「영문시일야방성대곡」을 전재하여 일본의 강압적인 조약체결과 침략을 전 세계에 알렸다.

배설 · 양기탁 네 차례 재판

일본은 배설의 추방과 신문 폐간을 위해서 외교력을 총동원하는 한편으로 여러 방법으로 그를 탄압할 방안을 강구했다. 구체적인 방법의 하나가 배설을 영국 법에 의거하여 처벌하려는 시도였다. 배설과 양기탁이 대한매일신보와 관련되어 재판받은 사건은 다음과 같다.

① 배설 1차 재판

1907년 10월 일본의 요구로 주한 영국 총영사 코번^{Henry Cockburn}이 재판장이 되어 영사재판에 회부. 배설에 6개월의 근신과 선행 보증금 공탁 판결.

② 배설 2차 재판

1908년 6월 통감부 서기관 미우라 야고로^{三浦彌五郎}가 통감 이토 히로부미^{伊藤博文}의 권한을 위임받아 배설 고소. 상하이 주재 영국 중-한^{中韓}고등법원 H.B.M.'s Supreme Court for China and Korea 판사 보온^{F.S.A. Bourne}과 검사 윌킨슨 H.P. Wilkinson이 서울에 와서 재판 진행. 배설에 3주일 금고형 선고. 배설 상하이에 가서 복역.

③ 양기탁 재판

통감부가 1908년 7월 국채보상금 횡령혐의로 양기탁 구속. 영-일 두 나라의 외교분쟁을 일으키면서 재판 끝에 무죄판결. 재판부는 일인 판사 요코다^{横田定雄}와 후카자와^{深澤新一郎}, 한국인 판사 유동작^{柳東作}.

④ 배설이 N-C 데일리 뉴스를 상대로 제기한 명예훼손 소송

1908년 12월 상하이 영국 중-한고등법원에서 열린 재판. 배설 승소.

　일본은 한일합방 전에 있었던 재판으로 신보의 탄압을 끝내지는 않았다. 합방 후에도 신보사 관련자를 포함한 민족진영 인사들을 두 차례 대량으로 검거하여 재판에 회부하는 사건이 있었다.

⑤ 신민회 사건

1911년 1월 양기탁 임치정林蚩正 등 신민회新民會 사건으로 구속. 양기탁 2년형 언도.

⑥ 105인 사건

1912년 9월 총독 데라우치寺內 암살음모를 꾸몄다는 누명을 씌워 옥중에 있던 양기탁을 비롯하여 임치정, 옥관빈玉觀彬, 강문수姜文秀 등 신보 관련자와 민족주의자 대량 검거. 양기탁 6년형.

배설의 두 차례 재판은 배설이 한국의 무장 항일을 선동하여 소요를 일으키고 공공질서를 해쳤다는 주장이었고, 세 번째인 양기탁 재판은 국채보상의연금 횡령 혐의였다. 재판의 주체도 배설은 영국법에 따라 영국 법원이 진행했으나 양기탁은 일본과 한국 판사가 공동으로 진행하여 한국, 일본, 영국 세 나라가 복잡하게 얽힌 특이한 재판이었다. 하지만 두 사람이 관련된 재판은 공통점이 있었다. 일본의 침략에 장애물인 신보의 항일논조를 무력화하고 국채보상운동을 중단시키려는 것이 궁극적인 목적이었다. 세계 최강대국인 영국을 상대로 일본은 통감 이토 히로부미伊藤博文를 중심으로 외교력을 총동원하면서 대외적인 선전 홍보를 병행했다. 이토를 정점으로 2대 통감 조네 아라스케曾彌荒助, 통감부의 제2인자인 서기관 미우라 야고로三浦彌五郎 총무장관 쓰루하라 사다키치鶴原定吉 등 통감부의 실력자와 외교진이 총동원되고 일본 외무성과 주영 일본대사관도 적극적으로 뒷받침했다. 이 과정에서 동맹국인 영국과 일본은 외교적으로 미묘한 긴장 상태를 넘어 갈등관계에 이르기도 하였다.

언론사, 한-영-일 관계사 얽혀

일본은 압도적인 국력을 바탕으로 한국의 외교, 군사, 경제, 사법, 경찰권을 장악하여 대한제국은 형태만 남아 있는 종속국의 처지가 되어 있었다. 배설과 양기탁의 재판은 한국, 영국, 일본을 비롯한 외국 여러 나라도 비상한 관심을 끌게 되었다. 사건 당시 배설과 양기탁의 이름은 일본과 영국, 중국에서 발행되는 신문들에 자주 오르내렸다. 대한매일신보와 그 관련자들에 대한 일본의 탄압과 대한매일신보를 중심으로 한 민족진영의 저항운동은 1904년부터

고베 시절의 배설

시작되어 배설이 죽고 대한매일신보를 총독부 기관지로 만든 1910년 이후에도 계속되었다. 1911년의 신민회新民會 사건과 1912년의 이른바 데라우치寺内 총독 암살음모 사건[105인 사건]으로 이어진 것이다.

이 책에 소개하는 배설과 양기탁 관련 네 차례 공판기록은 배설과 대한매일신보가 민족운동사에 어떤 역할을 했던가를 입체적으로 증언하는 역사드라마를 방불케 한다. 재판을 진행하기 위해 상하이 영국고등법원 판사와 검사가 서울에 왔고, 배설을 변호하기 위해 일본 고베에서 내한한 영국인 변호사도 있었다. 재판에 등장하는 인물도 주인공 배설은 물론이고 양기탁을 비롯한 한국인과 영국 판사와 검사, 통감부 일인 서기관, 의병장,

평민 등 실로 당시 한반도의 역사를 상징하는 사람들이 골고루 모였고, 공판 진술은 생생한 현장감을 주고 있다. 피고와 증인들은 각자의 위치와 역할에 따라서 독특한 개성을 가지고 한국의 정치·외교적 입장을 변호하면서 침략자의 부당한 속셈을 폭로한다.

배설의 법정진술은 의병의 항일 무장활동, 헤이그 밀사 사건에 책임을 지고 고종이 황제의 자리에서 물러난 뒤 궁궐 주변에 모인 분노한 군중의 모습 등 당시의 광경을 눈앞에 보는 듯이 재현再現하고 있으며 이미 핵심적인 국가 권력은 일본의 손에 넘어갔고 간신히 대한제국이라는 이름만 남아 있었지만 그 운명마저도 곧 스러질 상황이었음이 재판과정에서 여실히 드러난다. 배설은 이를 안타까워하면서 굴하지 않는 투지를 유감없이 드러내고 있다. 변호인 크로스의 변론은 배설 개인을 변호한다는 차원을 넘어서서 일본의 침략에 국운이 기울었던 시기의 한민족 전체를 변론하는 내용이라 할 정도로 훌륭하다.

전국 각지에서 의병이 궐기하여 일제의 침략에 항거하는 상황을 대한매일신보의 선동 때문으로 책임을 물을 수 있느냐, 일본이 한국을 침략하고 야만적인 탄압을 자행하지 않았으면 일어나지 않았을 저항이 아니냐, 재판정은 오히려 일제를 고발하는 현장의 분위기로 바뀌기도 했다.

재판기록은 배설의 항일 언론활동에서 발단되었지만 언론사의 범주에 그치는 정도가 아니다. 한말의 민족사, 독립운동사, 나아가서는 영-일, 일-한 재판의 역사로서도 귀중한 자료가 아닐 수 없다. 의병들의 무장 투쟁, 경제침략에 대응하여 온 국민의 성금이 전국에서 답지하여 들불처럼 걷잡을 수 없이 번졌던 국채보상운동도 신문이 주도했던 언론 캠페인이었다. 언론 역사의 여러 새로운 사실이 담겨 있음은 물론이다.

제1부

영사재판(1907)

제1장

통감부의 배설 추방과
신문 폐간 요구

1. 처벌 증거 기사 3건 제시

일본은 배설을 이 나라에서 추방할 치밀한 음모를 꾸미고 있었다. 추방 공작은 1905년 9월부터 제기되었는데 1906년 7월 9일 통감부 총무장관 쓰루하라 사다키치鶴原定吉는 일본 외무성에 배설의 추방을 건의했다.[1] 일본 외무성은 주일 영국대사 맥도날드를 만나 배설을 추방하거나 그의 신문을 폐간시키라고 정식으로 요구했다.

일본의 집요한 요구를 받은 영국은 「중국과 한국에 대한 추밀원령Order in Council to the China and Korea」1904년 제정을 적용하려 했으나 배설 제재에는 근거가 약하다는 판단에 따라 동 령令 제5조를 개정하여 1907년 2월 1일에 공포했다. '소요 혹은 폭동을 도발하려 하고, 또는 영국 국민과 중국 정부 혹은 한국 정부와의 사이, 영국 국민과 본령 시행구역 내에 있는 영국과 친선국의 관헌官憲 혹은 그 국민과의 사이, 그리고 중국정부와 그 국민과의 사이, 또는 한국 정부와 그 국민과의 사이에 불화를 도발하려하는 사항은 본조에 규정하는 선동적인 사항으로 간주한다'는 내용이었다.[2] 일본의 배설 처벌 책동에 영국이 동조한 것이다.

통감부 총무장관 쓰루하라는 1907년 10월 9일 서울주재 영국 총영사 헨리 코번Henry Cockburn에게 배설 처벌을 요구하는 공문을 보냈다.[3]

---

1   『日本外交文書』(이하 '日外') 40/1, p.576, No.9; 『日本公使館記錄』(이하 '日公記'); 국사편찬위원회, 『대한매일신보 베세루』(이하 申베), 1126/192~196면.
2   재판에 이르는 영-일 양국의 교섭 과정은 다음 책에 상세히 고찰되어 있다. 정진석, 『대한매일신보와 배설』, 323면; 최준, 「군국일본의 對韓 언론정책」, 『한국신문사 論考』, 일조각, 1976, 239~225면.
3   영국 국립기록보관소(National Archives) 소장문서, FO 371/238, pp.409·437 이하.

① 9월 21일 자 영문판 논설 "Where is the Master of Ceremonies?"가 일본 황태자 요시히토嘉仁의 방한 사실을 왜곡하고 정부에 대해 무례한 언론을 폈으며,

② 국한문판 9월 18일 자 논설 「지방 곤란」은 일본군이 의병 진압에 잔인 야만의 방식을 써서 오히려 의병이 더 늘어나게 하고 있다는 등의 내용으로 폭동에 영향을 주었으며

③ 10월 1일 자 「귀중한 줄을 인認하여야 보수保守할 줄을 인認하지」에서도 혁명전쟁을 인증引證하여 폭도를 선동했다고 주장하고 "배설의 신문지상의 언론은 동양 신문계 역사상 일종 특이한 양상으로서 시종일관 정당한 관헌에 반항하는 것을 주의主義로 해서 한국의 민심을 선동"하고 있으니 이 신문의 기자와 사원을 처벌하여 재범再犯을 막아달라고 요구했다.

코번은 고심 끝에 자신이 재판장이 되어 영사재판을 열기로 하고 배설을 소환했다. 소환장에는 10건의 기사가 '소요를 일으키거나 조장시켜 공안을 해쳤다'고 적시되어 있었다.

2. 재판 소환장

1907년 10월 12일 토요일 오전 11시 주한 영국총영사 헨리 코번 명의의 소환장이 *Korea Daily News*와 대한매일신보 발행인 배설에게 전달되었다. 소환장은 서울주재 영국총영사관 경찰이 전달했다.[4]

2 THE KOREA DAILY NEWS. SATURDAY, SEPTEMBER 21, 1907.

EXCHANGE-QUOTATIONS.

	Selling	Buying.
LONDON :—		
T. T.	2-3/8	2 9/16
Demand,	2-7/16	2-5/8
30 d's Sight,	2-1/2	2-3/4
LYONS:—		
Demand,	286	288-1/2
30 d's Sight,	—	289 1/2
HAMBURG :—		
Demand,	208-1/2	210-1/2
30 d's Sight.	—	211-1/2
AMERICA:—		
T. T.	49-1/4	49-7 8
Demand,	49-1/2	50
30 d's Sight.	—	50-3/8
HONGKONG:—		
Demand,	106 1/2	107
10 d's Fixed	—	107
SHANGHAI :—		
Demand,	67	69
10 d's Fixed	—	68
Mex Demand, $	110	107-1/2
INDIA:—		
Demand,	151-1/4	154
30 d's Sight,	—	154-1/2
SINGAPORE:—		
Demand,	115-1/4	113-1/4
MANILA:—		
Demand.	100-1/4	98-1/4
ROUBLE NOTES :—		
Demand,	...	100-1/4

NOW OPEN FOR BUSINESS.

TO BE SOLD.

A New Stock of Goods from America. Give us a call.

Kavanaugh & Kwack
Mulberry St. & Yachakai R
On the Seoul Car Line.)
Seoul, Korea.

The Korea Daily News.

ASTOR HOUSE HOTEL,
VISITOR LIST.

Mr. V. Moratti	Padova
Mr. A. W. Marnham	London
Mr. F. A. MacKenzie	London
Mr. and Mrs. A. R. Weigall	Shanghai
Mr. H. S. Weigall	"
Mr. V. v. Oettingen	Chemulpo
Mr. d'Auxion de Ruffe	Shanghai
Mr Scnvenfehl	Tsingtau
Mr. V ughenbeim	"
Mr. V. B-?idoff	"
Miss P. S. Pierce	Japan
Miss Williams	"

Issued at 6 P. M. daily except Sundays.
Rate of Subscription :—
Per year..........yen 10.00
Per Quarter........yen 7.00
Per Month..........yen 1.50

Postage in Korea no charged extra.
Postage abroad charged extra.

Advertisements, 50 sen per day for 1 inch or less
5 yen per month per inch.
50 yen per year per inch.

All business communications should be addressed to
The Manager
Chong Dong Seoul

WHERE IS THE MASTER OF CEREMONIES?

A telegraphic message from Tokio which reached us this morning says that the Crown Prince of Japan, Prince Yoshihito, will arrive in Seoul on October 10, on a "visit of inspection." This visit appears to mark a departure from the traditions which have hitherto been observed when the two nations have held intercourse with each other. Korea has had many visitors from Japan who carried messages from one Emperor to the other and has always reciprocated on equal terms, but this expedition, uninvited to the best of our belief, to Korea is a very distinct advance from a ceremonial point of view upon anything which Japan has so far attempted in Korea; and we cannot see, much as we must admire the Imperial family of Japan, how this new step can conduce in any way to the improvement of the relations between the two countries, especially at a time when Japanese troops are butchering Korean patriots—misguided surely, but still patriots.

And what has become of the Imperial House of Korea? To all intents and purposes the Emperor is now suffering at Japanese hands in much the same way as the common Korean people have suffered for some years. He is being quartered upon. No one can imagine for a moment that the Emperor spontaneously invited the Crown Prince of Japan to come to Korea. Neither can it be believed that the weak Emperor looks forward to the coming visitation with feelings other than those of the greatest trepidation.

It was only two days ago, possibly in anticipation of the visit of H.I.J.H. the Prince Yoshi hito, that the Retired Emperor and the reigning Emperor were separated from each other on orders of the men who comprise the Cabinet Council This separation rudely broke a companionship which had continued unbroken for over a quarter of a century; as for this time the Emperor and his father have lived, ate and slept in the same house.

The present Emperor can by no means be described as a strong man. The Retired Emperor had his weaknesses but had many accomplishments which enabled him to preserve his balance upon the throne so long as he did. If common report is correct, the new Emperor has none of these advantages and the separation from his father will probably leave him more than ever at sea.

That this separation was forcible is clear to everyone who lives in Seoul and that it carries behind it further designs upon Korea—Independence, Integrity, Welfare, Imperial Dignity and so forth—is generally apprehended. During the war the brick which the Japanese most frequently threw at the Koreans was labelled "intrigue." And now in our humble way we heave that brick back to where it belongs.

THE "ALL-RED ROUTE."

Some Criticisms and a Moral.

"An Anglo-Canadian," writing to the London "Morning Leader" on the "All-Red Route," says:—

Great Britain is being urged to undertake a share of the support of the so-called "All-Red Route" 'via' Canada to Australasia. The arguments employed in favour of the proposal are sentimental, political, economic, and strategical. What are these arguments worth?

The argument from sentiment is only valid if the other arguments hold water. If the proposed line is proved to be strategically valueless, economically mischievous, and politically mischievous, a true imperialism will oppose it. The common sentiment of Empire is not to be strengthened by bad business methods.

The scheme is not yet defined in detail. But it may be taken that it is proposed to establish a service of 24 or 25 knot boats from England to Canada, linked by the transcontinental railways with a line of slower (perhaps 22 knot) boats from Vancouver to Australasia. It is estimated that the share of the subsidy payable by this country would be about a quarter of a million a year. What are the economic advantages we are to get in return for this sum?

It is clear that it could never be much more than a passenger route. British trade does not travel by costly ocean greyhounds but by the cheap, slow-steaming tramps. The all-sea route to Australasia will always be cheaper for trade purposes than a route which involves a double transhipment and a railway journey of 3,000 miles. Even the trade between Canada and Australasia is not one that could be largely developed by a line of fast passenger steamers. Both countries are consumers of manufactures and producers of raw materials. Neither has any substantial demand for the other's products. The proposed route could neither serve the existing traffic nor could it create any appreciable trade.

It is, then, as a passenger route that it must be considered. As a means of getting from England to Australasia it is clearly defective when compared with existing or possible routes. It is longer in point of distance than the all-sea route by the Suez Canal and longer than the combined land and sea route by San Francisco. It we pay for extravagant speed it is, of course, possible to cover the longer distance faster than the shorter distances are now traversed at paying speed. But that does not change the fact that the All-Red Route is the longest and the least commercially advantageous.

It has other weak points. The Canadian route cannot be compared with the New York route for all-round purposes. The navigation of the St Lawrence is not yet, and possibly never will be, so secure that it will be possible to run up to Montreal at very high speed, and in winter it is impossible to reach it at all so that the value of the costly speed of the ships would be thrown away over part of the journey. The risks of the St Lawrence are not the invention of prejudice or ignorance, as Canadians are fond of asserting. They are proved by the insurance rates. Underwriters are neither sentimental nor ignorant. Hard statistics of wrecks and strandings are their only standard.

Above all else such a line could not have anything like a permanent existence in view of the approaching completion of the Panama Canal. When that is finished the Canadian route to Australia will be as obsolete as the North-west Passage. Economically the only question to be considered is whether it is worth while for the British taxpayer to induce first-class passengers to use an essentially inferior route by the device of paying part of their fares for them. That is what the subsidy amounts to.

Has it any appreciable strategical value? Its advocates take it for granted that it has. They have not proved it. Strategy is not a subject on which Colonial Prime Ministers and Montreal merchants have any special claim to be heard. It is a matter for the Admiralty to decide. A quarter of a million a year is the cost of a 'Dreadnought'—the cost of building, maintaining, and replacing a two million pound ship. The line would give the Admiralty in time of war the use as transports of say, two fast ships in the Atlantic and two in the Pacific. Is this worth a 'Dreadnought'? The answer can only come from the Sea Lords of the Admiralty, but it would be surprising if they preferred the potential use of four transports to the permanent use of a capital ship.

For the movement of troops to Australasia it is precisely the most exposed and the least advantageous route that we could possibly use. Such a movement would mean that a naval struggle was in progress for the command of the Pacific. In that event our transports would naturally adopt the "covered way" of our string of coaling stations past the African coast and through the Indian Ocean instead of the long voyage across the Pacific with its myriad islands—across the very naval battlefield itself. The strategical case is hopeless.

The political argument is much more involved. We may have our own opinion as to the value to the unity of the Empire of a commercially unprofitable line. We may hold that it would only lead to a cry for a general system of subsidies which would be costly if granted, while refusal would lead to jealousy and friction. Worst of all—and this is a consideration that people in this country have had no chance of realising—it would be the exploitation of the taxpayer for the benefit of the game of party politics in Canada.

In England Sir Wilfrid Laurier is the representative of the Great Dominion. In Canada he is the astute leader of a political party which is approaching a critical general election. The simple fact is that the Liberal party of Canada is badly in need of a "cry" for the impending election. It returned to power in 1904 on the cry of an "All-Canada" transcontinental railway. By creating the Grand Trunk Pacific Railway it gave itself the backing of a huge railway corporation to set against the C.P.R., which for a quarter of a century has been one of the strongest pillars of the Conservative party.

Now Sir Wilfrid's party is meditating a victory in 1908 on the "All-Red" Route, and the permanent support of a big steamship corporation. For, as a party, it is bankrupt in principles and badly shaken in reputation. Its managers are circulating that the scheme will please East and West alike, will satisfy Quebec with its French voters, and the West with its slightly restive farmers and miners. The opposition will be checkmated, for they are pledged up to the hilt in support of all "Imperial" schemes. It is in fact a brilliant political coup that Sir Wilfrid is engineering. But that is no reason why Great Britain should pay a quarter of a million a year to enable him to succeed.

No, if the line is economically sound it will pay for itself. If it is wanted strategically the Admiralty will tell us. Politically it is a dubious experiment. Before the British people accept it they have a right to a more convincing case than has yet been put before them.

THE DARWINIAN THEORY.

Interesting Japanese Stone Tablet.

Mr. Horace Dunn writes as follows to the Japan Times:—

"In 1871, thirty-six years ago, I visited the Shiba Mausoleum and through directions from the U.S. Minister of the time, found an ancient stone on which was carved a full exposition of the so-called Richard-Darwinian theory of the evolution of man from inanimate earth. I was told the stone had been carved 280 years before. Since 1871 I have questioned many Japanese and other travellers through the Empire, but no one had seen or known by report that such a stone existed.

"On Sunday last, 8th inst., with an incredulous Japanese guide, I went to Shiba Park and after a great deal of inquiry finally through a Buddhist priest was directed and found the stone above described. It had been removed from where I saw it in 1871 and was now in the enclosure near by the mausoleum of the 2nd Shogun. It is a weather beaten and stained stone about two feet wide and four feet high. On the lower part is carved the representation of the evolution, while above the monkeys is a figure of a man lying on his side and apparently ill. Beyond his head is a tree with a hole or excrescence on its trunk and above is a descending road way traversed by an apparently religious procession at the head of which is the figure of a priest pointing with his hand at the hole on the tree. In 1871, I was told the priest was saying to the sick man that if he turned his head and looked at the tree he should recover and have eternal life.

"The custodian of the mausoleum stated that the stone was now 280 years old—, thus verifying approximately the statement made in 1871 that it was 250 years old.

"It seems to me that the stone is a replica or copy of some more anciently carved stone and that, in turn was probably taken from others extending back to the time of the Pharoahs of Egypt where I have read a tradition of the origin of the theory having been primarily conceived.

"I think this stone is of sufficient interest to be included in future editions of the Guide Book of the Welcome Society, also that somebody should take some immediate action to restore the freshness to the 2nd Shogun's mausoleum and others that need it, which now show evidences of neglect and decay.

"These mausolea are unique in their conception and construction and show a most interesting illustration of the former orgiental civilisation and culture of the Japanese people."

HITACHIYAMA AT SEATTLE.

How he Strikes Americans.

F. Hitachiyama, champion wrestler of Japan, reached Seattle by the Kaga Maru on the 22nd ult. The Post-Intelligencer thus frankly describes the champion:

Weighing 320 pounds, short of stature and directly contradicting American and European ideas of propriety in an athlete, Hitachiyamo typifies the beliefs of his countrymen in complete perfection. The champion is a monument of plain, everyday fat and sufficiently austere in demeanor to present little that is favorable for comment when judged from an American point of view.

A generous reception given the visitor upon arrival here by leading members of the Japanese local colony, shows the high regard paid by the patriotic Nipponese for perfection in environment, no matter what the calling may be. Five hundred eager Japanese waited at the Great Northern wharves for the billowy wrestler to land from the steamer. Loud were the calls of welcome, and as soon as his presence could be gained, a formal welcome was tendered by the local Japanese.

To the average American the wrestler looks more like a Japanese interpretation of the character of Falstaff than a skilled athlete. His conduct among the passengers sharing cabin accommodations from Japan would strengthen the opinion thus established. An American who proposes to keep himself in condition for an engagement of any sort makes an effort to conform to certain dietary rules as well as husband strength in preference to fat. Hitachiyama, together with all following his calling, have decided upon a different policy. The foundation for such is plenty to eat and more to drink. The big wrestler comes honestly by his size, to judge by the quantity of provisions he stores away. As an example of his drinking capacity, a crowd of companions on the late voyage were edified by the sight of the giant stowing away seventeen quart bottles of Japanese wine. The feat was in no manner an exertion.

TROUBLE FORESHADOWED.

Mr. T. R. St. Johnson writes from Vancouver to the London newspapers:—

"The question of the entrance of large numbers of Japanese and Chinese into Western Canada, particularly British Columbia, has become a serious one, in view of the recent alarms concerning Japanese spies in the neighbouring district of California. British Columbia swarms with Japanese and Chinese, and they are pouring into the country daily. Practically all of them, especially the Japanese are single men, men in the prime of life, and ex-soldiers. If, as it seems likely, the Japanese should be barred from California, they will then come to British Columbia in ever-increasing numbers. They undersell the whites by accepting a lower wage, and when they have thus obtained a monopoly in certain occupations they raise their prices again. They are so splendidly organised by their secret and other societies, that should the whites attempt to enter the field against them at the advanced prices the Japanese would instantly as one man drop to starvation wage again, and wait their opportunity to gradually increase the prices once more. on the other hand, it must be acknowledged that they are splendid workmen, and also that white labour is very scarce in Western Canada."

It is with great regret, says the 'N. C. Daily News,' that we learn of the death in London on July 31 of Mrs. Neil Macleod. Dr. and Mrs. Macleod only left for home a few months ago, and the sad news, which has come so unexpectedly, will be a great shock to Mr. Macleod's large circle of friends in the Settlement. Mrs. Macleod had been out here many years and had identified herself so thoroughly with the social life of the place that her loss will be very really felt on all sides. Dr. Macleod and his family will have the sympathy in their bereavement of all who knew them.

The friends of Mr. Witkowski (formerly employed by Messrs. Arnhold, Karberg & Co.) will, says the "N.-C Daily News, learn with regret that he died in Germany from heart failure on the 6th instant. He leaves a wife and three young children, for whom much sympathy will be felt.

In taking over control of Korea, the Japanese Government has several problems to face beside that of allaying the discontent of the Koreans. During the past few years considerable sums have been advanced to the Korean Government by Paris bankers and other French financiers and M. Pierre Giffard, who was in Korea for some time, now raises the interesting question, How are these liabilities to be met? In 1901 certain Paris banking firms lent Korea £480,000. Then came the transformation of the Mint, the construction of the railway from Seoul to Wiju, and the creation of the 37 post-offices and of several schools by the agents of the French Administration. The railway alone cost £2,?00,000, so that altogether the total of Korea's indebtedness to French financiers, in respect of the matters above indicated alone may be put at about £3,000,000. Will Japan, asks M. Giffard, liquidate these sums?

재판의 증거물로 제시된 코리아 데일리 뉴스(1907.9.21) 2면 논설 「의식(儀式)의 주인은 어디 있는가?(Where is the Master of Ceremonies?)」, 영국국립기록보관소 소장.

대한제국 서울 영사법정

1907년 10월 12일 토요일

어네스트 토마스 베델 귀하

본 법원의 관할권에 있는 귀하가 다음과 같은 기사를 게재하거나 혹은 게재하도록 교사했다는 고소가 오늘 자로 본 법원에 들어왔다.

① *Korea Daily News*(이하 *KDN*) 1907년 9월 3일 자 3면에 실린 칼럼 「지방소식과 논평 ─ 지방의 곤란Local News and Comment, The Trouble in the Interior」

② *KDN* 1907년 9월 10일 2면 칼럼 「지방 곤란The Trouble in the Interior」

③ *KDN* 1907년 9월 12일 2면 머리기사 「지방 곤란」(신보, 9월 18일 자)

④ *KDN* 1907년 9월 21일 2면 논설 「의식儀式의 주인은 어디 있는가?」

⑤ *KDN* 1907년 9월 29일 2면 머리기사 「시골로부터의 간단한 이야기Plain Tales from the Country」

⑥ *KDN* 1907년 9월 26일 3면 "우리는 심한 전투 소식을 들었다"로부터 시작해서 "유럽인들로부터"로 끝나는 구절

⑦ *KDN* 1907년 10월 1일 3면 "南道로부터의 믿을 만한 소식"으로 시작해서 "팔뚝에 기대어놓고 그를 쏘았다"로 끝나는 구절

⑧ 대한매일신보(이하 신보) 1907년 9월 18일 1면 논설 지방소요 사태에 관한 기사(*KDN* 9월 12일 자 번역)

이상의 기사나 구절들 혹은 그것들 중의 일부를 귀하가 게재했거나 혹은 게재하도록 교사한 행동이 소요를 일으키거나 조장시켜 공안을 해친 것으로 이

---

4 배설의 1907년 1차 공판기록은 영국 국립기록보관소(National Archives) 소장문서, FO 371/238, *British Journalism in Korea*. 하지만 재판을 진행했던 코번은 이 기록은 많은 오류가 있다고 말했다. 다만 여기 소개하는 공판 기록은 배설의 대한매일신보 보도 내용을 토대로 작성했기 때문에 오류의 상당 부분이 수정되었다고 본다.

해할 만한 충분한 이유가 있다. 따라서 귀하는 여기에 에드워드 국왕 폐하의 이름으로 다음 주 월요일 10월 14일 상오 11시에 총영사관으로 출두해서 이상의 고소 사실에 답하도록 명령하는 바이다.

1907년 10월 12일에 서명 날인

헨리 코번 판사

코번의 배설 소환장에는 처음에 통감부가 제시한 것보다 많은 기사가 추가되어 있다. 통감부는 처음부터 10건을 코번에게 제시했는지, 배설의 범죄를 증명하기 위해 더 많은 기사를 코번에게 추후로 제시했는지 알 수 없다.

3. 총영사 코번의 영사재판

이리하여 배설은 10월 14일 11시 영국 총영사관의 영사재판정에 출두했다. 총영사 코번이 지방법원 판사 자격으로 재판을 진행했고, 형식상의 고소인은 영사관원 홈스Ernest Hamilton Holmes였다. 인천주재 영국영사 레이Arther Hyde Lay도 법정에 나왔고, 증인으로는 통감부 외사과장 고마쓰 미도리小松綠, 영국교회 주교 터너Arthur Beresford Turner, 퇴역소령 휴즈Major Hughes 등이 참석했다.

법정이 개정되자 법정정리廷吏는 선서를 하고 지난 토요일 오전 배설에게 소환장을 전달했음을 증언했다. 코번은 재판장 자격으로 피고는 법원

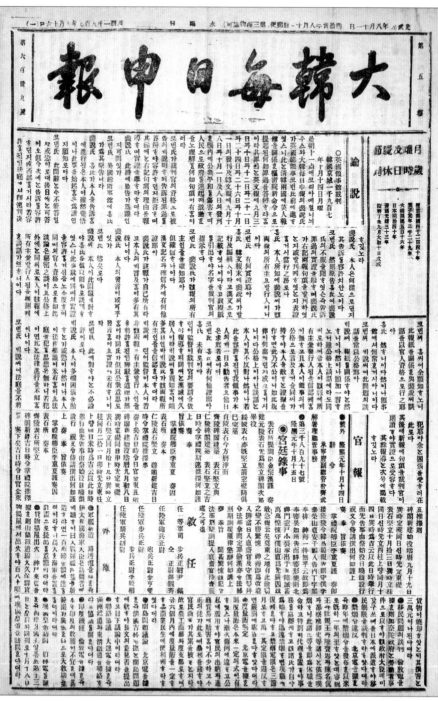

배설은 공판기록을 「영국 영사관 재판」이라는 제목으로 대한매일신보 국한문판 1면에 3회(10월 16 · 17 · 19일 자)에 걸쳐 보도했다.

의 소환장에 응하고 또 그 소환장에 기재된 고소에 답하기 위해 법정에 선 것이라고 설명했다. 재판 절차는 피고인이 혐의 사실을 시인하거나 그렇지 않을 경우 부인하도록 될 것이다. 후자의 경우 피고인은 기사의 이유를 설명하거나 증인을 부를 수도 있다.

법률 지식이 없는 배설은 불리한 입장에서 스스로를 변호하는 수밖에 없었다. 표면상 고소인은 홈스였지만, 배설은 실지로 그를 고소한 사람이 누구였는지를 밝혀달라고 재판장에게 요구했다. 코번은 통감부 부이사관副理事官 다카세 쓰네노리高瀬經德를 고소인으로 하고 와사과장 고마쓰 미도리를 증인으로 영사관 법정에 출두시키기로 통감부와 비밀리에 약속하였다. 하지만 숙고 끝에 생각을 바꾸어 고소인은 총영사관원 홈스로 하고 증인은 고마쓰를 부르기로 결정했다. 홈스는 약 3년 동안 한국에 거주했다고 말했다. 홈스를 고소인으로 내세우겠다는 통보를 받은 통감부는 코번이 이미 정치문제로 사건을 해결하기로 약속한 바 있기 때문에 영사 법정의 재판수속에 관해서는 관여할 사안이 아니라고 판단하여 코번의 결정에 따르기로 하여 고마쓰만을 증인으로 출두시켰다.[5]

배설도 이같은 경위를 알고 있었기 때문에 법정에서 진짜 고소인이 누구인지를 따져 물었던 것이다. 배설을 직접 만나 취재했던 런던 데일리 메일 기자 맥켄지F.A. McKenzie도 저서에서 이 점을 밝히고 있다.[6] 재판기록은 전문적 법률지식이 없는 배설이 불리한 입장이라는 사실과 진짜 고소인이 누구인지를 밝히려 하는 태도가 드러나고 있다.[7]

---

5   이토가 외무대신 하야시에게, 국사편찬위원회 소장, 『통감부 문서』, 往電 제155호, 1907.10.16, 오후 1시 20분 발.

6   F.A. MeKenzie, *The Tradegy of Korea*, Yonsei Univ. Press, 1969, pp.221~224.

재판은 이 신문의 소유주가 배설임을 확인하는 인정신문으로 진행되었다.

배설   이 기회에 원고原告가 누구인지 물을 수 있겠는가.

재판장(코번)   영국 총영사관의 홈스가 원고다.

배설   홈스가 나를 고소한 것은 안다. 그러나 이 사건을 처음 제기한 사람
이 누구인지를 알고 싶다.

재판장   지금 대답할 수는 없고, 후일에는 알려줄 수 있다. 현 단계에서 피고
는 소환장에 언급된 사실을 시인하여, 즉 피고의 기사가 국민들에게
봉기를 선동했다고 시인하든지 또는 이를 부인하든지 하라. 승복한
다면 법정에서 바로 판결하겠다.

배설   나는 어떤 모양으로든지 이 고소를 인정하지 않는다.

재판장   그러면 원고 홈스는 배설의 불복을 들었으니 고소된 죄과罪過의 실
증을 들며, 배설이 두 신문의 문제된 논설을 발간하였는지, 또는 발
간케 하였는지 증명하라.

홈스   본인이 알기에는 배설은 그 두 신문의 소유주요 발행인이다.

재판장   어떻게 증명할 수 있는가.

홈스   국한문판 끝에 배설이 발행 겸 편집인이라고 한문으로 기재하고 있
다(하면서 그 두 신문을 꺼내어 배설의 이름을 재판장에게 보이다).

재판장   배설이 그 소유주인 것을 확실히 아는가.

---

7   공판기록은 다음 4개 자료를 참고하였다. ① "British Journalism in Seoul, Summary of Ju-
dical Proceeding Against Mr. Bethell", *Seoul Press*, 1907.11.6. ② 영국 National Archive 소장
문서 *British Journalism in Korea*(FO 371/238,), ③ 統監府文書 4권, 8. 『大韓每日申報事件』,
(23) 「베델」裁判係書類送付件, ④ 申報, 1907년 10월 16, 17, 19일 3일간 연재된 「英國領
事館裁判」.

홈스　　 확신한다.

재판장　 한문 기명記名과 확인 외에 다른 증거도 있는가.

홈스　　 배설이 그 신문이 자기 소유라고 내게 여러 번 언급한바 있었다.

배설　　 내가 말해도 좋은지?

재판장　 좋다.

배설　　 이 문제에 대하여 나는 홈스 씨를 단지 영사로써 말하였으니 이 사
　　　　 태에 홈스의 실증을 용허할 것으로 생각지 않는다. 홈스의 공무원
　　　　 자격에 대해 한 이런 담론은 비밀한 말이었고, 공적 자격 외에는 그
　　　　 사람에게 내가 그 신문의 소유주 겸 발행인임을 추측할 수 있도록
　　　　 말한 적이 없다.

재판장　 홈스 씨, 이 신문에 관한 배설의 이야기를 관리의 자격으로 들었는가.

홈스　　 그렇다. 그러나 항상 영사관에서 말한 것은 아니었다.

재판장　 피고는 이 문제에 관해서 이야기 할 때는 언제나 공적 입장이었는가.

배설　　 신문에 관해서는 그렇다. 그러나 한마디 덧붙이고 싶은 것은 비록
　　　　 공적인 담화 중이라도 홈스로 하여금 내가 그 신문의 소유주 겸 발
　　　　 행인이라는 것을 확인케 한 적이 없고, 또 내가 영사의 공적 자격에
　　　　 다가 언급한 것을 가지고 나를 적대시하는 증거를 만들면 이로써 공
　　　　 적 입장이 아니니 이러한 규율이 어느 곳에든지 미칠 것이다. 비공
　　　　 식적인 담화에 대해서는 나는 반대가 없다. 만일 이를 용허할진댄
　　　　 우리 영사가 본인에게 하루는 권고자요, 다른 하루는 구형자求刑者인
　　　　 것이다.

재판장　 (홈스에게) 다른 증거가 있는가.

홈스　　 없다.

4. 논설 영문 번역은 정확한가

터너 신부가 재판장의 요청에 따라 진술했다. 그는 전부터 서울에 살았고 배설을 안지 오래 되었는데 배설이 그 두 신문의 소유주인 것을 확실히 인정한다고 증언했다.

배설   터너 신부는 만약 내가 두 신문의 소유주 겸 발행인이 아니라 할지라도 그가 그것을 반박 증명할 방법이 없음을 시인할 것이다. 그는 단지 공중여론에 대해서만 말하는 것일 뿐 아무런 증거도 갖고 있지 않다.

재판장   피고는 지금 단계에서 증거에 대해 언급해서는 안 된다.

배설   괴로움을 끼치는 것 같아 걱정스럽다. 그러나 내가 법률지식이 없기 때문이지, 법정을 모욕할 생각은 없으니 혹시 잘못이 있으면 이는 법절차를 모르기 때문인 것이다.

코번   피고는 법정을 모욕하지는 않을 것이다. 나는 괴로움을 받기 위해 이 자리에 앉아 있는 것이니까.

홈스는 다음 기사들을 낭독했다.

코리아데일리뉴스 기사

① 1907년 9월 3일 자 3면 칼럼

「지방소식과 지방의 곤란 Local News and Comment, The Trouble in the Interior」

"토요일 오후, 수원 서문 밖에서 일본군이 두 명의 한국 전직 군인들에게 총

"Where is the Master of Ceremonies?"가 실린 코리아 데일리 뉴스, 1907.9.21, 1면.

을 쏘았다. 담당 장교는 이어서 자신의 칼을 빼 들어 죽어가는 가련한 두 인물

의 내장을 도려낼 기세로 배에 깊숙이 꽂아 넣었다."

"토요일 저녁 용산에서 한 한국인과 등에 아이를 업은 그의 부인이 일본군 막

사 근처의 길을 조용히 걷고 있었는데, 어떤 일본군이 아무런 이유 없이 그들

에게 총을 쏘았다. 부인은 옆구리에 총을 맞아 그 자리에서 사망했으며, 여성이

업고 있던 아이의 손가락은 산산조각이 났다. 혼비백산한 부인의 남편은 황급

히 막사의 장교에게 그 참극에 대해 고했으나, 그저 소액의 보상금을 제시 받았

다. 보상금을 거부한 남편은 길거리로 쫓겨났다. 사건의 범인이 처벌을 받았는

지에 대해서는 미지수이지만, 그의 천인공노할 행동에 대해 아직 아무런 조치가 취해지지 않았다고 간주해도 무방할 듯하다.」

② 1907년 9월 10일 자 2면 칼럼

「지방 곤란The Trouble in the Interior」

"내륙 안 사건들의 심각성이 고조됨에 따라 일본군 당국은 해당 사건들을 근절하기 위해 극단적인 조치를 취하기로 했다. 이러한 조치 중 하나로 볼 수 있는 조선 주둔군 사령관 하세가와長谷川好道 남작의 공공연한 선언은 반드시 필요한 것임이 틀림없으나, 듣는 이의 마음에 공포와 동정심을 불러일으킨다."

"하세가와의 선언은 반란이 일어난 지역의 모든 주민들의 말살을 명령했다. 그와 같은 선언은 여성, 아이와 노인들도 전쟁에 휘말리게 하므로, 최후의 수단으로 택해야 할 것이다. 이러한 조치는 말로 표현할 수 없는 고통과 괴로움, 그리고 무방비한 이들의 죽음을 야기할 것이다. 한국 내의 상황은 이러한 극단적인 조치를 취해야할 정도로 나쁘지 않다. 한국 내의 반란을 진압하는데 더 완곡한 방편을 효율적으로 적용하는 것이 가능했을 것이다. 곧 혹한의 겨울이 다가올 것이다. 주민들이 사는 마을과 동네를 통째로 불태워버리는 것은 있을 수 없는 일이다. 최후의 보루로서는 납득 가능할지 몰라도, 현 상황에서는 야만적인 수단의 부활로 보일 뿐이다."

③ 1907년 9월 12일 2면 머리 기사

「지방 곤란The Trouble in the Interior」(신보, 9월 18일 자에 같은 내용)

"청주시에는 1,000명 이상의 일본군이 주둔해 있다. 일본군은 구시대 전법을 답습해서 시가지의 가게를 약탈하고 점령하고 있다. 사실인지 증명되지는 않았지만 소문에 의하면 일본 병사들이 여성과 아이들을 죽이고 있다고 한다. 일본 군에 의해 수천명의 민간인이 약탈당하고 살 곳을 잃었으며, 이로 인해 의병의 수가 폭증했다고 한다."

④ 1907년 9월 21일 2면 논설

「의식儀式의 주인은 어디 있는가?Where is the Master of Ceremonies?」

"오늘 아침 도쿄에서 전달받은 전보들에 의하면 일본의 요시히토 황태자가 10월 16일 서울에 시찰 목적으로 도착한다고 한다."

"한국 황실은 어떻게 된 것인가? 한국 국민들은 몇 년간 그러했듯이 일본의 손아귀에 완전히 사로잡혀 있다. 황제는 현재 감금 상태에 있다."

⑤ 1907년 9월 29일 2면 머리기사

「시골로부터의 평범한 이야기Plain Tales from the Country」

"주민들은 의병들이 모두 훈련이 잘 되어 있으며, 훌륭하게 통솔 되고 있다고 칭찬했다. 공공연하게 나라를 위하는 척하지만 사실은 늘 국가의 적이었던 일진회一進會 인물들은 일본군들을 인도해 상당한 크기의 집단으로 몰려다니며 무자비한 짓을 일삼고 있다. 그들은 가는 곳마다 약탈, 절도와 파괴를 저지르며, 그들의 비인간적인 일들로 인해서 일어나는 소요를 잠재울 능력은 조금도 없다. 이들은 가는 곳마다 약탈을 하며 풍비박산을 내고, 살인을 저지른다. 내가 간 한 마을의 주민들은 이들이 땔감을 들고 가던 어린 소년을 쏘아 죽인 일 때문에 깊은 분노에 차 있었다. 소년이 무자비하게 살해당했을 때는 혼자였고, 그를 도울 의병은 수마일 내에 없었던 것이다. 일본인들은 고립된 마을을 약탈하고 말과 소를 강탈해간다. 그들은 자신들이 취한 것에 대해 1푼도 지불하려 들지 않으며, 그들의 폭력과 탐욕으로부터 그 누구도 안전하지 않다. 의병들과 함께 한다면 그들은 단지 악한들로부터 자신의 집과 가족을 지키기 위해 싸우고 있는 것뿐이며, 그들을 반역자라고 부르는 것은 터무니없는 일이라는 것을 알게 될 것이다.

나는 이러한 의병과 일본군들 사이에서 일어난 전투를 네 번 보았다. 한 번은 일본군이 5명의 사상자를 내며 물러가면서 무승부로 끝났고, 나머지 3번은 상대적으로 탄약이 보급이 원활하고 사정거리가 긴 일본군의 승리였다. 3번의 승리 중 단 1번만 일본 사상자/부상자가 발생하지 않았다. 이를 통해 나는 이러한 전투가 일본군 측에서도 만만히 볼 일이 아니라는 것을 충분히 알 수 있었다."

⑥ 1907년 9월 26일 3면

"수원으로부터 8마일^{약 12.8km} 떨어진 곳에서 9월 12일 일요일에 큰 전투가 벌어졌다는 소식을 접했다. 30명의 의병들이 일본군에게 둘러싸여 저항했으나, 냉혹하게 총살당했다. 이걸로 만족하지 못한 듯, 의병 가운데 생포된 2명은 일본군에게 끌려나와 공개 할복을 당했다. 이 소식은 한국 현지인이 아닌 유럽인들로부터 전했다는 점을 밝힌다."

⑦ 1907년 10월 1일 3면

"남쪽의 믿을 만한 정보원에 의하면 지난 달 26일 몇 명의 일본군이 예산禮山에 도착하여 해당 지역 고관으로 지냈던 이남규李南圭를 체포했다고 한다. 이에 대해 이남규의 아들과 하인들이 일본군들에게 체포의 이유를 알려 달라고 간곡히 요청했으나 일본군들은 이들에게 발포를 해 이들 중 대부분은 목숨을 잃었다. 그 후, 일본군은 이남규를 기둥에 묶어 총살했다."[8]

대한매일신보 기사

⑧ 1907년 9월 18일 1면 논설(*KDN* 9월 12일 자 번역)

국한문판과 한글판 「지방 곤란」

"한국 남방에 소요가 일어나 극히 악한 전쟁이 나타나고 문명적 형태는 하나도 없고 잔인한 행위가 점점 더 하도다. (…중략…) 제천에는 근 칠십리 지경에 일병이 촌마다 불을 놓고 집마다 불을 놓아서 연기와 티끌밖에는 남은 것이 없고 …일병이 부인과 아이들을 또한 죽였다는 말이 있으나 이것이 확실한 것은 본 기자로서는 알 수 없다. (하지만) 의병에 상관없고 수천명 백성이 일병에게 집을 잃었으니 의병이 더 많아지기는 자연한 형세로다."

⑨ 1907년 10월 1일 1면 논설

「귀중貴重흔 줄을 인認ㅎ여야 보수保守홀 줄을 인認ㅎ지」, 한글판은 10월 3일 「귀중한 줄을 알아야 보수할 줄을 알지」. 논설은 독립의 중요함을 강조하면서 이렇게 말했다. "대한의 독립은 대한 사람이 자기 힘으로 얻고 자기 힘으로 보수하여야 완전한 독립이 될 터이니 (…중략…) 다른 사람의 압제와 결박을 벗어나고 일개 독립국을 세계에 발표할지어다. 만일 그렇지 못하면 천지가 비록 크고 사해가 비록 넓으나 나라 없는 인민은 발 디딜 데가 없으니 생각하고 힘쓸

---

8 대한매일신보는 10월 2일 자에 당시의 정황을 다음과 같이 보도했다. "「리씨피해」 례산군에 사는 전 참판 리남규씨는 본시 문학재상으로 여러 해에 두문불출ㅎ고 잇는고로 스림에서도 흠앙ㅎ더니 무슴스단이 잇던지 일병의게 포박ㅎ여 해씨는 보고를 틋고 그 아들은 도보ㅎ여 좃쳐가더니 온양군 외암동에 니르러서 리씨의 부즈가 일시에 피살ㅎ엿다더라." 대한매일신보는 10월 8일 자에 더 상세한 피살 경위를 보도했다. "이남규는 일본군에게 잡혀갈 때에 필담으로 자신의 무죄를 주장했지만, 일본군은 이남규가 글도 잘하고 지혜가 많은 것을 보니 의병을 일으킬 것이 확실하다면서 총살[砲殺]하고 말았다. 아들 형제가 따라갔다가 이 참상을 보고 아버지의 시체를 붙잡고 통곡했는데 아들까지 모두 쏘아 죽였다."

지어다."

⑩ 1907년 10월 8일 2면

일본 황태자의 한국 방문 및 한국 황제가 그를 만나기 위해 제물포 여행에 관계된 구절.「필하춘추筆下春秋」, 한글판은「시ᄉ평론」. "대황제 폐하께서 인천까지 거동하사 영접하시기로 내각에서 결의하였다 하니 우리의 소견으로는 이것이 너무 과도히 하는 일이로다. 남문 밖 정거장까지만 동가하샤 영접하셔도 족할 것이오, 이같이 태과太過케 아니하셔도 태서 각국 임군의 체면에는 흠결이 되지 아니할지라. 한국 정부의 대신들이여 한국에 황제가 계신 것을 어찌 생각지 아니하느뇨. 내 나라의 임군은 낮게 하고 다른 사람을 존경하는 것이 나라를 사랑하는 마음에서 나옴인가 아닌가."

재판장　(홈스를 향해) 그대가 대한매일신보 논설 번역 3건을 제출했고, 또
　　　　이 고소가 영문판의 논설을 가장 크게 문제 삼은 것은 나 역시 주목
　　　　했다. 번역한 논설은 정확한 것으로 확신하는가.

홈스　　확실한지는 모르겠다.

재판장　그것들이 확실히 번역되었다는 또 다른 무슨 증거가 있는가.

홈스　　레이 씨가 이를 인정했다.

제2장

6개월 근신형 판결

1. 의병의 무력 항쟁은 신보의 선동 탓

인천 주재 영국영사 레이가 나와서 증언하기를 재판정에 제출한 이 기사는 자기가 번역한 것이며 정확하고 증언하면서, 자신은 한국문장을 영문으로 정확히 번역할 수 있다고 말했다.

재판장 (홈스에게) 고소를 보면 배설이 발행한 이 두 신문에 지금 읽은 구절이 공중평화를 해친 것이라 주장[稱託]했으니 이 주장을 증명할 수 있는 어떠한 실지증거를 들 수 있는가.

홈스 고마쓰를 부르기 바란다.

재판장 (고마쓰에게) 그대는 통감부의 관리[外事課長]인 것을 내가 인정한다.

고마쓰 그렇다.

재판장 서울에 얼마나 있었는가.

고마쓰 1년 4개월이다.

재판장 이번 배설을 고소함에 대해서 어떤 증거를 내 보이겠는가.

고마쓰 묻는 말에 답하겠다.

홈스 그 두 신문의 논설을 읽었는가.

고마쓰 영문판과 국한문판 모두 읽었다.

홈스 이 나라의 국내 형편을 잘 아는가.

고마쓰 안다.

홈스 그 형편을 설명하겠는가.

고마쓰 해산당한 병졸이 정부를 향하여 반란을 일으켜서 일어난 곤란과 문란한 형태이다.

재판장　소요가 일어난 원인을 설명함은 적당치 않다.

고마쓰　국내 정황이 이와같이 조악하므로 일본군이 한국 주재 일본 관헌의 훈시에 따라 총사령관의 명령으로 폭도를 진압하러 지방에 파견되었다.

재판장　그 군대를 어느 곳으로 파견하였는가.

고마쓰　소요가 큰 남부지방으로 파견했다.

재판장　서울에도 그와 같은 일본군이 있는가.

고마쓰　있다.

재판장　얼마인가.

고마쓰　이 질문을 답할 능력이 없다.

재판장　대략 얼마라 짐작하는가.

고마쓰　서울 질서를 유지하기에 족하니 확실히 알지는 못하나 부족하지는 않을 것을 믿는다.

재판장　서울에 일인 거주자 수가 얼마인가.

고마쓰　내가 알기에는 1만 명이다.

재판장　문제된 논설 구절 읽는 것을 들었으니 이에 대해 설명하겠는가.

고마쓰　간단히 말하면 내 소견에는 그 두 신문의 논설이 평화를 해쳤고 또 한국인들의 일본에 대한 악감정이 이 두 신문으로 인해 생긴 것을 느낀다.

재판장　이것으로 실증을 만들기는 불가능하다. 사실을 얻기 바라는 것이지 의견을 묻는 것은 아니다.

홈스　(고마쓰에게) 당신은 이 악감정에 대해 아는 게 있는가.

고마쓰　친한 한국인에게 들으니 일본을 좋아하지 않음을 공공연히 설명했는데, 일본과 한국의 관리 및 민간인에게서 들으니 이 악감이 이 두 신문으로 생긴 것을 느꼈다.

재판장 그대의 느낌은 실증이 아니므로 그 말을 채택할 수는 없다. 실증을 원하는 것이지 느낌을 원하지 않는다.

고마쓰 그런가. 그러나 내가 들은 악감의 모든 정보가 모두 이 두 신문과 관계가 있다.

재판장 고소된 한 구절은 일본 황태자의 한국 방문에 관계되어 있는데 이 여행에 관해서 아는가.

고마쓰 내가 알기에는 이달 16일에 한국에 도착한다.

재판장 대한매일신보를 읽는 한국인이 많은가.

고마쓰 많다.

재판장 어떻게 아는가.

고마쓰 같이 어울리는 한국인이 그렇게 말하더라.

재판장 바로 말하면 스스로 아는 것이 아니요, 타인의 말을 들은 것이란 말인가.

고마쓰 그렇다.

재판장 서울 안에 있는 일본 병정의 정확한 숫자를 말하겠는가.

고마쓰 군대가 때때로 떠나고, 또 도착하니 이는 능히 말할 수가 없다.

재판장 감사하다. 이것으로 되었다.

여기서 휴정하였다가 식사를 마치고 오후 2시 10분에 다시 개정하다.

고마쓰는 오전 증언 가운데 바로잡을 부분이 있다면서, 서울 거주 일인 수효가 1만 6,000명이라고 말했다(고마쓰는 법정에 말할 때 일어서지 않았다).

2. 반일감정이 신문 때문인가?

재판장 (배설에게) 지금까지의 증언에 물을 말이 있는가.

배설 구형 절차가 완결되었는가.

재판장 반드시 그런 것은 아니다(not necessarily).

배설 본인이 묻는 이유는 지금 제출한 실증을 가지고 쓸데없이 재판 시간만 허비할 필요가 없다고 보기 때문이다.

재판장 이 재판정의 서류 증거로서 코리아 데일리 뉴스와 대한매일신보를 가졌고 또 고마쓰의 증언을 들었으나 그 증거가 재판에 충분하지 못하니 터너 신부가 다시 증언하기를 바란다.

터너 신부가 증언대에 서다.

재판장 서울에 온 지 몇 년인가.

터너 11년이다.

재판장 배일사상을 가진 한국인이 서울 안에 있는가. 다시 말하면 이 나라에서 한국인의 보통 대일 감정이 어떤가.

터너 한국인과의 담화에서 강경한 배일사상을 확실히 보았다.

재판장 귀하의 일반적 지식으로 보아 이 감정이 널리 퍼져 있다고 생각하는가.

터너 심히 널리 퍼져있다.

재판장 귀하가 아는 범위 내에서 일본 군인이 서울에 있는가.

터너 그렇다. 일병이 기왕에도 서울에 있었고, 현재도 있음을 알고 있으나 얼마인지는 모른다.

재판장　서울 안에 일본 거류민이 얼마인가.

터너　많다. 8천, 또는 1만이라는 보고가 1~2년 전에 있었다.

재판장　한인 중에 무력운동이 있음을 알았는가.

터너　본인이 목격한 것은 강화江華島 사건이 있다.[1] 그러나 신문보도와 여
행자의 보도로 보건대 허다한 무력 소요가 국내에 있다.

재판장　충돌을 직접 본 일이 있는가.

터너　있다. 강화성을 빼앗은 것은 목격한 바이며, 또 개인의 보도를 접한
것으로도 남도에서 한인과 일본순사 및 군인들 사이에 무력 충돌이
있었다.

재판장　일본 황태자가 한국에 오는 사실을 아는가.

터너　10월 16일에 온다는 말을 일본 관리로부터 들었다.

재판장　(배설에게) 할 말이 없는가.

배설　바로 지금은 없다. 이는 내가 물을 말이 지금 재판에 영향을 미칠지
모르기 때문이다.

재판장　물을 말이 있으면 지금 해야 한다.

배설　그렇다면 어떤 사람의 제보로[例證] 나를 고소했는지 홈스 씨에게
묻고 싶다.

홈스　(재판장에게) 이 질문에 반드시 대답해야 하는가.

1　Turner 주교가 강화도에서 직접 목격했다는 강화의병 사건은 배설 공판 2개월 전인 8월 9
일에 일어났다. 강화도 진위대원(鎭衛隊員)을 중심으로 일어난 이 의병은 지방민이 가세
하여 약 800명에 이르렀다. 8월 10일 이를 진압하러 갔던 일본군 6명이 교전 끝에 사살되
고 5명이 부상했다. 이튿날 일본군은 강화성을 점령했으나 의병 600여 명이 무기를 가지
고 후퇴하여 경기·황해도 연안지방에서 의병활동을 계속했다(국사편찬위원회, 『高宗時
代史』6, 1972, 663~665면 참조).

| 재판장 | 필요치 않다. |
| 배설 | 내가 한국 정부의 제보로 혹 이 재판을 받는지 물을 수 있겠는가.[2] |

재판장은 이 질문에도 답할 필요가 없다고 하다.

배설	고마쓰가 국내의 소요가 일어난 것은 8월 군대해산 직후에 시작되었다고 증언했으니 이 증언이 확실한 것인지 물어도 좋겠는가.
고마쓰	날자는 분명치 않으나 8월 어느 날이다.
배설	한인과 일본인 사이에 악감정이 제일 처음 일어난 때가 언제인지 알 수 있가.
고마쓰	알 수 없다.

여기서, 재판장은 홈스로 하여금 고소한 구절의 증본(證本)을 제출하게 했고, 인천 주재 영국영사 레이가 대한매일신보에 기재된 판권에 배설이 편집장 겸 발행인으로 되어 있다고 증언했다. 휴즈 소령이 증언대에 섰다.

배설	코리아 데일리 뉴스를 계속 읽었는가.
휴즈	그렇다. 늘 읽는다.
배설	그대 생각에는 그 신문이 공중의 평화를 해한 것으로 보는가.
휴즈	아니다. 그러나 한마디 덧붙일 말이 있으니 나는 늘 한국인들이 일

---

2 배설은 통감부가 자신을 고소했다는 사실을 법정에서 확인하려는 질문을 되풀이하면서 누구의 요구로 자신을 고소했는지 따져 묻고 있다. 난처한 입장에 처한 홈스는 답변을 회피했다.

On Saturday morning, October 14, 1907, the following summons was served upon Mr. E. T. Bethell of the Korea Daily News and the Dai han mai il Shinpo by the constable of His Britannic Majesty's Consular Court in Seoul.

IN HIS BRITANNIC MAJESTY'S

CONSULAR COURT

AT SEOUL.

Saturday, the twelfth day of October, 1907.

To Ernest Thomas Bethell.

Complaint has this day been made before this Court for that you being within the jurisdiction of this Court published or caused to be published on the 3rd day of September 1907 in a newspaper entitled "Korea Daily News" on the third page a column headed as follows, namely, "Local News and Comm The Trouble in the Interior

and that on the 10th day of September 1907 you published or caused to be published in the same newspaper on the second page a column headed "The Trouble in the Interior";

and that on the 12th day of September 1907 you published or caused to be published in the same newspaper on the second page a leading article entitled "The Trouble in the Interior";

and that on the 21st day of September 1907 you published or caused to be published in the same newspaper on the second page a leading article entitled "Where is the Master of Ceremonies?";

and that on the 24th day of September 1907 you published or caused to be published in the same newspaper on the second page a leading article entitled "Plain Tales from the Country";

and that on the 26th day of September 1907

— XIV —

Mr. Bethell—In your opinion are the articles in that paper calculated to excite to a breach of the public peace.

Major Hughes-No. And I will go further and say that I have always remarked that you go out of your way to lay stress upon the suicidal policy of the Koreans in offering armed opposition to the Japanese.

Mr. Bethell's request to put further questions to Mr. Komatz was then acceded to by the Court.

Mr. Bethell.—You have said that you read the Dai Han Mai Il Shimpo. Do you understand Korean?

Mr. Komatz. No.

Mr. Bethell.—Then how can you read the Dai Han Mai Il Shimpo?

Mr. Komatz. I can understand the Chinese characters.

Mr. Bethell.—But not the rest?

Mr. Komatz—No.

The court was then adjourned and upon reopening the judge gave his finding. It was to the effect that E.T. Bethell had published in the Korea Daily News and Dai Han Mai Il Shimpo matter calculated to excite to or produce a breach of the public peace.

The Court was then closed.

THE JUDGE'S SUMMING UP.

The Finding in full was as follows :—

The Judge stated that a complaint has been laid before the court alleging that the conduct of the defendant in publishing on causing to be published articles in the two newspapers "The Korea Daily News" and the "Dai Han Mai Il Shin Po" was likely to produce or excite to a breach of the public peace ; that the newspapers containing the articles in question had been produced in evidence, with affidavits by Mr. Lay of true translation of the articles which had appeared in the "Dai Han Mail Shin Po" that evidence had been given to prove that Ernest Thomas Bethell was the proprie or and publisher of the "Korea Daily News" and the editor and publisher of the "Dai Han Mai Il Shin Po" ; that evidence had been given to prove the following facts :—that an armed movement is in existence in the interior for the purpose of producing political changes; that conflicts have taken place between Koreans and the Japanese troops; that there are a number of Japanese troops in Seoul; that there is a considerable number of Japanese residents in Seoul; that there is in Seoul a feeling of dislike and hatred on the part of Koreans against the Japanese; that the Crown Prince of Japan is expected to visit Seoul in the course of the next few days.

The fact of publication having been established, it is necessary to take into consideration the circumstances under which publication is made in order to determine whether publication of such articles as those mentioned in the complaint constitute conduct likely to excite to a breach of the public peace, and, having read the articles and paragraphs submitted in evidence and upon consideration of the other evidence laid before it, the court is of opinion that the conclusion is irresistible that the conduct of the defendant in publishing

— XV —

articles of the nature of those adduced in the complaint creates a likelihood of a breach of the public peace.

The Court finds it proved that there is a reasonable ground to apprehend that the conduct of Ernest Thomas Bethell, a British subject, is likely to produce or excite to a breach of the public peace.

FROM THE KOREA DAILY NEWS, OCTOBER 22, 1907.

We had not intended to make any comment upon this case which concluded so suddenly and unexpectedly on Tuesday of last week. We felt that no remarks which we might make would be of benefit to anybody and silence seemed to us to be the simplest resort. However, as we find that the result of this trial and the proper meaning of the charges on which this trial was based have been greatly distorted at the hands of the Japanese correspondents in Seoul, who supply the world with the greater part of 'news' of Korea, we owe it to ourselves to correct the erroneous impressions which have already obtained publicity.

The Foreign newspapers published in Japan have published translations from their vernacular contempories wherein it is alleged that the proprietor of the Korea Daily News was reprimanded by the British Consular Court in Seoul, was heavily fined, and was told that a repetition of his offence would lead to his deportation. And so now we give the text of the judgment of the Court. It is as follows :—

"Tuesday, the fifteenth day of October, 1907.

Ernest Thomas Bethell of Seoul comes personally before this Court and acknowledges himself to owe to our Sovereign Lord King Edward the sum of three hundred pounds sterling to be levied on his goods if he fails in the condition herein indorsed.

E. T. Bethell.

Before me
Henry Cockburn,
Judge.

The condition of the within-written recognisance is such that if the within named Ernest Thomas Bethell be of good behaviour for the term of six calendar months now next ensuing then the said recognisance shall be void but otherwise shall remain in full force."

At law, this judgment is incontrovertible ; but we may remark "en passant" that it is rendered in accordance with Orders in Council whose antiquity, in comparison with the rapid developments in the Far East during the past fourty years, command respect. It will be remembered that as recently as February of this year, some new Orders in Council were promulgated dealing particularly with the conduct of newspapers published under the privileges of extra territoriality in the Far East. A very conservative contemporary, the Hongkong Telegraph, in publishing this Order, described it as aimed directly at the Korea Daily News. After many months the "Japan Mail" and the "Seoul

배설 1차 재판기록

British Journalism in Korea.

본인들에게 무장 저항을 하는 자살적 정책을 강조하는 귀하의 방식을 그만두어야 한다고 말해 왔다.

배설　(고마쓰에게) 대한매일신보를 읽었다니 한국 글자를 아는가.

고마쓰　모른다.

배설　그러면 대한매일신보를 어떻게 읽을 수 있는가.

고마쓰　한자는 읽을 수 있다.

배설　그러나 그 나머지는 해독하지 못 한단 말인가.

고마쓰　읽지 못한다.

재판을 진행한 코번은 고마쓰의 증언만으로는 배설의 유죄를 인정하기에 충분하지 못하다고 말했다. 증인들은 모두 일본군 및 민간인이 한국에 있으며 각지에서 항일의병이 일어나고, 한국인이 일본에 대해 악감정을 품고 있다는 점 등, 대한매일신보의 논설은 사실이라고 증언했다.

이로써 법정은 폐정했다.

3. 배설의 신문은 공안을 해칠 우려

10월 14일 월요일, 코번은 배설에게 6개월 동안의 근신謹愼을 명하는 유죄판결을 내렸다. 앞으로 6개월 동안 과거와 같은 행동을 하지 않겠다고 서약하고, 이를 위반하는 경우 300파운드의 벌금을 납부하겠다는 서약서에 서명하도록 했다.

판결문은 다음과 같다.

재판장은 피고가 *Korea Daily News*와 한국어 대한매일신보 두 신문에 기사를 게재하거나 혹은 게재하도록 교사한 행동이 공안 질서를 해치거나 혹은 이를 조장한 것이라는 고소를 법원이 접수했음을 밝혔다. 문제의 기사가 실린 신문이 증거로 제출되었으며 레이는 대한매일신보에 나타난 기사가 틀림없이 번역되었다고 증언했다. 어네스트 토마스 베델이 *Korea Daily News*의 소유주 겸 발행인이며 대한매일신보의 편집인 겸 발행인이라는 증거가 제출되었다. 다음과 같은 사실을 증명하는 증거가 제출되었다.

- 정치적 변화를 일으키기 위한 목적으로 무장운동이 내륙지방에서 일어나고 있다는 사실.
- 한국인들과 일본군대 사이에 분쟁이 일어나고 있다는 사실.
- 상당수의 일본군이 서울에 주둔하고 있다는 사실.
- 상당수의 일본인이 서울에 거주하고 있다는 사실.
- 한국인들이 인본인들에 대해 악감과 증오의 감정을 갖고 있다는 사실.
- 일본 황태자가 수일 내에 서울을 방문하게 된다는 사실.

이상 신문발행 사실이 확증되었으므로 고소장에서 언급된 바처럼 이같은 기사들의 게재가 공안 질서를 어지럽히는 죄에 해당하는 것인지를 가리기 위해 신문 발행이 행해진 주변사정을 고려할 필요가 있는데 증거로 제출된 기사와 구절들을 읽어보고 또 제출된 다른 증거들을 검토한 끝에 법정은 피고가 신문발행에서 범한 행위가 고소에서 주장된 것처럼 공안을 해칠 우려가 있다는 결론을 내리지 않을 수 없다.

법정은 영국 신민 어네스트 토마스 베델의 행위가 공안을 해치거나 혹은 이

를 조장했다고 이해할 만한 합리적 이유가 증명된 것으로 판단하고 6개월의 근신형에 처하는 바이다.[3]

배설은 판결에 불복항소不服抗訴를 제기할 수 있느냐고 물었는데, 코번은 그럴 수 없다고 대답했다.[4] 여기서 배설이 이의를 제기할 수 있는 길은 1904년에 존 코웬이 취했던 방법을 택하는 수밖에 없게 되어 있었다. 그것은 재판에 불복하여 서약을 거부하는 것이었다. 그렇게 될 경우 배설은 일단 한국에서의 추방을 감수해야 한다. 그리고 상하이 고등법원이 서울에서 코번이 진행한 판결을 잘못된 것으로 인정하고 번복해 주어야 하는데 배설로서는 그런 판결이 나올 것을 기대하기도 어려웠다. 배설은 판결에 승복하는 수밖에 없었다.

배설은 판결에 따라 10월 15일에 6개월의 근신형 보증금 300파운드를 공탁했다. 영국 영사관은 보증금에 관해서 비밀에 부쳐달라고 통감부에 요청했다.

---

3 "Charge Against a British Editor. Seoul, Mr. E. T. Bethell, a British subject, who is editor of the Korean Daily News and also of a journal printed in the Korean language and called the Daihan Shimpo, appeared before the British Consular Court to-day on a summons charging him with using the columns of his papers to incite the people of Korea to riot. Articles were read in Court containing a bitter criticism of the preparations made for the reception of the Japanese Crown Prince. The Consul bound over Mr. Bethell in heavy security to be of good conduct in future, and warned him that a repetition of the offence would result in the forfeiture of his security, and probably in deportation."(*The Times*, Oct. 17, 1907)

4 통감부 문서, 국사편찬위원회 소장, 小松 서기관이 비서관에게, 1907.10.16, 오후 1시20분 발. 그런데 배설이 선행보증금 300파운드(일본 기록에는 300엔)를 납부했다는 사실을 통감부 측에 "극히 은밀하게 통지"한 사람은 한국 외교고문 스티븐스(D.W. Stevens)였다. 그는 한국 정부의 외교고문이면서 일본을 위해 봉사했던 친일 외교관이다. 제2장 '상하이 고등법원 재판' 참고.

이리하여 복잡했던 사건은 일차 재판이 끝남으로써 일단 매듭이 지어졌다. 코번이 재판결과를 공식으로 통보하자 이토 히로부미는 영국의 처리 결과에 감사의 뜻을 표시했지만 그것은 의례적인 외교적 언사에 불과했다.

재판이 끝난 후 배설은 공판기록을 「영국 영사관 재판」이라는 제목으로 대한매일신보 국한문판에 3회[10월 16·17·19일] 자에 걸쳐 1면에 보도했다.

4. 신문지법 제정

통감부는 재판 전인 1907년 7월 24일 한국 정부로 하여금 신문지법을 공포하게 했다. '광무신문지법'으로도 불리는 이 법은 신문에 대한 엄격한 통제와 벌칙을 골자로 하고 있어서 일제 강점기에도 신문 탄압에 사용된 악법이었다. 주한 일본군은 1904년 러일전쟁이 일어난 후부터 한국 언론에 대해서 사전검열을 실시하여 기사의 삭제, 신문의 정간 등을 명했으나 이를 법적으로 뒷받침하기 위해 한국 정부로 하여금 '신문지법'을 제정 공포하도록 한 것이다.

그러나 이 법이 처음 제정 공포되던 때에는 한국에서 외국인들이 발행하는 신문과 해외에서 교포들이 발행하여 국내에 배포되는 한국어 신문에 대한 규제조항이 없었다. 통감부는 이를 보완하기 위해 1908년 4월 29일 신문지법의 일부를 개정하여 '외국에서 발행된 한국어 신문과 한국에서 외국인이 발행하는 한국어 신문'도 발매·반포를 금지하고 압수할 수 있다는 조항을 삽입케 했다. 외국에서 발행된 한국어 신문이란 샌프란시스코의 공립신보와 블라디보스토크의 해조신문 등 한국교포들이 발행하는 신

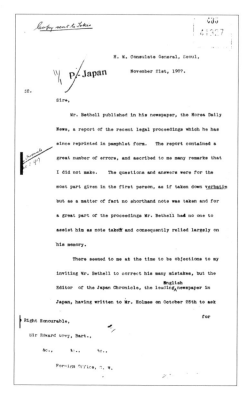

재판을 진행했던 주한 영국총영사 헨
리 코번은 재판기록에 오류가 많다고
말했다.

문을 지칭했고, 국내에서 외국인이 발행하는 신문은 말할 것도 없이 배설
의 대한매일신보였다. 이리하여 이전에는 검열을 받지 않았고 압수당하지
도 않았던 대한매일신보에도 압수처분이 내려지는 사태에 이르렀다.[5] 그
렇다고 하여 배설이 발행하는 신문의 논조가 수그러질 리는 없었으며, 일
본이 바라는 궁극적인 해결책은 배설을 법적으로 제재하는 방법밖에는 달
리 도리가 없었다.

통감부는 이와 함께 일인들이 한국에서 발행하는 신문은 '신문지규칙'
을 공포하여 통제를 가할 수 있는 근거를 마련했다. 이는 개정된 신문지법
에 의해 일본인 이외의 외국인 발행신문을 판매금지 또는 압수할 수 있도

록 만든 것에 상응하기 위한 조치였다.

통감부는 신문지법 개정과 동시에 영국을 압박하는 외교공세를 강화했다. 1908년 4월 이토 히로부미는 배설이 최근에는 더욱더 기세를 높이고 한인을 교사하여 총검을 들고 일어나 국적國賊을 내쫓으라고 말하는가 하면 암살을 종용하고, 인심을 선동시키는 등 조금도 방치해 두기 어려운 정황에 놓여 있다고 말했다. 따라서 한국 정부로 하여금 신문지법을 개정케하여 신보를 한국 내에서 배포하는 것을 방지하는 방법을 마련했지만 이는 어디까지나 일시적이고 고식적인 수단이므로 근본적인 해독을 제거하려면 배설을 국외로 추방하여 신문의 발행을 정지시켜야 한다고 강조했다. 그리고 일본 외무성이 영국에 대해 빠른 시일 내에 이러한 조치를 취하도록 노력하라고 강력히 요청했다. 일본 외무성은 이에 따라 5월 4일 도쿄의 맥도날드에게 배설을 사법적인 재판절차가 아니라 행정처분으로 추방할 것을 요구하는 구상서口上書를 전달하는 한편, 주영 일본대사 고무라 주타로小村壽太郎에게는 배설의 추방을 영국 정부와 직접 교섭하라고 훈령했다.

통감부는 적극적인 외교공세를 전개하면서 개정된 신문지법을 근거로 신보를 압수하는 강경조치를 취하기 시작했다. 배설의 근신기간이 만료된 직후부터 신보의 논조는 이전보다 훨씬 고조되었다. 「복판 신문지의 독법覆板新聞紙의 讀法」4.23, 「백 매특날이 부족이압 일 이태리百梅特捏이 不足以壓一伊太利」4.29,

5   「1906.1907 대한매일신보 베세루」, 『주한일본공사관기록』, 문서번호 1178, 1908.5.7. 경시총감 마루야마 시게토시(丸山重俊)는 총무장관 쓰루하라(鶴原定吉)에게 신문지법 개정 공포 이틀 후인 5월 1일 자 신문부터 압수하기 시작했다고 보고했다. 남부 경찰서 경부(警部) 아키요시 에이(秋吉榮)가 대한매일신보사에 들어가 양기탁으로부터 70여 부를 압수해 갔는데, 영국영사의 항의를 받고, 통감부가 사과했다.(같은 문서, 문서번호 1126, 60면)

「정부 당국자의 기량政府當局者의 伎倆」4.30, 「불필낭경不必浪驚」5.1 등 일본 당국과 한국 정부를 공격하는 논설을 연달아 실었다. 이 중 4월 29일 자 논설은 제2차 재판 때에 통감부가 제시한 증거물의 하나가 되었다.

제2부

상하이 고등법원 재판(1908)

제1장

영국과 통감부의 재판 준비

1. 상하이 고등법원 판사가 서울로

일본은 배설 추방을 영국에 치밀하고 끈질기게 요구하였다. 주한 영국 총영사관도 본국정부의 훈령에 따라 '신문지규칙'을 새로 마련하여 영국인의 신문 발행을 규제하는 조치를 위했다. 신문을 발행하는 영국인은 영사관에 등록할 것과 신문 제호 밑에 발행인의 성명을 명기할 것 등을 규정하는 내용이었다.

영국은 1907년 재판에 이어 일본의 요구를 다시 한번 들어주기로 방침을 정했다. 동맹국인 일본이 다급하게 배설 처리를 요구하면서 독자적으로라도 배설을 추방할 듯이 강경한 태도로 나온 것도 영국이 이 귀찮은 문제를 시급히 종결지어야 되겠다고 판단하도록 만든 요인이었다. 1908년 5월 12일, 영국 외상 그레이Edward Grey는 주한 영국총영사 코번에게 배설을 1907년 추밀원령 제5조에 따른 소송절차를 밟아 재판에 회부할 계획이라고 통보했다.

본국 외무성이 배설 재판을 결정한 사실을 알자 코번은 이 사건을 또다시 자신이 처리해야 하는지 상하이 고등법원이 담당해야 할 사안인지 궁금했다. 코번은 지방재판소인 서울의 총영사관이 배설을 기소해서 예비심리를 진행해야 할지, 아니면 원고의 고소를 접수만 해서 상하이 고등법원으로 넘겨주어야 하는 것인지 긴급히 알려 달라고 본국 외무성과 상하이 고등법원에 문의했다. 상하이 고등법원은 1907년의 추밀원령에 따르면 지방법원은 사건을 담당할 수 없고, 고등법원이 영장을 발부하거나, 또는 지방법원의 제소 절차를 거쳐 고등법원이 재판을 진행해야 한다는 회답을 보내왔다.

5월 15일, 외상 그레이는 북경주재 영국공사 조단John Newell Jordan에게 상하이 고등법원이 검사를 즉시 서울로 보내어 배설을 기소하도록 지시하고, 서울의 코번에게도 이를 알렸다. 영국은 지난해의 영사재판 때와는 달리 이번에는 배설을 기소할 준비를 대단히 신속하게 진행했다. 이같은 사실을 아직 모르고 있던 서울의 이토 히로부미는 5월 15일 일본 외무대신 하야시 다다쓰林董에게 배설 문제가 어떻게 진행되고 있느냐고 재촉하면서 강한 불만을 토로했다. 이토 히로부미는 영국이 이 사건을 법률문제로 다루려 하지만, 한국의 사정은 사건 처리를 하루라도 늦출 수가 없으니 영국 정부로부터 빨리 만족스런 답변을 얻어내라고 독촉했다. 이에 하야시는 도쿄의 맥도날드MacDonald와 런던 주재 대사 고무라 주타로小村壽太郎에게 배설문제의 신속한 처리를 또 한 번 요청했다. 이틀 뒤인 5월 18일, 맥도날드는 영국 정부가 배설 문제 처리를 위해 상하이에 있는 검사를 서울로 보내기로 했다고 하야시에게 알려주었다.

2. 일본은 정치적 · 행정적 처리요구

하야시는 영국이 사법적인 처리를 고집하여 재판 절차를 통해 사건을 다루려 하는 방침에 불만을 표시했다. 그는 이 사건이 사법적인 조치가 아니라 정치적이고 행정적인 성격이라는 종전의 주장을 되풀이했다. 맥도날드는 머지않아 일본이 배설에게 어떤 행정조치를 취할 가능성이 있을지도 모른다고 생각했다. 이 사건이 영-일 두 나라의 관심사로 부각된 이래 재판도 있었고, 배설에게 수차례 경고를 주었음에도 불구하고 일본은 신보가 심각한 위험성을 내포한 원천이 되고 있다고 주장하고 있기 때문이었다.

코번도 맥도날드와 같은 판단이었다. 이토 히로부미는 처음부터 배설 문제를 서울에서 왈가왈부하거나 사법절차에 따라 처리하는 것에 반대했다. 이는 영일 두 나라가 정치적으로 해결해야 할 문제라는 것이다. 그러므로 이토 히로부미가 만일 배설을 강제로 추방해 버린다면 코번으로서는 아무런 대응책을 강구할 수가 없을 것이라고 우려했다.

외상 그레이는 이미 검사가 5월 19일 상하이에서 서울로 떠났으며, 그가 배설에 관한 어려운 문제들에 대해 가장 효과적인 해결책을 검토할 것이라고 말하고 다음과 같은 전문을 맥도날드에게 보냈다.

> 본국 정부는 배설의 행동으로 야기된 어려운 문제들을 즉각적이고 항구적으로 해결하는 방안을 강구하는 것이 바람직하다는 점을 충분히 인식하고 있다. 귀하는 이를 하야시 외상에게 확신시켜 주어도 좋다. 그러나 이와 동시에 만약 한국에 있는 일본 관리들이 영국의 조약상 권리에 위배되는 행위를 취할 경우 영국의 여론이 크게 들끓을 것이 확실하며, 우리의 노력에 지장이 많을 것이라는 점도 지적해 두는 것이 좋을 것이다.[1]

이토 히로부미도 영국으로부터 이번에는 "배설에 의해 야기된 어려운 문제들을 즉각적이고 항구적으로 해결한다"는 보장을 받아낸 이상 영국의 재판절차에 다시 한번 협조하기로 했다. 그러나 이토 히로부미는 이러한 협조가 문제를 정치적으로 처리해 줄 것을 요구해 왔던 종래의 입장을 '유

---

1   Grey가 MacDonald에게, May 21, 1908, No.34; 『일본외교문서』, 41/1, No.797, 787면.

보'하는 것이지 결코 '포기'는 아니라는 점을 강조했다.

이로써 영-일 양국이 합의한 가운데 배설의 2차 재판 준비절차는 급속도로 진행되었다. 5월 19일에 상하이를 떠난 검사 윌킨슨Hiram Parker Wilkinson은 5월 22일 서울에 도착했다.[2] 배설을 겨냥한 서울프레스의 공격 캠페인은 최고 수위에 이르렀다. 무엇 때문에 배설의 추방을 주저하는가라고 독촉하는 논설을 실었고, 경찰은 새로 개정된 신문지법을 근거로 벌써 세 차례나 신보를 압수처분 했던 상황이었다. 검사 윌킨슨이 서울에 도착하던 때의 분위기를 이해하기 위해 서울프레스의 배설과 신보 – KDN에 대한 공격 캠페인을 살펴볼 필요가 있다.

3. 서울프레스 배설 공격 캠페인

서울프레스는 통감부가 이 신문을 인수한 직후부터 배설 공격에 온갖 수단을 동원했다. 통감부가 이 영어신문을 일간으로 발행한 목적이 배설과 헐버트 등의 반일언론을 봉쇄하고, 일본의 대한정책을 널리 선전하려는 것이기 때문이다. 서울프레스는 영국인 하지John Weekly Hodge가 1906년 6월 3일 주간으로 창간한 신문인데, 통감 이토 히로부미가 이를 매수하여 그의 공보비서였고 Japan Times의 주필이었던 즈모토 모토사티頭本元貞를 한국으로 불러와서 경영을 맡긴 신문이다. 즈모토는 1906년 12월 5일부터 서울프레스를 일간으로 발전시켜 배설의 Korea Daily News와 대항하기 시

---

2 『日本外交文書』, 41/1, Nos. 796, 799, 787~788면.

작하였다. 1907년 3월 5일부터는 타블로이드
판이었던 지면을 대판으로 확장하는 동시에 일
본의 저팬 타임스와 편집-경영 양면에서 긴밀
한 협조관계를 강화하였다.[3]

서울프레스는 지면 확장 직후인 3월 8일 자
에 「오도誤導된 애국심Misguided Patriotism」이라는
사설을 통해 전국으로 번지고 있는 국채보상운
동이 실현 불가능한 목표를 설정하여 잘못된 캠
페인이라고 비난하였다. 이와 함께 "펜과 혀를
놀려" 이 운동을 격려하고 돕는 한국의 '친구들'

통감부 기관지 서울프레스 사장 즈
모토 모토사타(頭本元貞).

을 공격했다. 이튿날인 9일 자에는 「이른바 한국의 친구들Korea's "Friends"」이
라는 사설을 통해서도 한국에 거주하는 반일 외국인들을 헐뜯었다. 구체
적으로 이름을 밝히지는 않았지만 "펜과 혀를 놀리는 한국의 친구들"이란
신보를 발행하는 영국인 배설과, 영어잡지 『코리아 리뷰』를 발행하고 있던
미국인 헐버트Homer Bezaleel Hulbert임은 누구라도 짐작할 수 있도록 되어 있
었다.

서울프레스의 논설을 받아 일본의 저팬 타임스는 3월 15일 자로 「한국
의 적들Korea's Enemies」이라는 제목의 사설을 실었다. 이 사설은 서울프레스
를 그대로 인용하면서 "어떤 경우건 반일적인 한국의 십자군들이 한국의
적이라는 사실을 세계는 지켜보고 있다"고 주장했다. 이처럼 서울프레스
와 저팬 타임스는 같은 내용을 상대방 신문에서 서로 인용하면서 주관적

3   정진석, 「The Seoul Press와 일본의 對韓 침략홍보」, 『신문과 방송』, 1986.4; 『대한매일신
    보와 배설』, 239~269면.

인 자신들의 주장을 마치 객관적인 여론인양 교묘히 위장하여 국채보상운동을 비난하였다. 서울프레스와 저팬 타임스의 이 같은 공격에 대해서 신보는 3월 12일 자에 「오도誤導하는 충애忠愛」라는 논설로 반박했다.

서울프레스는 배설의 근신기간이 만료된 직후부터 신보가 한국의 안정유지에 얼마나 큰 해독을 끼치고 있는가를 대외적으로 널리 선전하는 캠페인을 집중적으로 전개했다. 특히 4월 29일 신문지법이 개정된 때를 맞추어 신보의 기사와 논설들을 번역 게재하면서 이를 '공공의 평화를 해치고 폭동을 선동한' 증거라고 주장했다. 서울프레스가 배설의 재판 직전에 벌인 캠페인 기사들은 다음과 같다.

4월 30일   "The Press in Korea", 신문지법 개정조항을 소개하면서 이 법이 신보와 미국의 공립신보共立新報 등 국내의 외국인 발행신문과 해외에서 발행된 교포신문은 통제할 것이라는 내용.

5월 1일   "A Canard", 4월 28일 자 신보 기사 「육조선언六條宣言」 비난. *KDN*은 5월 1일 자 "In Reference to a Canard"로 반박.

5월 2일   "What Next?", 5월 1일 자 신보 논설 「불필낭경不必浪驚」이 공공평화를 해친 글이라고 주장. 신보는 이 논설로 인해 압수당했었다. *KDN*은 5월 2일 자 "The Ethics of Translation"으로 반박.

5월 3일   "The Korea Daily News"

5월 5일   "The Korea Daily News Once More; Prince Metternich", 신보의 압수를 좀 더 강력히 집행할 필요성이 있다고 주장. 신보 4월 29일 자(한글판 5월 2일 자) 「일빅 민특날이가 능히 이태리를 압제치 못홈」 번역 게재.

5월 7일　　 "Abuse Attack upon the Korean Cabinet", 신보 4월 26일 자(한글판 5월 3일) 칼럼기사 「정계관란政界觀瀾」 비난.

5월 9일　　 "Broker Like Practices", 5월 6일 자 2면 칼럼기사 비난.

5월 12일　 "Journalistic Responsibility", 신보 *KDN*의 신문지법 개정 비판에 대한 반박.

5월 16일　 "Song of Appeal", 5월 13일 자 2면 신보의 칼럼기사 비난(압수당함).

5월 16일　 "Why Hesitate?", 신보의 배포와 판매를 금지하는 정도의 비효율적인 절차에 의존할 것이 아니라 이러한 선동적인 신문의 발행을 중단해야 한다고 주장.

5월 17일　 "The Murder of Mr. Stevens", 4월 17일 자 스티븐스 암살 사건 기사 번역 비난.

5월 19일　 "Flowers of Education", 5월 16일 자 신보 논설 「학계學界의 화花」 번역 비난.

서울프레스는 이러한 논설들을 묶어 배설의 공판이 열리기 직전인 5월 하순에 *Incendiary Journalism in Korea*라는 제목으로 영문과 일문(『韓國ニ於ケル排日新聞紙』) 팸플릿으로 다시 인쇄해서 배포했다. 서울프레스가 번역한 신보의 논설들은 검사가 배설을 기소하는 데 증빙자료로도 사용되었다.[4]

서울프레스의 캠페인은 서울과 일본에 있는 서양 사람들이 배설에 대해 품고 있던 동정적인 감정을 나쁘게 만들고, 배설을 추방하라고 영국에 압력을 가하고 있던 통감부의 주장을 정당화시키려는 여론조작 수단이었다.

4　 *JWC, Supplement*, June 25, 1908, p.827; *Foreign Journalism in Korea*, p.25.

위의 번역 기사들 가운데서도 신보가 4월 17일 자에 실었던 스티븐스 암살 보도는 한 달 뒤인 5월 17일에 서울프레스가 번역 게재했던 것을 보더라도 영-일 외교교섭에서 배설이 폭동과 암살을 선동했다는 일본의 주장을 뒷받침하는 객관적인 증거를 제시하려는 속셈이었음이 증명되었다.

　서울프레스의 캠페인에는 일본의 저팬 데일리 메일과 저팬 타임스가 공동으로 가세했음은 물론이다. 신보를 공격하는 서울프레스의 기사들은 이들 두 신문이 다시 전재轉載하는 경우가 많았다. 그러나 배설에 대한 이와 같은 집중공격은 오히려 역효과를 내는 수도 있었다. 저팬 크로니클은 일본 정부의 주장을 반영하는 이들 3개 신문의 논조를 정면에서 비판했다. 그리고 일본이 영국인 소유의 신문을 탄압하려고 획책하는 행위는 일본에 대한 영국인들의 감정을 나쁘게 만들 것이라고도 경고했다.[5] 배설에게 늘 동정적 입장이었던 고베의 저팬 크로니클은 서울프레스가 신보의 논설과 기사들을 영문으로 번역할 때에 원래의 문장과 다른 의미를 전달하도록 손질한 부분이 있음을 지적했다. 크로니클은 서울프레스가 번역한 신보의 기사들을 다시 독자적으로 번역independent translation하여 서울프레스의 번역문과 대조해서 게재하기까지 했다. 크로니클의 '독자적인 번역' 기사는 스티븐스 암살 보도와 5월 1일 자 논설 「불필낭경不必浪驚」이었다.[6] 크로니클의 이러한 편집은 일본의 다각적인 추방공작에 시달리던 배설에게는 커다란 힘이 되었을 것이다.

　통감부는 신보의 압수를 계속 강행했다. 5월 1일 자不必浪驚 압수를 시발로

5　"The Freedom of the Press and Speech in Korea, Some Yokohama Comments", *JWC*, May 28, 1908, pp.672~673.

6　"The Korea Daily News & Mr. Stevens's Murder", "The Korea Daily News and the Press Law", *JWC*, June 4, 1908, pp.714~715.

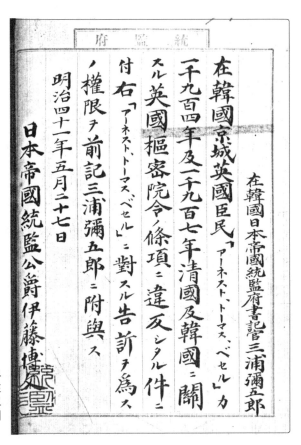

在韓國京城英國臣民「アーネスト、トーマス、ベセル」ガ

一千九百四年及一千九百七年淸國及韓國ニ關

スル英國樞密院令ノ條項ニ違反シタル件ニ

付右「アーネスト、トーマス、ベセル」ニ對スル告訴ヲ爲ス

ノ權限ヲ前記三浦彌五郎ニ附與ス

右三浦彌五郎ハ當職ノ書記官タリ

明治四十一年五月二十七日

日本帝國統監公爵伊藤博文

府 監 統

在韓國日本帝國統監府書記官三浦彌五郎

이토 히로부미가 통감부
2인자 미우라 야고로(三
浦彌五郎)에게 배설을 고
소하는 권한을 부여한 위
임장. 1908.5.27.

5월 13일 자^{2면} 칼럼 「시스평론」, 5월 16일 자^{學界의 花} 등을 연달아 압수한 것이다. 5월 1일 자를 압수했을 때에는 일본인 경찰이 신보사 안에 들어갔다가 영국의 항의에 부딪쳐 사건이 복잡해졌으므로, 그 이후부터는 신보사에 경찰이 들어가지는 않고 우체국, 철도역, 신문 보급소 등에서 압수하여 신문이 독자들의 손에 들어가는 것을 봉쇄했다.

윌킨슨은 신보 기사들을 검토해 본 끝에, 기사의 일부가 소요와 혼란을 야기한 것으로 판단되며 추밀원령에 저촉^{1904년 제83조 · 1907년 제5조} 된다고 판단하여 통감부 외무부장 나베시마 게이지로^{鍋島桂次郎}를 만나 기소절차를 협의했다. 여기서 양측은 고발장의 초안은 윌킨슨이 작성하되 책임 있는 일본의 관리가 선서하고, 그 고발장 내용을 법원에서 뒷받침할 증거를 제시해야 한다는 데 합의했다. 또한 한국이 사실상 일본의 보호국이고 한국의 정세가 불안하다는 사실, 그리고 배설의 신문이 소요와 폭동을 선동한 것으로 간주된다는 사실 등을 증거로 보완하기로 했다. 재판 장소는 상하이가 아니라 서울이 적합하다는 데 대해서도 양측 의견이 일치되었다. 만일 재판을 상하이에서 열 경우에는 배설과 그가 신청할 피고 측 증인들이 상하이까지 가야 한다는 어려움이 생길 뿐 아니라, 그렇게 될 경우 재판기간 동안 신문을 발행할 수가 없기 때문에 배설은 재판이 있기 전에 이미 실질적인 처벌을 받는 결과가 생긴다는 것이 검사의 생각이었다.[7] 외상 그레이는 재판을 서울에서 여는 것을 즉각 승인했고, 상하이 고등법원 판사 보온F.S.A.Bourne에게도 이런 사실을 통보했다.[8]

5월 27일 이토 히로부미는 통감부 2인자인 서기관 미우라 야고로三浦彌五郎에게 배설을 고소하는 권한을 부여했고,[9] 미우라는 이날자로 상하이에서 온 영국고등법원 검사 윌킨슨과 연서로 배설을 고소했다. 영-일 두 나라가 한국에서 공동으로 진행하는 초유의 재판이었다.

배설도 이번 재판은 심각성을 느꼈기 때문에 5월 27일부터 발행 겸 편집인 직을 만함萬咸, Alfred W. Marnham에게 인계했다.

7 FO 371/438; 410/51, Cockburn이 Grey에게, 25 May 1908, No.12; FO 371/438; 410/52, Cockburn이 Grey에게, 3 June, No.39.
8 Ibid., Grey가 Cockburn에게, 26 May 1908, No.8; FO 671/311, Cockburn이 Pelham Warren에게, 30 May 접수.
9 「1906,1907 대한매일신보 베세루」, 『주한일본공사관기록』, 문서번호 1126, 45면.

In His Britannic Majesty's Supreme Court
for China and Corea
Criminal Jurisdiction.

o Miura of Seoul, Corea, Secretary to H.J.M's Residing in Corea being first duly sworn complains that t Thomas Bethell, a British subject of Seoul, Corea, aper Proprietor and Editor, on the 17th day of , 1908, at Seoul aforesaid did publish, and further ffer for sale, a printed newspaper in mixed se and Corean script known as the Dai Han Mai Il o containing a leading Article entitled

知分砲殺詳報、共同會別報照謄

ing in the English language 'Detailed report of shooting and killing of Stevens, copied from the Dong Hwei special report'), which said newspaper ther together with a translation into the English language of said Article is hereto annexed and marked 'A'', 'A²' h said Article contains seditious matter, being ult or disorder and further being matter calculate to excite er calculated to excite enmity between the Government orea and its subjects.

And the said Yagoro Miura sworn as aforesaid her complains that the said Ernest Thomas Bethell the 29th day of April in the year aforesaid at Seoul resaid did publish, and further did offer for sale, printed newspaper in mixed script known as the Han Lai Il Shimpo as aforesaid containing a leading icle entitled " 百梅特捏이不足以(?)壓一伊太利
(meaning in the English language
'A

'A hundred Metternichs could not keep Italy in Bondage'), which said newspaper together with a translation of the said article into the English language is hereto annexed and marked 'B'' 'B²', which said article contains seditious matter, being matter calculated to excite tumult or disorder, and further being matter calculated to excite enmity between the Government of Corea and its subjects.

And the said Miura Yagoro sworn as aforesaid further complains that the said Ernest Thomas Bethell on the 16th day of May in the year aforesaid did publish, and further did offer for sale, the printed newspaper in mixed script known as the Dai Han Mai Il Shimpo aforesaid containing an article entitled " 學界의花
" (meaning in the English language 'Flowers of the Educational World'), which said newspaper together with a translation of the said article is hereto annexed and marked 'C'', 'C²', which said article contains seditious matter, being matter calculated to excite tumult or disorder, and further being matter calculated to excite enmity between the Government of Corea and its subjects,

Sworn before me
at Seoul Corea,
this 27 day of
May in the year
one thousand nine hundred
and eight.

(인) Yagoro Miura
(Secretary to H I J's
Residency General)

(인) H. C. Wilkinson
H.B.M's C.J.

영-일 양국이 공동으로 작성한 배설 기소장. 대한매일신보 논설 3건을 증거로 제시했다.

제2장

재판 제1일 : 6월 15일(월)

1. 재판 절차의 정당성 논쟁

1) 영-일 공동으로 배설 기소

배설에 대한 영국 고등법원 공판은 상하이에서 온 판사 보온[F.S.A.Bourne] 주재하에 진행되었다. 법정은 영국 영사관의 구식 바라크 건물이었다.[1]

재판정에는 한국, 영국, 일본의 주요 인물들이 나왔다. 영국 형사검사 H.P. 윌킨슨이 출정했고,[2] 변호사는 고베에서 온 크로스[C.N.Crosse]였다.[3] 피고인 어네스트 토마스 베셀은 변호사 옆에 앉도록 허용되었다. 서울주재 영국 부영사 홈스[E.H.Holmes]가 법정 등록관[regisrator], 서기[clerk]는 로저[T.E.W.Rosser]였다. 공식 통역관은 일-영어 통역은 히시다[菱田靜治] 박사,[4] 한-영어는 마에마[前間恭作][5]였다. 고소인 통감부 서기관 미우라[三浦彌五郎][6]는 윌킨슨 검사 옆 자리에 앉았다.

이 사건이 일으킨 흥미는 법정을 가득 메운 방청객으로도 증명이 되었는데 그중에는 피고인의 아내를 비롯한 몇몇 숙녀도 끼어 있었다. 각국 영

---

1 '구식 바라크(old barrack)'는 1892년에 지은 건물로 한국에 주둔했던 영국 해병대가 사용하다가 1906년에 한국에서 철수한 후에는 사무실과 종업원들이 거주하던 건물이었다. J.E.Hoare, *The British Embassy in Seoul*, British Embassy, 1999, p.46.

2 검사 Hiram Parker Wilkinson과 Hiram Shaw Wilkinson(1844~1926)이 동일 인물인지 알 수 없다. 이 무렵 상하이 주재 영국 고등법원 판사 Hiram Shaw Wilkinson이 있었다. 가운데 이름은 다르지만 같은 사람으로 본다면 그의 경력은 이렇다. 윌킨슨은 1877년부터 일본 여러 곳에서 영국 판사로 근무했다. 1900년부터 상하이 주재 고등법원 판사였는데, 배설 재판에는 검사를 맡았던 것으로 보인다. 1903년에 기사 칭호를 받았다.

3 크로스는 배설이 고베에 거주할 때부터 잘 알고 지낸 사이로 고베 스미요시(住吉村)에 거주하며 고베 외국인 거류지 14번지에 변호사 사무소를 두고 있었다.(內部 경무국장 松井茂가 부통감 曾禰荒助에게, 1908.9.16. 외국인의 행동에 대해서 兵發秘 第293號, '上海 재류 한국인 현황 및 베델의 刑 집행을 위한 渡航 당시의 상황 보고')

사관에서도 여러 사람이 참석했다.

재판은 예정대로 오전 10시 정각에 개정되어 법정 등록관은 다음과 같은 기소장을 낭독했다.

서울에서 영제국 중·한고등법원 형사재판.

일본제국의 한국 통감부 이사관 미우라 야고로는 우선 선서를 하고 서울 거주 영국 시민이며 신문 소유주 겸 편집인 어니스트 토마스 베델이 1908년 4월 17일에 대한매일신보라는 국한문 혼용신문을 발간, 판매하면서 「스티븐스 포살砲殺 사건 상보/공동회 특별 보도」(한문을 영어로 번역)라는 제목의 기사를 실었는데 (이 신문과 그 영문번역 증거물은 A : 1, A : 2로 첨부되었다) 이 기사는 치안유지 교란물이며 소요와 무질서를 일으키려고 의도한 것이고 더 나아가 한일 정부와 그 국민 사이에 적의를 조장하려고 의도한 것으로 고소했다.

또 미우라 야고로는 선서를 한 뒤 베델이 4월 29일 자 대한매일신보에 「1백명의 메테르니히라도 단 하나의 이탈리아를 억압할 수 없었다」라는 제목(국한

---

4   菱田靜治(1875년생). 1894년 기후현중학교(岐阜縣中學校) 졸업, 1900년 뉴욕대학 정치과 졸업, Master of Art 학위를 받음. 1905년 Columbia 대학원 졸업, Doctor of Philosophy 학위를 받았다. 1907년 10월 통감부 근무, 1910년 10월에는 조선총독부 통역관으로 외사과(外事課) 소속.

5   前間恭作(1868.1.23~1942.1.2). 서지학자이자 중세 이전 한국어 연구 국어학자. 대표 저작은 『고선책보(古鮮冊譜)』지만 그 외에도 여러 편의 논문과 저작으로 한국학 연구에 많은 업적을 남겼다. 『고선책보』 3권은 "일본이 한국을 지배한 동안에 남겨진 한국연구의 금자탑의 하나"로 평가받는다.(정진석, 『책 잡지 신문자료의 수호자』, 소명출판, 2015, 159~166면)

6   三浦彌五郞. 1872년 1월 지바현(千葉縣) 출생. 1896년 도쿄제대 법학부 졸업. 같은 해 문관 고등시험 합격, 이듬해에는 제2회 외교관 및 영사관 시험 합격. 브라질, 네덜란드 공사관 근무, 1904년부터 한국에 와서 마산 영사를 거쳐 경성 이사청 이사관, 통감부 서기관. 그 후 주 브라질 대사관 1등서기관, 주미 대사관 참사관을 거쳐 1916년부터는 주 스위스 공사를 역임했던 직업외교관.

문 논설을 영어로 번역)의 논설을 게재 판매했는데 (이 신문과 그 기사의 영문 번역문은 B:1, B:2로 첨부되어 있다) 이것은 소요와 무질서를 조장시키려는 의도 및 더 나아가 한국 정부와 그 국민 간에 적의를 조성하려는 의도를 가진 치안질서 문란기사를 포함한 것이었다고 고소했다.

미우라 야고로는 또 배설이 5월 16일 자 신문에 「학계의 꽃들」(증거물 C:1, C:2)이라는 제목의 기사를 게재 판매함으로써 소요와 무질서를 조장시키고 더 나아가 한일정부와 그 국민 간에 적의를 조장시켜 의도했다고 고소했다.

1908년 5월 27일 한국 서울에서 본관 앞에서 선서하다.

(서명) 미우라 야고로 (일본제국 한국통감부 이사관)

(서명) H.P. 윌킨슨 대영제국 형사검사

이어서 소환장이 낭독되었다.

서울 주재 대영제국 중·한고등법원

상하이, 1908년 6월 1일

어네스트 토마스 베델에게

귀하는 서울에서 1909년 4월 17일, 4월 29일, 5월 16일에 대한매일신보라는 신문을 발간, 판매하면서 소요와 무질서를 조장시키려고 의도하고calculated to exite tumult 더 나아가 한국 정부와 그 국민 사이에 적의를 조장하려고 의도한 치안방해 기사를 게재함으로써 1907년 추밀원령 제5조를 위반한 혐의로 1908년 5월 27일 고발되었다. 따라서 폐하의 이름으로 귀하는 6월 15일 월요일 상오 10시 정각에 서울소재 본 법원에 출두하여 상술한 고발에 대해 답변하고 나아가 법률에 따라 취급되도록 명령받는 것이다.

대한매일신보 1908년 6월 20일 자에 실린 기소장은 다음과 같다.[7]

刑事裁判에 關한 京城에 在한 韓淸 兩國 皇帝陛下의 高等裁判所에서 韓國에 在한 日本皇帝陛下
의 統監府에 書記官 京城駐在 三浦彌五郎은 先次 正當히 宣誓하고 告訴하옵나니 韓國 京城에 在
留한 新聞 所有主 又 編輯人 英國臣民 裴說이 京城에서 西曆 一千九百零八年(隆熙二年) 四月 十七
日에 大韓每日申報라 하는 國漢文 交用한 新聞紙에 共同會 別報에서 照騰하야 須知分砲殺詳報라
題目한 論說을 發刊하야 且 發售하얏스매 其 論說을 英語로 翻譯하야 甲一과 甲二로 表하야 玆에
粘呈하오니, 該 論說은 秩序를 紊亂하며 暴動을 激勵하며 尙且 韓國의 政府와 人民間에 仇讐之意
를 激動케 하는 줄로 量度하는 治安妨害件이 되오며, 同 四月 二九日에는 同 新聞紙에 百梅特捏이
不足以壓伊太利라 題目한 論說을 發刊하야 且 發售하였으매 其 論說을 英語로 翻譯하야 乙一과
乙二로 表하야 玆에 粘呈하오니, 該論說은 秩序를 紊亂하며 暴動을 激勵하며 尙且 韓國의 政府와
人民 間에 仇讐之意를 激動케 하는 줄로 量度하는 治安妨害件이 되오며, 且 同 五月 拾六日에 同
新聞紙에 學界의 花라 題目한 論說을 發刊하야 且 發售하였으매 其 論說을 英語로 翻譯하야 丙一
과 丙二로 表하야 玆에 粘呈하오니, 該 論說은 秩序를 紊亂하며 暴動을 激勵하며 尙且 韓國의 政
府와 人民間에 仇讐之意를 激動케 하는 줄로 量度하는 治安妨害件이 되나이다.

一千九百零八年 此 五月 二十七日에 韓國 京城에서 宣誓함이라.
韓國에 在한 日本 皇帝陛下의 統監府 書記官 三浦彌五郎 (印)
英國 皇帝陛下의 頭等 辯護士 윌킨슨 (印)

고소장에서 "질서를 문란하며 폭동을 선동하고 한국 정부와 인민 간에
원수 되는 뜻을 선동했다"고 주장한 세 논설은 다음과 같다. 전년도의 1차
재판에는 10건의 기사가 증거로 제시되었던 데 비하면 건수는 적은 편이
었다.

---

7   「別報, 裴說氏의 公判顛末」, 신보, 1908.6.20.

「스티븐스 암살 상세보도須知分砲殺詳報」(1908.4.17, 한글판은 4.22)

이해 3월 23일 일본의 앞잡이 미국인 외교고문 스티븐스D.W. Stevens가 미국으로 돌아가 일본의 한국 보호정치를 찬양한다고 기자들에게 공개하자 격분한 전명운田明雲, 장인환張仁煥이 그를 저격 살해한 사건을 다루었다. 샌프란시스코 교포들이 발행하는 공립신보共立新報가 이 사건을 자세히 보도한 내용을 신보가 전재轉載한 기사였다. 끝에는 이렇게 결론지었다.

여러 동포에게 경고함.

이러한 경우를 당하야 우리들이 저 의사 두 분과 함께 죽는 기회는 얻지 못하였으나 그 애국하는 열성이야 어찌 감복치 아니 하리오…. 오호라, 한국의 독립도 금일부터 시작이오 한국의 자유도 금일부터 시작이니 금일은 우리의 큰 뜻을 장차 성취할 날이오. 우리의 억울한 것을 재판할 날이니 우리는 각기 몸을 아끼지 말며 각기 가진 재산[원문은 '囊橐, 낭탁', 주머니와 전대를 아울러 이르는 말]을 기울여 불가불 독립을 위하야 재판할지니 이 재판은 세계의 공개 재판이오, 이 재판은 우리의 독립 재판이라. 이 재판을 이겨야 우리 이천만의 독립이 될지다. 때여時乎 때여 천재일시千載一時로다.

「백명의 메테르니히가
능히 이태리를 압제치 못함百梅特捏이 不足以壓 一伊太利」(1908.4.29, 한글판 5.2)

오스트리아의 정치가로서 이태리의 자유주의와 민족주의 운동을 탄압했던 메테르니히Metternich, 梅特捏를 이토 히로부미에 비유하여 일본의 한국침략도 결국 실패할 것이라면서 이렇게 결론지었다.

그러나 필경은 이태리국의 애국하는 지사가 많이 일어나서 정당한 깃대를 세우고 자유종을 땅땅 울리면서 그 압제를 항거하매, 저 여우같고 삵 같은 기괴 악독한 매특날의 수단으로도 할 일 없이 항복하는 백기를 내여 세우고 머리를 동여매고 도망하야 타향고적으로 처량히 그 세월을 보내었으니. 오호라 후세에 저 매梅씨와 같이 야만심을 품고 남의 나라를 삼키려하는 자여 이것을 볼지어다.

「학계의 꽃學界의 花」(1908.5.16, 한글판도 같은 날짜)

함흥 지방의 한 학교 학생 17명이 "우리가 반드시 한국을 회복하리라, 우리가 우리 한국 동포를 반다시 건지리라…하고 각각 찼던 칼을 빼여 손가락 한 개씩을 버혀, 흐르는 피로 동맹하는 글을 썼다 하니 장하다 저 열일곱 학생의 손가락 피여…"라 하여 피로써 국권회복을 다짐했다고 격려.

2) 배심원단 구성 정식재판 요구

기소장과 소환장 낭독을 마치자 피고 배설은 판사에게 자신은 "무죄"라고 말했다.

변호인 크로스의 신청에 따라 피고는 변호사 옆에 앉도록 허용되었다.

> **변호인(크로스)** 존경하는 검사께서 논고를 시작하기 앞서 피고인은 본국인 배심원단을 구성하여 재판받아야 한다.
>
> **재판장** 그런가?

변호인 크로스는 이 재판은 고등법원이 반드시 배심원단을 구성하여 재판해야 한다고 강력히 주장했다. 그는 추밀원령 조항을 제시하면서 배심원단 입회하에 재판이 진행되어야 한다고 요구하였고, 검사 윌킨슨은 이에 반대하여 쌍방의 논쟁이 장황히 벌어진 끝에 변호인의 요구는 관철되지 않았다. 재판장은 변호인의 주장에 동의하면서도 현실적인 어려움 때문에 단독으로 재판할 수밖에 없다고 말했다. 다음은 변호인의 주장에 따른 논쟁이다.

변호인 나는 1904년 추밀원령 45조를 잘 알고 있는데 그 내용은 다음과 같다.

기소된 범죄가 반역이나 살인일 경우 그 사건은 배심원단이 배석한 고등법원에 재판되어야만 된다.

(1) 다음과 같은 두 가지 사건의 경우 즉,

   i) 기소된 범죄가 강간, 방화, 주거침입, 폭력강도, 해적행위, 위조, 위증이거나

   ii) 기소된 범죄가 상술한 혐의는 아니지만 재판에 앞서 법원이 기소된 범죄가 유죄로 확정되는 경우 3개월 중노동형이나 20파운드 벌금 또는 이 둘의 병과로도 적절히 처벌될 수 없을 경우 이 범죄는 배심원단이나 배석판사assessor의 배석 하에 재판되어야 한다(본령의 규정 중 법원에 해당하는 규정에 따라).

그러나 피고의 동의를 얻으면 배석판사이나 배심원단 없이 재판할 수도 있다. 만약 피고가 이에 동의하지 않을 경우 법원이 배심원단을 구성할 수 없다는 의견이 아닌 한 고등법원에서 배심원단 배석 하에 재판되어야 한다.

(2) 고등법원은 어떤 특정 이유가 있을 경우 어떤 사건이든 배석판사이나 배심원단 없이 재판하도록 명령할 수 있으며 지방법원도 특정 이유가 있을 경우 어떤 사건이든 배석판사 없이 재판하도록 명령할 수 있다. 이러한

기소의 증거물로 제시된 논설 스티븐스 암살 상세한 보도. 1908.4.22.

경우 이 특정이유는 관청기록부에 기록되어야 한다.

변호인 크로스는 이번 혐의가 45조의 2개항 중 1항 또는 2항에 모두 해당되지 않는다는 점은 시인하지만 그러나 이번 사건은 워낙 중대한 성질의 재판이기 때문에 영국인들로 구성된 독립적 배심원단의 배석하에 재판하는 것이 공정하고도 공평한 것이라고 주장했다. 따라서 그는 이를 신청하는 것이며 만약 배심원단 없이 재판장 단독으로 재판할 경우 이 혐의는 1907년 추밀원령 제5조 60항 및 61항에 규정된 본 법원 형사관할권에 속하는 인물로서 치안 방해물을 포함한 인쇄물, 신문, 기타 출판물을 인쇄, 출판, 판매하는 사람은 추밀원령에 중죄를 범한 유죄로 판결되어 다른 처벌에 부가해서 또는 그 대신에 근신하겠다는 선서를 하고 만약 이를 어기거나 앞으로 그와 비슷한 죄를 범하는 경우 추방받아도 좋다고 선서하도록 명령받아야 한다는 규정 이상의 더 중형으로 처벌할 수 없음을 명백히 하고 싶다고 말했다.

변호인 크로스가 인용한 60항과 61항은 다음과 같다.

제60항 (1) 만약 어떤 사람이 이 令을 위반한 것으로 유죄판결 받았을 경우, 그리고 그 위반이 중죄가 아닐 경우 그는 다음과 같은 처벌을 받는다.

i) 구속 없이 5파운드 이하의 벌금형 또는

ii) 벌금 없이 1개월 내의 징역형 또는

iii) 14일 내의 징역형과 50실링 이하의 벌금형 병과

(2) 본조本條에 의한 징역형은 중노동을 수반하지 않는다.

제61항 (1) 본령을 위반한 것으로 유죄판결 받은 인물로서 본령에 대한 중죄를 범한 것으로 규정된 경우 다음과 같은 형에 처한다.

i) 징역형 없이 10파운드 이하의 벌금형 또는

ii) 벌금형 없이 2개월 이내의 징역형 또는

iii) 1개월 이내의 징역형과 5파운드 이하의 벌금형 병과

(2) 본조에 의한 징역에 중노동을 부과시키는지의 여부는 법원의 결정에 따른다.

변호인 본인이 말하고자 하는 요점은 재판장이 이미 재판 기록에 이 죄가 3개월 징역이나 또는 그에 따른 벌금으로도 적절하게 처벌될 수 없는 것이란 점을 기록하지 않는 한 만약 피고가 배심원단에 의해 재판받을 경우 처벌이 훨씬 더 무거웠을 것이라는 점이다.

재판장은 변호인의 말이 어느 정도 옳다고 생각했으나, 검사 윌킨슨은 이 문제에 관해 논쟁할 필요는 없다고 주장했다. 왜냐하면 약식 재판에 그칠 경우 그런 혐의에 대해 더 중한(금고 3개월이나 벌금보다 더 중한) 처벌을 할 수는 없기 때문이라는 것이다. 만약 그렇지 않은 경우라면 이 사건은 당연히 배심원단 배석하에 해야 할 것이다.

검사 정말 그렇습니다. 재판장님.

변호인 이것을 First Prosecution(즉 추방을 할 수 없는 1차 처벌)으로 간주해도 좋을까요?

3) 배심원단 없는 약식재판으로

재판장은 추밀원령에 관해서 좀 더 논쟁이 있은 후에 이 사건에 적용되는 추밀원령에 따라 자신은 징역 3개월이나 벌금 20파운드 또는 그 양자의 병과 이상의 중한 언도는 내릴 수 없다고 되풀이했다.

법정은 또 만약 배심원단 배석하에 재판이 열릴 경우 더 중한 처벌, 예컨대 2차 혐의에 의한 추방을 언도할 수 있다는 데 합의했다.

변호인 크로스는 이런 사정은 이 배심원단 신청에 선의^{bona fides}를 보여 주는 것이라고 말했다. 사람들은 법원에 와서 "배심원단을 우리에게 주시오. 그러면 우리는 더 중한 처벌을 받을 위험도 감수하겠습니다"라고 말한다. 그는 이 점을 더 자세히 설명하지 않은 채 단지 이것이 워낙 중대한 혐의이므로 재판장 단독으로 재판하는 것은 재판장 자신에게조차 공정치 못한 것이라고 말하고 결정은 배심원단의 손에 맡겨져야 할 것이라고 주장했다.

재판장 나는 배심원단 배석하에 재판을 하도록 노력할 것이라고 말할 수 있다.

검사 이 문제에 있어 약간의 작은 오해가 있음을 지적하는 것이 나의 의무로 생각한다. 피고는 1907년 추밀원령의 명백한 조항에 따라 기소된 것인데 그 내용은 본 법원의 형사 관할권에 속하는 자로서 치안방해물을 담은 인쇄물, 신문 기타 출판물을 인쇄, 출판, 판매한 자는 중죄로 처벌한다… 운운으로 되어 있으며 치안방해물이란 제3항에 규정되어 있는데 즉, "소요 또는 무질서를 조장시키도록 의도했거나 또는 영국 국민과 중·한 정부 및 기타 본령의 적용 범위 내에 있는 모든 영국 우방국 당국 및 국민 사이, 또는 중국정부와 그 국민 및 한국 정부와 그 국민 사이에 적의를 조성하려고 의도한 것은 본조에서 치안 방해물로 간주된다"는 것이다. 이것은 법률이며 완전히 명확한 것이다.

검사 윌킨슨은 제5조를 다시 거론하면서 본조에 따라 이와 동류의 범죄 및 기타 혐의에 대해 앞으로 다시 재판을 하는 경우 피고는 만약 유죄판결을 받고 또 서약을 하지 않을 경우 추방될 수 있을 것이라고 주장했다.

윌킨슨은 이어서 고유종교에 대한 범죄에 대해서는 배심원단 없는 재판의 경우에도 중형을 언도할 수 있도록 규정한 1904년 추밀원령 75조와 76조에 대해 언급하고 또 치외법권이 인정되는 국가에 대해 전쟁을 일으킨 영국 국민의 경우도 그렇다고 말했다. 윌킨슨은 자기 자신도 배심원단을 배석시키는 쪽을 택하고 싶지만 이번 사건의 경우에는 영국 거주인의 수가 적어 배심원단 구성이 어렵고 또 어떤 경우에도 이 문제에 배심원이 되어주도록 그들에게 요청하는 게 불필요한 강요가 될 것으로 생각한다고 말했다. 피고가 유죄판결을 받는 경우 처벌 상한선은 명확히 정해지는 것이다.

변호인 크로스가 다른 할 말이 없었으므로 재판장은 만약 영국에서 양해되고 있는 것과 같은 정상적 형사소송 절차를 따른다면 이 사건은 배심원단 배석 하에 재판받아야 할 것이 확실하며 자기 자신을 포함한 모든 참석자도 사건을 배심원단 배석 하에 재판하는 쪽을 택할 것이 틀림없지만 그러나 자신은 영국에서의 법률을 그대로 준수해야 하는 게 아니라 이 나라에 있는 영국 국민에 적용되는 것뿐이며 이 추밀원령의 제5조가 명백히 맨 마지막 문장에 규정한 대로 본조에 의한 사법권은 고등법원에 의해서만 행사되어야 하는 것이라고 선언했다.

만약 이 사건이 약식재판을 취급한 조항의 범위에 들어오는 것이라면 이 사건은 제5조에 따라 약식으로 재판될 수 있다는 것은 명백하다. 동류의 범죄에 대한 더 한 층 높은 유죄판결의 경우, 그리고 또 국외 추방의 필요가 있을 경우, 기소에 따라 재판받게 될 것이지만 그러나 이런 경우를 제외하면 약식으로 재판할 수 있는 것이다.

변호인은 다음 기회에 이를 거론하겠다고 말했다.

검사는 다음 기회가 있기를 바란다고 말하고 그러나 꼭 배심원단이 있게 되어야 한다는데 동의하는 것은 아니라고 말했다.

재판장은 배심원단이 있든 없든 그것은 다른 문제이지만 만약 이 범죄가 해결되어야 하고 자신이 이 특정사건에 대해 언도를 내려야 한다면 그것은 반드시 기소에 의해야 할 것이라고 말했다. 그는 다음 기회에는 어떻게 될 것이냐에 관해 대답하기를 거부했다.

4) 배설의 혐의는 하나인가, 둘인가?

변호인 크로스는 자신이 또 다른 신청을 할 것이 있는데 즉 혐의 자체에 관한 것이라고 말했다. 그것은 죄목이 하난지 둘인지에 관한 재판장의 판단을 알고 싶다는 것이었다.

재판장　이것은 추밀원령에 규정된 혐의가 아니라, 제5조에 의한 고발에 따른 것이다.

변호인　소환장 중의 "소요 또는 무질서를 조장하려 의도한 치안방해물 및 더 나아가 한국 정부와 그 국민 사이에 적의를 조장시키려 의도한 것"이라는 부분을 언급하면서 이것이 하나의 혐의인지 둘로 간주해야 하는지를 물었다.

이 점에 관해 논쟁이 뒤따른 뒤 재판장은 피고가 소요와 무질서를 조장시키려 의도했으며 더 나아가 한국 정부와 그 국민 사이에 적의를 조성시키려 의도한 것으로 신문에 실린 모든 것에 대해 판결받을 것이라고 결정했다.

변호인　그렇다면 나는 재판장의 말로부터 우리가 두 가지 다른 문제에 관해 대처해야 한다는 뜻으로 이해하겠다.

크로스는 이어서 피고인 측 증인을 소환하는 문제를 언급하면서 통감부를 통해 한국인 증인들을 소환하는 적절한 절차가 준수되도록 법원이 감독해달라고 요청했다. 그리고 소환을 원하는 한국인 명단을 낭독했다. 크로스는 1907년 추밀원령 3조에 대해 또 다른 점을 제기했지만 검사 윌킨슨은 이것이 단지 상표商標에만 적용될 뿐임을 지적했고 법정은 이 반대 주장을 지지했다.

2. 치외법권의 상황논리

1) 치외법권은 상업적 행위에만 혜택

검사 윌킨슨은 소송사건을 시작했다. 그는 치외법권을 허용하는 근본 목적은 과거에도 그랬고 지금도 그렇지만 무역자유를 위한 것이다. 그런데 배설은 정치 사회적으로 혼란스러운 이 나라에서 신문을 발행하여 폭동을 선동하고 정부와 국민을 이간하고 있다고 주장하면서 언론 자유에 관해서 상황 논리를 폈다.

성냥을 켜는 행위는 대개 매우 유용한 행동이요 어떤 때는 결백한 행위겠지만 또 어떤 때는 몹시 위험스런 일이다. 행위의 유·무죄는 주변상황에 의해 결정되어야 한다. 만약 성냥을 화약고 안에서 켰다면 그런 짓을 저지른 자는 아마도 바보일지는 모르지만 어쨌든 범죄인이 될 것이다. 한 국가의 정부 행위를 비판하는데 있어서도 그 정부가 어떠한 성질의 것이든 치외법권의 특권을 누리는 사람은 또한 치외법권적 의무도 지니는 것이며 따라서 특히 비판에 주의해야 한다고 주장했다.

검사 (윌킨슨)	피고는 1907년 추밀원령 제5조를 위반한 혐의로 기소되었다. 피고는 법원의 형사 관할권에 속하며 차안방해물을 포함한 신문을 인쇄, 발간한 혐의로 기소된 것이다. 본령은 치안방해물을 제3항에서 규정하고 있는데 즉 소요나 무질서를 일으키려 의도한 것 또는 한국 정부와 그 국민 간에 적의를 일으키려 의도한 것을 말하며 만약 이 조항의 위반이 판명될 경우, 그것은 소요나 무질서를 조성시키는 형태든지 또는 한국 정부와 그 국민 사이에 적의를 조성시키는 형태든

지 또는 그 양쪽 모두의 형태로 저질러지는 것이다. 고소장에는 세 가지 서로 다른 논설이 적시되었으며 소환장에도 언급되었는데 만약 이 세 기사 중 어느 하나라도 피고가 제5조를 범했다는 게 판명될 경우 규정된 처벌을 받는다는 점을 인정해야 한다.

검사 윌킨슨은 치안방해를 구성하는 게 어떤 것인지 정의하기 위해 아치발드Archibald 사건을 인용했지만 법정은 정의가 이미 내려졌음을 지적하고 그러나 윌킨슨의 권위를 위해 그의 말을 듣는 데 동의했다. 윌킨슨은 1820년의 명예훼손법과 여왕Regina 대 콜린스Collins 사건을 인용했는데 이것은 배심원단이 피고의 언사의 중요성을 평가하는데 있어 국가의 상태를 고려해야만 한다는 판례이다.

변호인 '배심원단'이란 말을 주의하시오.

검사 고소당한 발언이 출판된 주변상황 문제를 거론하면서 여러 권위 중에서도 (여왕)R 대 콜린스, (여왕)R 대 설리반Sullivan, R 대 피고트 Piggutt 등을 인용했다.공판기록, pp.990·997·489 이제 피고인이 고소당한 기사를 출판하게 된 주위사정을 법정에 내놓는 게 그의 의무로 생각한다. 피고인을 비롯한 영국 국민들이 치외법권과 특권을 누리고 있는 한국은 불행히도 불안상태에 있다. 치외법권의 토대란 것은 우리 영국 국민들이 조약에 의해 살고 있는 나라의 법률제도가 그들의 필요나 희망과 다른 나라에서 무역을 해야 할 때 그들이 피고인이거나 또는 피고소인이 되든 모든 문제에 있어 그들은 스스로의 법률 혜택을 누리는 동시에 스스로의 법률의 완전한 의무를 져야 한다는 것이다. 동양 국가들이나 외국 국가들이 자진해서이든 혹은 학대 시정을 위한 무력 개입의 결과로든지 간에 어쨌든 치외법권을 허용하는 근본 목적은 과거에도 그랬고 지금도 그렇지만 무역자유를 위한 것이다. 즉 영국 국민이든 또는 치외법권을 누리는 그 밖의 어떤 나라 국민 또는 시민이든 간에 그들은 합법적 본직활동을 방해받지 않아야 되는 것이다. 만약 한 곳에서는 완전히 무죄로 인정되는 것이 다른 장소에서는 사정에 따라 분별없거나 위험하거나 범죄로 간주되는 경우 어떻게 되겠는가? 여기 있는 피고는 합법적 성질의 어떤 직업을 수행하기 위해 치외법권을 누리는 것이다. 그런데 신문발행이란 그것 자체로서는 의심할 바 없이 합법적 직업이며 매우 유용한 것이기조차 할 것이지만 그러나 만약 전쟁 후 휴전조약을 모색하고 [기획하고] 있는 시기에 다른 나라에게 무엇이든지 원하는 대로 말할 수 있는 완전한 특권을 누리는 신문기자나 편집인의 입국을 아무 장애 없이 허용해주도록 제안할 수 있는가? 어떠한 문명국 정부라도 이것을 적절한 주장이라고 생각하지 않을 것이며 그 어떤 정부라도 이를 즉시 허용하지는 않을 것이다. 예를 들어 아일랜드를 들어보면—이것은 피고 측 변호인도 잘 알 수 있는 예인데—교황폐하의 최종 목적지에 관한 비우호적 표현(註 교황에게 죽으라고 욕설하는 것을 말하는 듯)은 한국에서라면 그저 나쁜 취미에 불과하겠지만 아일랜드에서는 즉각 고통과 법률상의 처벌을 받는 문제가 될 것이다.(폭소) 한 국가의 정부의 행위를 비판하는 데 있어서도 그 정부가 어떠한 성질의 것이든 치외법권의 특권을 누리는 사람도 또한 치외법권적 의무도 지니는 것이며 따라서 특히 비판에 주의해야 한다.

2) 배설은 소요와 무질서 조장

검사 물론 정치적 문제에 있어 혜택을 못 누리고 있는 국가의 국민들에게
동정을, 그것도 아주 진심으로 뜨거운 동정을 할 수 있다. 한국에 대
해 조금이라도 아는 사람이면 누구나 국민에 대한 동정이라고나 할
그런 감정을 느끼겠지만 또 완전히 스스로 택한 정부를 가지지 못한
국가에 대해 동정을 느끼지만, 또 더 나아가 반도叛徒들에게 가담하
는 정도로까지 감정을 쏟아버린 피고인에게 동정까지 느끼며 처벌
이 내키지 않지만 그러나 치외법권의 보호 하에 소요와 무질서를 조
장하고 한국 정부와 그 국민 사이에 적의를 조장시키며 극형을 받게
만드는 그런 행동으로 그들을 내몰 의도가 절대적이고도 명백한 그
런 기사를 스스로 알면서 또는 알았음에 틀림없으면서, 아니면 알았
어야만 한다고 경고를 받았으면서도 이를 출판한 피고인에 대해 고
소를 하고 법률을 적용시키지 않을 수 없다. 영국 본국 정부에 대해
적용한다 하더라도 치안방해가 될 것이며 그 어떠한 정부에 대해 비
판하더라도 소요와 무질서를 일으킬만한 그런 기사를 치외법권의
보호를 악용하여, 특히 출판되면 더욱 거센 비난이 일어날 이 나라
에서, 피고가 출판했다는 것이 증명되면 영국법정은 이를 유죄로 판
결하는 게 그 의무가 될 것이다.

그의 친한 친구들은 한국 정부가 어떤 것인가를 말하기 위해 즉시
이 신문을 집어들곤 해왔다. 한 시점에서 한 국가에서는 외국의 승
인을 받은 단 한 개의 정부만이 존재할 수 있다. 그들은 조약에 따라
치외법권을 누린다. 영국 정부 및 그 대리인과 일본 정부 사이에는
조약이 맺어졌는데 일본 정부는 한국에 대해 실질적 보호권을 행사

하며 또 나라의 외교관계도 통제하는 것으로 물론 치외법권도 외교 관계의 일부이다. 이 사건의 고소인은 한국 정부의 일본 측 대표인 통감과 통감부 서기관 미우라이다. 이제 이 나라의 상태는 어떠하며 고소당한 기사들이 대상으로 한 것은 어떤 사람들인가? 이 나라의 사정은 불안한 것이다. 무장한 저항군[의병]들이 한국의 현 정부군 에 대항하고 있다. 고소당한 기사가 대상으로 한 사람들은 무장저항 군들과 같은 계급의 사람들이다. 신문은 국한문 혼용으로 쓰였는데 분위기는 교육받은 사람이 이해할 수 있는 그런 것이다.

재판장 국한문 혼용문이 대상으로 하는 독자의 정의를 내려주겠는가?

검사 나는 국한문 혼용체가 일반 사람들에게는 이 나라의 언어라는 것을 증거를 들겠다.

변호인 국한문이 공중의 언어란 말인가.[8]

검사 아니다. 그렇게 말하지는 않았다. 나는 증거를 들겠다. 나는 증거를 들 준비가 안 되어 있는 것은 아무것도 거론하지 않을 것이다. 이 기 사가 발간된 의도에 관해 그는 피고인이 소요와 무질서를 일으킬 직 접적 의도를 가지고 이 기사를 썼다는 증거를 댈 필요는 없으며 단 지 출판된 기사가 그 자연적 결과로서 그런 결과를 낳는 것이라면 피고인은 그런 의도를 가졌던 것으로 간주되어야 한다는 것을 증명 하기 위해 이미 권위서를 읽었다고 말했다. 검사(윌킨슨)는 이어 반 대심문에서 일어날 가능성이 있는 문제, 즉 악의적이거나 치안방해

---

8 재판장은 대한매일신보 국한문판과 한글 전용 두 개 신문이 발행되는 이유를 묻고 있다. 국한문판은 주로 한문을 해독하는 사람들이 구독하고, 서민층은 한글전용 신문을 읽는다 는 사실을 모르기 때문에 이를 물어본 것이다. 검사 윌킨슨도 한글이란 무엇인지, 왜 같은 내용의 두 개 신문을 발행하는지, 조금 뒤에 미우라에게 질문한다.

The Prosecution of Mr. Bethell.

明治卅七年十月十四日
第三種郵便物認可

Full Report of the Trial.

明治四十年七月二日發行
ニウクヰウンパゾリ
ルクニヮク 附錄

By the Special Correspondent of the "Japan Chronicle."

SEOUL, June 16.

My last batch of copy closed with Mr. Yang Ki Tak, the Editor of the *Korea Daily News*, still under cross-examination.

The Crown Advocate having asked why the paper did not deal with crops or rain, or something of the sort likely to be suited to up-country readers, and receiving the reply that it was not an agricultural paper, his Lordship asked if the Metternich article was on political matters, to which the witness replied that it was only recording historical facts.

His Lordship: Just ask him if that article is not in reference to the existing state of affairs in Korea. Nobody blames him for being a patriot. We merely want to get at the truth, that is all.

Witness said that the substance of that article contained matters historical, but of course it might be thought that it had reference to political questions.

His Lordship: The last paragraph, "People who have the same barbarous mind as Metternich"—what did he mean by that?—Whoever does things like Metternich.

The Crown Advocate: "Flowers of the Educational World." Is that educational or political?—As the subject manifests, it concerns educational affairs.

The Crown Advocate: What heroes "have left glorious monuments on history except through blood"? Who was Sinkwang who cut his elbow? Was he a schoolmaster?—Sinkwang was a person who professed the Buddhist faith and who went to a Buddhist priest to increase his knowledge and faith, but this priest refused to receive him as his disciple. He asked the priest what was his reason for refusing, and the priest said his faith was not strong enough, according to his belief, and therefore he was "put out" about it and cut off his wrist.

What about Isapu?—He was a Korean who accepted the Buddhist religion when it first came to Korea, and when people refused to accept it he cut off his own head, saying if anything happened after his death people should believe, and if not they should not believe.

Referring to the paragraph relating to the far-reaching results to be vowed in blood, the Crown Advocate asked whether that was a political item or an educational one, and witness replied that the subject was educational but it might lead to subjects of a political nature. What the writer meant was that only through perseverance and hardship was success to be accomplished.

The Crown Advocate: But the reason for the seventeen students cutting their fingers off is stated to be the present condition of Korea?—As has been said, of course matters educational might lead up to political questions or have reference to political questions.

Apart from these articles, was he in the habit of writing political articles with regard to the state of the country or not?—No.

Did he not write an article saying that when a country had lost its sovereignty the people no longer belonged to the category of human beings?

His Lordship: I don't want to hear any more on this. I am quite satisfied as to the meaning, and I have to judge it as it is.

The Crown Advocate: Very well, my lord. Ask him; has Mr. Bethell been in the office lately?—No.

Since when?—He does not remember the exact date, but since some time last month.

He has heard of the articles which were not put in the papers and of threats made by the rebels for not putting in strong enough articles?—Yes.

Did they like the Metternich article? His Lordship: He wrote that himself; he says so.

The Crown Advocate: I want you to tell the witness that I think he is a brave but mistaken man.

EVIDENCE OF A READER OF THE INCRIMINATED PAPERS.

No Pyong was the next witness called, being discovered after some little wait. Also attired in Korean fashion and of the old school, he said in answer to Mr. Crosse that he was engaged in mining and surveying and lived in Seoul. He had read the *Dai Han Mai Il Shinpo* (mixed script edition). He had no connection with the *Euipyong* (insurgents).

Mr. Crosse: Does he say that the *Dai Han Mai Il Shinpo* is calculated to excite disorder?—Not to his knowledge.

Do his friends read it?—Some do and some do not.

Are his friends disorderly?—No, none of his friends.

Cross-examined by the Crown Advocate: Has he been deported at any time?—No.

He is simply a quiet and peaceable man who reads the *Dai Han Mai Il Shinpo*?—Yes.

His Lordship: He says he reads the paper. You cannot expect him to say he is not a peaceable man. (Laughter.)

NON-APPEARANCE OF WITNESSES.

Mr. Crosse again expressed regret at the non-appearance of three Korean witnesses. They were called through the Residency-General and he did not know why they had not appeared. He was anxious to proceed with the case that night and was willing to forego the calling of the witnesses if the case was to be proceeded with then.

His Lordship said he would have to go through all the evidence. He would much prefer that Mr. Crosse should address the Court that evening, and then he would wish to reserve sentence for a day. Accused was entitled to have the case put quite clearly as it would have been if there had been a jury and if Counsel had addressed the jury.

CLOSING ADDRESS FOR DEFENCE.

Mr. Crosse said that the evidence he wished to call was only to prove a negative.

The Crown Advocate suggested that in view of the importance of the case it might be more advisable to address his Lordship on the following morning.

Mr. Crosse said so far as he was concerned he was prepared to abandon the witnesses; he wished to proceed if his Lordship would hear him then.

His Lordship said he was quite willing to hear Mr. Crosse then, but suggested that in the interests of his client it might be better for him to wait until the following morning.

Mr. Crosse said he would rather proceed, feeling that it was in the interests of his client to do so.

Mr. Crosse said they had noticed at some length on the previous day, when in the course of discussing the legal point as to the Korean Government, that he went somewhat outside the limits in opening the case. That was because, after consultation with his learned friend, he came to the conclusion that that was the proper time at which to raise that point. In the course of doing that he had ventured to touch upon certain other matters which were on the fringe of it. He now proposed to address his Lordship on the whole case as it stood, and he first of all had to ask his Lordship to frame his mind into

such a condition that it became not only the mind of a juror, but—if he might use the expression—the mind of an ordinary Korean reader of a Korean newspaper. That was the crux. His client Mr. Bethell was charged with exciting to tumult and disorder and exciting enmity between the Government of Korea and its subjects. Now, who were the people to be excited? Naturally the subjects of the Empire of Korea, and therefore it was, not a question of whether any ordinary Westerner or even any of their Japanese friends would be excited, but whether these articles were calculated to excite Korean minds. It could not be said that any damage was being done by exciting anybody else to bloodshed or murder. What was the meaning of the word "excite." The dictionary defined it as "to rouse," "to call into action," derived from the Latin *ex* (out of) and *cieo* (to summon or call). That meant, he submitted, "to move out of" or "to cause" something to come into being. To excite tumult and disorder was not to foster it and to encourage it after it had started; but it must be the prime *causa causans*. And if he proved to the Court—and they had heard it distinctly enough from the other side—that this country was in a state of disorder before the articles complained of appeared, how could it be possibly contended that any of these articles excited to tumult and disorder? The articles might have encouraged, fostered, or assisted it; but as for exciting it, that was impossible, for it already existed. The charge had been qualified by the term "calculated to." The offence must be something calculated to call into being tumult and disorder. Now, Mr. Miura's evidence was that that country had been in a state of tumult and disaffection for some time. He said, Mr. Crosse believed, ever since 1905, November 17th—or was it October?

The Crown Advocate: Since the Assassination of the Queen?

Mr. Crosse (continuing) said that Mr. Miura did not say that, but he thought Mr. Miura might very well have told them so. He (Mr. Crosse) believed the country had been in a state of disaffection ever since that memorable night of October 8th, 1895, when her Majesty the Queen of Korea was done to death by Japanese. Was that not the exciting cause? First of all there was the assassination of the Queen, followed up by several overt acts on the part of the Japanese, culminating finally in the agreement or treaty of November 1905? He submitted those were the exciting causes of the present unrest. It was clearly placed on record what happened to Viscount Miura after the assassination of the Queen. He was recalled to Japan and degraded because of the state of this country resulting from his act. An inquiry was held in Japan into the conduct of this nobleman, and he was degraded from his honours—which were subsequently restored. Now, Mr. Bethell had stated in his evidence, which was given clearly and frankly, that when he came to Korea he was pro-Japanese and willing to assist the Japanese authorities as far as lay in his power. But after some time he discovered the correct state of affairs, and then he refused the Japanese offers of support with scorn and started out on other lines. That statement agreed with what he had already said—that a state of disaffection was already existent. If not, why should the Japanese authorities have approached Mr. Bethell to have their side of the question published to the world? It was a "blind" to show that they wanted to have the only foreign paper in Korea on

적인 의도의 점에 말머리를 돌려 아치발드의 312페이지와 993페이

지를 인용했다.

재판장 가능한 한 기소 사실 내에서만 국한해서 말하라.

검사 그렇게 하겠다. 그러나 나는 법률에 부합되지 않는 어떠한 제한의

제안도 허용할 수 없다.

변호인 나는 그런 제한은 하지 않을 것이지만 원고는 영국의 검사임을 명심

하라.

재판장은 피고인이 유죄인지 또는 무죄인지에 대해 명백한 혐의를 유지하

는 게 좋을 것이라고 제안했다. 신문 발행을 증명하기는 쉬운 일일 것이다.

검사 윌킨슨은 재판부에 세 사람의 증인 채택을 요청했다.

① 통감부 서기관 미우라 야고로三浦彌五郎를 불러 이 신문 발행함과 한국 현

정부의 문제를 증거케 하고, 또 한국의 정세와 대한매일신보를 구독하는

사람 또는 구독할 것 같은 사람에 대해 사문査問할 것.

② 통신관리국 서기관 핫토리 시게에服部茂兵衛를 불러 한국의 정황과 대한매

일신보가 소요가 일어난 각 지방에 배달되는 부수를 알아볼 것.

③ 인천항 주재 영국영사 레이를 불러 문제된 논설을 영문으로 번역한 데 대

해 물어볼 것을 요청했다.

혐의는 배설이 특정 사람들이 읽을 수 있도록 할 목적으로 국한문 혼용

체 신문을 간행했고 그는 또 자신이 그로부터 수입을 얻고 있고 돈을 받고

발간을 하는 신문에 다른 사람이 쓴 기사를 싣도록 허용했다는 것이다(만약 그가 이것이 전적으로 우연적이고 죄 없는 일이었음을 증명하지 못하는 한).

3) 통감부 서기관 미우라의 증언

미우라 야고로가 첫 증인으로 나왔다. 변호인 크로스는 그가 통상적 방법대로 일본식 서약으로 자필 서명을 하지 않았음을 지적했다.[9]

미우라 나는 일어로 된 문서에는 인장을 사용하지만 그 외에는 쓰지 않는다.

변호인 우리가 확신을 가지는 한 그를 상대할 수 있다.

재판장 이 신사는 나에게 그가 그의 양심에 따라 선서했다고 말했다.

검사 그대의 성명이 미우라 야고로인가.

미우라 그렇다.

검사 관직은.

미우라 한국 주재 통감부 서기관이다.

검사 서울주재 이사관理事官직도 겸하고 있는가.

미우라 그렇다.

검사 언제부터 집무하고 있는가.

미우라 1906년 3월부터다.

검사 이 사건에 원고가 되었는가.

미우라 그렇다.

검사 그대가 배설을 고소하는 권한을 통감으로부터 받았는가.

---

9 영국은 자필 서명이 중요하지만, 일본은 서명 대신 인장을 사용하는 문화적 차이점이 나타난다.

미우라	그렇다. (증인은 허가장 사본을 제출했다.)
검사	그 고소장에 대한매일신보의 논설 세 가지를 들어 고소하였으니 그 신문이나 논설을 가지고 왔는가.
미우라	증인은 이미 제출된 기사를 제시했다.

검사 윌킨슨은 이미 고소장에 쓰인 대로 세 기사의 제목을 낭독한 다음 계속 물었다.

검사	대한매일신보의 발행자와 그 소유주는 누구인가.
미우라	발행인과 편집인은 배설이다.
변호인	지금인가 혹은 그 당시인가?

이때 변호인 크로스가 질문을 가로채자 윌킨슨은 "내가 지금 묻고 있는 중"이라면서 제지하려 했으나 크로스는 질문을 계속했다.

변호인	지금은 누구인가. (변호인은 배설이 대한매일신보의 발행 겸 편집인을 만함으로 바꾸었다는 사실을 강조하려 했다.)
검사	변호사의 반대신문은 더 있다 하기 바란다.
재판장	배설이 당시의 소유주이며 편집인임을 알았다.
검사	발행인과 소유주가 누구라고 쓴 것이 있는가.
미우라	내가 제출한 그 지면에 한자로 '영국인 배설'이라 쓰여 있다.
검사	지금 이 신문의 발매하는 부수가 많은가 적은가.
미우라	그것은 통신관리국 서기관 핫토리服部에게 물을 사항이다.

『朝鮮漫畵(조선만화)』, 도리고에 세이
키(烏越靜岐), 우스다 장운(薄田斬雲)
공저(1909)에 들어 있는 한국인들의
신문 낭독 풍경.

검사　　그대가 아는 대로라면 얼마나 되는가.

미우라　내가 아는 바로는 대단히 많다.

검사　　배설이 다른 신문도 발간하는가.

미우라　또 두 가지 신문을 발간하고 있다.

검사　　무슨 신문인가.

미우라　한국 언문으로 발간하는 대한매일신보와 코리아 데일리 뉴스가 그

　　　　것이다.

재판장　그 두 가지를 다 한글로 발간하는가.

검사　　코리아 데일리 뉴스는 영문으로 발간한다.

검사　한글이란 무엇인가.

미우라　순수한 한국 문자다.

검사　어떤 사람이던지 대한매일신보 읽는 것을 그대가 친히 보았는가.

미우라　한국인이 읽는 것을 보았다.

검사　자기 스스로 읽던가, 아니면 다른 사람이 읽어주는 것을 듣던가.

미우라　한문을 아는 자가 크게 읽어서 여러 사람이 듣게 하더라.[10]

검사　한국과 일본 간에 현 정부에 대한 발효 중인 조약이나 협약이 있는가.

미우라　가장 중요한 두 가지 조약이 있으니 한 가지는 1907년光武 11년 7월 24일에 체결한 「한일신협약」이오,[11] 또 한 가지는 1905년光武 9년 11월 17일에 체결한 한일협약乙巳保護條約이다.

검사　이것이 광무 9년 협약의 공식상 등본인가.

미우라　이것은 광무 9년 것이고, 이것은 광무 11년의 것이다.

　　　(검사 윌킨슨이 광무 9년 신협약을 인용하여 정부에 관한 일을 미우라에게 묻기 시작한다.)

10　당시에는 길거리, 또는 시장에서 유식한 사람이 신문을 읽어주면 주변에 몰려든 청중이 신문의 내용을 주의 깊게 경청하는 풍습이 있었다. 정진석, 「거리의 신문 낭독과 신문종람소」, 조선일보, 2009.12.3.

11　1907년 일본이 한국을 강점하기 위한 예비조처로 체결한 7개 항목의 조약. 정미7조약(丁未七條約)으로도 부른다. 1905년 을사조약에 의하여 외교권을 박탈하고 통감부를 설치하여 여러 가지 내정을 간섭해오던 일본은 헤이그 특사파견사건(Hague 特使派遣事件)을 계기로 한층 강력한 침략행위를 강행할 방법을 강구하였다. 일본은 외무대신 하야시(林董)와 통감 이토 히로부미가 고종에게 사건의 책임을 묻고 퇴위시키는 한편 신황제 순종이 즉위한 4일 후인 1907년 7월 24일 전격적으로 대한제국의 국권을 완전히 장악할 수 있는 내용의 원안(原案)을 제시하였다. 이에 이완용 내각은 즉시 각의를 열고 일본 측 원안을 그대로 채택하여, 순종의 재가를 얻은 뒤 이완용이 전권위원(全權委員)이 되어 7월 24일 밤 통감 이토의 사택에서 7개 조항의 신협약을 체결, 조인하였다.(정치학대사전편찬위원회, 『21세기 정치학대사전』, 아카데미아리서치, 2002)

검사	일본 정부와 이 나라에 있는 대표자(통감부)들이 어떻게 행동하며 지금 일본 대표자의 지위는 어떠한가.
미우라	한국 정부는 그 협약에 따라 통감부의 지휘 아래 있다.
변호인	일본 정부가 한국 정부를 지도 하는가? (방청객들이 크게 웃다)
검사	그대가 그 신문 발행부수가 다수라고 말하였는가.
미우라	자세한 숫자를 알게 할 증인이 있으니 그 사람으로 하여금 대답하도록 하겠다. 요즘 한국 전역에 대한매일신보가 매일 배달되는 수효가 약 7,500장가량이다.
검사	현재 한국내의 정세는 어떠한가.
미우라	이 나라는 현재 무력소요 상태에 있다.
검사	한 도道에서만 그런가, 한 고을이 그런가, 전국이 모두 그런가.
미우라	이는 대답하기가 심히 어렵다. 5~6도에나 이러한 소요가 있은즉, 전국의 절반에 이르고 있다.
검사	한국 어느 지방에 가장 소요가 심한가.
미우라	도道 이름을 말해야 하는가?
검사	그렇다.
미우라	강원도 서편西便이 가장 심하다.
재판장	강원도는 어느 곳에 있는가.
미우라	한국 동편에 있다.
재판장	이것이 한국 지도인가.
미우라	재판장에게 소요가 심한 지방으로서 경기도, 경상남도 남쪽, 경남 서북쪽, 전라도 동북쪽 등 여러 곳을 지도에서 지적했다. 그밖에도 매우 많은 지역이 있었다.

재판장　전국의 절반인가.

미우라　그렇다.

4) 신보는 강경하고 비상한 선동

검사　이 고소한 논설을 국한문으로 쓴 것인데, 그대가 이 논설의 뜻을 아는가. 번역한 것은 있는가, 그것을 읽어 보았는가.

미우라　레이(인천주재 영국영사)가 번역한 것이 내게 있다.

검사　그 외에 일본 글로 번역한 것도 읽어 보았는가.

미우라　내게 그 원본이 있다.

검사　그 기사는 어떠한 종류의 것인가?

미우라　심히 강경한 언론과 비상한 선동이다.

검사　이 기사들은 통감부와 한국 정부 책임자들에 의해 최대한도로 반대와 비난받고 있는가?

미우라　그렇다.

검사　이것을 그대가 좋지 않게 여겨 이 소송을 제기 하였는가.

미우라　그렇다.

검사　1904년 한일의정서 제4조를 참조해주십시오, 재판장님. 이 조항은 한국 황실이 내란으로 위험에 처할 경우 일본제국 정부는 사정이 요하는 바대로 필요한 조치를 취하도록 규정하고 있습니다. (증인에게) 반도叛徒를 진압하기 위해 군대를 파견한 일이 있는가?

미우라　다수한 일본병정과 헌병과 순사를 소란한 지방에 보낸 적이 있다.

검사　근일에 증파한 일이 있는가.

미우라　지난 3월과 5월에 2개 보병연대와 헌병을 일본에서 불러왔던 것으로 생각한다.

검사   그 새로 온 군대는 이곳에 기왕 주둔한 군대에 보낸 것인가.

미우라   그렇다.

검사   한국 안에 서울에 있는 정부 외에 달리 조직한 정부가 있는가.

미우라   없다. 다만 이 정부뿐이며 의병을 자칭하는 무리도 정부와 같이 조
        직한 것은 없다.

검사   한국 정부에서 배설을 고소한 것은 이번이 처음인가.

미우라   생각컨대, 작년 10월에도 배설에 대한 소송이 있었다.

검사   그대가 아는 바로는 그 소송의 결과가 어떠했던가.

미우라   배설을 6개월간 근신에 처했다.

검사   이 논설은 그 6개월 동안에 발간되었는가. 아니면 그 6개월이 지난
        후인가.

미우라   작년 10월 15일로 시작하여 금년 4월 15일까지 6개월이 찬 후에 문
        제되는 신문이 발간되었다.

변호인 크로스는 레이 영사가 문제된 기사들의 영문번역 대조를 위해
증언하도록 반대심문을 보류했다. 여기서 문제된 논설을 번역한 인천주재
영국영사 레이의 증언을 들었다. 레이는 검사의 질문에 대해 자신은 인천
주재 영국영사로서 국한문 대한매일신보의 논설을 번역해 달라는 청탁을
받아 이를 번역해 주었다고 말했다. 레이는 기왕에 국한문을 배웠는데 그
는 아는 것과 힘을 극진히 하여 번역했다고 말했다. 레이는 한국어 중국어

일어를 할 수 있는 어학 능력을 갖춘 외교관이었다.[12] 윌킨슨은 즉시 그 세 가지 논설을 다 읽고, 레이는 그 번역한 것을 마음을 모아 자세히 살펴보았다. 크로스가 반대심문을 포기했으므로 법정은 오후 2시까지 휴정했다.

변호인   배설을 위해 두어 마디 묻고자 한다. 그대가 한국에 있는 통감부 서기관으로서 1906년 3월부터 경성이사관이라 하였거니와 모두 얼마 동안이나 여기에 있었는가.

미우라   6년 전에 이 땅에 왔다.

변호인   무슨 일로 왔는가.

미우라   마산포 영사로 왔다가 그 후에 서울 이사관으로 전임되었다.

변호인   그때부터 그 자리에 있었는가. 그리고 지금도 이사관인가?

미우라   그렇다.

변호인   한국말을 능히 알고 또 읽는가.

미우라   대강 안다.

변호인   국한문 대한매일신보를 능히 읽겠는가.

미우라   그렇다. 순국문은 알기 어려우나 한문을 아는 고로 국한문 섞어 쓴 것은 용이하게 안다.

재판장   이것을 능히 읽겠는가.

미우라   읽을 수 있다.

---

12   Lay, Arthur Hyde(1865~1934). 두 권의 일본관련 저서가 있다. *Chinese Characters for the Use of Students of the Japanese Language*, Tokio, Shueisha(集英社, 1895); *A Brief Sketch of the History of Political Parties in Japan*, 1902. 集英社의 홈페이지를 검색하면 이 출판사는 1926년 8월에 창립되었다는데 레이의 책은 1895년에 출판되었다니 현재의 출판사와는 다른 회사였는지 알 수 없다.

재판장 쉽게 읽을 수 있는가.

미우라 쉽게 읽지는 못한다.

변호인 귀하는 직접 고소된 이 세 기사를 읽고 그것을 이해할 수 있었는가?

미우라 그렇다. 그것들을 이해했다.

변호인 정말로 그렇게 할 수 있었단 말인가?

미우라 그렇다.

변호인 귀하는 순 한글로 그것들을 읽을 수 있었는가?

미우라 아니다. 나는 조금만 안다.

변호인 사실상 고소를 한 이 기사들을 읽었는가?

미우라 그렇다. 나는 그것들을 읽었다.

변호인 배설을 반대하여 고소한 것은 그대가 시작하였는가, 아니면 다른 사람의 교사敎唆를 받은 것인가. 그대가 최초에 발론發論한 사람인가.

미우라 그 권한을 통감부에서 받았다.

변호인 그 권한을 받기 전에 어떤 사람이던지 처음으로 통감에게 가서 말하였던가.

미우라 그것은 알지 못하겠다.

변호인 그대가 갔던 것은 아닌가?

미우라 모르겠다.

변호인 통감이 어떻게 운동하였던지 그대가 말할 수 있는가.

미우라 무엇을 묻는 말인가.

변호인 누가 통감에게 청하여 오늘 아침에 함께 보던 서류(고소장)에 도장을 찍었는가.

미우라 통감 스스로 했다.

변호인   스스로 하였단 말인가.

미우라   그렇다.

변호인   그러면 이 고소는 통감이 실제로 고소한 사람인 것으로 볼 수 있겠지.

미우라   그렇다.

변호인   그의 증언으로부터 일본 정부가 고발을 제기했다는 말인 것으로 나는 생각한다.

재판장   내 생각에는 그게 어떤 사람이었던 것 같다. [일본 정부가 아니다]

재판장   작년 10월에 배설을 반대하여 그 소송이 된바 서류가 내게 있는데 배설을 6개월간 근신에 처했더라.

변호인   (미우라에게) 그대는 알지 못한다고 대답하였는가.

미우라   생각컨대 이것은 홈스인 듯하다.

변호인   그대는 한국 정부의 신하인가, 일본 정부의 신하인가. 한국 정부의 관리⁽ᵉ⁾ᄉ인가, 일본 정부의 관리인가. 무엇으로 말하는가.

미우라   일본 정부에 속해 있다.

5) 한국은 통감의 지휘를 받는 하위정부

변호인   그대는 한국 정부와 일본 정부의 두 개의 별개 정부가 있다는 사실을 시인하는가?

미우라   두 개의 정부이다.

변호인   한국 정부의 자격은 어떻다고 말하겠는가.

미우라   한국 정부와 일본 정부가 있으며 한국 정부는 협약에 의하여 통감부의 지휘 아래 있다.

변호인   한국에서 어느 정부가 상위인가. 한국 정부인가, 일본 정부안가.

미우라 잘 알아듣지 못하겠는데, '상위'라는 말은 무엇을 뜻하는가.

변호인 제일이라는 말이 아닌가.

미우라 한국 정부가 일본 정부 지휘 아래 있기 때문에 통감의 지휘 아래 있는 것인 즉 일본 정부 아래 있는 것이다. 고로 일본 정부가 상위다.

변호인 그러나 피차 행정상에 관하여는 일본 정부가 한국 정부에 대하여 모든 일에 상위가 되는 것으로 구별하여 말하는가.

미우라 모든 일에 모두 그런 것은 아니고 자연히 정치상으로만 그러할 뿐이다.

변호인 정치상에는 모두 일본이 상관하는가.

미우라 그렇다.

변호인 그런즉, 한국 정부는 없다고 말해도 좋단 말인가.

미우라 있다.

변호인 그렇다면 그것은 도대체 무슨 일을 하는가?

미우라 한국 정부는 일본 정부의 지시 하에 정부업무를 수행한다.

변호인 '정부'라는 말을 그대가 아는지 나는 모르겠다. 한국 정부는 독립권도 전혀 없고, 자주권도 전혀 없다니 그대는 말하라, 그대의 아는 바이니. 나는 그대의 말을 듣고자 하노라. 그대가 말하기를 한국 정부는 일본 정부의 지휘가 없으면 무슨 일이던지 능히 행할 세력도 없고 권세도 없는 정부인 것으로 말하지 않았는가.

미우라 그렇다.

변호인 그렇다면 그런 사실로부터 모든 뜻과 목적에서 한국이 즉 일본인가?

미우라 알지 못하겠다(이때 방청객들이 크게 웃자 미우라는 다시 답변했다).

이것은 다른 문제이다.

변호인 그대는 그 점에서 말재주가 있구먼. 만약 내가 통상적인 말로서 일본이 한국에 대해 보호권을 행사한다고 그대에게 말하면 틀린 말이 될까?

미우라 그것은 괜찮다. 한국은 일본의 보호령이다.

변호인 그렇지만 그대는 일본이 한국을 취했다고 말하지는 않았지?

미우라 취하다니? 합병을 뜻하는가?

변호인 그렇다.

미우라 취하지 않았다.

변호인 그 지위가 이상하다. 그런즉 그대는 일본의 보호를 받는 지위에 있는 것으로써 한국의 독립이라 하는가.

검사 그렇지 않다. 그는 그와 같이 말한 것이 아니다.

변호인 금방 미우라가 내게 한 말이다.

이때 재판장은 변호인에게 주의를 주었다. 그대는 당연히 사건대로 사실상에 관한 문제만 물을 것이요, 어떻게 하여야 마땅하다거나 어떠한 서류는 어떻게 된다던지 자기 마음에 어떠한 생각이 있다던지 하는 등 이론가의 의견은 따져서 묻지 말라는 것이다. 이 증인이 명백히 답변하기를 한국 정부는 일본 정부의 지휘를 따르지 않고는 어떤 일이던지 능히 행할 권한이 없다 하였으니 사실상 명백한 문제만 물을 것이라고 말하다.

변호인 그대는 일본 정부에서 임명되었는가.

미우라 그렇다.

변호인 그대가 한국 정부에도 또한 근무하는 것으로 생각하는가.

미우라 무슨 말인지 다시 한번 해 달라(질문이 반복되었다). 아니오, 그렇지 않다.

변호인 그러나 그대는 배설이 한국 정부와 인민 간에 원수되는 뜻을 격동케 한다고 이 고소를 제기한 것이 아닌가.

미우라 그렇다.

변호인 그대는 일본 정부의 관리로서 이것을 행하는가.

미우라 그렇다.

변호인 그러면 다른 사건을 묻고자 하노니, 그대가 말하기를 이 나라의 상황_{狀況}, 좋지 못한 몰골이 눈앞에 폭동과 문란에 있다 하였은즉, 이 폭동과 문란이 어느 때부터 시작이 되었는지 설명할 수 있겠는가.

미우라 지난해 여름[1907년 8월 1일, 군대해산 때를 말한다] 전에도 있었으나 특히 지난해 여름과 그 이후이다.

변호인 이 소요가 일어난 까닭은 무엇인가.

미우라 해산한 한국병정 일부와 또한 한국의 실상으로 말미암아 불평을 품은 인민 얼마가 폭도가 되어 문란에 따라 일어난 것이다.

변호인 그러면 작년 여름 이전에는 불온함과 문란함이 아주 없었단 말인가.

미우라 그렇게 한 말이 아니다.

변호인 그러면 작년 여름 이전에도 불온하고 폭동하고 문란함이 있었다는 말인가.

미우라 그런 말은 하지 않았다.

변호인 내가 묻는 말은 지난해 여름 이전에는 물론, 소요 또는 무질서가 없었느냐는 것이다.

미우라　지난해 여름에도 더러 있었다.

변호인　1905년 11월 17일에도 그대가 이 나라에 있었는가.

미우라　있었다.

변호인　어디 있었는가.

미우라　마산포에 있었다.

변호인　그때에도 이 나라가 문란한 경황에 있었는가.

미우라　몇몇 지방에 있었다.

변호인　그것은 무슨 까닭인 줄을 말하겠는가.

미우라　내 생각에는 그것도 또한 한일간에 체결한 '오조약' 때문인 것으로
　　　　안다.

변호인　당신 말은 1905년 11월 17일 체결된 한일협약 때문에 이 나라에 소
　　　　요가 일어났단 말이지?

미우라　순전히 그 까닭은 아니지만 내 생각에는 이것이 그 기회를 만든 것
　　　　같다.

변호인　이것이 그 까닭의 일부분인가.

미우라　그렇다.

변호인　여보 미우라, 그러면 대한매일신보가 현금 상태의 원인이라 할 수
　　　　있겠는가.

미우라　완전히 그 까닭이라 함은 아니지만 몇 부분간 조력助力은 된다고 본다.

변호인　지금 불평이 일어나는 다른 까닭을 말할 수 있겠는가.

미우라　대한매일신보가 이번에 고소한 것과 같은 논설을 항상 게재하여 반
　　　　포한 까닭이다.

변호인　대한매일신보에 발간된 기사 외에 소요와 무질서를 일으킨 다른 원

인은 무엇인가?

미우라　실지의 형편을 반대하는 다소의 한국 사람들이 불평을 품은 까닭이다.

변호인　어떤 사람을 반대하며, 무슨 일을 반대하는가.

미우라　한국 정부가 일본의 지휘 아래 있음을 인하야 일본과 한국 정부를 반대함이다.

변호인　그러므로 그 원한이 바로 일본을 반대함이라는 말인가.

미우라　나는 그렇다고 말할 수는 없다.

변호인　(재판장을 향하여) 재판장, 나는 원고가 이렇게 말한 것으로 알겠노라.

재판장　원고의 말은 그 다른 까닭인 즉, 한인들이 일본 정부에 대하여 불량한 뜻을 품은 까닭이라 한 말이리라.

변호인　(미우라에게) 그렇게 한 말인가.

미우라　그렇다. 그리고 혹 다른 까닭도 약간 있다.

변호인　대한매일신보에 게재된 이런 논설 때문에 일어난 폭동이나 질서의 문란된 분명한 증거를 그대가 아는 대로 말하겠는가.

미우라　지금은 이것을 능히 다 할 수 없으나 이런 논설은 심히 강경하고 그 성질은 대단히 격앙한 줄로만 생각할 뿐이니 내 말은 이뿐이요. 그 증거는 지금으로 다 말하기 어렵다.

변호인　내 생각으로는 소리 높여 크게 읽는 것은 한국 사람의 습관인 것으로 아는 데 그렇지 않은가?

미우라　그렇다.

변호인　당신은 오늘 오전 증언에서 한국 사람들이 다른 사람들에게 이 신문을 크게 읽어주는 것을 들었다고 말했는데 이는 일본 사람들이 몇 년 전에 하던 습관과 꼭 마찬가지로 한국 사람들의 평상습관이 아닌가?

미우라　일본사람들 중의 일부는 지금도 그렇게 하고 있지만, 한국에서는 이게 매우 흔히 있는 일이다.

변호인　지금 일본병정이 얼마나 한국에 있는가.

미우라　이는 확실히 말할 수 없으나 이왕에 2개 사단이 있다가 1사단은 철수했고 이제 또 더 나왔다.

변호인　당신은 2천이나 3천 명 이내라고 나에게 말할 수 있겠는가? 또는 1만 5천 명이나 2만 명 정도인가?

미우라　2만 명가량으로 알고 있다.

변호인　1사단 병력이 몇 명인가.

미우라　1만 명쯤으로 알고 있지만, 이는 다만 그렇게 짐작할 뿐이고, 상세히 알지는 못한다.

변호인　그 군사들은 모두 질서를 유지하려고 이 땅에 있는가.

미우라　그렇다.

변호인　그런데도 그 불온한 상태는 심히 만연蔓延하고 있는가.

미우라　그렇다.

변호인　오늘 오전에 그대가 검사 윌킨슨에게 말하기를 소요가 가장 심한 곳은 아무아무 곳이라 하였지? (하며, 변호인 크로스는 미우라가 말한 지방을 읽어 내려간다. 미우라는 크로스가 지적한 외에 전라북도가 더 있다고 말했다. 오전 증언에서 소요가 일어난 곳은 전국의 절반이라고 말하였다고 지적했다.)

3. 변호인의 법리논쟁

1) 군대해산 호외 한국군의 저항 유도

변호인   여러 지방이 모두 북쪽에 있는가.

미우라   폭도(의병)들의 행동이 심히 민첩하여 오늘 이곳에 있다가 명일 다른 곳으로 가서 출몰이 무상하니 이는 원래 편제가 없기 때문이다. 이것이 심히 어렵다.

변호인   (재판장에게) 나는 여기 낚시질하러 멀리 온 게 아니다. 나는 그가 언급한 모든 지방에 배달되는 대한매일신보 부수에 대한 통계를 가지고 있다. 따라서 가능하다면 나는 이 문제에 대처할 수 있도록 그에게 소요가 일어난 지방의 범위를 명확히 정하도록 하고 싶은 것이다. (증인에게) 당신 말은 그 밖의 다른 지방은 더 없다는 말이지?

미우라   더 있다. 함경남도 북쪽이다.

변호인   평양은 어떤가?

미우라   없다.

평양이 도(道)인지 아닌지에 관해 변호인 크로스는 전혀 모른다고 고백했다.

검사   그것은 내 잘못은 아니다.

      (방청석에서 폭소)

검사   평양이라는 도가 있는가?

미우라   있다.(평안도를 오해한 듯)

변호인   (검사에게) 그가 조용히 한다면 우린 훨씬 더 잘 진전을 볼 수 있을 것이다.

변호인 이 신문이 서울에서 발매되는 것은 몇 장인가.

미우라 자세한 숫자는 알지 못하나 국한문판과 순한글판을 합하여 서울과 그 근처에서 발매되는 것이 6천 5백 장가량이다.

변호인 하루 발행부수가 그러한가.

미우라 국한문판과 한글판을 합하면 하루에 그렇게 발매된다.

변호인 그 두 가지를 나누어서 말할 수는 없는가.

미우라 지금은 할 수 없다.

변호인 서울에 사는 사람들도 불평을 하는가.

미우라 그렇다. 그러나 간접적으로 불평한다.

변호인 이곳에도 폭동이 있는가.

미우라 서울 안에는 없으나 간접으로는 또한 있고, 작년 8월 1일에 남대문 안에서 싸운 것은 일대 특별한 상황이라 하겠다.[13]

변호인 이때는 특별한 시기라, 일본 기병대 무관 1명이 사람 모인 가운데 말을 타고 들어가던 그때가 아닌가. 그대도 그때 그곳에 있었는가.

미우라 그렇다.

변호인 그때가 군대를 해산하던 때인가.

미우라 바로 그날이다.

변호인 군대해산이 곧 그 남대문 안 싸움의 원인이 되었는가.

미우라 그렇다. 그날 아침에 대한매일신보가 호외를 발행했음을 말해 두겠다.

변호인 그 호외에 무슨 말이 있었는가. 한국군대를 해산하였다는 말이 있었

---

13 1907년 7월 31일 순종이 '군대해산 조칙'을 내리고, 8월 1일 일본군이 한국 군대를 해산하자 이를 거부하는 군인들이 시가전을 벌인 사건이다.

일본군이 구한국 군대를 해산하고 압수한 무기를 쌓아두고 있다. *The Illustrated London News*, 1907.9.14.

던가.

미우라　아니다. 내가 한두 가지를 기억하는데 한국이 일본에게 빼앗긴바 되

　　　　었다는 말과 그 외에 다른 사건이 있었다.

변호인　호외에 그 외의 다른 말이 또 있었는가?

미우라　잘 기억하지 못하겠다.

변호인　그 호외는 이 법정에 제출하지 아니하였으니 이번 고소의 문제는 아니

　　　　거니와 대개 어떤 사람들이 한국군대의 해산을 명령하였는가.

미우라　한국 정부가 통감의 지휘 아래서 행한 것이다.

변호인　일본 정부의 지휘 아래란 말인가.

미우라　그렇다.

무기를 빼앗기고 해산당한 구한국 군인들의 초라한 모습.

2) 폭동의 원인 제공은 일본

변호인 그런즉 군대를 해산케 한 자는 일본 정부라는 말인가.

미우라 간접으로 일본 정부가 행하였다.

변호인 내가 묻는 것은 이런 소요와 무질서가 일어난 것이 일본 정부에
게 돌려져야 하지 않느냐는 것이다. 한국 군대해산에 뒤따라 일어난
소요와 무질서는 일본 정부의 책임이 아닌가?

미우라 책임을 묻는 것인가?

변호인 그렇다.

미우라 한국 정부는 책임이 없다는 뜻인가.

변호인 한국 정부가 아니라 일본 정부의 책임을 묻는 것이다.

미우라　그 책임은 두 정부에 다 있는 것이다.

변호인　비록 그러하나 한국 정부는 자기주장을 말도 못하고 다만 일본 정부
　　　　의 가르치는 대로 부득이 하여 행하는 것이 아닌가. 과연 그런가.

미우라　일본 지휘 아래 있다.

변호인　비록 그러하나 일본 정부가 지휘하면 한국 정부는 시행할 따름인가.

미우라　이것은 말하기 어렵다. 의례히 일본 정부는 한국 정부의 하는 바를
　　　　참작한다.

변호인　비록 참작한다 하면서도 가로되 아니다, 그렇게는 못하리라 하면서
　　　　말로만 참작한다는 것으로 나는 생각한다. 만일 한국 정부가 이 책
　　　　을 저편으로 옮기려 하면 반드시 먼저 이를 행하기 전에 일본 정부
　　　　에 허가를 청할 터인 즉 일본 정부에서 못하리라 하면 이 책은 옮기
　　　　지 못할 것이 아닌가.

미우라　만일 일본 정부가 한국 정부의 청하는 것을 옳게 여기는 경우에는
　　　　그 청구를 참작할 것이다.

변호인　폭도 중에 해산한 병정이 많은가.

미우라　많이 있는 것으로 안다.

변호인　전문가로서 미우라 씨에게 묻고 싶다. 일본매일(日本每日, 每日新聞
　　　　을 지칭하는 듯)이라는 신문을 아는가?

미우라　안다.

　　변호인 크로스는 그 신문에 실린 한국폭도가 어떤 무리類로 모였다는 구
절을 읽어 들려주면서 "그대가 이 신문을 옳다고 생각하는가"고 묻자 미
우라는 그 기사 내용이 모두 정확하지만, 다만 모두 다 기록되지는 못한 것

같다고 대답했다. 이때 검사 윌킨슨이 변호사의 질문에 이의를 제기했다.

검사   질문을 방해하려는 것은 아니지만 이번 질문은 규칙을 위반하고 있는 것이다.

변호인   (재판장에게) 이것은 넣기를 원하는가?

재판장   넣어도 좋다.

변호인   나는 판사의 규정은 그대로 지키지만, 존경하는 윌킨슨 검사의 규정은 지키지 못하겠노라.

미우라는 이에 일본 매일신문에 기재되지 못한 다른 사람들(類)이 있음을 다시 설명했다.

변호인   그대가 통감부의 이사로 있으니 이 나라에서 재판하는 직무를 갖고 있는가.

미우라   있다.

변호인   이 나라에 거류하는 귀국 인민(民)의 잘못, 즉 귀국민의 악행을 반대하여 고소한 일이 많이 있는가.

미우라   불행하게도 과연 있다.

변호인   누구에 대한 것인가?

미우라   사회에 대한 것이다.

변호인   영국인이나 기타 다른 외국인의 원망하여 하소연(怨訴)함도 많이 받았는가.

미우라   어떤 원소(怨訴)를 말하는가?

변호인	외국인에 대한 일인의 악행에 대한 고소를 말하는 것이다.
미우라	약간 있다.
변호인	서울프레스라는 신문을 아는가.
미우라	안다.
변호인	그 편집인이 누구인가.
미우라	즈모토頭本元貞이다.
변호인	그 신문에 스티븐스를 쏘아죽인砲殺 사건으로 샌프란시스코에 있는 한국인 신문共立新報에서 번역 게재한 논설이 있는가.
미우라	모르겠다. 그 발행 여부도 말할 수 없다.
변호인	당신이 서울프레스에 대해 소송을 취한 적이 있는가?
미우라	전혀 없었다.
변호인	배설과 아는 사이인가.
미우라	서로 안다.
변호인	남대문 안에서 소요가 일어났던 이튿날 그의 집에 찾아 갔었는가.
미우라	그 이튿날이었던지는 모르겠다.
변호인	그러나 그대는 배설이 호외를 발행했기 때문에 그 소요 사태의 책임을 져야 한다고 비난하지 않았는가?
미우라	전부가 아니라 부분 책임이다.
변호인	그대는 그 밖의 다른 말썽거리 때문에 배설에게 불평을 가진 적이 있는가?
미우라	두세 가지 사소한 일이 있었다.
변호인	내 말뜻은 배설에 대해 개인적인 적의를 가졌었느냐는 뜻이다.
미우라	없다.

여기서 피고 측 변호인의 신문이 끝나고 검사 윌킨슨의 질문이 다시 시작되었다. 윌킨슨의 신문에 미우라는 자기 외에는 서울에 이사가 없다고 진술했다.

검사　서울에 거주하는 의병은 없는가.

미우라　서울에 사는 자는 없고, 남문 밖과 동문 밖에서는 소요가 있었으며 서울에서 6리 떨어진 북한산에도 폭도가 왔었는데 폭도들은 대한매일신보를 읽는 것으로 일반적으로 알려져 있다. 서울프레스는 영문으로 발간되는 신문이다.

검사　폭도 중에 영어로 쓴 논설을 읽는 자가 있다는 보고가 있었는가. 그리고 한국인들이 영어를 의례히 쓰는가.

미우라　아니다. 심히 희귀하다.

3) 신보의 보급부수와 폭동의 연관성

여기서 미우라는 나가고, 핫토리^{服部茂兵衛}, 통감부 통신관리국 통신 서기관를 증인으로 불러들여 히시다^{菱田靜治}가 통역을 맡았다. 핫토리는 자신이 통감부 통신관리국 통신 서기관이라고 진술하고는 한국 지도 한 장을 내어놓고 자기가 표시한 1부터 8까지의 번호를 가리키며 이는 모두 소란한 구역이라고 증언했다.

재판장은 이 지도가 소란한 지방대로 구분한 것이라고 말했다.

핫토리는 그 외에 또 다른 번호를 매겼는데 이는 대한매일신보 국한문판과 한글판이 소란한 구역에 매일 발송되는 장수를 표시한 것이다.

(재판장에게) 한국어에 능통하지 못하기 때문에 이 두 신문(국한문판과 한글

판) 간에 명확한 구별—각 몇 부씩이 배달되는지—을 할 수 없다고 말했다. 어쨌든 국한문판과 한글판 중 어느 한쪽이든 배달되는 부수는 다음과 같다고 검사에게 부수를 말했다.

소란한 구역과 대한매일신보가 발송되는 부수 표시 :

○ 제1구區 : 1,159부 ○ 제2구 : 757부 ○ 제3구 : 365부 ○ 제4구 : 98부

○ 제5구 : 939부 ○ 제6구 : 861부 ○ 제7구 : 126부 ○ 제8구 : 301부[14]

검사　　8구는 주로 섬으로 구성되어 있지?

증인이 즉시 대답을 못했으므로 윌킨슨은 폭소가 터지는 가운데 섬이란 바다로 둘러싸인 땅덩어리라고 설명해 주었다. 증인은 이어서 서울지방에 배달되는 정확한 부수를 알 수 없다고 말하고 그러나 우편으로 하루 2백 부가량 배달되는 것으로 생각한다고 말했다. 그는 신문이 우편 외에 또 어떤 방법으로 배포되고 있는지의 여부에 대해서도 알지 못했다.

검사　　한국 사람은 소포를 종이로 싸는가. (방청석에서 크게 웃다)
핫토리　　그렇다. 싸기도 하고, 묶기도 한다.

통신관리국 통신과장으로서 그는 두 신문 약 5천 부가 매일 우편을 통해 배달되고 있음을 알고 있다고 말했다. 그는 서울의 북쪽 지방에 하루 배달되

14　숫자를 합하면 대한매일신보의 발행부수는 4,606부이다. 여기에 우편으로 하루 200부가량 배달되는 것을 보태야 한다.

는 부수는 이미 제출한 숫자들을 합산해서 말할 수 있었을 뿐이다.

변호인　이 지도는 소란이 중대한 곳을 중심으로 구역을 정하였거니와 그 구분이 전혀 합당치를 못하다. 대한매일신보의 국한문과 한글판이 발송되는 숫자가 제1구에 1,159장이고, 제5구에는 939장이라 하니, 제1구가 제5구 크기의 10배가 아닌지, 즉 확실히 6배인지를 물어보고 싶다. 어찌하여 지도를 이 모양으로 만들었는지 대답할 수 있겠는가. 그 지역(제1구)이 다른 지역(제5구) 보다 클지도 모르는데 이것은 추산에 의한 것이다. 그 지역이 다른 지역보다 큰가, 아닌가? 증인은 정확히 알지 못했으며 추산에 의한 것이라고만 답했다. 이 지도에 축척이 있는가? 내가 일어를 읽을 수 있으면 좋으련만 그럴 수 없다. 나는 추후 적절한 시기까지 내 언급을 남겨두겠다. 어쨌든 나는 그가 우편을 통해 매일 7백부씩 배달된다고 말한 것으로 이해했다.

재판장　이는 서울 근처에 발송되는 부수만을 말한 것이었다고 설명했다.

핫토리　이 숫자는 착오라고 정정했다. 그것은 5천부이다.

그는 우편을 통한 것 외에 지방에서 신문을 입수할 수 있는 또 다른 수단이 있는지는 알지 못했다. 그는 1906년 이래 통신관리국에 근무했다. 그리고 대한매일신보가 행정규칙을 위반한 때문에 우편국에서 압수(배포 금지)되고 있음을 알고 있었다.

재판장　그 신문은 어찌하여 압수하였으며 그 법령은 어찌하여 내었는가.

핫토리   상관들이 그 신문의 기사는 공중의 치안을 방해한 것으로 인정했기 때문이다.

그는 우편국에 근무하지 않지만 우편국을 경유하는 신문 부수를 조사하여 자기에게 보고된다고 말했다. 이미 언급한 5천 부 중 한글판과 국한문판의 비율을 밝혀주는 기록이 있지만 자료 없이는 이것을 내놓을 수 없다고 말했다. 그는 순 한글판은 이해할 수 없으나 국한문판은 완전히 이해하진 못해도 꽤 잘 이해한다고 말했다.

변호인   어느 때에 이 신문을 우편국에서 압수[배포금지]하였으며, 또 누가 정지시키라고 지시했던가.

이때 검사 윌킨슨이 나서서 이것은 반대 하는 것이 나의 의무이다. 이것은 대답할 사항이 아니라고 주장했다.

재판장   변호인은 일본 정부에서 행해지고 있는 일을 모두 밝히도록 그에게 강요해서는 안 된다.

변호인   그 명령을 내린 게 한국 정부인지 일본 정부인지도 물을 수 없을까? 좋습니다. 이 문제는 남겨두겠다.

검사   재판장님 그것은 내 소관입니다.

크로스는 이제 변론을 시작하는 게 자기 의무라면서 가능한 한 짧게 하겠다고 말했다. 그는 지금이 한국에 정부가 둘 있는지, 또는 하나 있는 지에 관해 요점을 논의하고 하고 싶은 말을 해야 할 적절한 시기로 생각한다고 말했다. 이 문제는 전적으로 재판장의 손에 달린 것이지만 그러나 나중에 이를 논의하는 것은 매우 힘들 것이므로 재판장만 허락하신다면 지금 논의하는 게 나을 것 같다. 이제 검사의 주장은 내가 이해한 바로는 한국에 단 하나의 정부만 있다는 것이며, 한국 정부는 실제적인 목적을 위해서 존재하는 것이 아니며 한국 정부는 말하자면 아버지 같은 또는 할아버지같은 일본 정부의 보살핌을 받고 있어 일본 정부는 한국 정부를 감아 싸서 잠자리에 눕히거나 또는 마음이 내키면 다시 끌어낼 수 있다는 것이다. 이러한 주장에 대해 자신은 충분히 존경하지만 그러나 전적으로 동의하지 않는데, 그런 불찬성의 근거로서 자기 앞에 놓여 있는 1905년 11월 17일에 조인된 조약(을사늑약) 및 자신이 잘못 안 게 아니라면 두 나라 간에 체결된 마지막 문서인 1907년 7월 24일의 한일조약을 들었다.

검사   맥켄지의 책은 거기에 관해 권위서가 못된다.

변호인   늘 그렇게 펄쩍펄쩍 뛰는 게 필요합니까? 이 문서들을 멕켄지의 책 *The Tragedy of Korea* 말미에서 발견했다고 말하려 했는데 존경하는 검사께서는 이에 반대하는 것 같다. 크로스는 『홍콩연감*Hongkong Directory*』에도 이 문서가 수록되어 있는지의 여부는 알지 못했다.

재판장   그것들은 수록되어 있다.

변호인   그렇다면 왜 시간을 허비하는가?

재판장   나는 그 문서들과 또 이 나라의 현재 사정을 공식 인지 해야 한다.

변호인   물론 마지막 조약이 가장 중요한데 왜냐하면 그때부터 현상유지 상태가 변하지 않았음을 보여주기 때문이다. 당시에 한국 정부가 있었다면 이 문서로 약간 수정이 이루어졌다는 것을 인정하더라도 지금도 한국 정부가 있어야 할 것이다. 무엇을 발견했던가? '일본과 한국 정부들'이라는 구절이었다. 이 구절을 적어도 초등학교만이라도 다녔던 영국 사람들이라면 어떤 뜻으로 알겠는가? '정부들'이라는 것은 '정부'의 복수다. 두 개의 정부가 있는데 하나는 일본 정부요 하나는 한국 정부다. 통감에게 그토록 복종하는 일본 관리들의 입에서 어떻게 그들이 곧 한국 정부라는 말이 나올 수 있겠는가?

재판장   원고의 말은 이 나라 정부는 곧 일본 정부의 지휘 아래 있는 한국 정부로 실행된다 함이라.

변호인   일본은 이보다 더 나아간 일을 했는데 왜냐하면 일본은 배설이 한국 정부와 그 국민 간에 적의를 조성시켰다고 말했기 때문이다. 그렇다면 이는 한국 정부의 존재를 시인한 것이다. 또 저희들 자신도 한국에 정부가 있었다는 사실을 시인하면서도, 한국에는 정부가 이왕 있었으나 실지로는 성립하지 못하였으며, 한국은 정부가 이미 있었으나 전혀 자격이 없고 능력이 없어서 자기 나라 일을 능히 정돈하지 못하므로 "우리가 순전히 공변된 목적을 가지고 이에 와서 너희를 권고하며 지도하여 그 마땅히 행할 일을 지시한다"고 말하고 있다. 그러나 청하지 아니한 손이 와서 간섭하면 반드시 재난이 생기는 것은 당연한 이치이다. 그런데 이러한 재난을 배설과 그가 발행하는 신문에다 책임을 지을 수는 없는 일이다. 그러므로 배설과 대한매일신보로 인하여 폭동이 된 것이 아니라 한국에 대해 잘못된 정책을 쓴 일본 정부로 인하여 폭동이 일어난 것이다.

4) 한국은 주권을 일본에 양도하지 않았다

변호인 크로스는 또한 한일조약을 인용하여 논박했다. 즉 한국은 해외 거주 국민의 이해관계를 일본 대표에게 위탁하였으나 한국 정부를 아주 없애 버린다는 조항은 조약상에 없다. 그러므로 일본은 외교상 한국을 보호할 뿐이며 한국의 주권은 여전히 한국 정부에 있다. 또 한국의 역사를 보더라도 한국은 군주가 전제하는 나라이다. 한국의 황제는 어느 때던지 붓 한 자루로 일반 대신을 능히 면직하시는지라 이는 러시아 황제의 전제와 다름이 없으니 황칙皇勅 없는 정부가 한국에 어찌 있으리오.

이 나라 안에 황제의 주권이 끊어졌느냐 안 끊어졌느냐, 만일 이미 끊어졌으면 다시 의론할 것 없거니와 이제 주권과 관할함이 있은즉 어느 때에 어느 사람이던지 능히 뜻대로 면직을 하실 것이다.

사실이 이와 같은데도 일본관리가 영국 재판관 앞에 와서 "우리는 곧 한국 정부니 설혹 정부가 아니라 할지라도 한국 정부는 우리의 인도하는 바를 좇아 행한다"라고 주장하고 있다. 우리 판사께서도 5~6년 전부터 극동의 역사를 다 아시거니와 대한제국을 위하여 크게 한번 혈전을 별인 것은 (크로스는 러일전쟁을 말하고 있다) 모두가 아는 사실이다. 싸움에서 이긴 자에게 전리품을 주는 것은 있을 수 있는 일이다. 그러므로 그때 일본이 한반도에 일본 국기를 높이 달았으면 모르거니와 그러나 이때 일본은 한국을 합병하지는 못했던 것이다. 만일 일본이 이미 한국을 집어삼켰다면 오늘 피고배설의 신보를 정지케 하려고 고소할 문제도 없었을 것이다.

이것은 방문 안에 바로 들어와서 앉지 아니하고 한번 시험하여보고 물러가서 "우리가 다시한번 생각해 보겠다"고 말하고 이러한 태도로 우회적인 방법을 써서 1904년 2월 24일 통감부를 세웠다.[연도 틀림, 통감부는 1906

년 2월에 설립.]

그 조약을 체결한 지 1년이 차지 못하여 저희가 이 나라 안에서 권리를 주장하노라고 와서 말하고 있다. 그러나 한국에서 저희들이 주권이 없음은 확실히 알 것인데 만일 한국에서 그들의 주권이 있다면 일본 천황이 바로 한국의 황제이기도 해야 하는데, 일본 천황은 이 나라를 관할하려는 뜻은 전혀 없는 줄로 확실히 믿고 싶다. 이토 히로부미는 한국을 보호하는 자의 대표인데, 저희가 이 나라를 합병하여 몸과 뼈를 모두 삼키는 나라의 대표와는 크게 다른 것이다.

(변호인 크로스가 이와 같이 변호한 것은 정부와 인민 간에 원수 되는 뜻을 선동한다고 기구하는 데 대하여 정부와 국민이 다 있는 것을 먼저 은근히 드러낸 것이다. 크로스는 평시에 생각하기를 한 사람은 한 나라 임금의 국민인 것이다. 자신도 에드워드 7세의 국민이요 에스쿼트의 국민은 아닌 줄로 생각하여 한국의 정부와 그 인민 간에 원수 되는 뜻을 격동한다 함은 미우라나 혹 그 외에 어떤 일인이라도 말할 수 없는 일이다. 한일 양 정부가 이 나라 안에서 어떤 일에든지 처리하기에만 화합할 따름이오, 한국 정부는 특별히 따로 있어서 일본 정부와는 완전히 각각이니 이제 그 죄를 당치 아니할 것이라 하여 이같이 법정에서 변론한 것이다.)

크로스는 을사오조약은 열람할 필요가 없다고 생각한다고 말하고 한일 의정서가 법정에 있는 가고 물었다. 그는 맥켄지의 책이 저주받은 것으로 알고 있다고 말했다.(폭소) [월킨슨 검사가 맥켄지의 책을 반대하므로 이는 언급하지 않겠다는 뜻] 그는 1908년 홍콩연감과 중·일에 관한 기록 등에서 1904년

2월 23일에 체결된 '한일의정서'에 주의를 환기시키고 싶다고 말했다.[15]

재판장	의정서가 폐지되었는가.
변호인	자세히 알 수는 없으나 폐지는 아니 된 것으로 생각한다.
검사	1907년의 조약이 일어난 사항에 관한 마지막 조약이 확실한데 1904년에 일어났던 일을 새삼 거론하는 게 무슨 소용이 있는지 모르겠다.
미우라	그때 의정서가 있었다.
재판장	그 의정서는 지금까지 효력이 있는가.
미우라	효력이 있다.
변호인	의정서를 인용하여 일본과 한 국간에 영구히 공고한 우의를 유지하며 극동에 평화를 설립할 목적으로(그다지 매우 성공적이지는 못했던 것 같다. 그렇지 않은가?) 대한제국 정부는 대일본제국 정부에 전혀 의지하고 믿어서 시정개선에 관하여 그 권고를 채용한다 하였으며, 제3조는 일본제국정부가 한국의 독립과 그 강토의 완전케 함을 확실히 보증한다 하였으며, 제4조는 한국 황실의 안녕과 강토의 안전이 제3국의 침해함을 인하여 위험할 경우에는 일본제국 정부가 그 사정의 필요한 방침을 취한다 하였는데도 이제 이들의 행동을 보면 한국독립을 보증하는 것이 어디 있느냐. 일본 당국자들은 우리가 곧 한국 정부라 하며 이곳에 있는 다수한 인민들의 직책이 없으니 우리

---

15 韓日議定書(1904.2.23). 러일전쟁 직후 일본이 한국을 세력권에 넣으려고 공수동맹을 전제로 체결한 외교문서. 한국 정부는 일본 정부를 확신하고 시정(施政)의 개선에 관하여 충고를 들을 것과 일본은 한국에서 군략상 필요한 지점을 임의로 수용할 수 있도록 했다.

는 불가불 그 직업을 지시하리라 하는 말이나 하려고 이 땅에 왔는 가. 오늘날 한국은 독립국이니 일본은 이미 의정서 아래 있어 이 나라를 영구히 강하게 하기로 담임할 것이어늘 도리어 저희들은 이 땅에 와서 또 다른 한 가지 말을 하여 한국 정부는 없다고 주장하고 있다. 대한제국은 주권 군주를 가지고 있고 강제가 아니라 외교나 혹은 그 밖의 다른 수단에 의해 대표를 가진 독립제국이다. 만일 일본 정부가 이 땅에서 가장 높은 권리가 있다면 이 나라의 기호旗號가 무엇인가, 이것이 일본 기호旗號인가. 윌킨슨 검사가 자기주장을 옳다고 말하기 위해서는 일본 측은 일본과 한국이 하나이며 분리될 수 없는 제국이라고 말해야만 할 것이다. 그러나 그들은 곤경을 느끼고 있으며 법정은 그들이 곤경을 빠져나가기 위해(즉 두 나라를 하나라고 시인하기 곤란함) 애쓰는 그 괴로운 모습을 볼 수 있을 것이다(가혹한 말은 쓰고 싶지 않지만 이런 식으로밖에는 그 모습을 묘사할 길이 없다).

5) 통감부의 영국법정 고소는 잘못

변호인 크로스는 영국법정에 영국국민을 형사재판으로 제소한 일본의 행위는 잘못임을 증명하기 위해 변론을 계속했다. 일본 정부와 한국 정부는 전적으로 독립된 별개의 실체들이다. 일본 정부가 특정행정문제에 관해 한국 정부를 통제할 수 있는 것은 사실이지만 그러나 한국 정부는 오늘날도 존재해 있으며 만약 한국 황제가 모든 사람을 파면하고 싶으면 그렇게 할 수 있다.

이제 변론을 시작하겠다. 배설이 대한매일신보를 통해 폭동이나 문란을 선동하며 또 한국 정부와 국민 간에 원수 되는 뜻을 선동하여 치안에 방해되는 신문을 발행하여 발매하였다는 고소를 당했으니 치안방해란 뜻이 무엇인가 하고 반문했다. 재판장은 이에 대해 추밀원령에 분명히 규정되어 있으니 이 문제에 대한 변론은 그만하라고 말했다.

변호인 그러나 추밀원령을 정당하게 존중하면서도 나는 이것이 권한 밖의 일ultra vires이라고 주장한다. 왜냐하면 추밀원령이 치안방해의 의미를 변경시킬 수는 없기 때문이다.

재판장 추밀원에 자문하여 행동하는 국왕King in Council : 칙령발표 또는 식민지로부터의 청원을 수리하는 주체이 왕과 의회가 준 권한에 따라 중국과 한국에 거주하는 왕의 국민에게 적용될 법률을 제정했으며 이들 국가의 종교적 관행에 대한 범죄도 실질적 범죄가 된다. 추밀원의 국왕King in Council은 영국국민의 이런 행위가 영국에서는 죄가 안 되더라도 한국에서는 죄가 된다고 말할 수 있다. 이것은 추밀원령에 의해 여러 차례 행해졌다. 이것은 밀수 사건과 이 나라의 종교관습 무시 행위에 적용되어왔다. 처벌방법도 추방과 같이 본국에서는 할 수 없는 방법으로 여기에서 처벌될 수 있다. 추밀원의 왕은 왕과 의회가 영국제도의 국민들에게 행하는 권력과 마찬가지로 중국의 영국 국민들에게 입법권을 행사한다. 특정 행위를 행한 영국국민은 특정방법으로 처벌되어야 하며 더 나아가 치안방해가 되는 특정범죄에 관해서는 다음과 같은 것이 치안방해가 된다고 선언하는 바이다. 즉 소요나 무질서를 조장시키려 의도한 행위이다. 아직도 크로스가 치안방해에 관해 검사 윌킨슨이 말한 것에 대해 응답하고 싶다면 자신은 기꺼이 그의 말을 듣겠다.

변호인　우리들이 현재 추밀원령의 자구字句에 절대적으로 매여 있다고 생각되므로 재판장에게 감사한다. (자기의 말을 들어준다는 데 대해) 나는 이 점에 대해 주의를 촉구하고 싶다. 검사 윌킨슨은 만약 내가 틀렸으면 시정해 주시기 바란다. 그러나 내가 알기로는 1840년 이래 파넬Parnell과 미카엘 다비트Michael Davitt 재판의 예를 제외하고는 법원에서 치안방해 사건이 제기된 적이 없다.

재판장　1868년에 피체랄드Fitzgerald 판사가 국왕 대 설리반Sullivan 사건을 재판한 일이 있다. 치안방해라는 것은 바로 반역의 일보직전이다. 이것은 매우 회귀한 범죄다.

변호인 크로스는 이것이 매우 회귀한 범죄라는 데 동의하면서 그 이유는 우선 영국 국민이 개명된 민족이고 또 언론의 자유가 있다고들 하기 때문이라고 말했다. 그는 언론의 자유가 매우 광범위한 자유로서 만일 이 기사들이 잉글랜드, 스코틀랜드, 아일랜드 혹은 대영제국의 어느 지역에서든지 발간되었더라면 전적으로 그들(편집인) 자신의 양식 있는 판단이라는 관점에서 바라보았을 것이며 일본 친구들이나 그 동맹자들도 이 사건을 바로 이런 관점에서 바라보아야 할 것이라고 말했다.

재판장은 이것이 전적으로 그 목적에 따라 판단되는 것이라고 말했다. 이것이 공정하고 정당한 비판인지 아닌지 일본들이 잘못을 저지르고 있으며 이러한 일본의 행동이 정당한 정부라는 개념과 부합되지 않는다는 점을 영국 및 이곳에서 받아들여질 수 있는 온건한 어조로 이 기사들이 지적했는가의 여부 문제는 이 특정 기사들이 단지 유혈 사태만을 선동incite했는가의 여부다.

변호인 이 추밀원령에는 '자극^{excite}'이라고 되어 있다.

재판장 그다지 차이 없는 말이다. 이 기사들이 국민으로 하여금 현재의 정부에 대해 봉기함으로써 무언가를 얻을 수 있다고 상상하도록 했는가. 만약 그렇다면 범죄는 처벌되어야만 한다. 만약 배설이 이런 행위가 무례한 것이라고 지적하고 그 말뜻이 명확하다면, 그가 국민들을 나쁜 길로부터 좋은 길로 이끈다면 그것은 다른 문제다. 만약 그가 무식한 사람들에게 반역을 선동했다면 그것은 또 다른 문제. 만약 그의 변호사가 이런 것을 보여줄 수 있다면—

변호인 만약 그가 무식한 사람들에게 반역을 선동하지 않았다는 사실을 내가 보여준다면 그는 자유로운 몸이 될 것이다.

재판장 나는 그런 의무적 약속은 하지 않는다. 나는 단지 법률이 어떤 것인가에 대한 개괄적 개념으로 이런 말을 했을 뿐이다.

변호인 크로스는 치안방해의 정의와 관련하여 '의도했다^{calculated}'는 말에 대해 잠시 논의했다. 그는 이 점을 자세히 설명하고 싶지는 않지만 지금 여기서는 매우 불행한 입장에 처해 있는데 왜냐하면 이 자구^{字句}들이 선동을 의도했는지의 여부를 결정한 배심원단이 없기 때문이다.

재판장 그게 바로 내가 결정해야만 될 문제이다.

변호인 그것을 재판장 각하의 판단에 달려 있지만 내가 생각하기에는 각하에게 불공정한 판단이다. '자극한다^{excite}'는 단어는 라틴어 'ex'와 'cio'의 복합어로서 '불러일으키다' 또는 '성립시키다'는 뜻이다. 만약 이 소요와 무질서 및 한국 정부와 그 국민 간의 적의가 이 기사가 발행되기 전부터 존재하고 있었다는 것을 내가 증명할 수 있다면, 그리고 또 만약 정세가 지금 더 나빠진 게 아니라면 그것으로 배설이 아무런 죄도 저지르지 않았다는 게 증명될 것이다. 국왕 대 설리반 사건에 있어 판사는 국왕의 공무원을 비난하거나 단지 법률의 실행만을 비판하거나 불평의 해소만을 추구하거나 또는 모든 부분의 문제를 공정하게 논의하는 것은 차안방해가 아니라고 주장했다. 배심원단은 모든 사건에 있어 책이나 신문을 전체로서 검토하며 독립된 구절이 아니라 전체 문장이 공중의 마음에 미칠 일반적 효과를 모으려고 노력한다. (특히 정치적 기사인 경우 상당한 자유범위가 허용되어야만 한다.) 또 하나의 사건인 케논Kenyon 경이 재판한 국왕 대 리크Reake? 사건에서 인민은 그들이 지닌 어떤 큰 불평이라도 논의할 권리가 있다고 선언되었다. 언론인은 공적 정책에 관해 정부를 비판할 수 있으며 이는 사실상 그의 의무인 것이다. 공공이익을 위해 정부의 약점이나 우둔함에 주의를 환기시키는 것은 신문의 본분일 것이다. 정부는 기업이나 마찬가지다. 브램웰Bramwall?**16** 남작은 기업은 양심이 없다고 말한 바 있는데 정부는 이런 식으로 간행된 기사들에 대해 조치를 취할 만큼 과민해서는 안 된다. 지난 40년간에 걸쳐 이런 조치들은 아무런 효과도 거두지 못했으며water on the duck's back 그런 기사들에 신경을 쓰면 쓸수록 사태는 더 나빠진다. 말이나 행동 등에 의해 대중혼란을 야기하거나 폭동, 반역, 혹은 내란을 선동하려는 모든 악의적 노력은 명확히 치안방해다. 그러나 이

---

16 Reake?와 Bramwall?은 공판기록 원문에 의문(?)부호가 붙어 있다. 누군지 모르기 때문일 것이다.

같은 고의적 노력이 증명되지 않은 경우 어떤 말이나 행동 또는 글의 자연적이고도 필요한 결과가 무질서를 일으키려는 것인가의 여부를 판단하기 위해서는 범죄적 의도가 증명되어야 할 것이다. 자기 자신도 사람이 자기 스스로의 행동의 자연적 결과를 책임져야 한다는데 동의하지만 그러나 정말 이런 것들이 자연적 결과인가. 4월 16일에 이 나라에 존재했던 소요와 무질서가 이 논설들에 기인하는 것이라는 어떤 증명이 지금이 법정에 있단 말인가.

재판장 이것이 증명될 필요는 없다. 여기 어떤 논설이 게재되었다는 사실이 있다. 그들은 이 논설이 낭독되는 것을 들었다. 나는 이 논설들을 주의 깊게 듣고 이 나라의 현재 사정 아래서 이 특정 논설이 소요와 무질서를 선동하거나 한국 정부와 그 국민간에 적의를 조장하려 의도했는지를 주의 깊게 검토할 것이다. 만약 이게 사실이라면 이 나라의 현 상태 아래서 이것은 치안방해물이 되는 것이다.

변호인 재판장의 말을 따라야 할 지를 나는 모르겠다.

재판장 변호인이 아일랜드에서 재판된 국왕 대 설리반 사건을 고찰한다면 판사의 요약문에 "이 나라의 현 상태를 주의해야만 한다"고 판결되어 있는 것을 알 수 있을 것이다. 한 때는 전혀 무죄이던 말도 다른 때는 치안 방해가 될 수 있을 것이며 만약 그렇지 않다면 법률은 바보스런 것이 될 것이다.

6) 문제된 기사에는 선동적 내용이 없다

변호인　자기 나라의 배심원단이 비난할 점이 없다고 생각하는 것이면 무엇

이든 출판할 수 있다고 말했다. 재판장은 배심원단의 대신 역할을

하고 있는 것이다. 재판장도 리차드 버튼 경Sir Richard Burton이 번역

한 『아라비안 나이트』라는 책을 읽으셨을 것으로 안다. 어떤 화려하

고 미문의 정교한 비유적 표현이 있은 뒤 동양을 그 누구보다도 더

잘 아는 버튼 경은 각주에서 이런 취지의 글을 썼다. "이 글은 서양

인의 마음에는 중대하게 여겨지지 않을 것임에 틀림없다. 이것은 그

풍취에 있어 절대적으로 동양적이며 여기 적힌 것은 모두 정말 그

런 뜻은 아니다." 이 논설들도 이와 꼭 마찬가지다. 정직하게 말해서

만약 크로스 자신이 아침식탁에서 예를 들어 「학계의 꽃」을 보았더

라면 이것을 한 쪽으로 밀쳐놓아 버렸을 것이다. 그가 보기에는 이

것은 단지 역사를 읽은 사람이라면 누구나 알고 있는 사실의 재현에

불과하며 그 후에서 무질서나 소요를 선동하려 의도한 것은 결코 찾

아볼 수가 없다. 스티븐스 암살에 관한 기사에 관해서도 이것은 단

지 샌프란시스코 공동회로부터의 보도에 불과하다. 자신도 배설이

다른 신문으로부터 베낀 데 대해 전적인 책임을 져야 한다는 것을

부인하는 것은 결코 아니지만 그러나 이게 도대체 무슨 죄인가?

재판장　당연히 그렇게 해야 할 일이지만 만약 변호인이 이 기사를 읽었다면

고찰해야 할 대목이 있다. 그것은 편집인이 인용한 기사에 대해 어

떠한 논평을 했는가의 문제이다. 그가(배설) 이렇게 말했던가. "이것

은 살인이며 그 어떠한 사정에서도 비난되어야만 한다." 또는 그는

단지 아무런 논평 없이 이 기사를 베끼기만 해서 그의 승인 하에 독

자들에게 전달했던가?

변호인 내가 아는 바로는 이 기사는 샌프란시스코에서 발간되는 한글 신문에서 전재한 것이라고 말했다. 대한매일신보에는 한국인 편집장이 있는데 이 사람은 선동적인 기사를 싣지 말라는 지시를 받았으며 지난해 10월 누군가의 교사를 받은 영국 부영사의 고소로 배설이 이곳 영국 총영사관에 출두한 이래 쭉 그렇게 해왔다. 이것은 아직 그 정체가 드러나지 않는 누군가와 함께 무덤까지 같이 가게 된 비밀이 될 것이다.(실제 고소인은 일본 통감부인데도 겉으로 드러나지는 않은 사실을 비꼰 것)

재판장 내 생각으로는 누구라도 상상할 수 있을 것 같은데. (방청석 폭소)

변호인 그러나 나는 이것이 영국법정이 취해야 할 법률절차 방식으로 이루어졌다고는 생각하지 않는다. 재판에 회부된 모든 사람은 모든 편의가 주어져야 하며 고소인이 누군지를 알아야 할 것이다. 변호인은 *Korea Daily News*가 한국인 편집장을 가지고 있다는 사실을 재판장에게 알리고 싶은데 그는 선동적인 것을 싣지 말라는 지시를 받았으며 배설의 이같은 지시가 한국인 편집장에게 내려졌다는 증거가 들어질 수 있는 것이다. 스티븐스 암살에 관한 가사가 게재된 사건은 자신의 생각으로는 결코 선동적이 아닐 뿐더러 이 기사는 국한문 혼용판과 한글판에 실렸던 것이라고 말했다.(즉 배설이 직접 읽을 수 없었다는 뜻) 배설이 책임을 지지 않는다던가 또는 그가 그의 한국인 편집장 등 뒤에 피난처를 구하려 한다는 것은 결코 아니다. 하지만 이런 지시가 내려졌다는 사실과 또 이 한국인의 마음에 또 교육받은 사람으로서(물론 신문 편집장이라면 교육받은 것은 당연하지만)(방청석

샌프란시스코 공립신보의 스티븐스 암살 보도. 전명운 장인환을 '애국의사'로 칭송했다. 1908.3.25.

폭소) 이 기사가 선동적인 것으로는 보이지 않았다는 사실은 증명될 수 있는 것이다. 크로스가 이미 지적했듯이 재판장은 이 상상력을 돋우는 화려한 문장에 관한 이 박식한 리차드 버튼 경의 견해를 이해해 주시길 바란다. 나는 오전에 이미 명단을 제출한 바 있는 한국인들을 피고 측 증인으로 부르겠다. 한 명이나 두 명이 더 있을지도 모른다.

재판장 다른 증인에 관해서는 미리 통고가 있어야 한다.

변호인 통감부를 통해 소환된 모든 증인들에 대해 통고가 되었다고 말했다. 그가 증인들의 출두에 관해 확신하지 못하고 있는 것은 이 나라에서 흐르고 있는 무언가의 암류暗流, 표면으로는 나타나지 않는 감정이나 의견가 있기 때문인데 사람들은 산보를 잠시 나갔다가도 다시는 돌아오지 않는 상황이다. 만약 정계에서 꽤 유명한 신사 한두 명의 이름을 그가 언급한다면 내일 아침이면 벌써 그들은 이 나라에서 사라져버릴게다. 그는 영국 정부의 권능으로 이러한 사태를 막기를 바란다. *Korea Daily News*가 창간되기 훨씬 전부터 이 나라는 소요와 무질서 상태였으며 그들이 판단하건대 현재의 사태는 결코 대한매일신보의 고소된 기사들의 게재에 의해 야기된 게 아니라고 증언해줄 3~4명의 증인이 있다. 또 이 증인들 중 한두 명은 상당한 시간 전에 겪었던 그의 개인적 경험을 관련시킬 것이다. 만약 그들의 이야기가 사실이라면 그들의 생각으로는 인민들을 평화롭고 질서 있는 방법으로 위무하려고는 거의 의도하지 않는 일본 친구들의 행정 아래서 이런 상태가 진행되었음을 그들의 경험이 증명한다는 것이다. 크로스는 법원에 피고인 스스로를 크로스 자신의 지시에 따라 진술하도록 내세우겠다고 말했다. 그는 배설에게 만약 증인석에 설 경우 검사의 모든 대포알 같은 반대심문을 받게 될 것이라고 지적했지만 그러나 배설은 그런 일을 당하더라도 피하지 않을 것이라고 말했다. 만약 재판이 그 필요성을 인정한다면 변호를 위한 변론이 있을 것이다.

재판장 오, 좋다. 우리는 계속 진행해야 한다.

변호인 나는 변론이 있는가를 묻는 것이다. 재판장의 결정을 요청하겠다.

재판장은 크로스가 변론의 내용을 계속해야 한다고 되풀이했다. 판사는 그 점에 관해 그에게 유리하게 가능한 결정은 내릴 수 없다. 재판장은 그 점을 지금 자세하게 언급하고 싶지 않으나 자신이 보기에는 문제를 본론에서 교수가 하듯이 어떤 식으로 볼게 아니라 있는 그대로의 사실로서 보아야 할 것 같다. 이 나라의 실제 정부가 무엇인가? 이런 관점에서 이것을 본다면 이것에 관해 그는 아무런 의심도 할 수 없다.

그런 다음 재판은 6월 16일 화요일 오전 10시까지 휴정했다.

제3장

재판 제2일 : 6월 16일(화)

1. 배설의 증언 – 신보의 경영과 논조

1) 처음에는 일본에 호의적

2일째 재판은 화요일 오전 10시에 개정했다.

피고 측 한국인 증인들이 나오지 않아 변호인 크로스가 피고 배설을 불러 증인석에 나가서 선서하게 했다. 배설은 성명이 Ernest Thomas Bethell 이며, 영국시민으로서 서울에 거주하고 있으며 나이는 35세, 직업은 신문 기자로서 지금은 *Korea Daily News*의 편집인이 아니지만 4월 17일과 5월 16일 및 그 사이의 기간에 편집인이었으며, 국한문 혼용판과 한글판 대한매일신보의 편집인이었다고 말했다.

재판장 국한문, 한글 두 개 판은 같은 게 아니다. 그것들은 전혀 다른 계층을 대상으로 한 것이다.

배설 나는 올해 5월 26일까지는 편집인 겸 소유주였으나 이제는 신문들과 더 이상 아무 관계도 없다. 그는 5월 26일 만함^{萬咸, A.W.Marnham}에게 신문들을 매각했다. 그 날짜 이후 만함의 이름이 출판인 겸 편집인으로 신문에 게재되고 있는지에 관해서는 알지 못한다. 그런 것으로 생각은 했으나 확실히 알지는 못한다. 영문판 *Korea Daily News*는 5월 말에 발간이 중단되었다. 5월 말부터 영문판도 이미 자신의 소유가 아니다. 이 신문은 계속 팔리고 있었는데, 만함으로부터 재정 곤란 때문에 즉각 영문판을 폐쇄할 것을 생각하고 있다는 사실을 알았다. 만함은 신문을 매수한 후 자신이 하고 싶은 대로 신문을 처분할 수가 있었다. 신문은 그가 모두 함께 넘겨받았다. 피고인은 신문

배설 결혼사진. 1900년 7월 3일 고베에서 마리 모드 게일과 결혼식을 올렸다. 오른쪽에서 세 번째가 배설.

을 폐쇄하는 게 만함의 의도라고만 알고 있다. 피고인은 5월 27일 자로 된 이 사건의 소환장을 전달받았으나 정확한 전달 일자는 알 수 없다.

변호인 여기서 배설로 하여금 직접 스스로의 이야기를 하도록 제안한다면 서 물론 증거가 안 될 것에 대해서는 검사가 반대할 수 있을 것이라 고 말했다.

배설 우리가 정치적으로는 많은 견해차가 있었지만 스티븐스는 나의 개 인적 친구였으며 그의 사망에 관한 전보 뉴스를 받았을 때의 사설을 살펴보면 우리에게 아무런 악의도 없었다는 것을 알 수 있을 것이다. 문제의 기사는 샌프란시스코에서 발간되는 한국 신문에 실렸던 것이다. 이 신문은 순수 한국 문자인 한글로 발간되는 것이다. 이런 기사를 부분적으로만 읽는다는 것을 거의 불가능한 일이다. 이것은 그 뜻을 전달하기 위해서는 쭉 읽어야 한다. 이런 점에서 이것은 속기와 비슷하다. 처음부터 시작해서 빼놓지 않고 내쳐 읽어야 이해할 수 있다. 이 샌프란시스코 신문으로부터의 발췌문이 나에게 제출되었다. 나는 그게 무엇인지 물었는데 (나 스스로는 한국어를 읽지 못한다) 한국인 편집장my chief Korean assistant로부터 그 사건에 관한 상세한 보도라는 말을 들었으므로 그 게재를 허가했다.

변호인 이것을 그대에게 말하던 사람은 누구인가?

배설 양기탁이다. 그 논설 가운데 적당하지 못한 구절을 내가 주의하지 못하였으므로 그 내용의 속마음을 알게 된 후에야 통탄함을 마지않았으니 그 논설에 대하여 진심으로 사과함은 본인이 그 책임을 모면코자 않거니와 그 죽은 사람으로 하여금 유한을 품게 한 것은 깊이 후회하고 있다.

변호인 그 사건을 게재한 사실을 안 후에는 어떻게 조처하였는가.

배설 내가 그 한인 편집자를 책망하였으나 때가 이미 늦었으니 쓸데없는 일이었다. 비록 내가 그 전문을 모두 읽었더라도 샌프란시스코에서 일어난 사실을 보도한 것이 이 땅의 인민들을 폭동과 문란케 하도록 선동했다고는 말할 수 없는 일이다. 내가 한국에서 언론인으로 체류한지 약 4년쯤 된다. 그전에 나는 1888년 이래 일본에서 살았다. 나는 일본과 한국에 많은 일본인 친구들을 갖고 있다. 내가 처음으로 이곳에 왔을 때 나는 일본 측 견해를 받아들일 용의가 충분히 되어 있었으며 그들에게 열광적인 호의를 가지고 있었다. 그러나 지난 달 말 나는 한국에서의 언론활동을 그만 두면서 일본 통치하에서의 한국에서 일어난 사태에 대해 몹시 비관적인 생각을 가졌다.

재판장 그대는 장래까지 말할 필요는 없다. 다만 치안방해 고발이 있기 전까지 일어났던 행동전말 만을 전부 이야기하라. 장래 무슨 일이 일어날 것인가에 관한 그대의 생각은 전혀 중요하지 않다.

변호인 그것은 더 고위층의 손아귀에 있다.

배설 물론 이 재판이 진행되는 동안 증언을 하는 게 내 일인데 나는 이 사람들에게 상당한 말썽거리가 되어왔다. 또한 어제 미우라가 소란이 일어난 데 대하여 책임 되는 문제를 증언하였는데 그 날자가 틀렸다. 그 날짜는 8월 2일이었다. (미우라는 7월 19일이라고 말했다. 이에 미우라도 자신이 날짜를 잘못 증언했음을 시인했다.)

재판장 그것은 무슨 폭동이었던가?

배설 황제가 곧 퇴위한다는 소문에 뒤따른 폭동이었다. 그것은 어떤 대문 밖에서 일어난 것은 아니었다. 바로 왕궁 문밖에서 일어났다. 그날은 7월 19일이었음에 틀림없다.

미우라 내가 잘못 말했다.

2) 고종황제 퇴위 호외 발행 폭동

배설 한국 황제폐하께서 헤이그 평화회의에 진정陳情코자 하시던 사건에 대하여 황제께서 친히 일본에 가서 사과하거나 선위禪位를 하거나 둘 중에 하나를 택하라는 요구를 받았다는 말을 들었으므로 이를 보도했다.[1] 그것은 사실이었으며 황제가 퇴위했으므로 그 반은 사실

MR. BETHELL'S HOUSE
Where the Korean editor took refuge from the Japanese.

MR. E. T. BETHELL
the "Korea Daily News," who defied the Japanese.

KOREAN SUB-EDITORS AT WORK
The native staff of the "Korea Daily News" in their curious costume.

MR. MAINHAM
Present Editor and Proprietor of the "Dai Han Mai Il Shinpo."

native editor of the "Korea Daily News," which has for four years bitterly opposed the ol Japan, was recently arrested by the Japanese on a charge of misappropriating money. He escaped, and was sheltered by Mr. E. T. Bethell, the European editor,

who hoisted the Union Jack over his house and defied the pursuers. The British Ambassador, however, decided that the fugitive must be unconditionally surrendered. Mr. Mainham now edits the vernacular edition. Photographs by F. A. McKenzie.

A KOREO-JAPANESE INCIDENT : A NATIVE EDITOR TAKES REFUGE UNDER THE UNION JACK

배설(왼쪽)과 만함(오른쪽). 중앙 위는 배설의 집, 아래는 대한매일신보 편집진, 중앙이 양기탁. "한국인 편집장(양기탁)는 영국기(유니언 잭) 아래로 대피했다"고 보도했다. *The Graphic*, 1908.8.29.

로 증명되었다. 본인만 홀로 이를 게재한 것이 아니라 당시 일본에 있는 각 신문에도 일본 통신원들이 전보를 쳐서 이를 게재했고, 서울에서도 모두 아는 일이다. 재판장께서도 아시다시피 이런 소식은 사실 이곳에서 매우 빨리 전파된다. 런던에서 더비 경마에서 누가 우승했는가를 알기 위해 신문을 살 필요가 없는 것과 꼭 마찬가지로 이곳에서도 소문은 그 어떤 신문보다 더 빨리 전파되는 것이다. 내

---

1   신보는 1907년 7월 18일과 19일 이틀 동안 호외를 발행했다. 내용은 한국의 내각 대신 8명이 고종에게 헤이그 밀사 파견으로 당하게 된 국난(國難)을 면할 방책으로 다음 사항을 건의했다. ① 을사보호조약에 고종이 날인할 것, ② 황제의 섭정(攝政) 할 사람을 추천할 것, ③ 고종이 직접 동경에 가서 일본 황제에게 사과할 것.

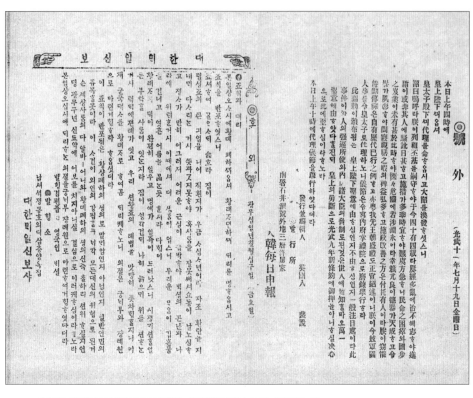

고종이 황제의 자리에서 물러났다는 대한매일신보 호외. 1907.7.19.

가 이를 발간하기 전에 여러 사람들이 모여 궁궐을 에워싸고 자꾸만 늘어나는데 우리 신문사는 바로 대궐 동남쪽 모서리 건너편에 있는 삼층 양옥인고로 그 요란한 경과가 역력히 보였다.[2] 그 대궐문으로 향하는 큰길이 다섯 갈래고, 좁은 길이 몇 갈래 있으며 또 궐문 앞에 빈 땅에 한국인들은 대단히 큰 규모로 모였는데 한국인들과 황제는

---

2 이 무렵 신보의 사옥은 현 서울시청 앞 잔디 광장에 있었다.(오인환, 『100년전 한성을 누비다-신문사 사옥터를 찾아』, 한국학술정보, 2008) 그러므로 신문사 건너편 덕수궁 앞에서 벌어지는 광경을 자세히 볼 수 있었던 것이다.

이를 그들의 권리로 간주하고 있는 것이다. 그들은 황제폐하에게 이 소문으로 떠도는 두 가지 요구를 모두 거절하실 것을 요청하는 상소문을 바쳤다. 그들은 평화롭고 질서가 있었으며 비록 일본인들이 그들을 궁성 옆 광장으로 못 들어가도록 막았으나 그 다음날 오후까지도 아무런 소란의 징조는 보이지 않았다.

재판장 그대에게 말하고 싶은 것은 모두 말할 기회를 주겠으나 그대는 고소에 관계되는 것만 말해야 한다는 것을 명심하라. 나는 가능한 한 그대의 말을 가로막고 싶지 않다. 그대는 이점을 명심해야 한다.

배설 우리 신문사는 일인과 한인 순사가 인민을 막던 길가에 있는데 그때 일본 순사는 말 위에서 쓰는 총을 가졌으며 한국 순검은 칼環刀을 가지고 궐문 앞 빈터에서 군중이 들어가는 것을 압제로 물리칠 새, 군중이 20인, 또는 25인씩 연속하여 잡답雜踏히 모여서 통행이 극히 어려운데 일본 무관 하나가 말을 타고 와서 사람들이 모여선 뒤로 달려 들어가며 사람들을 몰아붙이고, 그 전면에서는 순사가 두드려 모는지라 무리들이 일장풍파를 일으켜 2~3분 동안을 소동하매 이 일본장교는 말로부터 떠밀려졌거나 또는 어떻게 해서인지 말에서 떨어졌으며 2~3분간 전면적인 소란이 있다가 그 일본 장교가 말에 다시 탔으나 등자와 고삐를 잃은 채 말 목에 매달려 광장을 가로질러 마구 날려갔다. 신분사 옆의 군중들이 고함을 질렀으며 그 다음 거리(가구거리)에 있던 군중도 이 고함소리를 듣고 달리는 기마인을 보자 앞으로 달려 나왔다. 본인의 신보사 근처에 있던 무리들이 일제히 크게 소리 지르니 그 뒤에 있던 군중도 떠드는 소리를 듣고 또 그 말 탄 무관의 달려감을 보고 더욱 흥분했다.

군대해산에 저항하는 구한국 군을 잔인하게 진압하는 일본군. 프랑스 잡지 『르 프티 주르날』, 1907.8.4.

이때 본인은 몸소 그곳에 가서 그 뒤편 노상으로 돌아다니다가 일본 순사가 군중을 향하여 총 쏘는 것을 목도했는데 일본사람이 실탄으로 발사하는 것을 처음 보았다. 또 이 땅에서 다른 소란이 일어난 것도 보았는데 이는 용산에 사는 한국인들이 자기의 지단地段, 땅을 나누어서 가른 조각을 빼앗긴 데 대하여 만족한 보상을 받지 못하자 내부 문 앞에서 소동을 일으켰는데 이들 한국인들이 여러가지 이유로 일인들에 대해 원한을 점점 더 깊이 품은 줄을 본인은 알았다.

또 사실상으로 말하여도 일인들로 말미암아 한국인들이 폭동을 일으킨 것으로 볼 수 있는 일은 천백가지 행동거지가 있었으나 인민을 회유하는 실효는 조금도 없었던 것으로 안다.

작년 8월 1일에 서소문 안에 있는 한국 병영을 일인이 졸지에 습격하여 점령하였을 때에[구한국 군대해산] 외국인 중에 본인이 가장 먼저 들어가 미국 의사 에비슨Douglas Bray Avison[3]과 함께 부상당한 사람을 병원으로 담아 보내었는데 이미 많은 병정은 도망했고 죽은 자도 허다한데 그중 한 사람은 총검[銃劍]에 열여덟 곳이나 찔린 상처가 있었다. 이 도망한 병정들이 현재 의병 가운데 있으니 이것을 내가 선동한 사람들이라 하겠는가. 1905년 11월 17일[일본이 을사늑약을 강요하던 때]에 본인이 궐문 밖에서 밤이 거의 새도록 있었는데 적어도 20명의 기병들이 칼을 빼어가지고 궐문 밖에서 파수하매, 일인들은 마음대로 다니면서 한국인들은 그 내왕을 금지하여 그 삼

---

3   Oliver R. Avison(魚丕信, 1860.6.30~1956.8.29). 캐나다 선교사, 의사. 1892년 6월부터 1935년 11월까지 한국에 체류하며 활동하였다. 제중원 제4대 원장, 세브란스 의학전문학교와 연희전문학교 교장을 역임하면서 연세대학교의 기틀을 마련하였다.

엄함이 극에 이르렀었다.

변호인 그 기병이 한국인이던가, 일인이던가.

배설 일인이었다. 윌킨슨 검사님, 우리는 치외법권을 누리거니와 한국인들은 이런 권한이 없고 일본인의 관할 하에 있어서 그 압박하는데 복종하는 것을 통분히 여겨 폭동에 가세하는 것으로 나는 알고 있다. 여기 제출하는 편지는 대한매일신보사에 들어온 글들인데 그 언사가 너무 과격하므로 버려두고 게재하지 않은 것들이다.

검사 나는 그 일에 대하여 반대하겠으나 생각컨대 피고에게 무한한 자유를 주는 것이 타당하므로 그 권한 안에는 하등 반대를 않겠다.

변호인 만약 재판장께서 그것을 보기를 원하신다면…

재판장 나는 책상 위에 있는 그 격문 전부를 읽고 싶지는 않다. (폭소) 나는 그가 편집인으로서의 그의 의무를 다했다는 증거를 삼기 위해 하나만 읽는 데는 아무 반대도 없다.

변호인 크로스는 신문에 게재된 3건에 비해 거절당한 원고가 방대한 데 대해 주의를 환기시켰다. 재판장은 이것을 증명하기 위해서는 차라리 지역을 나타낸 지도를 제출하는 게 나을 뻔했다고 말했다. (폭소)

변호인 나는 그게 우편국에서 제출한 지도보다는 더 나은 게 되길 원한다.

배설 의병들로부터 온 편지 중에는 우리가 신문을 충분히 강경하게 만들지 않았다는 이유로 우리를 위협한 것도 있다. 여기에 샌프란시스코에서 온 '폭뢰爆雷, Explosive Thunder'라 서명된 편지가 있다.(폭소)

재판장 이것은 차라리 아라비안 나이트 같은 이야기구면, 그대가 그것을 기록해둔다면 그것으로 아주 충분할 것 같다.

미국 의사 에비슨(Douglas Bray Avison)

배설   이 격문 중에 들어 있는 내용을 낱낱이 말하리까? 그중에 이토와 하세가와長谷川에게 기서奇書한 것과 각도 인민에 보낸 격문, 각국 영사에게 한 청원서와 의병 각진各陣에 대한 고시와 일본 물품을 배척하는 고유서告諭書와 적신賊臣과 각 대신을 공격하는 격서檄書 등이 있다. 또한 내가 말하고자하는 다른 사건이 있으니 나는 한국에 거주한지 4년인데 지금 한 푼도 쌓아 둔 것이 없으며, 무슨 방법으로든지 돈을 받고 선동한 일도 없다. 다른 방법으로 처세하였으면 거의 잘 되었을 것이지만 그렇게도 하지 않았으므로 사탁私橐, 사사로이 모아둔 돈, 또는 그 돈주머니을 채운 것은 조금도 없다.

3) 고종이 배설에게 하사한 특허장

변호인   그대가 가진 물건에 무슨 공식상 서류가 있는가.

배설   있다.

변호인   그것을 내어놓고 또 그것이 무엇인지 말하겠는가.

배설   할 수 있다.

변호인   그 번역한 것을 가지고 있는가.

배설   가졌다. (하고 다음과 같이 낭독)

"대한매일신보 사장 배설로 新聞及 通信에 全權者로 特히 委任할 事. 光武十年 二月十日"

변호인　누구에게서 위임이 되었는가.

배설　한국 황제폐하께서 위임하셨다.

검사　어느 황제를 말하는가.

변호인　현재의 황제인가?

배설　퇴위한 황제다.[고종이 선위禪位한 뒤이므로 고종을 가리킨 것]

검사　그 위임장은 폐지되었는가.

배설　아니다.

변호인　그러므로 그 위임장이 가장 중요緊重한 것이니 이를 기록해 두기 바란다.

　검사 윌킨슨의 질문에 피고는 다음과 같이 증언했다. 대한매일신보의 월정 구독료는 일본 돈으로 30센트(錢인 듯)인데 이전에는 한국 돈으로 50센트였다. 매일 인쇄되는 신문 부수와 판매되는 부수가 꼭 일치하는 것은 아니지만 정확한 숫자를 말하는 것은 불가능하므로 대강 말해서 7천부를 약간 하회하는 정도이다. 서울 자체에서는 2천 720부였다. 서울 외에는 주로 북쪽과 평양 남쪽이 대부분을 차지했는데 약 4천 부에서 약간 모자라는 정도였다.

　검사　그대가 방금 제출한 '신문발행 전권 위임의 권한'에 의해 그대는 퇴위한 황제에게 얼마나 많은 부수의 신문을 보내는가. 또는 옆으로 제쳐놓았는가?

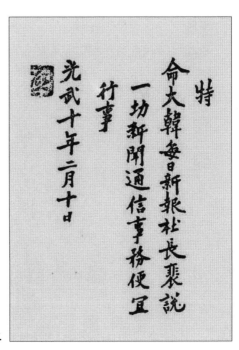

特
命大韓每日申報社長裵說
一坊新開通信事務便宜
行事
光武十年二月十日

고종이 배설에게 하사한 신문 발행 특허장.

배설   전혀 없었다.

검사   태황제高宗폐하께서 신문에 아무 관계가 없는가.

배설   내가 아는 바로는 관계가 전혀 없으며 이에 대하여는 증거도 없다.

검사   그대가 폐하께 신문 한 장도 바친 것이 없는가.

배설   내가 황제에게 무슨 물건이든 보내는 게 불가능한데 그 까닭은 그들
        이 황제가 그걸 받는 것을 원하지 않기 때문이다.

검사   그러나 만약 그들이 황제로 하여금 신문을 받도록 원할 때도 있을
        것이다. 그대는 신문을 보냈는가, 안 보냈는가.

배설   아니. 나는 바칠 수 없다. 내가 하고 싶어도 불가능했다.

검사   그런즉 그대는 그 위임 하에 있으면서 무슨 일이던지 한 것이 없단
        말인가. 어느 때에 그 업무를 정지하였는가.

배설	신문 발행하는 일을 그만두었을 때인데 5월 26일이었다.
검사	한국어 대한매일신보와 *Korea Daily News*만이 그대가 한국에서 발간한 신문의 전부인가?
배설	그렇다.
검사	그대는 그 권한에 따라 또 어떤 일을 할 수 있었는가?
배설	나는 그 대답을 귀하에게 말하도록 맡기겠다.
검사	그대는 다른 사업을 말할 수 없는가?
배설	말할 수 있다. 예를 들어 나는 외국 신문들과 기사송고를 할 수도 있었을 것이다.
검사	한국인들을 위해 한국에 우호적인 정신에서 그렇게 한다는 의미인가?
검사	그대는 만함에게 신문을 양도했다고 말했다. 그것은 이런 소송이 검토되고 있다는 것을 그대가 안 다음의 일이었던가?
배설	나는 어떤 종류의 소송이 2년 전부터 검토되고 있음을 알았다.
검사	이번에 이 소송이 있을 줄은 예측하였는가.
배설	알지 못하였다.
검사	그 양도하던 날은 어느 날인가.
배설	5월 26일이었다.
검사	그러면 소송하는 일로 누가 온 줄 알았던 것이 아닌가. 내가 27일에 왔으니 민첩한 신문기자여, 이 사건에 무슨 일이 있을 줄은 26일 이전에 이미 알았을 것이 아닌가.
배설	기왕 말한 바와 같이 2년 전부터 이미 알고 있었다.
검사	신문을 만함에게 양도하는 데 값을 얼마나 받았는가?
배설	이는 사적인 일이다.

THE COREAN COUP-D'ÉTAT: THE OLD AND NEW EMPERORS.

THE DEPOSED EMPEROR AND HIS SUCCESSOR IN THE COURT OF HONOUR OF THE ROYAL PALACE IN SEOUL.

At the central window the two persons in white are the deposed Emperor Yi Hyeung (on the left) and at his side the new Emperor. At the left-hand window appears the little Crown Prince, Yung-Tchin, between two eunuchs. The Emperor, it will be remembered, was forced by the Council of Elders to abdicate, and with his deposition Corea passed entirely under the hands of the Japanese.

퇴위한 고종과 새 황제 순종의 모습. 흔히 아관파천 때의 사진으로 잘못 알려지기도 했다. *The Illustrated London News*, 1907.9.14.

재판장	그대는 실상으로 말하라. 이것은 물을 만한 사건이다.
검사	이것이 진실로 양도함인지 혹 그 책임을 피하고자 함인지 물을 만한 사건이다. 그 받은 금액은 얼마인가.
배설	1천 500엔이다.
검사	수표로 약속하여 받았는가.
배설	아니다.
검사	그러면 돈으로 받았는가.
배설	하나하나 설명하기는 적이 혐의로우나 사실대로 말하면 그중 얼마는 만함에게 넉 달 월급 주지 못한 것으로 제하고 그 남은 것은 돈으로 받았다.
검사	(큰 소리로) 내가 짐작하기에는 돈을 받은 것은 일원이나 되는지 의심스럽다. 그렇지 않은가.
배설	잘못 짐작한 것이다. 만함에게 그 서류[文券]를 제출케 해보라.
검사	신문대금으로 실제 얼마의 현금을 지불했는가?
배설	나는 이것에 관해 이야기하고 싶지 않다. 나는 만함에게 500엔을 빚졌다. 그것은 미불봉급이었는데 내가 그에게 신문을 양도하는 대신 그는 그 채무를 면제해주었다.
검사	그러나 그대는 4개월 이전에는 그에게 얼마간 봉급을 지불했었다. 이것은 그대가 그의 봉사의 값어치 이상으로 덧붙여준 돈이 아닌가?
배설	만함씨는 적은 액수의 돈이 필요하면 항상 신문사의 출납계에 갈 수 있었지만 신문사가 현금 부족으로 곤란을 겪고 있었기 때문에 자기 봉급의 전액을 찾아가지는 않았다.
검사	방금 그대는 그에게 전혀 돈을 지불하지 않았다고 말한 것으로 들었

는데.

재판장 현금 지불은 없었단 말인가?

배설 만함씨는 나에게 현금으로는 한 푼도 지불하지 않았다.

검사 그렇다면 그대의 말은 잘못이었던가?

배설 내가 보기에는 마찬가지 이야기라고 생각했다. 어쨌든 나는 그 돈을 만함에게 갚아야만 했던 것이다.

재판장 그대는 1천 500엔과 500엔 간의 액수 차이는 설명할 수 없는가? 이 사건이 아마도 신문에 보도될 것이 틀림없으니 그대 자신을 위해서라도 그 차이는 설명해야 할 것이다.

배설 나는 1천 엔의 부채가 있었는데 만함이 떠맡았다. 내가 그에게 지불하기로 약속했던 돈이었다.

검사 현금은 받지 않았지?

배설 아, 받았다. 나는 그 당시 그로부터 1, 2달러를 받았다.

검사 이 1, 2달러는 협정에 언급되어 있었지? 그런가, 안 그런가?

배설 무슨 협정 말인가?

4) 영문판 중단, 양기탁과의 관계

검사 좋다! 그대는 대한매일신보와 그 한글판이 서로 다른 두 계층을 상대로 한 것이라고 말 했지?

배설 그렇다.

검사 두 계층이란 모두 한국인들인가?

배설 일인들도 많이 보는 것 같다.

검사 영문판은 이 나라에 있는 외국 사람들에게나 한국 일에 관계있는 세계 각국인들에게 발매가 되는가.

배설 그렇다.

검사 내가 듣기에 영문판은 재정난으로 5월 이후에는 정지되었다니 과연
그런가.

배설 그렇다.

검사 샌프란시스코에서 오는 소문을 한국 본토인들에게 널리 알리는 것
보다는 이 신문이 한국의 소문을 해외에 전파하는 것이 한국 당파에
게는 그 이해가 더 많지 않은가.

배설 그렇다.

검사 그렇다면 영문판을 더 발간하였으면 좋을 뻔하였는가.

배설 재정만 허락하였으면 영문판을 계속하여 발간하였겠지만 그렇지를
못하였다.

검사 국문판 두 가지를 사 보는 사람들은 그러한 문자를 즐겨하니, 만일
이 신문이 병기兵器를 감추고 소란을 그치라고 주장하였으면 사람들
이 그 신문 구독을 중지하였을 것이므로 그대는 그 사람들이 보기를
좋아하는 논설로 공급하지 아니 하였는가.

배설 그렇다. 각종 신문이 모두 그러하나 다만 그 보기를 즐기지 아니케 하였
더라면 구독을 정지하였으리라는 말은 내게는 합당하지 않다.

검사 그대가 이곳에 왔을 때는 양심상 가능한 한 친일적 견해에서 사물을
바라볼 용의가 물론 있었지?

배설 그런 용의가 있었다.

검사 그대는 친일적 견해가 불가능하다는 사실을 깨닫고는 *Korea Daily
News*를 시작했다. 그대는 이 신문을 자신의 자본으로 시작했던가

또는 다른 사람의 자본으로 하였던가?

배설   자본은 필요가 없었다. 우리는 원래에는 활판시설이 없어서 그 인쇄료를 신문 판매하는 대로 갚았다.

검사   그러면 그대는 자본 없이 이것을 시작하였는가.

배설   1,000엔가량은 있었다.

검사   보조할 약속은 없었는가.

배설   있었다.

검사   한국 사람인가.

배설   그렇다.

검사   그대가 한번이라도 친로파로부터 접근을 받고 그들의 정책을 의식적으로 지지해줄 수 있는지의 여부를 타진 당한 적이 있는가?

배설   없었다.

검사   미국의 AP통신은 어떤 특별한 정책을 가지고 있는가?

배설   아무것도 없다.

검사   그전에도 AP통신의 제안에 따라 그대는 이 문제를 하기와라萩原守一, 주한 일본공사관 서기관와 상의하러 갔었던가?

배설   AP통신의 한국 주재원 해거티Haggerty씨가 있었다. 해거티는 이곳을 떠나서 다른 곳의 직책으로 전근하라는 명령을 받았으므로 나는 그에게 나를 후임으로 임명하도록 도와줄 수 없느냐고 물었다. 그는 승낙하고 그 직위를 나를 위해 확보해주었다. 당시 특파원들은 하기와라로부터 뉴스를 얻기 위해 매일 아침 그를 만나는 게 관습이었다. 해거티가 내 임명 사실을 발표하자 하기와라는 반대하면서 만약 내가 임명되면 AP통신에는 뉴스를 전혀 주지 않을 것이라고 말했다.

검사	그래서 그대는 이 금지명령을 철폐할 수 있는지를 알기 위해 하기와 라와 의논했던가?
배설	그렇다.
검사	그대가 한국인 편집원[양기탁]에게 어떻게 지휘하였는가. 그 사람이 영어를 아는가.
배설	그 사람이 말하는 데는 익숙지 못하나 영문은 능숙하고 일어도 안다. 나도 또한 일어를 안다.
검사	그대가 그 신문에 게재하는 것을 조심하라고 그 사람에게 엄히 지휘하던 때가 그 영사재판[1907.10.14] 전인가, 그 후인가.
배설	이런 지휘는 항상 하였었다.
검사	그러나 그대가 근신을 지킬 의무가 있다는 사실을 그에게 특별히 지시했던가?
배설	그에게 특별지시를 내리지는 않았다.
검사	그대가 말썽에 휘말려들었으므로 그런 지시를 내리는 게 현명했을 텐데?
배설	그는 아마도 나만큼이나 거기에 대해 잘 알고 있었을 게다.
검사	그 사람에게 지휘한 문자가 있었는가.
배설	없었다.

5) 기소된 논설에 대한 검사의 신문

검사	스티븐스에 관한 논설을 게재하여 죽은 사람을 원망케 함이 그대의 책임이 되는 줄을 안 후에는 신문상에 논설을 게재하여 그 암살에 동정을 표한 악한 행실을 발명發明, 죄나 잘못이 없음을 말하여 밝힘한 일이 있

였는가. 그대도 시인할 줄로 여기지만 이 논설은 정치적 무기로서의 암살을 결코 비판하지 않고 오히려 이것을 한국의 비참함에 대한 세계의 관심을 모으는 수단으로 보았다. 외국인을 암살하는 게 한국의 비참함에 대한 주의를 끄는 좋은 무기란 말인가?

배설 나는 그렇게는 생각 않는다. 이 논설도 이 한국인들의 재판이 관심을 모을 것이라고 말한 듯하다.

검사 복수로 된 '신사들'이란 말은 암살범들을 가리킨 말임에 틀림없다. 이 논설이 충분히 명확하지 않은가? 윌킨슨은 바로 앞의 질문을 되풀이했다.

재판장 그는 아무것도 취소하지 않았다고 주장한다.

배설 아니, 아무 취소도 없다.

검사 언제부터인지 모를 옛날부터 한국에서는 암살이 정치적 무기가 되어 왔음을 그대도 알고 있다. 내각을 바꾸는 수단으로 그것은 애용되어 왔지?

배설 내가 아는 한 전세계 어디서나 마찬가지다.

검사 그러나 한국에서는?

배설 그대가 아는 만큼 이상의 것은 나도 모른다.

배설 그렇다. 그러나 일본인들이 한국 사람들을 암살한다는 말은 들었다. 예들 들어 왕비.

검사 암살한 일이 오늘날 이 정부의 국민이 아닌 외국 사람에게 미쳐 간 일이 있음을 들은 일이 있는가. 이 일이 처음 있는 일이 아닌가.

배설 그렇다. 그러나 일본인들이 한국 사람들을 암살한다는 말은 들었다. 예들 들어 왕비(1895년 명성황후 시해) 사건이다.

검사	스티븐스는 이런 사건에 책임이 없다. 그 외에 다른 사건을 들었는가.
배설	다른 사건도 있으나 목격한 것은 아니다. 프랑스 군함에서 내려온 몇 사람을 학살한 일이 있다고 들었다.[4]
검사	그러나 그대는 신문에서 논설이 실린 데 대해 유감도 나타내지 않았고 또 국한문판이나 한글판에서 암살이 피살자에게 극도로 거슬리는 일일뿐더러 잘못이기도 하다는 사실을 독자들에게 지적해주지도 않았지?
배설	당시에는 하지 않았다.
검사	그 이후에는?
배설	그 이후에도 하지 않았다.
검사	그대는 만함과의 계약 중에 그가 암살을 권장해서는 안 된다는 조항도 넣었는가?
배설	그렇지 않다.
검사	「일백명의 메테르니히梅特捏가 족히 한 이태리를 누르지 못한다」는 논설을 번역한 것이 있는가.
배설	있다.
검사	이 논설에 대하여 그대의 뜻에는 이태리를 한국으로 비유하고 메테르니히梅特捏는 이토 히로부미에 비유하여 애국심이 있는 한국 자제들로 하여금 벌떼같이 일어나서 정의의 기旗를 들고 저와 대적하라는 뜻이 아닌가. 그 대충 뜻은 매특날이 행하던 가증한 악한 행위를 한국 안에서 일본사람이 행하니 인민들은 일어나서 저희들을 축출

---

4 병인양요. 1866년 프랑스 함대의 침략으로 조선군과 프랑스군 사이에 벌어진 전쟁이다.

「일백명의 메테르니히(매특닐)가 이태리를 압제치 못한다」는 논설. 이토 히로부미를 독재자 메테르니히로 비유해서 고소의 증거물로 제시되었다. 1908.5.2.

하라고 지시함이 아닌가.

배설 내 의견에는 그렇지 않다. 솔직히 말해서 내 생각으로는 그건 전혀 무의미한 것으로 생각한다.

검사 이 논설을 외국인인 배설이 기재한 것이 무슨 의미를 포함한 줄로 한국 사람들이 유식 무식 간에 짐작하지 아니 했겠는가.

배설 그렇지 않다.

검사	한국인이 외국인 배설이 단지 무의미한 것을 쓴 것으로만 알까?
배설	내가 쓸 수 없으므로 내가 그것을 쓸 수 없었다는 사실을 한국인도 명백히 알 것이다.
검사	「학계의 꽃」이라 한 논설에 의론한 사람 중에 그 팔을 끊은 자가 누구인지 아는가.
배설	이는 한문 전기에 있는 사실이다.
검사	그들의 행동은 어쨌든 강력하고 실제적이고 정곡을 찌른 것이었다. 그들의 거사방법은 논설에 없었는가?
배설	그것은 그들 스스로의 피다. 그들은 스스로의 몸에서 무언가를 베어내었던 것이다.
검사	그대는 거기에 대해 잘못이 있을지도 모르며 그게 그들 스스로의 피가 아닐지도 모른다고 생각하지 않은가? 그대는 한국 사람들이 다른 사람에게 그것을 읽어줄 때 그것을 단지 체온을 낮추기 위한 채혈의 과학적 체제로만 이해했으리라고 생각하는가?
배설	내 의견으로는 한국인들은 이것을 육신의 고행의 하나로 간주하는 것 같다. 즉 자신의 완성을 위해 고통을 달게 받아야 된다는 것이다.
재판장	베델, 그대는 이것을 명심해야 한다. 나는 한국의 현재 상태를 고려해야만 한다. 이것을 인민이 어떻게 생각하느냐에 관한 교수의 질문이 아니라 특정기사가 현재의 한국인이 처한 상황 하에서 인민들에게 어떤 효과를 미치겠느냐는 질문이다. 따라서 그대는 거기에 관한 그대의 직접 증언을 하는 게 나을게다.
배설	나는 그 논설이 한 사람도 선동함이 없는 것으로 믿는다.
검사	그대가 신문에 게재하지 아니한 그 격문들을 보낸 인민들의 생각에

는 그대가 그것을 널리 알릴 줄로 생각한 듯하니 저희들이 그대를 이에 적당한 인물인 것으로 기대했던 것이 아닌가.

배설   그들이 품은 생각을 능히 게재하기에는 본인의 신문밖에는 없는 것으로 기대했던 것이다.

검사   그 격문 중에서 게재하지 않은 것은 너무 강경한 까닭이었는가.

배설   그렇다. 이것들 전체가 그 이유 때문이었다.

검사   그 글들은 너무 우매하던가, 너무 살기가 넘치던가.

배설   어떤 것은 두 가지 뜻을 다 가지고 있었다.

검사   그대가 6개월 근신할 동안에 대한매일신보 논설에 대하여 명백히 주의하였는가.

배설   그렇다.

검사   그대 스스로는 내가 검사로서 이 사건을 논고하는데 있어 가장 나쁜 논설만 골랐다고 생각하는가?

배설   아니, 확실히 그렇지는 않다.

검사   5월 2일의 논설「헛되이 놀랄 것 없다, 不必浪驚」을 기억하는가?

배설   기억 못 하겠다.

검사   그대는 그 논설이 수사적이고 어리석은 것일 뿐 어떤 사람이던지 선동함이 없는 것으로 생각한다 하나, 나는 그 논설이 가히 선동될만한 뜻을 포함한 것을 설파하리니 5월 2일에 발간한「헛되이 놀랄 것 없다」는 논설에서 하루를 더 지내면 일층 더 고통스러울 것이요 이틀을 지내면 한층 더 고통스러울 것이라는 구절은 인민을 선동하여 일인들을 반대하라고 권하는 것이 아닌가.

변호인   그 번역문을 어디서 얻었는지 물어도 좋은가?

검사 　번역문은 주모토頭本元貞 The Seoul Press 사장 겸 주필 씨의 신문에서 얻은
　　　것이다. 그대는 이 논설을 읽은 적이 있는가? 그대는 내가 읽어준 것
　　　이 그 기사의 뜻을 포함하고 있다는 데 대해 반대하는가?

배설 　반대한다.

검사 　또 다른 번역문도 가지고 있는가?

배설 　없다.

검사 　그대는 그대의 보좌하는 한국인 편집원을 불러오려 하는가.

배설 　그렇게 하겠다.

검사 　배설 씨여, 나는 듣고자 하노니 그대의 주의는 한국 사람에게 동정
　　　을 표하기 위하여 일인의 정책이 까다롭고 사납고, 압제하는 소문을
　　　듣는 대로 발간하여 널리 퍼뜨림으로써 한국 사람을 도우며 또 한국
　　　사람 중에 나라를 사랑하는 열성의 기세를 활발하게 하기를 담당하
　　　였던 줄로 스스로 믿지 아니하였는가.

배설 　이는 확실한 사실이다. (검사 윌킨슨이 이 답변에 다시 한번 질문했으
　　　나 배설은 틀림없이 그렇다고 답변했다.)

검사 　한국 안에 지금 일인이 행정하는 정부 외에 또 다른 정부가 있는가.

배설 　한국 정부가 있다.

검사 　누가 한국 정부의 머리가 되는가.

배설 　대황제폐하(순종)시다.

검사 　현재의 황제 말인가?

배설 　현재의 황제다.

검사 　폐하께서 각 대신을 두었는가.

배설 　그렇다.

검사	누가 각 대신을 임명하는가.
배설	칙명으로 서임한다.
검사	그 칙명은 이토 공작의 권고나 지휘로 시행되는가.
배설	그것은 모르겠다.
검사	나라 안의 경찰권은 폐하께서 바로 관할하시는가.
배설	궐내에 있는 약간 명뿐이다.
검사	거리의 경찰은 누구 관할인가?
배설	한국 정부의 경무고문으로 임명된 마루야마 시게토시丸山重俊가 관할한다.
검사	통감의 권고로 하는가.
배설	그는 임명된 지 이미 오래 되었는데 통감부에서 허락하여 계속 시무하고 있다.
검사	의병의 중앙부本部 혹 주장하는 자가 없는가.
배설	저희들은 학식 없는 무리들로 전연히 주장하는 장수도 없다.
검사	그대는 틀림없이 조지왕 시대에 Jacobite risings재커바이트의 반란파, Stuart 왕가 지지자의 봉기를 듣거나 읽은 적이 있겠지?
배설	읽은 적이 있다.
검사	호민관Protectorate5 시대에는 영국 정부가 크롬웰에 의해 통치되었고 조지 왕대에는 하노버家House of Hanover, 1714~1901에서 다스렸음을 그대도 시인하겠지?
배설	시인한다.
검사	그렇다면 만약 조지 I세 시대에 한 외국 언론인이 스튜어트 왕조파 지지를 위해 진력했다면 그에 대해 치안방해 소송이 제기되었을 가

능성도 있었으리라는 것을 그대도 이해할 수 있겠지?

배설　만약 정부의 변혁이 있었다는 사실을 그가 통고받았더라면.

배설　나는 각종 한일협약과 맥켄지의 『한국의 비극The Tragedy of Korea』을 비롯하여 한국에 관한 책들을 모두 보았다. 아까 제출한 칙령은 태황제폐하(고종)께서 내리신 것이니 경부철도회사에도 이와 같은 칙령이 있거니와 현 황제폐하(순종)께서는 이와같은 칙령이 없다.

검사　의병이 그대를 위협함은 그대가 신문논설을 강경하게 못한 때문인가.

배설　의병이 공포하기를 원하는 글을 게재하지 아니하였더니 본사 사원들을 위협했다.

검사　그렇다면 그대의 신문사는 의병과 통신이 있었단 말인가.

배설　그렇다. 우리는 일본경찰과 연락을 하고 있으며 그들은 가끔 신문사에 온다.

검사　그들과 서로 만나본 일은 없었던가. 이 논설들을 신문에 게재한 것은 사서 읽는 자들로 하여금 보기 좋아하도록 하기 위함인가, 그 의향이 무엇인가. 무엇 때문에 이런 우매한 논설을 게재하라고 허락하였는가.

배설　이는 우연히 된 것이다.

(여기서 검사 윌킨슨의 신문이 끝나고 피고 측 변호사 크로스가 다시 질문했다.)

5　영국 공화정 시대의 Oliver Cromwell과 그의 아들 Richard의 칭호. 크롬웰은 영국의 정치가이자 군인으로, 청교도혁명(Puritan Revolution)으로도 불리는 영국내전(English Civil Wars, 1642~1651)에서 활약했다. 1642년 왕당파와 의회파 사이에 내전(內戰)이 시작되자, 혁명군을 지휘하여 왕당파를 물리치고 공화정(Commonwealth) 수립에 큰 공을 세웠다. 1653년에 통치장전(Instrument of Government)을 제정하여 초대 호국경(Lord Protector)의 자리에 올라 1658년 병으로 죽을 때까지 전권(專權)을 행사했다.

크로스의 질문에 답하여 배설은 만함에 대한 신문의 양도는 크로스가 직접 작성한 적법한 양도였다고 말했다.

변호인　그게 조금도 낫게 만들리라고는 말하지 않겠다.

배설　서류를 등기하지는 않았다. 그는 그렇게 하려고 절차를 취했으나 홈스Holmes씨가 등기가 꼭 필요한 것은 아니라고 말했기 때문이다. 그것은 선의의bona fide 양도였다. 4개월 전 당시 본인이 고베에 있을 때 변호사 크로스가 이것을 작성했다.

변호인　그대는 무슨 이유로 의병들의 주장을 게재하여 전파하기는 그대의 신문이 유일하다고 하였는가.

배설　이곳에 있는 다른 신문들은 일인의 검열을 받는 까닭이다.

여기서 점심때가 되어 일단 휴정했다.

2. 양기탁의 증언 – 논설의 취지 진술

1) 제2일 오후 공판

변호인 크로스가 일어나서 피고 측 한국인 증인들이 아직 오지 않았으나 2시 15분 전에는 모두 오겠다고 하였다. 그가 믿기로는 "1분도 더 늦지는 않을 것"이라고 말했다. 이는 2시간 이후에는 그 증인들을 더 이상 원하지 않는다는 뜻으로 해석되었다. 어떤 증인은 통감부에 요청하여 불러오게 해 두었다고 말했다.

얼마간 토론이 있은 후 검사는 막간을 이용해서 재판장을 통해 피고인에게 두 가지 질문을 하고 싶다고 제안했다. 그는 만약 영국인 배심원단을 구성할 경우 기꺼이 봉사하려는 사람은 누구나 배설이 이 문제를 같이 논의했던 개인적 친구가 될 것이란 사실을 배설 자신이 모르는지의 여부를 물어보고 싶다고 말했다. 재판장은 그 질문을 해서는 안 된다고 제지했다. 윌킨슨은 배심원을 정하지 않은 이유를 설명했다.

이때 양기탁이 나타나 증언대에 섰다. 양기탁 외에도 피고 측 증인으로는 의병장 민종식閔宗植, 궁내부宮內府 전무과電務課 기사였던 김철영金澈榮 등 여러 사람이 있었다. 그러나 대부분의 피고 측 증인은 재판정에 출두하기를 두려워했고, 겨우 출두한 증인도 자유로이 증언을 할 수 없는 상황이었다. 치외법권을 누릴 수 있는 배설조차 재판에 회부된 마당에 증언으로 말미암은 일본의 보복을 두려워하지 않을 사람은 없었다.

피고에게 유리한 증언을 하려면 근본적으로 일본의 한국 통치를 법정에서 부인해야 할 것이었으나 한국인의 입장에서 마음에 품은 말을 할 형편이 아니었다. 이는 영국인 재판장이나 검사·변호사가 모두 알고 있는 일이었다. 재판장은 증인들에게 후환을 가져 올 우려가 있는 질문은 삼가라고 검사에게 주의를 줄 정도였다. 그러나 증인들은 한결같이 한국인들의 반일감정과 의병의 봉기는 대한매일신보의 선동 때문이 아니라 일본의 한국에 대한 탄압에 근본원인이 있다는 것을 증언하였고, 일인이 고문까지 자행했던 사실 등을 폭로했다.

변호인 크로스는 이 재판을 가리켜 "일본인의 청구로 영국왕 폐하의 이름으로 죄 짓지 않은 자기 국민을 처벌하는 것"이라고 설파하였다. 재판정은 크로스의 열렬한 변론으로 엄숙한 분위기가 흐르는 가운데도 기지에 넘친 질문과 답변으로 청중들은 때로는 조소를, 또 때로는 공감을 표하는 웃음을 터뜨리기도 한다.

특히 양기탁은 일인들의 신변 위협으로 신문사 안에 기거하면서 문제의 논설은 모두 자신이 집필했음을 당당히 시인하고 있는 것이 인상적이다.

양기탁의 통역은 김규식金奎植이었다.[6] 양기탁은 이미 배설이 증언했던 대로 영문에는 능통하나 회화는 부자유스러웠으므로 통역이 필요했던 것이다. 김규식의 통역은 '탁월'했다.

법정 통역 김규식

양기탁은 크로스의 질문에 대답하여, 자신은 한국인이며 대한매일신보 국한문판과 한글판 편집원으로 논설 집필과 그 외의 기사작성 등을 맡아왔다고 말했다. 신문제작에 있어서 논설이건 잡보건 무슨 사건이든지 중대한 문제나 상관되는 사람이 있으면 항상 사장 배설에게 문의하여 결정했다. 4월 17일 대한매일신보에 게재된 스티븐스 암살관계 논설은 샌프란시스코 거주 한국인 발행 공립신보의 「별보」를 전재한 것인데 그 논설의 원본대로 게재할 것을 배설에게 물은즉 배설이 말하기를, 이것을 싣기는 하되, 무슨 말이든지 자의로 더 넣지는 말라 하기 때문에 그 「별보」 그대로 게재했다.

배설은 전부터 내게 지시하기를 중요한 사건은 모두 먼저 물어보되 특

---

6   金奎植(1881~1950)은 미국 버지니아주 로노크대학교(Roanoke University)에서 공부하였으며(1897~1903), 이듬해 프린스턴대학원(Princeton Academy)에서 석사학위를 받고 귀국하여, 언더우드 목사의 비서(1904~1913), YMCA학교 교사, 경신학교(儆新學校) 학감을 지냈고, 연희전문학교 강사로 재직(1910~1912). 파리강화회의에서 대한민국임시정부 대표 명의의 탄원서를 제출한 독립운동가. 정치인, 학자, 종교인.

별한 문제에 관계없는 것은 문의할 필요가 없다 하였기 때문에 문제된 논설은 한국어 기사의 통상적 형식에 부합되는 것이었다(그래서 배설에게 문의하지 않았다). 재판장은 4월 29일 자 논설은 그에게 문의하지 않았음을 확인했다.

「학계의 꽃花」, 5월 16일라는 논설은 내용이 순전히 교육에 관계되는 것이니 이는 문의할 필요가 없다고 생각하여 배설의 지침에 따라 묻지 않았다. 배설은 이전에 나에게 지시하기를 어떤 것은 게재하고 어떤 것은 게재하지 말라는 것이 있었는데, 게재치 말라는 것은

① 의병을 격려하여 봉기하도록 하는 것
② 국민이나 중요한 개인들의 생사에 관련된 문제. 민중이나 개인에 관계되는 긴요하고 중요한 사건 등이었고,
① 교육의 취지나
② 개인의 사사로운 일에 관계되는 것은 게재하라고 했었다.

변호인　그 세 가지 논설 가운데 전부 또는 한가지의 전문을 배설에게 보낸 일이 있는가.

양기탁　스티븐스 사건도 전문을 보낸 것은 없으나 샌프란시스코에서 발간된 신문의 기사를 그대로 전재하겠다고 배설에게 문의했었다. 나는 일본순사와 직접으로 관계되는 일은 없는데 하루는 경시청에서 평복한 한인 별순검別巡檢, 형사을 보내어 본인을 부르기에 가지 않았다. 또 다른 때에도 가끔 일본 헌병과 일본 병정이 본사에 들어왔으나 이는 나의 신상에는 관계가 없는 것인 줄 알았다. 나는 원래 사내에

있으면서 다만 신문에 관계되는 일반사항으로 와서 묻는 자 외에는
일체 간섭하지 않았다.

2) 구속 두려워 신문사 안에 피신

변호인 그대는 포박(拘束)한다는 위협을 당한 일이 있었는가.

양기탁 평복한 한국인 별순검이 와서 부르던 일 외에 다른 일은 없었다.

변호인 그 일에 대하여 어떻게 조처하였는가.

양기탁 나는 이 신문사 사장 배설에게 고용되어 사내에 관계가 있으니 배설
의 승인 있기 전에는 가지 못하겠노라고 했었다.

변호인 그 사실은 배설에게 말하였는가.

양기탁 배설이 그때에 마침 없었기에 만함에게 말했더니 같이 갈 필요
가 없다 하였다.

변호인 그대가 사내(社内)에 있었고 집에는 가지 않았는가.

양기탁 그 날부터는 집에 가지 않았다.

검사 윌킨슨의 반대심문이 시작되었다.

검사 연전에 일인이 오지 않았을 때에는 황제께서 좋아하지 않는 일이나
정부를 반대하는 말을 게재한 한국 사람은 어떻게 처치하였는가.

양기탁 그전에는 그런 사람은 투옥(禁獄)되었다.

검사 혹 참수하는 형벌을 당한 사람도 있는가.

양기탁 단지 투옥만 당하였다.

검사 그대가 신문사 안에서 유숙하는 것은 구금될까 두려워함인가. 무엇

ENGLISH JOURNALIST IN KOREA PROTECTS A NATIVE EDITOR.

Mr. E. T. Bethell, English editor of the *Korea Daily News*, was recently released from gaol at Seoul, after three week imprisonment, for stirring up sedition. The native editor of the same journal escaped his captors, and took shelt under the British flag in Mr. Bethell's house. Above are Mr. Bethell and the native editor.

영국 언론인 배설이 한국인 편집장을 보호했다고 보도했다. *The Daily Mirror*, 1908.8.5.

때문인가.

양기탁　첫째는 사무에 편리하기 때문이요, 둘째는 구금될까 두려워하기 때문이다.

검사　누구를 두려워하는가.

양기탁　일인을 두려워한다.

재판장　그대는 태황제 폐하께서 내리신 칙령서를 배설이 가지고 있는 사실을 아는가.

양기탁　그것을 보지는 못했으나 있는 줄 짐작은 했었다.

검사　이것이 있으니 어찌 그대를 충분히 보호하지 못하겠는가.

양기탁　본인이 설혹 이것을 보았을지라도 이는 배설에게만 적용케 하신 것이거늘 하물며 내가 보지도 못한 것을 어찌 보호를 받을 것으로 알겠는가.

검사　그러니 그대가 배설에게 고용되었는가, 다른 사람에게 고용되었는가. 그 월급은 누가 주는가.

양기탁　나는 배설에게 고용되었으니 그에게서 월급을 받는다.

검사　그대는 자신을 위해서나 또는 업무를 위해서나 배설의 고용인으로서 보호를 요청한 적이 있는가? 그대는 배설이 영국인이란 사실 때문에 일본인들로부터 자신이 보호받고 있는 데 대해 즐기고 있는가?

양기탁　배설은 영국 사람이오, 나는 그 사람에게 고용되었으니 보호받을 줄은 알지만 일인은 더러 배설의 집에도 천단히 들어가는擅入 일이 있으니 배설이 없을 때에는 본인의 보호를 기필치 못할 터인즉 그의 특권을 전수히 누린다 하기는 어렵다.

검사　(양기탁이 쓴 영문 서류를 들어 보이며) 이것은 그대의 억울함을 호소하여 직접 쓴 것인가.

양기탁   그렇다.

검사   (양기탁에게 직접 말하기를) 그대가 영문을 이와 같이 잘 쓴다면 영어도 잘 하겠도다.

양기탁   (영어로 대답하면서) 그렇다. 말은 능히 할 수 있으나 알아듣기는 능하지 못하다.

검사   그대가 일본 경부警部 아키요시秋吉 榮가 신문사에 들어간 것을 배설에게 보고하여 알게 하였으니 그는 평복한 순사는 아니던가.[7]

양기탁   아키요시는 다만 우리 신문을 압수하러 들어왔다.

재판장   아키요시가 그대가 말한 평복 순사였는가.

양기탁   아니다. 평복했던 자는 한국인 별순검이었다.

검사   그대를 내부대신에게로 불러가려 하던 자가 일인이었나, 한인이었나. (양기탁이 대답은 했으나 법정 서기가 알아듣지 못했다.) 그대가 이 억울함을 호소하는 글을 써서 영국 관인에게 주라고 배설에게 주었으며, 배설이 이를 시행할 줄 알았던가.

양기탁   (여기서부터 다시 통역을 통해 답변하다.) 나는 이것을 배설에게 보냈을 뿐이었다.

검사   배설은 그대에게 모든 지시를 글로 써서 하였는가, 말로서 하였는가.

양기탁   말로 하였다.

검사   그대는 민중이나 개인의 살해하는 것을 암살로 아는가. 그대가 교육

---

7   검사 윌킨슨의 질문은 이해 4월 29일 통감부가 이완용 내각으로 하여금 신문지법을 개정케 하여 한국 안에서 발행되는 외국인 신문까지 압수할 수 있도록 규정한 후, 5월 1일 남부 경찰서 경부 아키요시가 신보사에 들어가 양기탁을 만나 신문 70부를 압수해 갔던 사건을 말한다.

의 사건은 담론하였으되 반란을 고무하고 개인의 피를 흘리는 일에 관계되는 것은 기재하지 않았는가.

양기탁 그렇다.

검사 그대가 메테르니히^{梅特捏}를 가리킨 논설을 기재하였는가.

양기탁 그렇다.

검사 그대가 「학계의 화」라는 논설도 집필하였는가.

양기탁 그렇다.

재판장 이는 그 손가락 피의 사건이로다(방청객들이 크게 웃다).

검사 그 외에는 샌프란시스코 신문에서 전재한 것인데 그대가 그 신문을 가졌는가.

양기탁 없다. 그 신문 전부를 일본 우편국이나 경시청에서 압수했다.

검사 그들이 그 곳에 들어가서 그대가 가진바 신문을 압수하지는 못하였겠지?

양기탁 단 한 장이 있었는데 이로 인하여 문제가 생길까 염려하여 찢어버렸다.

검사 나는 그것을 보아야겠는데, 그대가 그것을 두는 것이 위험하다 하여 찢어버렸단 말인가.

양기탁 이 논설이 나온 지 수일 후에 신문지법이 반포되었는데(1907년 7월 24일에 공포된 '광무신문지법'이 1908년 4월 29일에 개정된 것을 뜻함) 그 대강 뜻이 아무 논설을 보거나 혹 두거나 하는 자는 벌금 몇 원을 징수한다 한지라, 혹시 문제가 날까 생각했던 것이다.

검사 그 신문 찢는 것을 배설에게 의논하였는가.

양기탁 문의한 바 없었다.

검사 추후에도 없었는가.

양기탁 없었다.

3) 문제된 논설은 모두 자신이 집필

검사 그 논설 끝에 "우리 여러 동포에게 경고한다"는 구절을 보라. 저 한
국인들이 아직 신문訊問한 일도 없고 사형신고도 없거니와 이 논설
전문을 그대가 쓴 줄로 알고 있기 때문에 그대가 말하는 바를 나는
믿을 수 없다.

변호인 (검사 월킨슨을 향하여) 양기탁의 말을 믿지 않는다는 말을 나는 반
대하노니 영국의 검사로서 한 사람 현명한 한국 신사에게 이런 말을
하는 법이 아니다. 이것이 무슨 소용이 있겠는가. (재판장은 변호인의
이 반대를 듣고 허용했다.)

검사 그 논설 중에 "우리가 이런 경우를 당하야 저 의사 두 분과 함께 죽
는 기회를 얻지는 못하였으나"라는 구절은 미국에서 일어난 일을
여기서 기록한 것으로밖에 볼 수 없지 않은가.

양기탁 그 전문을 샌프란시스코 신문 논설에서 전재했으며 원문에는 더 한
말이 많이 있으되 이는 발표하기에 적당치 않은 내용이었으므로 깎
아 없애고산삭, 刪削 기재하지 않았다.

재판장 그 전문이 끝까지 샌프란시스코 신문에서 전재한 것인가.

양기탁 한자 한자 틀림없다.

검사 샌프란시스코에는 한국에서와 같이 한국인을 관할하는 일인의 관
청이나 관리가 없는가. 또 그대는 어떤 사건이든지 그곳 신문에 게
재된 것은 한국신문에도 게재할 수 있는 것으로 생각했으며 또 그
미치는 영향도 같은 것으로 생각했는가?

양기탁 첫 질문에 대하여 내가 아는 바로는 거기도 일본영사가 있고 한국인들은 그 보호아래 있다 하며, 반역하는 자가 그 곳에 있는지 어떤지 나는 모른다. 또 그 곳이나 이곳에 게재된 사건에 일어나는 이 사실을 다른 신문이 이미 게재하였으므로 다른 신문에 게재한대로 사실만 전재했을 뿐이다.

양기탁

검사 4월 29일 자「일백 梅特捏(메테르니히)이가…」라는 논설에서 "그러나 필경은 이태리^{이탈리아} 애국지사가 벌떼같이 일어나서 정의의 기를 들며 자유의 종을 울리고 저를 항거하매 저 귀신같고 여우같은 매특날^{메테르니히}의 괴상한 영걸로도 여차여차했다"는 구절은 한국인민을 직접으로 고동^{鼓動}하여 한국 안에 있는 일본 관리를 몰아내라 함이 아니며 매특날을 가리켜서 간접으로 이토 히로부미^{伊藤博文} 공작을 지목한 것이 아닌가. 그렇지 않은가.

양기탁 그런 뜻은 아니다. 다만 역사상 사실을 들어 쓴 것일 뿐이다. 끝 부분은 누구든지 다만 매특날의 자취를 따르지 말라 함이다.

검사 그러나 어떤 지방 독자가 메테르니히가 될 기회가 있겠는가?[메테르니히의 뒤를 따르지 말도록 경고했다는 말을 비꼬는 것] 그대는 이것을 지방에 사는 4천 명의 지식인 구독자에게 썼단 말인가? 그들은 차라리 곡식이나 비 같은 것에 대해 듣는 쪽이 나을게다(웃음). 그들에게 메테르니히가 되지 말라고 경고한 게 도대체 무슨 소용이 있단 말인가?

양기탁 그들은 추수하는 일이나 비 오는 말을 듣기를 좋아할 뿐이다. (방청석에서 크게 웃다.)

검사 "매특날이가 되지 말라"고 경고함이 무엇이 유익한가.

양기탁 나는 농업신문 기자가 아니고 이 신문은 농업신문이 아니다. (방청석이 고성대소하다.) 우리 신문은 모든 사실을 기술하는데 혹 어떤 때는 사회의 사항이나 또 어떤 때는 학계의 사항, 또는 정치적 사항 등이 있다. (커다란 웃음으로 이 뒷말이 들리지 않다.)

재판장 이 논설은 정치적 사항이 아닌가.

양기탁 그렇지 않다. 다만 역사적 사실을 기록한 것이다. (방청객들 크게 웃다.)

재판장 이 논설은 한국의 현존하는 사정을 지목하여 말한 것이 아닌가. (사이) 누구든지 그대를 애국자라 하여 나무랄 자는 없으니, 우리는 다만 그 실정만 듣고자 하는 것이다.

양기탁 이 논설의 본질이 역사상 사실을 포함한 즉, 자연 어떤 사람은 정치적 문제로 돌릴 듯도 하다.

재판장 그 마지막 끝에 이른바 "梅(메테르니히) 씨 같이 야심을 품은 자는 이것을 보라"한 것은 누구를 뜻함인가.

양기탁 누구든지 梅(메테르니히) 씨 같이 일을 꾀한 자를 이른 것이다.

검사 '학계의 꽃'이라 한 것은 교육상인가, 정치상인가.

양기탁 그 제목에 쓴 것과 같이 학계의 사정에 관한 것이다.

검사 팔을 끊었다는 '신광神光'은 누구인가? 그는 교장인가? "역사상 피 흘리지 않고 명예로운 기념비를 남긴 영웅이 어디 있는가" 신광은 누군가?

양기탁 신광은 불교 신자로서 학식과 신앙을 높이기 위해 한 불승佛僧에게 갔으나 이 스님은 그를 제자로 받아들이기를 거절했다. 그가 스님에게 거절의 이유를 묻자 그 스님은 말하기를 그의 믿음이 아직 약하다는 것이었다. 이에 신광은 그의 믿음을 나타내기 위해 손목을 잘랐던 것이다.

검사 이사부異斯夫에 관해서는?

양기탁 그는 불교가 맨 처음 한국에 전파되었을 당시 이를 받아들인 한국인이었는데 사람들이 불교를 받아들이기를 거부하자 자신이 죽은 후 무슨 일인가 일어나면 사람들이 믿고 아무 일도 없으면 믿지 말라고 말하고 스스로의 목을 자른 사람이다.[8]

검사 "개인의 사업이나 국가의 사업을 물론하고 그 발원하기를 피로써 하고 그 실행하기를 피로써 하여야 그 결과의 굉장함을 가히 바랄지니"라는 구절은 정치에 관한 의미인가.

양기탁 이 제목은 학문에 관한 것인즉 학계상에 의론하는 바는 무슨 일이든지 자연히 정치상 관계되는 일에까지 미쳐 가거니와 이 기자의 본뜻은 다만 학계상 사항으로만 의론한 것이니 대강 말하면 이는 다만 마음을 굳게 하여 요동치 아니하고 고심으로 공부하며 어려움을 이겨야 뜻을 이루고 공을 이룬다 함이다.

검사 그 17명이 학도의 손가락을 자른斷指 까닭은 한국의 작금 형편으로 논의함인가.

양기탁 본인이 말함과 같이 학계상 사건은 자연히 정치상 문제에 미쳐가기

---

8 異斯夫는 신라 진흥왕 때의 장군·정치가. 양기탁은 이차돈(異次頓)의 사적과 혼동한 것 같다.

	도 하고 또한 그리로 돌아가기도 한다.
검사	이 논설 외에도 국내 정황에 관계되는 정치상 논설을 게재한 일이 있었는가.
양기탁	없었다.
검사	5월 1일 자 「놀랄 것 없다^{不必浪驚}」는 논설에 "어느 나라를 물론하고 그 국권을 이미 잃은 후에는 인민은 인민이 아니고 우마와 같다"는 논설도 그대가 기재하였는가.
재판장	나는 이에 대해서는 더 알고자하지 않는다. 그 뜻은 이미 쾌히 알았다.
검사	(재판장에게 "좋습니다" 하고는 양기탁을 향해) 근일에 배설이 신문사에 왔었는가.
양기탁	오지 않았다.
검사	어느 때부터 오지 않았는가.
양기탁	그 정확한 날짜는 기억할 수 없으나 지난달 어느 날부터다.
검사	그 신문에 게재하지 않은 격문들과, 또 그 논설을 심히 강경하게 기재하지 않았으므로 폭도들에게 위협을 당하였다는 일은 그대가 듣고 아는가.
양기탁	듣고 안다.
검사	그 사람들이 메테르니히를 두고 쓴 논설을 좋아하던가.
재판장	그 논설은 그 사람이 지었은즉 이같이 하였으리라.

검사는 반대심문을 마치면서 자신은 증인(양기탁)을 용감하기는 하나 잘못 판단하고 있는 사람으로 여긴다는 사실을 그에게 말해주라고 통역에게 요청했다.

기소의 증거물로 제시된 논설 「학계의 꽃」. 1908.5.16.

3. 변호인의 무죄 주장

1) 증인 노병희

증언할 한국 사람이 또 오지 아니하므로 재판은 다시 지체되었다. 마침내 증인 노병희盧秉熙가 와서 증언대에 섰다. 그는 측량 사무원으로서 서울에 거주하고, 의병과의 관련은 없으며 대한매일신보 국한문판을 사 보았는데 그가 아는 바로는 이 신문이 질서문란을 격동케 함은 전혀 없고, 또 그가 친한 사람 중에 이 신문을 구독하는 자나 구독하지 않는 자까지라도 질서를 문란케 한 사람도 없다고 말했다.

검사	그대는 대한매일신보를 사 보는 터이니 순직하고 참되며純實 평온한 사람인가.
노병희	그렇다.
재판장	그 사람이 그 신문을 사보노라 말하는 터인데 자기가 평온한 사람이 아니노라고 말하기를 기대할 수는 없었을 것이다. (방청객들이 크게 웃다.)

변호인 크로스는 통감부를 통해 소환한 세 한국 증인이 출두하지 않은 데 대해 다시 한번 유감을 표시했다. 마침내 그는 이들을 포기할 용의가 있다고 말하고 만약 그들이 오늘밤을 경과한다면 그 책임을 자기가 지겠다고 말했다.

재판장은 그 어떤 경우에도 이 사건을 보류해야만 할 것이라고 말했다. 그는 주어진 증인을 조사하지 않고서는 판결을 내리지 않을 것이다. 그리고 크로스는 오늘 저녁 법정에 변론을 하는 게 나으리라 생각하며 그런 다음 만약 배설이 유죄판결을 받아야 한다면 언도를 하루 늦추고 싶다. 그는 이 사건에 있어 피고가 배심원단 앞에서 이야기 할 수 있었더라면 당연히 그랬을 만큼과 꼭 마찬가지로 진상을 명확히 밝힐 권리가 주어져야 한다고 생각한다. 피고는 그 어떤 경우에도 그런 권리가 있다. 물론 변호인이 변론할 준비가 되어 있지 않는 경우라면 말이다.

크로스는 자신이 변호할 준비가 충분히 되어 있으며 변론하고 싶다고 말했다. 그는 자신이 소환하기를 제의했던 증인의 증언들이 단지 부정적 견해를 증명하기 위한 증언일 것이므로 재판장에게 그다지 큰 인상은 주지 못할 것이다. 이제 부르려 했던 증인은 거의 가치가 없는 것이다.

검사는 이 문제의 매우 큰 중대성에 비추어 그 다음날 아침에 재판장에게 변론하는 게 더 나을 것이라고 제안했다.

재판장 만약 윌킨슨 검사가 내일 나에게 논고하기를 원한다면 그렇게 하겠다.

변호인 자신은 출석하지 않는 증인들을 포기하고 지금 변론을 계속하고 싶다. 재판장께서는 지금 내 변론을 들으시겠는지?

재판장 좋다. 그러나 피고의 이익을 위해 내일까지 기다리는 게 좋지 않을까?

변호인 나 자신 때문이 아니라 피고의 이익을 위해 변론을 계속하기를 택하겠다. 재판장께서는 이미 지금 당장 판결을 내리지는 않을 것이라는 암시를 주셨다. 따라서 자기 생각으로는 오늘 저녁 변론을 하든 내일 아침 하든 그가 적절한 행동국면으로 돌아올 수 있는 시기에는 아무 차이도 없을 것으로 생각한다.

그런 다음 크로스는 변론을 시작했다.

> **변호인** 어제 내가 상당한 시간을 써서 한국 정부에 관한 법적 요점을 논의
> 하는 도중 사건의 한계 밖까지 나갔던 사실을 모두 들으셨을 것이다.
> 그 이유는 검사와 이야기한 뒤 그때가 이 문제를 거론할 적절한 시기
> 라는 결론에 도달했기 때문이다. (검사 윌킨슨도 자신의 생각에 동의함
> 으로써 나의 신념을 굳혔는데) 이 점을 논의하는 과정에서 나는 이 문
> 제 테두리에 있는 어떤 다른 문제들도 건드렸다. 나는 이제 전체 사
> 건을 있는 그대로 변론할 것이다. 우선 나는 재판장께 단지 배심원일
> 뿐만 아니라 한 한국 신문의 평범한 한국인 독자(이런 표현을 써도 좋
> 다면)의 마음으로 이 사건을 보아주시길 요청한다. 왜냐하면 그것이
> 여기서 관련이 되기 때문이다.

2) 반일감정은 이전부터 있었다

> **변호인** 피고 배설이 폭동과 질서문란을 선동하며 한국의, 정부와 인민 사
> 이에 원수 되는 뜻을 격동케 한다고 고소를 당하였은즉 대저 격동
> 이 되리라는 인민은 그 누구를 지목하여 말함인가. 자연히 대한제국
> 국민이다. 그러므로 재판장이나 나 혹은 어떤 보통의 서양인, 또는
> 일본인 친구들까지도 선동되었느냐의 여부가 문제가 아니라 이것
> 이 한국인의 정신을 선동하려 의도했는가가 문제이며 또 한국인 외
> 의 그 아무도 아닌 것이다. 따라서 어떤 다른 사람을 (한국인이 아닌)
> 사전을 찾아보면 매우 간단한 정의를 볼 것인데 즉 '일어나게 하다
> to rouse', '행동하게 하다to call into action'는 뜻으로 ex~의 밖으로와 cio소환

하다. 부르다의 복합어이다. 그 뜻은 ~로부터 나오게 하다. 즉 "무엇으로 하여금 무엇이 되게 하다"는 뜻이다. 유혈이나 살인을 일으키도록 선동했다 해서 피해를 끼쳤다고는 말할 수 없는 것이다. 그러면 폭동과 문란을 격동한다 하는 것을 이왕에 양성한 것도 아니며 이것이 일어난 후에 권장한 것도 아니다. 다만 폭동과 문란은 그 처음에 까닭이 있으니 이는 저편의 요량 없는 데서 생긴 일이라. 이 신문의 금년 4월 17일, 29일, 5월 16일 논설을 발간하기 전에 이 나라는 이미 문란한 경우에 빠졌으니 이 논설 중에 어디서 폭동과 문란을 선동하였다고 감히 말하겠는가. 이 기사들이 혹 그것을 양성했을 수도 있고 혹 도와주었을 수는 있지만 그러나 그것을 선동했다 함에 대해서는 이미 그것이 존재해 있었으며 이 논설들이 게재되기 전부터 이미 선동되어 있었던 것이다. 다만 '짐작'이라는 두 글자로 제출하였은즉 이는 폭동과 문란을 '환기喚起'하는 줄로 짐작한다 함이지만, '환기'라는 것은 이를 증가케 함도 아니오 이를 확장케 함도 아니다. 이제 미우라의 증거로는 1905년광무 9 11월 17일(일본의 강압으로 을사늑약, 또는 을사보호조약이 체결된 날이다)부터 한국이 이미 폭동과 소란한 경우에 빠져들었다 하지 않았는가. 이제 미우라는 이 나라가 훨씬 전부터 소요와 불만상태에 있었다고 증언했다.

검사 왕후의 암살한 사건을 말하는 것인가.[1895년의 명성황후 시해사건]

변호인 (이하 변호인 크로스의 변론은 대한매일신보 공판기록을 주로 인용한다.) 미우라가 그렇게 말하지는 않았지만 그러나 내 생각에는 그렇게 말한 것이나 다름없는 것 같다. 1895년의 그 기억할 만한 밤부터 우선 무엇보다도 왕후 암살이 있은 후 일본 측의 공공연한 행위가 여러 번 있더니 당초에 왕후폐하의 암살은 일본당日本黨의 행위에서 난 것인 줄로 공포가 되었더니 필경에는 극도에 달하여 1905년 11월 17일에 협약인지 조약 인지 체결하였다.[9] 그들은 왕후암살 후 미우라三浦梧樓 자작에게 일어난 일을 기록에 올렸다. 그는 일본으로 소환되어 이 나라가 겪고 있는 상태 때문에 면직 당했다. 일본에서 미우라의 행동에 대한 심문이 있은 뒤 그는 작위를 박탈당했다가 곧 복권되었다.[10]

이제 배설의 증언으로 볼지라도 그가 한국에 처음 왔을 때에는 일본을 위하여 조금이라도 자기가 할 만한 대로는 일본 당국자를 찬조하여 신문에 게재하려 하였더니 얼마 못 되어 정세가事機가 그렇지 아니함을 알고 즉시 그 보조하는 것도 거절하고 스스로 자립自立하였으니 이는 내가 말한바 그 소란의 상태는 벌써 이왕부터 있었다 함과 부합吻合됨을 알 수 있을 것이다. 그렇지 않으면 일본 당국자가 무슨 연고로 세계 공안公眼에 놓일 문제에 대하여 배설을 저희 편으로 접근케 하였겠는가.[11] 이는 그 때에 그 소란한 경황이 있었기 때문에 한국에 있는 외국인의 신문을 이용함이 저희들에게 유익할 줄로 생각하여 이것을 저희 편에 붙이려附하던 것임을 가히 속이지 못할 것이다.

---

9 고딕체로 편집된 이 부분은 공판기록에 없는 내용을 대한매일신보가 보태면서 특히 방점을 찍어 강조하였다.(신보, 1908.7.10~11)

10 三浦梧樓. 일본의 군인·정치가. 명성황후(明成皇后)를 시해하고 그 시신을 불태우는 국제적 범죄를 저지른 범인이다.

11 이 변론 부분은 대한매일신보가 처음 창간되었을 때에는 일본 측이 배설을 지원했다는 사실로서 매우 중요한 대목이다. 배설 자신도 처음 이 신문사를 창설했을 때에는 일본공사관이 적극적으로 협조했으나 얼마 아니 되어 나가모리 도키치로(長森藤吉郎)의 황무지 개간권 요구를 반대하여 나쁜 감정을 사게 되었다고 이미 진술했다.

대개 사실상으로 보면 한국은 심히 불행한 나라이나 그 국민은 비상히 나라를 사랑하는 국민이다. 나는(크로스) 일본 정부가 한국에서 많은 개혁과 개선을 실행하지 않았다고 주장하는 것은 결코 아니다. 내가 말할 자격은 없지만 그러나 나는 수년 전 이곳에 와본 적이 있으므로 이 나라가 그때보다 후퇴한 것 같지는 않다고 증언할 수 있다. 나는 일본의 행정을 중상하고 싶지는 않지만 어제 내가 말했듯이 이 문제는 일본이 한국을 공공연히 취했더라면 제기될 리도 없었을 게다. 그러나 그들은 그렇게 하지 않았다. 그리고서는 그들은 이제 한국인에 거슬러서 이 나라의 주권을 주장하고 있다. 한국인들은 이를 알았는데 비록 그들이 평화로운 민족이며 정부지만 병합에 의해 정당화되지 않은 것으로 간주되는 일본의 주권행사에 대해 원한을 품고 있는 것이다. 그들은 단지 이 사건에 있어 한편으로는 완전히 공정하고 적절한 방법으로 증언된 미우라의 증언을 들었고 또 한편으로는 핫토리^{服部}의 증언을 들었는데 후자는 결코 재판장의 마음에 아무런 인상도 못 미쳤을 것으로 생각되므로 제외해버리겠다. 내(크로스) 생각에는 이것은 전혀 무가치한 것 같다. 그는 자기의 마음이 움직이는 대로를 보여주는 지도를 제출했는데 (마음대로 작성한 지도) 사실 이 지도는 그의 마음을 매우 잘 반영한 것이다. 따라서 미우라는 아무 협력자도 없는 유일한 증인이 된 (검사 측) 것이다. 자신은 이 사건을 배심원에게 문의할 필요가 있느냐조차 의심스럽다. 미우라의 진술에는 아무런 확증도 없다. 다만 논설들만이 제출되어 조사받았을 뿐이다. 그 반면 배설은 자신의 충고와 또 이것이 얼마나 위험스러운 것인가에 대한 충분한 이해 아래 법원에 나서서 스스로의 이야기를 하고 검사의 반대

심문을 받았는데 그 결과는 어떠한가? 그의 이야기는 어떻게도 건드려지지 않았다. 신문의 양도에 관해 약간 말썽거리가 있기는 했다. 그러나 세 논설에 게재된 것들이 소요와 무질서를 선동하고 한국 정부와 그 국민 간에 적의를 선동하려 의도했는지의 여부에 관한 당면 문제점에 관해서는 이게 무슨 관계가 있단 말인가? 아무 관계도 없는 것이다. 따라서 재판장께서는 당면 사건을 심판하는데 있어 실제 사법관의 마음과 배심원의 마음을 함께 가지고 사건을 검토해야만 할 입장에 처해 있는 것이며 사실 한편으로는 미우라에게 의견을 말하라 하고 또 한편으로는 배설에게 의견을 말하라 했던 것이다. 배설은 얼마간 한국인 편집인의 협력을 받아왔는데 그는 재판장에게 말하기를 첫 번째 논설을 배설에게 문의하지 않았고 두 번째와 세 번째는 배설이 교육적인 것이나 사회소식은 자기에게 위임했으므로 스스로의 판단에 따라 썼다고 했다. 내가 어제 말했듯이 배설이 자기 고용인의 행위에 관해 책임을 져야 하기는 하나 한쪽은 미우라, 다른 한쪽은 배설과 양기탁의 증언밖에 못 들었다.

3) 공판기록에 안 나오는 변론

이하는 대한매일신보의 공판기록에 특히 고딕체로 강조한 부분이 주목을 끈다.[12]

그러나 배설의 말한 바로는 일본 정부가 한국에 대하여 제반 개량과 제반 진

---

12 「배설 씨의 공판전말」, 신보, 1908.7.11.

보의 나아감이進益 도무지 없다. 배설이 몇 해 전에 이 나라에 와서 보니 이 나라가 회복되지 못할 듯한 것을 확실히 믿었던 것이니, 그가 일본정책을 비방코자 한 것은 아니지만 그가 이제 증언한대로 일인이 한국을 즉각에 온통 점탈占取 하였던들 이러한 문제를 제기하지도 아니하였으련마는 저희가 이를 행하지 못하였은즉 지금에는 한국 인민을 반대하고 이 나라의 주권을 멋대로 점거攬占했다. 한국 사람들이 이를 알았으니 그들은 비록 평화의 국민이나 일본이 한국을 싸워서 얻었거나 부용국附庸國, 강대국에 종속되어 그 지배를 받는 약소국가으로 얻어서 통할하는 권한이 있는 증거가 없는 줄을 이미 깊이 아는 바라 어찌 분한憤恨한 마음이 없으리오.

이제 저 한국 사람들이 이번 소송에 대하여 미우라의 원만하고 편이하고 적당하게 증언한 한쪽으로 치우친 말一便之言만 들었으나 그 증거는 전혀 무가치한 것이다. 다만 이 논설이 제출만 되고 심문審問만 되었을 뿐이다.

그러나 아무리 십분 승인코자 하여도 검사 윌킨슨의 배설에 대한 신문에 대한 진술供辭만 보더라도 그의 행위가 무슨 위험한 사건이 있으며 무슨 험한 까닭이驗果 생겼단 말인가. 무슨 사건에든지 무슨 법에 저촉되는 것이 없거늘 도리어 신문지를 지방에 발송하기에 곤란한 일이 있을 뿐이었다.

그 논설에 게재된 사건이 혹시 폭동이나 문란을 격동하여 한국의 정부와 인민 간에 원수 되는 뜻을 선동한 것으로 짐작할만한 것이라고 반대할 쟁점이 어디에 있는가. 온전히 허무하도다.

또 배설의 한인 편집원(양기탁)이 재판장에게 진술하기를 그 첫 번째 논설은 전문을 배설에게 문의함이 없었고, 그 둘째와 셋째 논설은 배설이 자기에게 위임하기를 교육이나 사회관계 기사는 자의로 하라고 지시하였으므로 스스로 지어 게재하였다고 확실히 증언하였는데 배설은 공판정에서 자기 고용인의 행한 바를 자기가 책임진다 하였거니와 여기 있는 사람은 다만 저편에는 미우라요,

이편에는 배설과 양기탁이다.

재판장께서도 통촉하시는 바 어제 재판을 시작한 처음에 변백辨白, 옳고 그름을 가려 사리를 밝히다하여 한국인 증인 3명을 불러다가 이 재판정에서 확실한 증언을 하도록 하기 위해 그 성명을 말하였는데 통감부에서 그들을 부르기는 하였다 하나 출석하지를 않았다.

재판장　그대가 증인소환을 진정으로 요구한다면 그대가 스스로 불러 올 것이지.

변호인　재판장께서는 정말 그렇게 생각하는가. 나는 그들을 어떻게 불러올지 알지 못한다.

재판장　그러니 우리 그 문제는 덮어두자. 만약 그대가 이 증인들을 보는 게 필요하다고 말하면 나는 그들이 올 때까지 휴정할 것이며 그들이 출두할 때까지 선고를 내리지 않을 것이다.

크로스는 계속해서 지금 재판장 앞에 놓여 있는 증거는 미우라 및 검사의 증인과 배설 및 양기탁의 증언이 전부라고 말했다.

재판장　그대는 배설이 책임을 졌던 신문에 게재된 것 자체만을 다루어야 한다.

변호인　그것을 지금 귀하 앞에서 말할 것이거니와 이것이 소요와 무질서를 선동하도록 의도한 것인지의 여부는 재판장의 결정에 달린 것이다. 내가 무슨 말을 하든지 간에 내가 보기에는 이는 돌 위에 떨어지는 물과 같다. 비록 시간이 가면 내가 재판장의 의견을 변경시킬 수 있을지는 모르지만.

재판장 그대 말은 이 재판에서 한쪽은 미우라, 한쪽은 배설의 증언밖에 없다는 뜻으로 이해했다. 나는 단지 내가 고려해야 할 대상은 논설 자체라는 사실에 주의를 환기시키고 싶을 따름이다.

4) 증인소환의 어려움

검사는 일어서서 한국인 증인들에 관해 언급했다. 그가 알기로는 이 증인들은 통감부를 통해 소환되었으며 그들이 아침에 여기 오리라고 통고받았다. 그는 재판장에게 증인소환을 위해 휴정할 것을 요청하면서 증인이 있어야 한다고 주장했다.

변호인 크로스는 자신도 이를 원하지만 증인들을 출두시키는 게 불가능하다고 말했다.

재판장 만약 그대가 증인소환을 원한다면 나는 미우라에게 이들을 데려오도록 요청하겠다.

변호인 검사가 그것을 그처럼 강하게 주장한다면 만약 통감부가 그들을 출두시킨다면.

검사 나는 내가 통고받은 바로는 증인들이 오늘 아침 이곳에 오기로 되어 있었다고 말했을 뿐이다. 앞으로 불평만 하려고 애쓰지 말라.

재판장 그대가 증인 출두를 원한다면 나는 미우라에게 이를 부탁하고 내일 아침까지 휴정하겠다.

변호인 만약 모든 노력을 다하겠다면 나는 휴정에 동의한다. 이미 두 차례나 노력해왔다. 앞으로 공정한 논평을 해야 할 문제일 것이다.

미우라는 확약을 하기가 몹시 어려운 문제라고 말했다.

재판장   그대가 할 수 있는 한 그들을 데려오도록 하라.

미우라   한 사람은 오늘 오전에 왔다.

변호인   그 사람이 그대가 원하던 사람인가?

미우라   아니다.

변호인   그렇겠지. 검사 윌킨슨은 그들이 이곳에 있다고 계속 주장하고 있다.

검사   미우라는 경찰을 법원의 지휘에 맡김으로써 이 사람들을 법정으로 데려오게 할 것이다.

변호인   그렇게 하기 위해서는 그들을 찾아내는데 문제점이 없어야 할 것이다. 나는 민종식이 의병 지도자들 중의 한 사람이며 민가閔家의 한 사람이란 것을 미우라에게 알리고 싶다.

재판장   그대는 이곳에 있는 사람들을 요구하는 것인가? 평양에 있는 사람을 요청해봤자 아무 소용없는 일이다.

미우라는 통감부 경무고문 마루야마가 이 임무를 맡았으며 자신은 여기에 관해 아무것도 모른다고 말했다.

재판장   내가 알기에는 이곳에서 일본은 이 사람들을 찾아낼 만큼 충분히 강력하다.

변호인   물론 그렇다. 다음으로 내가 원하는 사람은 심우택沈雨澤이다.[13] 그는 자신이 일본인들로부터 학대받았다고 주장하고 있다. 이게 아마 그를 찾아내는데 도움이 될게다. 다음 사람은 김탁훈이다. 나는 한글과 영어로 이 이름들을 써서 홈스에게 주었으며 이는 서명을 위해 통감부로 보내진 것으로 믿는다. 회답은 어떻던가?

재판장　회답은 그들이 출두할 것이라는 것이었다.

미우라는 자기 생각으로는 한국경찰이 그들에 대한 보호조치를 취한 것 같다고 말했다.

재판장　(미우라에게) 나는 그대가 내일 아침 10시 정각까지 그들을 여기에 출두시킬 것인지 여부를 알고 싶다. 그대가 원한다면 그렇게 할 수 있을 게다.

이 같은 양해하에 법정은 6월 17일 수요일 오전 10까지 휴정했다.

13　심우택은 원래 하류층 출신이었으나 어려서부터 일어와 영어를 배웠고 어학에 재능이 있어 서울에 와 있던 영국인, 미국인 등과 친하게 되었다. 그는 궁중에 들어가 고종의 총애를 받았다. 곧 궁내부 주사(宮內府 主事)로 승진하여 전무과(電務課) 기사로 근무했는데 1906년 1월 15일에는 고종이 훈오등(勳五等)을 특사(特賜, 임금이 신하에게 특별히 줌)하고 팔괘장(八卦章)을 내려주었다. 그는 배설과도 절친한 사이가 되었다. 전무과는 국내외의 전보업무를 취급했으므로 궁중과 일본 측의 움직임을 가장 빠르고도 상세히 알 수 있는 정보원이었다. 배설은 때때로 심우택을 만나 궁중의 소식을 듣곤 했는데 특히 1907년 7월 헤이그 밀사사건으로 고종이 양위(讓位)하는 사실을 배설에게 알려 주었고 배설은 호외로 이를 보도하자 군중들이 일본 순사와 군대를 습격한 사건이 일어났다. 이 사건으로 인해 심우택은 같은 궁내부 기사 김철영(金澈榮), 원희정(元熙貞)과 함께 보안법 위반혐의로 일인 경찰에 체포되었다. 이들은 경위원(警衛院)에 구금되어 심한 고문을 당한 끝에 진도로 유배되어 여섯 달 동안의 귀양살이 끝에 석방되었다. (정진석,『대한매일신보와 배설』, 108~114면 참고)

제4장

재판 제3일 : 6월 17일(수)

1. 신보를 구독하는 배설 측 증인들

1) 심우택의 행방을 아는가

법정이 오전 10시에 개정하자 검사가 먼저 일어나 변호사 크로스가 요청했던 한국인 증인들의 출석을 확보하기 위한 절차가 취해졌다면서 변호사에게 이 사실을 오래 전에 통보했어야 하지만 이제 법정에서 밝힌다고 말했다. 검사는 미우라를 다시 불러 어제 여기 몇 명이 있었으며 그들 중 누가 오늘 여기 올 것인지에 관해 증언을 듣자고 제안했다.

얼마간 논의가 있은 결과 변호인 크로스는 단지 재판 전에 그가 요청했던 증인들만을 요구한다는 점이 명백해졌으며 재판장은 변호인이 증인을 계속 부를 수는 없다고 말했다.

윌킨슨이 일어나 검사의 입장에서는 피고 측 증인이 몇 사람이든지 전혀 이론이 없다고 말했다. 크로스는 그렇다면 증인을 더 부르겠다고 말했다.

미우라가 출두하여 소환을 요청한 증인들은 민종식閔宗植, 김철영金澈榮, 심우택沈雨澤 세 사람인데 본인이 한국 순사에게 다 불러오라 명하였더니 閔과 金은 어제 10시에 불러왔으나 심우택은 인천에 있다 하므로 순사를 보냈으나 찾지 못했다고 말했다.

변호인 그대는 증인들이 누구누구라고 표시한 공식 서류를 가졌는가.

미우라 가졌다. 민종식은 명성황후의 친족이고 김철영은 전 궁내부 전무과 기사인데 이 두 사람은 불러왔고 심우택은 오지 않았다.

변호인 어제 오후부터 이 세 증인이나 또는 그들 중 누구의 출두를 다시 확보하기 위한 조치가 취해졌는가?

미우라 세 명 모두에게 조치를 취했다. 법원의 요청으로 나는 閔을 데려왔고 배설이 金을 데려왔다. 沈은 아직 찾아내지 못했다. 내 부하 경찰관들이 제물포로 파견되었는데 그는 거기 있을 것으로 추측된다. 현재까지 경찰이 그를 찾아내지 못했으나 그들은 수색을 계속 중이다.

변호인 沈이 항상 어디에 있는 곳을 그대가 아는가.

미우라 알지 못한다.

변호인 그러면 그가 인천에 갔다는 것은 어찌 아는가.

미우라 한인 경찰관에게 들었다.

변호인 인천의 인구는 얼마인가.

미우라 한국인 수를 말함인가.

변호인 그렇다.

미우라 확실히 알지는 못하나 7~8천가량이다. 아니 1만여 명이다.

변호인 통감부의 지시에 의해 경찰이 그저께부터 쭉 沈을 찾으려고 노력했는가?

미우라 일요일부터라고 생각한다. 통감부가 그들을 찾아내 달라는 요청을 받기 전부터 통감부는 시경찰국에 지시를 내렸으며 그 결과 이 2명이 지정된 날짜에 여기에 왔다.

변호인 그대는 심우택의 이력을 아는가.

미우라 심은 한국 궁내부宮內府 주사로서 궁정의 보호로 전무과電務課 기사技士로 근무하였다.

변호인 그 직책은 그 사람의 현직인가.

미우라 그의 소행이 나쁜 까닭에 1907년 7월의 봉기에 참가했다가 한국 당국에 의해 진도에 6개월간 추방되었다가 금년 서울로 되돌아왔다.

변호인　언제 돌아왔는가?

미우라　모른다.

변호인　그 사람이 석방되기 전에는 옥중에 갇혀 있었는가.

미우라　그렇다.

변호인　얼마나 오랫동안 갇혀 있었는지 아는가?

미우라　모른다. 나는 한국경찰의 보고로 이 사실을 알았다.

변호인　그 사람을 찾으려고 지난 일요일부터 백방으로 노력하였다지?

미우라　그렇다.

변호인　그 사람이 어제는 이곳에 있었지?

미우라　그 사람이 인천에 가고 이곳에는 없었던 것으로 안다.

　검사 월킨슨은 미우라가 짐짓 심우택을 숨기고 불러오지 않는 것으로 변호인 크로스가 의심하는 것을 반박했다. 크로스는 나는 그렇게 마음에 담고 있지는 않고 무엇이든지 속에 있는 것을 입으로 말하지 않는 것이 없다고 말했다.

2) 의병장 민종식의 증언

　이때 나이 많고 신수 좋은 민종식이 한복을 입고 증언대에 나섰다. 크로스가 통역을 거쳐 신문하자 민은 그전에는 관인이었는데 지금은 특별한 직업이 없다고 말했다.

변호인　그대가 의병장이었던가.

민종식　그렇다.[14]

변호인　그대가 소란의 주동 인물이 되었던 연유를 재판장에게 설명하겠는가.

재판장　(변호인에게 주의를 준다) 조심하라. 배설을 위한 증언으로 인하여
　　　　증인의 목숨을 상하게 해서는 안 된다. 자신이 말하고자 하는 것 외
　　　　에는 무엇이든지 말할 필요가 없다고 알려주라.

변호인　이 사람은 갇혀 있다가 사면으로 석방되었으니 본인은 이 사람이 다
　　　　시 처벌을 당하지 않을 것으로 확실히 믿는다.

재판장　나는 그 사람이 자신에게 해가 돌아올 말을 억지로 하도록 하는 것
　　　　은 원치 않는다.

검사　　일본 이사가 이 사람을 다시 처벌하지 아니하기로 담보했다. 이 보
　　　　호조치가 통역에게도 적용된다는 점이 확약되었다.

변호인　그대가 의병장이 되었던 이유를 설명하라.

민종식　당초에 한국 정부가 일본 등 열국과 더불어 조약을 체결한 후로 거
　　　　의 무슨 희망의 조짐이 있더니 광무 9년에 오조약(을사늑약)이 성립
　　　　된 후로는 정부의 상태가 변경되어 황실의 위엄과 정부의 권리가 일
　　　　본의 보호 밑으로 점점 들어가는 고로 본인은 한국 신하라 일인을
　　　　축출하고 빼앗긴 본국의 독립권을 회복하는 것이 자신의 직책인 것

14　閔宗植은 판서 민영상(閔泳商)의 아들로 1882년 문과 급제, 벼슬이 참판에 이르렀으나
　　사임하고 충남 정산(定山)에 가서 살았으며 조야에 덕망이 높았다. 1905년 을사늑약(韓
　　日新條約)이 성립되자 이를 반대하고 동지를 규합하여 이듬해 5월에 호서(湖西)에서 의
　　병을 일으켜 성읍에 본진을 두니 그 무리가 500여 명으로 세력이 대단했다. 경찰과 헌병
　　이 진압하려 했으나 용이치 않으매 군대를 풀어 토벌, 82인이 포로되었고 살상자도 많았
　　다. 김상덕(金商悳)과 함께 도망하여 공주군에 있는 전 참판 이남규(李南珪)의 집에 숨었
　　다가 체포되었다. 이듬해 평리원에서 사형언도를 받았으나 법부대신 이하영(李夏榮)의
　　주청으로 진도에 유배되었다가 특사로 석방되었다. 1962년 3월 1일 대한민국 건국공로
　　훈장 복장(複章)을 받다. 전 참판 이남규에 관해서는 앞의 제1장 각주 8번 참조.

으로 알았기 때문이다.

변호인 그대가 이로 인하여 형벌을 받음이 없었는가.

민종식 없다.

검사 그는 사형당하는 형벌에 처했다가 사면되었다.

변호인 그대는 갇혀 있었는가.

민종식 그렇다.

재판장 나 같으면 "나는 참수형은 당하지 않았다"고 말하겠다[앞에서 형벌을 받지 않았다는 민종식의 대답을 고쳐준 것]. (방청객들 크게 웃다.)

변호인 얼마나 오래 갇혀 있었는가.

민종식 아홉 달이다.

변호인 어느 곳인가.

민종식 서울 감옥이다.

변호인 갇혀 있을 때에 어떤 대우를 받았는가.

민종식 심문만 당했다.

변호인 무슨 뜻인가.

민종식 재판정에서 각양으로 심문한 데 대해 답했다는 말이다.

변호인 무슨 압박을 당한 것은 없는가.

민종식 심문할 때에는 압박을 당하지 않았으나 신문訊問한 후에는 치안방해라든지 무엇이라든지 하여 사형을 선고하기에 무죄를 주장하였으나 필경 무효가 되었다.

변호인 출옥한지는 얼마나 되었는가.

민종식 작년 음력 6월에 본국 내각의 판결로 전라도 진도珍島로 유배되었었다.

변호인 풀려 나온 지는 얼마나 되었는가.

민종식　여섯 달 만에 풀려났다.

변호인　심우택沈雨澤을 아는가.

민종식　안다. 진도에서 보았다.

변호인　진도에서 무슨 일을 하던가.

민종식　그는 보우保祐라 하는 한국인이 조직한 회에 관계가 있어서 왔다고 말했었다.

(原註: 원래 沈은 보안법에 의하여 이치移置되었는데 민종식은 '보안회保安會'로 알고 한 말인지 '保安'을 '保祐'로 잘못 전한 것이다)

변호인　심은 석방되어 있었는가.

민종식　그는 내부內部의 감수監守, 감독하고 지킴 아래 있었다. 석방하는 신장정新章程과 특별 감수로 인민을 처치하는 등의 일은 본인이 명백히 알지 못하는 고로 심이 무슨 관계나 무슨 연유로 그곳에 왔던 것은 확실히 모르겠다.

재판장　정부에서 그대를 그곳으로 보냈던 것은 그대가 아는가.

민종식　내부에서 보내었다.

변호인　대한매일신보를 사서 보며 혹 이왕에 열람한 일이 있는가.

민종식　시골 있을 때에는 보지 않았으나 작년 음력 11월 서울에 올라온 후부터는 사서 보지는 않고 다른 사람에게서 빌어 보았다.

변호인　지혜 있는 사람이로고. (청중이 큰 소리로 웃다)

민종식　작년 봄부터는 친구에게서 여일히 빌어 보았다.

변호인　(민종식이 이 신문을 사서 본다고 말하기를 겁내는 고로 조롱하여) 구락부에서 보았나 보군. (청중들 큰 소리로 웃다)

검사　아마 값없이 거저 보낸 것이나 본 것이지. (청중들 또 크게 웃다) 그대는 민씨의 유명한 친족이 아니며, 황족의 친척이 아닌가. 그대는 또 재상이었으며 높은 직위에 있었지?

민종식 나는 고 민비도 속했던 민 씨가의 한 사람이며 가문 서열상 두 번째 항렬이고 1895년 이전에 관직에 있었다.

검사 심우택이 많은 교육을 받았고 서양학문도 배운 사람이지만 그러나 평민이지?

민종식 그를 진도에서 처음 보았으므로 그 사람의 유 무식을 알지 못하며 풀려 올라온 후에는 다시 만나지도 못하였다.

검사 전에도 귀족들이 정부에 대하여 무슨 주의할 만한 일을 지어내는 경우에는 그 사람들을 제주도로 유배하였는가.

민종식 그렇다.

검사 일본의 보호를 받은 후에도 그 곳에 유배된 사람이 있었는가. 그리고 그대가 진도에 있을 때에 각종 사회인들과 만난 일이 있는가.

민종식 그렇다.

검사 그대가 의병장으로 있을 때에 성읍을 점령하였으며, 잡힌 후에는 사형에 처하였다 하니 나는 생각컨대 그대가 유명한 장수인 것으로 알거니와 점령했던 곳은 공주公州인가.

민종식 그렇다.

검사 일본인이 오기 전에는 누구든지 자기가 재상으로서 성읍을 점령하였다가 잡히면 그 사람은 목을 베는 형벌을 받았는가.

민종식 전에 태평한 시절에는 이런 일도 없었거니와 오늘날 이 요양(擾攘, 한꺼번에 떠들어서 어수선하다)한 때를 당하여서는 일본의 지휘가 아니면 한국 황실이나 정부에서 오로지 혼자서 결단하여 행하는 권한

이 없으니擅行, 소이로 그 소요를 일으킴도 바로 한국 정부를 반대한 것으로는 생각지 않는다.

민종식이 공초供招를 마치고, 증언석에서 내려서자 잠시 동안 법정을 마음대로 떠나도 되는지 어리둥절 하는 것 같았으나 통역으로부터 나가도 좋다는 말을 듣자 천천히 걸어 나갔다.

3) 고문당한 전무과 기사 김철영

김철영金澈榮의 차례가 되었다. 김철영은 특별한 직업이 없고 서울 서부에 산다고 말했다.

변호인 그대는 치안을 방해함이 있었는가.

김철영 치안 방해라 함은 무엇을 말하는가.

변호인 정부를 반대하여 폭력을 행사하였던지 혁명을 꾀함이 있었는가.

김철영 없다.

변호인 그러면 무슨 죄로 경시청에 체포된 일은 있었는가.

김철영 작년 7월 22일 저녁에 궁내부 경위원警衛院에 피착되었으나 그 이유와 죄과는 알지 못하였다. 거기 가서 보니 심우택이 먼저 와 있었다. 그 때에 본인이 궁내부 전무과 기사였고, 심우택도 같은 직에 있었는데 어떤 사람이 와서 나와 심씨를 잠깐 나오라 하기에 나와 심씨가 함께 나가서 그가 막 심과 함께 나가자 문 근처에서 그들처럼 불려나온 세 번째 사람을 만났는데 그의 이름은 원의용元義容이다. 문을 나가니 평복한 사람 4명이 거기 있는데 순검인지 아닌지는 모르겠으나 그 사람이 우리를 보고 함께 가자하기에 가서보니 경위원^警<ruby>衛院<rt>시경찰국</rt></ruby>이었다. 거기 있는 표지를 보고 그곳이 경찰서인줄 알았다. 경관이 설명하기를 부령^{部令}에 의해 잡아왔다 하면서 모자와 외투를 벗으라 하고 즉시 본인을 제6간^間에 가두고 심씨는 제3간에 가두었다가 이튿날 아침에 심문을 하는데 관인 3명이 앉아서 "너희가 태황제 폐하의 선위하신 일에 대하여 무슨 일을 교사하는데 관련이 있어 잡아왔다"고 말했다.

변호인   학대를 받았는가.

김철영   내가 대답하기를 "이런 일에 관련이 있으면 내가 홀로 할 수는 없은즉 만일 이런 일이 있는 줄로 알진대 반드시 증인이 있을 터이니 그 사람과 대질을 하여 달라"한즉 불문곡직하고 매질을 시작했다.

변호인   매질한 자는 누구던가.

김철영   그 성명과 어떤 사람인지는 알 수 없으나, 다만 그 관리의 명령으로 한 것으로만 안다.

변호인   때리던 자는 한국 사람이던가, 일인이던가.

김철영   매 맞을 때는 분별할 정신이 없었더니 그곳에 몇 달 갇혀있었<u>으므로</u> 그 후에야 매질한 자는 곧 일인이었던 것을 알았다.

변호인   무엇으로 때렸는가.

김철영   길고 엄지손가락보다 두터운 몽둥이로 때렸다.

변호인   몇 번을 때렸는가.

김철영   20대인지 혹 30대인지 맞은 것을 자세히 셀 수는 없었다. (청중들이 큰 소리로 웃다)

변호인   한차례만 맞았는가, 아니면 자주 맞았는가.

김철영	서너 차례 맞았다.
변호인	어디를 때리던가.
검사	이는 관직의 치욕이로다. (청중이 큰 소리로 웃다)
김철영	(통역을 통해서) 어깨와 목덜미와 각처를 모두 맞았다.
변호인	옷을 벗고 맞았는가.
김철영	벗지는 않았다.
변호인	다른 학대도 받았는가.
김철영	없었다.
변호인	그곳에 얼마나 구류되었는가.
김철영	11월에야 옥에서 나오라 하여 진도로 유배되었으니 옥에는 7월부터 11월까지 다섯 달이다.
변호인	거기서 심우택을 보았는가.
김철영	보았다.
변호인	그가 학대받는 것을 보았는가.
김철영	보지 못했다.
변호인	무엇을 보았는가.
재판장	(변호인을 향해) 그대는 그 사람에게 듣고자 하는 사건을 지목하여 답변을 재촉하라. 그렇지 않으면 그 사람이 30분 동안이나 허비하겠다. (청중들이 큰 소리로 웃다)
변호인	그대가 심우택이 옥에서 나온 것을 보았는가.
김철영	심씨를 그날 저녁에 불러 나가는 것을 보았고 또 도로 들어가는 것도 보았다.
변호인	그 사람이 들어갈 때 모양이 어떠하던가.

김철영 어두운 밤인 고로 자세히 보지는 못하였다.

변호인 심씨를 업고 들어가던가, 붙들고 들어가던가.

김철영 역시 어두워서 보지 못했다.

검사 그대는 무슨 말이든지 하고 싶은 대로 할 기회이니 어떤 사람의 악한 일이라도 다 말하라. 궁궐과 의병 사이에 교통케 함이 있다고 그대의 죄를 정함이 아니던가? 의병을 격동하여 일어나게 하고 궁궐과 황제와 의병 사이에 교섭이 있다고 심씨의 죄를 정하지 않았던가? 그대가 그 정죄함을 불복하는 바가 궁궐과 의병 사이에 무슨 꾀하는 일에 관계됨이 있다함이 아니던가.

변호인 이는 거의 증인 자신만큼이나 나쁜 말이군. (웃음)

김철영 의병과 공모하였다 함은 아니오, 다만 황제의 자리位를 천동遷動하는 일에 김철영 자신이 무슨 관계가 있다 하여 죄를 정했었다.

검사 그대가 심문에 불복했으니 공모자들의 다른 증거가 있다는 데도 불복했겠지?

김철영 내가 정부변혁에 연루가 있다고 혐의를 받았는데 만약 그렇다면 나 혼자서는 그런 일을 못할 것인즉 증인을 대라고 요구했다.

검사 한국 옛 법률대로 하면 증인이나 피고가 묻는 대로 대답을 아니 하면 무슨 일을 당하겠는가.

김철영 알지 못한다.

검사 내가 알기에는 옛 법대로 하면 그 사람은 반드시 그대가 경위원警衛院에서 맞던 것과 같이 매를 맞던지, 혹 더 많이 맞을 것이다.

김철영 본인은 불행히 옛 법을 쓸 때에는 이런 일을 당하지 못하였었다. (방청객들 큰 소리로 웃다)

4) 심우택, 고종과 배설

재판소 서기 로스가 심우택을 세 번 호명한 후에 이 증인은 출두하지 않았음을 선언했다.

이 재판에서 여러 번 거론되었으나 결국 나타나지 않은 피고 측 증인 심우택은 이 사건에 어떤 관련이 있는 사람인가. 통감부는 김철영과 함께 심우택을 구속하여 고종과 대한매일신보와의 관계 및 고종의 선위禪位, 임금의 자리를 물려줌를 호외로 발행한 경위 등을 추궁했다.[1]

1907년 8월 21일 경부 와타나베渡邊가 경무고문 마루야마 시게토시丸山重俊에 보고한 비밀기록 내용은 다음과 같다.[2]

신문조서

문   주소·성명·연령·신분·직업은?

답   서울 남서 장동 통호 불상, 양반 정3품, 심우택, 38세, 직업은 궁내부 전무과 기사다.

문   대황제폐하 재위 당시 폐하로부터 여러 사람에게 지출되는 금전을 전달한 일이 있었지?

답   두세 번 있었다.

문   그 사실을 진술해 보라.

답   금년 음력 3월 초순경 폐하로부터 금 1만 원을 받아서 이것을 손탁양에게 전달한 일이 있다.

문   그 돈은 어떠한 용도에 쓰였는가.

---

1   심우택, 김철영 사건은 대한매일신보, 1907.12.3·5·6일 참고.
2   「1906.1907 대한매일신보 베세루」,『주한일본공사관기록』, 문서번호 1126, 1~7면, 日文.

답   상하이서 와 있는 현상건玄尚健이 손탁 양에 청하여 폐하로부터 지출
    된 것이다.

문   그 외에는 없는가.

답   금년 음력 4월 어느 날 2천 원, 6월 어느 날 3천 원을 대한매일신보
    주필 배설에게 교부한 일이 있다.

문   어떤 사정이 있어서 배설에게 하사한 것인가.

답   작년 어느 때 손탁 양은 폐하에 대하여 한국에서 출판되는 신문지는
    여러 가지가 있지만, 어느 것이나 일본의 핍박이 있어서 충분히 한국
    과 황실에 이익이 있는 것을 기재할 수 없으나 오로지 대한매일신보
    는 서양인이 경영하고 있기 때문에 항상 한국 및 황실의 이익이 있는
    것을 기재해 왔다. 그러나 동사는 유지곤란으로 이번에 일본인에게
    매도한다는 소문이 있어 폐하의 일고를 주상奏上했던 바, 폐하는 출판
    을 계속할 것을 희망하여 드디어 어느 정도의 금액을 지출하고 또한
    매월 1천 원 정도를 하사하고 있었는데, 근래 배설과 손탁 양이 자유
    로이 폐하에게 가까이 할 수 없이 되었기 때문에 매달 지출하던 돈을
    내게 하사하여 내가 배설에 전달하게된 것이다.

문   그 외에는 전달한 것이 없는가.

답   금년 3월 20일경 엄비嚴妃로부터 950원을 손탁 양에게 교부하라는
    분부가 내렸기 때문에 그 날 이를 전달했다. 이는 엄비에게 완구류
    를 상납한 대금인 것으로 생각된다.

문   그 밖에 또 없는가.

답   최근에는 없다.

문   아까 여러 차례 전달했다는 것은 현금인가.

답	현금이 아니고 모두 경리원經理院으로부터 지출할 폐하 어자제御自製의 표였다.
문	그 돈은 경리원에서 이미 지출한 것으로 생각하는가.
답	물론 지출한 것으로 믿는다.
문	대한매일신보의 배설과는 항상 내왕 교제하는가.
답	때때로 만나는 일이 있다.
문	이번 양위문제가 일어나서 배설을 만난 일이 있는가.
답	양력 이달 19일과 20일에 전무과 기사 서양인 코인의 집에서 본인, 비서승 박용규朴容圭, 배설 세 사람이 만난 일이 있다.
문	무슨 용건이었나.
답	배설이 양위에 대해서 궁중의 동정을 듣기 위해 본인 등을 부른 것이라고 생각한다.
문	어떤 이야기를 했는가.
답	내각대신이 폐하를 강핍强逼하여 양위케 한 것은 신하로서 심히 못마땅한 일이라는 이야기를 했다.
문	18일에 대한매일신보가 호외를 발행한 것은 알고 있겠지?
답	알고 있다.
문	그 호외는 태황제 폐하의 명을 받아서 그대들이 낸 것이 아닌가.
답	나는 관계가 없다. 18일 아침 박용규를 만났더니, 그는 어제 저녁에 배설을 만나서 신문 기사에 대해서 상담했다고 말했으므로 그 사람과 배설이 상의하여 발행된 것이라고 생각한다.
문	박용규는 물론 폐하의 명을 받아서 배설에게 호외를 내도록 교섭한 것으로 생각하는데 어떤가.

답   거기 대해서는 잘 알 수 없다.

[이하는 생략]

5) 신보 애독자들의 증언

변호인   존경하는 윌킨슨 검사께서 이미 말하기를 그 증인들이 구애받을 것
          없이 말 할 처지에 있다 하였으니 나는 그 후의를 칭찬하거니와 나
          는 무차별적으로 골라낸 두세 명의 증인을 세워 매우 짤막한 질문을
          함으로써 이미 내가 말했듯이 그들이 배설의 심문을 받았지만 소요
          나 무질서를 선동받지 않았다는 사실을 증언케 하고자 한다.

김택훈金澤薰이 증인으로 출두했다.

그는 학도로서 어떤 사회에 모임에 들어 참여함參도 없으며, 대한매일
신보를 구독하나 그 신문에 게재된 것으로 아무런 문란한 일에 격동됨이
없었다고 말했다.

검사   아직은 없지. (청중이 큰 소리로 웃다)

김택훈   나는 무슨 격동될 것을 보지 못했다.

검사   그대가 대한매일신보에 투고한 일이 있는가.

김택훈   없다.

검사   처자는 있는가.

김택훈   있다.

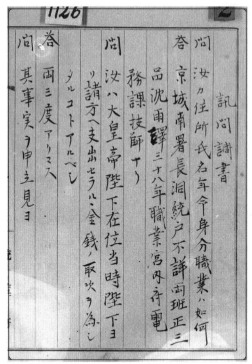

심우택 신문조서. 고종이 배설을 배후에서 지원하고 있다는 연결고리를 찾으려는 시도가 보인다.

그 다음에는 김두해金斗海가 증언했다. 그는 한문교사로서 대한매일신보를 사 보았으나 그를 격동하여 난폭케 한 말은 보지 못했다고 말했다.

검사	처자가 있는가.
김두해	처자는 없고, 어머니를 모시고 있다.
검사	어머니와 산다고. 그러니 증언을 할 수 있지. (웃음)
	다음 증인은 김창한金彰翰. 무직.
변호인	행운아로군! 그는 확실히 무언가 보호를 받고 있군. (일본의 보호령을 비꼰 말)
김창한	나이는 37세고 대한매일신보를 구독한다.
변호인	그의 유일한 직업이 신문을 사 보는 일뿐인지는 묻지 않겠다. (웃음)

그 신문에 실린 내용 중 그대에게 폭동을 일으키라고 권한 것이 있었는가.

김창한 없었다.

변호인 존경하는 윌킨슨 검사의 영역을 가로채서 물어보겠는데 그대는 처자가 있는가? 왜냐하면 이것이 검사의 주 관심사이므로. (웃음)

김창한 처는 있고 자녀는 없다.

검사 그대가 무슨 직업에 있었는지 알겠도다. 전직 순검이 아닌가. 그대의 모자를 어찌하였는가. (증인은 갓을 쓰지 않았다)

김창한 전에 군에도 있었고, 순검으로도 근무했다.

검사 그렇지, 순검이 법정에 서서는 모자를 쓰지 않는 법이지. (청중 큰 소리로 웃는다)

변호인 재판장 각하, 어제 재판장께서 내게 말하기를 그 고소된 조건에 대하여 나의 의견 듣고 싶다고 말했다. 이에 고소된 세 논설을 가지고 변론하겠다.

2. 논설 세 건에 대한 논리적 변론

1) 외교고문 스티븐스는 친일파

크로스 첫째는 스티븐스 사건이요, 다음에 매특날, 그리고 학계의 꽃인데 '학계의 꽃'이 무엇을 의미하는지는 재판장께 그 해석을 맡기겠거니와 자기가 보기에는 그 많은 말을 답하여 보아도 무의미한 것 같다. 먼저 스티븐스 사건을 말할진대 배설이 이미 죽은 사람의 일을 신문

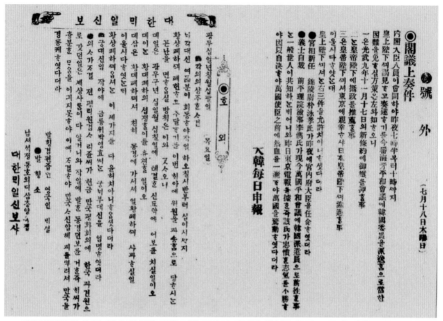

대한매일신보 호외. 이준 열사를 헤이그에 밀사로 파견한 책임을 물어 고종의 퇴위를 압박하는
내용이다. 고종은 결국 퇴위하고 말았다. 1907.7.18.

에 발표하여 죽은 자로 하여금 한을 품게 한 것이 심히 불안하다 하
였으니 재판장께서도 배설의 심정을 확실히 믿는 것으로 나는 확신
한다. 스티븐스에 관한 논설에 소위 한국 외교고문이라 한바 스티븐
스의 임명敍任은 통감부 설치 이전에 되었는데 스티븐스가 이 나라
에 올 때에 차라리 겉모습外飾을 꾸몄다 할 것이 한국 정부가 권고(크
로스는 마땅히 더 강경한 말로 할 터이나 다만 '권고'라는 말을 썼다)를
받아 스티븐스가 미국 사람이라 하여 외국 고문관으로 임명을 허락
한 것이다. 외국인 재정고문을 임명하되 미국 시민이어야 한다고 합
의되었으며 그렇지 않으면 일본인 재정고문과 미국 시민인 외교고
문을 두도록 되어 있다. 내가 알기로는 이게 바로 제약이었다. 스티

븐스는 한국 정부의 외교고문으로 등장했던 것이다. 스티븐스가 한국 고문관이 되기 전의 경력을 살펴보면 일본 정부에 근무하였으니 한국 정부에 고문관된 것이 한국인들에게 크게 만족하지 못하게 되었다.

한국인들은 미국 사람 중에 일본에 연결되지 않고 중립적인 높은 자격의 사람으로 외교 고문관을 서임하여 각국과의 외교에 있어서 공평한 고문되기를 원했던 바다. 스티븐스가 한국 고문관 되기 전까지는 워싱턴에 있는 일본 공사관 서기관으로 근무했는데, 그는 그 서기의 직임에 열심으로 일하였다. 그러므로 자연 한국인들이 그 사람의 행동이 겉모습을 꾸며 모든 일을 일본인의 심장으로 행하는 것으로 생각할 것이었다.

이 몇 가지가 족히 샌프란시스코에서 그 논설을 발간한 한국인 신문의 상태를 설명할만한 것이다. 이 나라에 있는 한국 사람들뿐 아니라 미국이나 다른 데 있는 한국 사람들까지라도 스티븐스의 고문관된 것을 원분怨憤, 원한과 울분을 아울러 이르는 말하게 여긴 결과로 그 논설이 났으며 이런 일로 분격한바 되어 스티븐스가 샌프란시스코에 도착하여 정치적 목적으로 어떤 사람들과 인터뷰를 하는 게 좋을 것으로 생각하고는 그 인터뷰에서 그는 괄호 속에 나타난 그런 말을 했던 것이다. 이에 한국 사람들은 혹은 그들 중의 대부분은 스티븐스가 한 이 말들을 부정확하고 거짓인 것으로 생각하게 되었다.

한인들이 말하기를 일인들이 한인을 지휘한 후로는 한국에는 이익을 얻은 것이 없고 또 한일 간 교의도 화합지도 못하게 되었으니, 만일 한일간 교의가 화합되면 그 이익은 일본에 있고 한국에는 이익이 없는 것으로 모두들 생각한다.

미국의 필리핀에 대한 행동이 한국인에게는 상관도 없고 다만 저희는 그 모양으로 한국이 일본의 관할됨을 원하지 아니하였으니, 만일 필리핀 사람들이 그 모양으로 미국이 저희를 관할하는 것을 즐겨하지 아니하였으면 저희도 또한 한국의 그와 같은 일을 상관하지 아니하였을 것이다. 제3번에(스티븐스의 말 중) 관해 한국인들은 또 이것이 상황을 제대로 나타내지 못한 것이라고 말했다.

재판관 각하도 응당 한국 인민은 지극히 애국하는 민족임을 깊이 알았으리니 일본인이 한국에 주장하는 모양으로 왔다 하나 한국인은 유린과 압박함만 당하니 이로 말미암아 한국 인민은 일인이 이 땅에 있는 것을 반대하는 것이다.

이 두 가지 악한 일의 결과를 저희 마음으로 택하라 하면 어느 것을 가볍다 하겠는가. 유린당하고 압박당하는 것보다 차라리 이왕과 같이 가난한 형편대로 몇백년 원수되는 일본과는 따로 나누어살기를 원하는 것이다.

지금 이것이 샌프란시스코에 있는 한국 신사들이 스티븐스를 저격한 까닭인데 그 저격함이 불행히 그 명을 상하게까지 한 것이다. 나는 비록 그 살해함이 흉살凶殺이 아님을 변호하지는 못하나(나는 확신하는바 일본의 고등재판관이 피고 미우라 야고로三浦梧樓[3]의 한국 왕후를 암살한 사건에 대하여 그 행위가 최대 다수를 위한 최대 이익을 위해 한 행동이라 하여 이것을 안건의 처리를 보류함과 같이) 오히려 스티븐

---

3 미우라 야고로(三浦梧樓), 1895년 명성황후 시해 당시 주한 일본 공사. 일본 낭인(浪人)들을 동원, 을미사변을 일으켜 명성황후를 살해했다.

스티븐스 암살을 보도한 샌프란시스코 크로니클, 1908.3.24.

스의 행위가 한국의 애국하는 인민의 감정을 깊이 격동케 하였던 것
이다.

불행히도 이 문제는 그가 생명을 잃는 것으로 결말지어졌다. 그러나
스티븐스가 샌프란시스코에서 인터뷰를 하면서 한국인들의 문제에
그렇게나 심하게 개입한 것은 매우 위험한 일이었다.(스티븐스가 정
치적 목적으로 인터뷰를 하면서 "한국인들이 가난하게 살기보다는 일본
인의 지배를 감수하는 쪽을 택한다"고 말한 사실을 지적한 것) 그리하
여 스티븐스가 생명을 잃은 것은 불행한 일이지만 그가 샌프란시스
코에서 한국인들과 만난 자리에서 그 일을 간섭한 것은 심히 위태한
일이었다. 그 사람들이 이로 인하여 피가 끓어서 능히 스스로 억제
치 못한 것이다. 이 사람들이 본래 화평한 인종이나 스스로 자기를
억제하지 못하여 스티븐스가 생명을 잃은 것이다.

2) 한국인의 관점에서 보라

크로스의 변론은 계속된다.

크로스 나는 결코 암살자를 옹호하는 것은 아니다. 나는 그런 식의 사상과
는 인연을 멀리하고 싶지만 그러나 실제 사정은 바로 일어났던 그대
로였다. 당시 배설이 편집인으로 있던 *Korea Daily News*의 정책은 결
코 폭력을 선동하거나 용서하는 게 아니었으며 다만 샌프란시스코
의 신문에 사건이 실렸으므로 그대로 재 수록했을 뿐인데 서양식으
로 생각하는 이 법정 안의 사람들이 보기에는 의회정치로 알려진 것
이 되기에는 지나치게 그 언사가 과격하고 흥분된 것이었음은 사실

이다. 그러나 내가 이제 이미 서두에서 말했듯이 재판장께서는 스스로의 입장을 평범하고 평화로운 한국 사람의 입장에 두고 그런 관점에서 이 논설들을 보아야 할 것이며 결코 지금 재판장께서 취하고 계신 것처럼 그런 법률에 얽매인 영국 사람의 관점에서 보아서는 안될 것이다. 모두들 아시다시피 동양인들 사이에는 언어의 상상적 과장법을 애용하는 관습이 있으며 이 논설도 이런 관습의 결과일 뿐 보통의 서양 신문에 나타난 것처럼 취급해서는 안 될 것이다.

존경하는 윌킨슨 검사는 양기탁이 그 논설 끝에다가 자유저작을 보탠 것이라고 추측하나 이는 아주 틀린 것이다. 양기탁의 말이 그 기재한 사건은 다만 그 사실을 들었을 뿐이요 거기 대하여 아무 평론이나 아무 말 한 구절도 추가한 것이 없다 하였는데 변호인 자신도 이 말이 사실이라고 믿으며 이 논설들은 법정에서 재판장 앞에 놓여 있는 것이다.

스티븐스는 한국 정부 고문관이 되어 한국 정부가 집도 주고 월급도 주었으나 그가 한 일은 무엇인가. 그는 자기 심력을 극진히 하여 일본의 이익을 보호했을 뿐이다. 그가 한국을 떠나서 자기 나라에 갔을 때에 처음 한 일이 일본을 찬양한 것이니 자기가 복무하는 한국은 위하지 않고 이전에 근무하던 일본을 위하였으니 그 행위야말로 폭동과 문란을 격동케 한 것이라 하겠고, 그 행위는 한국 정부와 그 인민간에 원수가 되게 하였다 하겠으며 일본과 한국 정부 사이에 적국이 되게 하였다 하겠으니 이는 정녕코 무엇이든지 배설의 신문에 기재한 것보다 더한 것이다. 한국 인민들이 자연히 이것을 분하고 억울하게 여긴 것이다. 내 생각으로는 일본인 친구들도 당연히 이를

분하게 여겼어야 할 것 같다. 왜냐하면 일본인들은 스티븐스가 일어로 말해서 아주 적절한 표현인 '야도이やとい, 고용인'라는 것을 잘 알고 있는데 이는 영어로 말하면 '고용인'과 뜻이 비슷한 말로서 스티븐스가 바로 고용인이 하는 것 그대로를 했기 때문이다. 즉 "고용인은 목자牧者가 아니며 양떼를 돌보지 아니한다"는 말처럼 스티븐스가 샌프란시스코에 도착하자마자 자신이 양떼를 돌보지 않았다는 증거를 한국인들에게 그대로 드러내었던 것이다. 그는 돌아서서 자신을 먹인 손을 물었던 것이다.

그가 먹은 것은 한국 돈이니 그가 보호할 것은 한국인의 이익이어늘 그 사람이 한 일은 무엇인가. 샌프란시스코에 있는 한국 사람들이 이것을 분하게 여긴 것이 이상할 것이 무엇인가. 저희들이 여기 있는 저희 친구들에게 통신을 전한 것도 괴이치 아니하고 여기 사람들의 분하고 억울한 마음이 일어나고 또 거기서 한 일을 반가워함도 괴이히 여길 것이 없는 일이다.

샌프란시스코에서 한국 신사 4명이 스티븐스를 여관으로 만나러 갔을 때에 스티븐스는 그 자리에서 한국 황제께서 크게 덕을 잃었음을 말하고 또 한국은 이토 공작 같은 통감이 있는 것이 행복이라 하며, 또한 한국에만 행복이 될 뿐 아니라 동양의 행복이라고까지 했다. 이 말이 어떤 사람이던지 자기 주인을 대하여 할 수 있는 말이겠는가.

스티븐스는 말하기를 황제는 쓸데없으나 이토는 고명한 사람이다. 그러나 나는 황제의 신하다라고 말하였으니 이것이 적당한 말이라고 하겠는가. 또 스티븐스는 한국 농부들은 다 무식하여 만일 일본이 그 나라를 잡지 아니하였으면. 그 나라는 응당 아라사러시아의 손으로 떨어져 들어갔으리라 하고, 또 자기는 일본정책을 찬성한다고 했다. 그러니 한국 사람들이 그 속 내용을 알매 스티븐스는 생명을 잃은 것이다.

그 논설 끝에 우리 동포에게 고^告함이라는 것은 무슨 말인가. 이는 글 치레는 하였으나 아무 뜻이 없는 말이다. 이것은 샌프란시스코의 한국인들에게 손을 호주머니에 찌르고 아무것도 하지 않고 있을 게 아니라 조국을 구하자고 호소한 것이다. 그들이 그렇게 했는지 혹은 안 했는지는 내가 알 수 없으나 어쨌든 이것은 그 이상의 어떤 의미도 지니지 않는다. 좋은 일을 위해 돈을 모아서 악독한 압제자로부터 조국을 구하자는 것이다.

재판장 말할 나위도 없이 진짜 문제가 되는 것은 한국이 현재와 같은 상태에 있는데도 배설이 이것을 재 게재해야만 했느냐의 여부이다. 즉 그가 이를 재 게재한 것이 무질서를 일으키고 이 나라 정부와 그 국민 사이에 적의를 일으킬 가능성이 없었느냐 하는 문제인 것이다. 나는 샌프란시스코에 있는 사람들은 그들이 쓴 것을 그대로 믿었으며 또 그것을 써도 좋다는 데 아무 의심도 가지지 않는다.

변호인 그런데도 어찌해서 여기서는 못 쓴다는 말인가?

3) 선동하는 글이라는 증거가 없다

재판장 그것이 바로 배설이 현재 재판받고 있는 제5조의 목적인데 즉 어떤 나라든지 기존 정부가 전복되는 것은 최대의 악이라는 것이다. 이 조항은 외국인이 치외법권의 보호 아래서 인민에게 봉기하도록 선동하는 것을 막기 위한 조항이다.

변호인 우리가 중국에서는 치외법권을 쭉 가져왔으며 지금도 가지고 있는
데도 불구하고 1907년에 이르기까지 그런 추밀원령을 생각조차 하
지 않았던 것은 이상한 일이다[1907년에 서둘러 추밀원령을 제정한
것을 비꼬는 말]. 종교나 황제를 모독하는 것에 관한 옛 추밀원령은
있었으나 이처럼 치안방해라는 말까지 정의한 추밀원령은 없었다.

재판장 이 법률은 분명히 신문지들이 서양 사람들의 관할이나 주장이 된 후
즉시 반포되었다.

변호인 중국에 있는 신문지들은 서양 사람들의 관할로 여러 해 동안 발행되
었다.

재판장 영국 정부는 한국에 있는 영국 인민을 관리한 즉 본국 정부는 불가
불 합당한 법률을 제정하여 한국에 있는 영국 인민을 다스릴 것이니
이곳 영국인들은 이런 법률에 대비해서 그대로 행해야 하는 것이다.
이제 우리는 배설을 이런 원칙의 범위에 넣을 수 있는지를 조사해야
할게다.

변호인 불에서 밤을 집어내어 일본을 주고, 또 지경地境을 건너 청어靑魚를 그
린 것이다. 한편에서는 미우라가 우리에게 말하기를 일본이 이 나라
에 군사 2만 명을 두었다 하고, 또 한편으로는 신문을 탄압하니 두
가지가 꼭 서로 들어맞는다.

재판장 그들은 만일 신문이 반역을 조장하면 부득불 그렇게 함은 직책이니
정부는 인민이 사회의 안녕을 위태하게 하는 것을 금지하는 것이 직
무이다.

변호인 이 추밀원령이 1907년 2월에야 비로소 반포된 것은 격외格外, 격식과 관

레서 벗어나다의 일이다.

재판장 아, 전혀 그렇지 않다. 이것은 종전의 추밀원령의 한 조항을 대체한 것뿐이다.

변호인 그 내용을 확충했다.

재판장 이것은 영국 인민의 이익을 위하여 이런 특별 범죄에 대하여 지방재판소를 대신하여 고등재판소에서 처리하는 권한을 준 것이다.

변호인 각하는 이 추밀원령이 어떻게 제정되었는지를 틀림없이 알고 계실 텐데?

재판장 나는 어찌하여 지금 있는 것을 분명히 안다.

변호인 나는 그 뜻을 듣고자 한다.

재판장 이전 추밀원령은 개정한 령과 같이 편리하지 못한 때문이다. 나는 그 전 것과 개정한 것이 어떻게 다른지 분명히 알지는 못하나, 그 개정한 뜻은 이런 특별한 범죄는 지방재판소를 대신하여 고등재판소에서 처리하게 함이다.

변호인 또 하나 주목할 점은 치안방해라는 말의 정의를 새로 내린 것이다.

재판장 그 끝의 말은 외면으로는 그럴 듯하다.

변호인 대단히 애매한 일이다.

재판장 무엇이?

변호인 "선동을 의도한다"는 말.

재판장 이는 이러이러한 죄범에 관련된 자에 대하여 현저히 쓰는 말이다.

변호인 이 말은 상당한 재량권을 가진 말이니 나는 재판장께서 피고에 유리하게 이를 해석해 주시길 바란다. 나는 각하가 이것이 선동을 의도했느냐에 관해서 이 사건을 재판해야 한다고 주장한다. 그리고 나는 그 후에 이것이 선동을 의도하지 않았을 뿐만 아니라 선동했다는 것을 보여주는 증거조차 없다는 점을 각하에게 주장할 것이다. 각하는 증거에 따라 판결해야 하는 바 이 말이 선동을 의도했다는 조금치의 증거도 없다. 각하에게 이 점에 관해 증거를 내놓은 사람은 아무도 없는 반면 내가 앞서 부른 총명한 한국인들은 이 말이 선동을 의도하지 않았을 뿐만 아니라 선동 자체도 없었다고 각하에게 증언했던 것이다.

재판장 물론 나 스스로 그 말들을 직접 읽어야 할 것이다. 발간된 기사가 있다. 사용된 표현들이 추밀원령의 조항에 있는 치안방해의 정의에 부합되는 지를 내가 조사해야 한다.

변호인 이 논설은 결코 어떠한 한국 사람에게도 폭력을 선동한 적이 없을 수가 없으니 한국인들의 마음은 스스로 움직이는 그대로 움직였던 것이다. 이 논설은 단지 한국인들의 호주머니에 호소한 것뿐이다. 그들에게 봉기하라고 한[샌프란시스코 신문이 조국을 구하라고 한 것을 가리킴] 것이 아니라 돈을 내라고 한 것뿐이다. 논설이 발간될 당시 이 문제에 관해 아무 소요도 없었으며 발간된 뒤에도 아무 소요도 뒤따르지 않았다. 4월 17일 이 논설이 발간된 뒤에 사태가 악화되었다는 증거도 없다. 불온함은 이미 환기되어call into being 있었던 것이다. 모든 일을 솔직히 말해준 미우라도 말하기를 한국 병정을 해산한 까닭으로 불온한 일이 일어났다 하였으니 이는 벌써 1년 전에 된 일이요, 또 그 전부터도 소요가 있었는지라 4월 17일에 발간된 논설이야 무슨 격동한 것이 있겠는가. 또 검사는 이 논설의 발간의 결과도 소요가 더해졌다는 것을 보여주지도 못했는데 나는 재판장 각하께서 앞에 놓인 증거에 의해서만 이 사건을 재판하시도록 주장한다. 단 한 명의 한국인이라도 이 논설을 읽고 맥박이 빨라지거나 머리칼이 곤두섰다는 증거가 없는 것이다. 재판장께서는 이 논설이 선동을 의도했다는 아무런 증거도 안 가지고 있다. 내가 보기에는 그 기사를 반대할 수 있는 것은 기껏해야 악취미로 쓰여졌다는 정도이다. 그 점에 있어서는 아무 의문도 없으며 재판장께서도 아시다시피 배설은 그 진술에 있어 커다란 위험을 무릅쓰고 공정하고 솔직하게 말하기를 죽은 사람에게 악담을 한 데 대해 자기보다 더 유감으로 생각할 사람은 없을 것이라고 했던 것이다. '놈'이라든가 '악당' 같은 말을 쓴 데도 두세가지 사소한 문제가 있는데 이는 예절바른 사회에 익숙한 사람의 귀에는 그다지 유쾌하지 못하다. 그러나 대한매일신보를 읽는 평범한 독자를 불러 그에게 악당이란 말을 게재한 것이 그에게 영향을 미쳤는지의 여부를 물어보라. 이 독자는 스티븐스가 악당이며 이 논설이 그 전보다 더 그에게 악감정을 품도록 하지는 않았다고 재판장에게 대답할 것으로 나는 생각한다.

양기탁이 재판관에게 이미 말한 대로 자기는 그 사건이 평상한 탐보원記者의 보고인 것으로 믿으며 또 그 암살한 사람을 칭찬한 것도 없고 죽은 사람을 비방한 것도 없다 하였으니 배설 역시 그랬다. 논설을 게재하면서 대략의 윤곽은 배설에게 제출되었지만 전문은 제출되지 않았다. 그는 편집인과 소유주로서 책임은 졌지만 실상은 그런 것이다. 만약 배설이 이것을 알았더라면 푸른 색연필[당시에는 인쇄 이전에 조판한 대장臺帳에 푸른 색연필로 교정을 보았음]이 필요해졌을 것이고 이 구절은 삭제되었을 것이지만 그러나 그렇지 못한 채 게재되었다. 내가 배설을 대신해서 하고 싶은 말은 이 논설이 악취미고 무례한 것이기는 하나 결코 소요나 무질서를 선동하려고 의논했던 것은 아니라는 사실이다. 나는 그 논설의 '비부鄙夫, 자신을 낮추는 말'라 칭한 것이 비록 불미하나 어디로 보든지 폭동이나 문란을 선동한 것 으로는 볼 수 없다.

스티븐스는 한국의 일개 고등관된 외국민이라 자기가 봉사해주고 있는 나라 사람들의 불미한 일을 말한 것이 합당치도 아니하고 또한 어리석은 일이 아닐 수 없다. 그런즉 그 사람들이 말하기를 "가라, 우리는 이런 외국인들이 여기 있기를 원치 않노라, 한국은 한국인의 한국이라" 하였으니 이것이 천연적으로 조국을 사랑하는 인정인 것 이다. 나는 스티븐스 기사에 대해서는 더 말할 것이 없다.

변호인은 변론을 일단 중지하고 오전 공판을 끝내었다.

4) 희생양의 피를 통해 정화받는다

오후 2시에 다시 개정하여 변호인 크로스가 변론을 계속했다. 오전에 스티븐스에 관한 논설까지 변론을 끝내었고 두 번째 논설에 관해 변론을 시작했다.

크로스   재판관에게 이미 메테르니히梅特捏에 관한 논설이 있으니 내가 그 논설을 낭독할 필요는 없겠다. 그러나 분명히 그 논설은 한국 인심이 강한 분노를 유발하도록inflammatory 만든 것은 아닌데도 일본 관리들이 피고를 공격하려고 오래 두고 찾다가 세 가지 논설을 택하여 고소했는데 이것이 그중 하나인 것이다. 양기탁도 검사 윌킨슨에게 대답하기를 이 신문은 농업의 신문이 아니라 하였거니와 나도 감히 이 신문이 정치, 종교 혹은 과학신문이라고는 말하지 않겠다. 이것은 다만 신문일 뿐이다. 신문이 이 논설을 게재한 것은 실로 철학상 사상事狀과 역사상 사건이라, 이것을 가지고 누구든지 손가락으로 몇 마디를 한정하여 지적하기를 이것이 폭동과 문란을 선동한 것이라 할 귀절이 도무지 없는 것이다. 내 소견에는 이 논설의 가치를 말하자면 다만 매우 우연한 형태로 결합된 수사법적 묘사일 뿐 이것은 어디로던지 폭동과 문란을 선동하고 정부와 인민 간에 원수 되는 뜻을 격동함이 도무지 없는 것으로 생각한다.

검사는 이 논설 중 그 어느 한 문장이나 단어도 손가락으로 지목하려 들지 않았다. (윌킨슨 검사가 "그렇다!" 하고 말했다.) 이 신문을 구독하고 있는 한국 사람들을 예로 들어보자. 오래 전에 저지른 메테르니히의 악행을 기술한 것이라면 이 나라에 소요와 무질서를 선동하려 의도한 것이 될 수 있는가? 나는 이것이 전혀 문젯거리가 안 된다고 주장한다. 이것은 결코 검사가 주장하듯 소요와 무질서를 선동하려 의도하지 않았다. 이런 말들은 세 번째 논설「학계의 꽃」에 더욱 잘 적용된다.

「학계의 꽃」이라는 논설을 말할진대 그 뜻이 무엇인가. 재판관께서는 이것이 무엇을 뜻하는 것인지 아시겠는지? 재판장께서는 재판장일 뿐만 아니라 배심원의 자격까지 가지고 이 자리에 앉아서 존경하는 검사가 낭독해준 '학계의 꽃'이 선동을 의도했는지에 관해 말해 달라고 요청받다니 참으로 딱한 일 일게다. 이 기사는 영어로 번역된 채로는 ─ 이런 표현을 써도 좋다면 ─ 과장이 좀 심할 뿐 아무것도 아니다.

이것은 나에게는 전혀 무의미한 것 같이 보인다. 나는 특별히 높은 교육을 받은 사람이라고 주장하는 것은 아니지만 그래도 항간의 평범한 사람으로서 신문기사의 의미와 가치쯤은 판단할 능력이 있다고 말할 수 있는데 내가 보기에 이것은 전적이고 완전하게 의미가 없는 것 같다. 한국 인심이 만일 이같이 뜻 없는 말에 선동이 될 지경이면 이는 심히 위험한 상태라 하겠으나 그 논설 전부에 쓴 것이 피血라, 피라, 피라 하여 개명開明은 피로 된다 하였으니 성경 구약전서를 보면 이와 같은 것이 있다. 토대를 보자. (종교를 여기 개입시키고 싶지는 않지만) 그러나 전체 기독교의 토대를 살펴보자. 우리는 희생양의 피를 통해 정화받는다. 여기서도 마찬가지다. 유혈행위를 선동한 게 아니다. 단지 문명이 피를 통해 이루어진다고 말했을 뿐이다. 우리 서양 사람들도 이와같이 믿는 일이 있으니 우리가 모두 구세주의 피로 구원을 얻었다 함과 같으니 그 피라는 글자를 쓴 것은 모든 물건을 다 붉게 하려는 뜻이 아니고 연속하여 피를 말한 것은 다만 너무 과장된 표현일 뿐이다.

또 이것들을 다루는 데 있어 동양의 마음을 고려해야 한다는 점을 명심해야 할 것이다. 재판장 각하께서 배심원 자격으로 입장을 바꾸어서 이것을 볼 때 이 논설들이 재판장과 같은 계통이나 같은 정신수준에 있지 않은 사람들의 마음에 어떠한 영향을 미칠 것인지를 생각해 본다면 각하께서는 이 논설들이 소요와 무질서를 선동하려고 의도했다거나 심지어 한국 정부와 그 국민 사이에 적의를 선동하려 의도했다고 말하기는 매우 힘들다는 사실을 발견할 것으로 생각한다.

3. 변호인과 검사의 치열한 논쟁

1) 배설을 반대하는 한국 증인은 없다

크로스   이제 이 마지막 논설과 또 그 두 논설 모두에 있어 정말로 하고자 한
것은 한 한국기자가 동포들에게 깊은 인상을 주기 위해 크게 주목을
끌 것 같은 화려한 말을 쓴 것이니(이것은 글 팔아먹은 자의 낙원이 될
것이라고 말해야겠다) 이어 내가 말했듯이 모든 전도사들은 언제부
턴지 모를 옛날부터 구원은 피를 통해서만 기초가 놓아진다고 전도
해왔던 게 사실이다. 기독교가 이런 믿음을 가진 것처럼 동양인들도
마찬가지다. 이것은 단지 과장해서 말하는데 불과한 것이다. 표현된
감정을 글자 그대로 읽을게 아니라 한국인의 관점에서 보아야 할 것
이다. 논설들에 관해서는 이쯤 해두자. 나는 각하의 요청대로 이 논
설들에 주어져야 할 내 자신의 의견을 말했다.

나는 이것을 윌킨슨 검사에게 증명하라 할 필요는 없으나, 재판장
앞에서는 관리의 증거보다는 한국사람 – 혹 총명한 한국사람의 의
견으로 증거하는 것은 확실히 필요한 것으로 안다. 이는 불가불 한
국인의 뜻으로 이 논설에 선동이 되어 폭동을 일으킬지擾亂, 요란 판단
할 것이지 영국인이나 일인의 뜻으로는 판단할 일이 아니기 때문이
다. 한편 나는 매우 어려운 입장에 처해 있다. 즉 재판장께서도 아시
다시피 부정적 증거를 제출해야 하는데 이는 전혀 불가능하지는 않
다 하더라도 몹시 어려운 일이다. 그러므로 이미 여러 증인들을 재
판관 앞에 불러왔는데 그들이 말하기를 저희는 다 어리석은 사람이
아니오. (내가 그들에게 미리 이 질문을 했던 것은 아니고 아무렇게나

골라낸 사람들인데) 또 다 신문을 보나 그것으로 선동되어 반역함은 없다 하였다.

그 나이 많은 양반 민종식에게 무슨 일이 있었느냐. 그 양반의 말이 이왕 반역을 하였다 하되 다만 대한매일신보는 작년 11월부터 비로소 보았다 하지 않았는가. 민씨의 말이 이 신문을 본 후로 아무 일도 한 것이 없다고 하였으니 대한매일신보를 보는 사람은 그 졸음이나 청하려고 보는 것이 아닌가. (청중들 크게 웃다)

그 신문을 보기 전에는 민씨가 강경한 의병장이었다가 오히려 신문을 본 후로 지금은 아주 화평한 사람이 되었으며, 나도 오늘 민씨를 보건대 그리 맹렬한 사람도 아닌 것 같고 또 신문지가 그 사람을 선동한 것 같지도 않다. (청중들 또 웃다)

검사 윌킨슨은 한국 증인을 부르지 않았으니 그 어찌한 일인가. 한국 사람들을 위해서 그처럼 걱정이 된다면 왜 아무도 없는 게냐? 그 사람들이 하나라도 와서 그 신문이 나라를 그릇되게 하였다든지, 혹 치안에 방해되게 함이 있다든지, 혹 폭동이나 문란을 선동한 것을 증거케 하는 일을 듣지 못한 고로 오지 않은 것이 아닌가. 이 소송은 온전히 미우라의 증거와 그 세 가지 논설에만 의거하여 하는 것이다.

만일 이 논설이 정말로 폭동과 문란을 선동했다고 생각하는 것을 말하라고 물을 지경이면 마땅히 그 신문의 선동으로 폭동과 문란을 지은 증인이 재판정에 나왔을 것인데도 하나도 없었고, 반대로 그렇지 않았다는 증인은 있었던 것이다.

나는 총명한 증인들을 불러서 그 신문의 선동으로 폭동과 문란을 짓지 않았음은 증거하였으나 저편에서는 이런 증인이 없었다. 만일 이

송사가 다른 무슨 원인이 없으면 증인 없는 까닭에 소송이 성립되지도 않을 사건이다. 각하가 재판장으로 앉아서 확실한 증인이 그렇게 하였다고 말하는 자가 없이는 각하의 마음으로나 의견으로 선동이라 요량한다고 말할 수는 없을 것이다. 그런데 사실 단 한마디도 그런 증언은 없었다.

재판장 추밀원령에 "의도되었다"[또는 ~하는 경향이 있다. 'calculated to']로 되어 있다. 이 논설의 특별한 말들이 소요와 무질서를 일으킬 위험이 있는 성질의 것이 아닌가!

변호인 그러나 무슨 증거가 있는가, 문제는 증거다.

재판장 그 논설이 스스로 증거가 되나니, 우리는 그대가 이미 정밀한 번역이라 한 그 논설번역이 있다. 나는 그것을 읽어볼 수밖에 없고 또 이 나라의 시국형편을 살펴볼진대 이 논설들의 선동으로 요란을 짓고 정부와 인민 간에 원수 되게 하는 것으로 요량하고 아니할 의견이 있는 것이다.

2) 하늘이여 한국을 구하소서!

변호인 각하는 판결을 내리는 데 있어 다음과 같이 해야 할 것이다. 재판장님은 이렇게 말해야 할 것이다. [이하는 재판장의 생각] 여기서 나를 인도해 줄 무엇인가가 있는가? 무엇인가가 있었던가? 나는 이 사건에 관해 찬반양론을 모두 들었으며 이제 내 마음을 결정해야 한다. 내 마음을 결정하는 데 있어 내가 들은 다른 사람들의 의견을 고려해야만 한다. 원고 측에서는 전혀 아무것도 듣지 못했다. 한편 피고 측에서는 여러 증인이 나와서 "우리는 판단할 위치에 있는 본국인"

이라고 말했다. 그들은 자발적으로 여기 와서 말하길 "우리 의견으로는 이 말들은 소요나 무질서를 선동하려고 의도한 것은 아니며 실상 우리를 선동하지도 않았다고 했다". 이 사람들은 다 유식한 사람들이라 무식한 사람들은 따질 필요도 없는 것이 대개 신문을 보지 못하는 사람들이야 이것으로 인하여 폭동이나 문란을 일으킬 수가 없을 것이요 다만 신문을 읽어 들려주면 다른 일보다 졸음이나 더 올 뿐이기 때문이다. (청중들 크게 웃다. 크로스는 강경한 어조로 말했다) 각하가 고려해야 할 점은 (나는 이 점을 심사숙고했는데) 이 논설들을 읽음으로써 한국인들의 마음이 소요나 무질서를 유발하도록 선동될 위험이 있었느냐 여부다. 나는 이제 이 정도로 넘어가겠다. 재판장 앞에 아무런 증거도 없으므로 원고 측은 재판장을 안내해줄 아무것도 없다는 게 내 주장이다. 반면 피고 측에서는 원고 측 주장에 반대되는 증인들의 도움이 있었다.

재판장　나는 논설 자체를 가지고 있고 미우라와 또 한 일본인의 증인이 있었다.

변호인　나는 다른 증인은 잊었다. 그 통신관리국에서 온 사람, 나는 실로 그 사람이 무시되어야 할 것으로 생각한다. 그 사람이 가지고 왔던 지도는 필연 어떤 정신없는 사람이 그려낸 것이리라. (청중들 또 큰 소리로 웃다) 그 지도의 어떤 부분은 확대되었는가 하면 또 어떤 부분은 쭈그러든 게 틀림없다. 이 지도보다 더 엉터리는 없을 것이므로 각하가 이를 마음에 품을 수 있었으리라고는 생각도 못 했다.(폭소)

　　　그 지도를 보면 매우 조심하여 만들어서 무슨 사실을 증거코자 한 것 같으나 그 제1지방에서 제일 선동이 심하다 하는 곳에 신문은 겨우

1,759장이 배포되고 제1지방보다 6분의 1쯤 되는 4지방에는 450장
이 나간다 하였으니 내 생각 같으면 핫토리服部씨의 증거는 한번 웃고
퇴각 할 것밖에 못된다. 핫토리씨에게 동정을 보내면서 앞으로는 점
진적으로 진보하기를 바라고 조금 신랄한 말을 덧붙이겠는데 만약 한
국 정부를 지휘할 일본 관리들이 이런 정도밖에 안된다면 하늘이여
한국을 구하소서!〔Deus salve Korea!〕(폭소) 이 점에 관해 나는 핫토리의
증언에 대해 이야기할 필요가 없다고 생각한다. 이는 완전히 무시할
수 있다고 생각한다. 나는 이를 전혀 무효로 여긴다. 재판장 앞에 증거
가 없다는 점에 관해 나는 아치볼드의 책 제23판 997페이지를 인용
하겠는데 이것은 각하가 배심원으로 앉아서 검토한다는 점에서 중요
하다. 배심원단은 전체 사건에 대해 일반적 판결을 내릴 수 있으며 기
소장이나 정보에 있는 뜻을 출판했다는 증거만으로 피고에 유죄인 증
거로 삼도록 요구되지는 않는다는 내용이다.

재판장 그 법률은 다만 평상한 민사법이다.

변호인 그러나 배심은 반드시 무슨 일을 의거함이 있어야 할 것이다.

재판장 그 번역한 논설을 자세히 읽었고 또 이 나라의 형편과 증인 2명이
있었다.

배심원단은 제출된 증거에 의거해서 행동한다. 여기 나는 논설들을
갖고 있다. 나는 번역문들을 주의 깊게 읽고 두 신사(윌킨슨과 피고)
의 도움으로 이 나라의 형편을 주의했으며 이 논설들이 소요와 무질
서를 선동하도록 의도했다는 것에 대해 검사가 제출한 주장을 검토
해야 한다. 그 후 나는 귀하의 증인의 증언을 검토하고 그것들이 원
고 측 주장을 뒤엎을 수 있는 것인지의 여부를 검토할 것이다.

검사　또 고소장도 있지.

변호인　재판장께서는 무엇을 가지고 판결할 것이 없다. 그 논설번역 외에 다른 것은 없고 아무도 여기 와서 말하기를 그 논설로 인하여 선동된다 하지도 않았고, 또 그 논설이 선동될 것으로 생각한다고 말한 사람도 없었다.

재판장　논설이 있고 그것을 결말지어야 한다. 이것들은 발간되었고 말해졌는데 그대는 이를 주목해야 하는 것이다. 아무리 온건하게 말하더라도 이것을 한번 훑어보기만 하면 적어도 치안방해라는 의심이 떠오를 것이다. 겉으로도 벌써 이런 뜻이 나타나고 있으니 어떻든 이것은 처벌되어야 한다.

변호인　아무리 약하고 중요하지 않더라도 나는 그렇게 해보려고 애썼지만 결코 그런 것은 발견할 수 없었다. 만약 필요하면 증인을 50명이라도 부를 수 있다.

재판장　나는 그대가 맡은 사건을 잘 처리한다고 말할 수는 없겠도다.

변호인　증인을 불러 오는 일 외에 무엇을 더 하라는 말인가.

재판장　무엇이든지 좋을 대로 하라.

변호인　나는 그 고소된 논설이 선동되지 않는다는 증인을 공판정에 불러왔는데도 윌킨슨 검사는 하나도 불러오지 않았으며, 원고 미우라만 이 논설들이 선동된 것으로 생각한다 하였으므로 각하가 상하이에서 올 때보다 증거가 조금도 더 생기지 않았다.

재판장　나는 그렇게는 생각지 않는다. 어떤 책이 나에게 제출되었다 하자. 나는 그 책의 색깔을 보았는데 그대가 증인 5명을 증인대에 세워 이 책이 푸른 것이라고 증언하게 했다 하자. 내가 그대의 증인의 말을 믿어야 할 까 혹은 내 눈으로 직접 본 그 책 색깔을 믿어야 할까?

변호인 그럴듯한 말이다. 다만 그 고소하는 자는 비록 그 책의 붉은 것을 확증할 필요가 없을지라도 마땅히 증인은 있을 것이다.

재판장 이 일은 분명히 쓸데없는 일이다. 설혹 일본 정부로 하여금 중국 노동자 5명을 불러서 이 일이 그러하다고 말할 지라도 이는 가장 어리석은 일이다.

월킨슨 재판장께서 정히 원한다면 나도 의병 5명을 불러올 수 있다.

3) 통감부가 확보한 증인들

변호인 크로스가 원고 측에 대해 한국인으로서 대한매일신보로 인해 치안방해를 일으킨 사람이 있으면 증인으로 데려오라고 반박하자 월킨슨이 의병 5명을 증인으로 불러올 수 있다고 말한 것은 이 공판을 위해 통감부가 이미 증인을 확보해 두었기 때문이었다.

공판 직전인 6월 초 내부 경무국장 마쓰이 시게루松井茂가 각 지방경찰이 수집한 증거를 통감부 외무부장 나베시마 게이지로에게 보고한 것으로 대한매일신보가 의병을 고무했다는 증인은 다음과 같다.[4]

> **이병채**李秉埰, 儒生·全南 樂安人 : 의병장 허위許蔿의 참모. 의병들이 대한매일신보를 통해 격문을 보도했고, 폭도(의병)의 다수가 이 신문을 보고 분개해서 일어났다고 말했다.
>
> **이중봉**李重鳳, 忠南 淸風郡 東面 桃花洞·38세 : 의병장 이강년李康年의 소모대장召募大將. 신

---

4 「1906,1907 대한매일신보 베세루」, 『주한일본공사관기록』, 문서번호 1178, 39~41면에서 요약.

문을 보고 분격하여 의병을 모집했는데 그 신문 이름은 잊었으나 일경에 생포된 후 경찰이 제시하는 신문들을 보니 그것은 대한매일신보였다.

강영학姜永學, 忠州郡 周柳面 望淸浦·45세 : 전 참봉. 농업. 의병에 가담하기 전에 경북 풍기군 임실면에서 동민 여럿이 신문 읽는 것을 들었는데 태황제가 황태자께 선위한다는 소식에 원통한 마음을 품었고, 李康年 휘하 의병에 가담한 후에도 이강년이 대한매일신보의 내용을 들어 매일 훈시했었다.

최한룡崔翰龍, 慶北 淸道郡 內西面 日谷洞·60세 : 양반. 농업 때때로 황성신문과 대한매일신보를 보아왔다. 작년1907년 음력 8월 중, 대한매일을 읽고 비분강개하여 격문을 만들어 金賢鎭에게 주었다.

김현진金賢鎭, 全南 南平郡 頭山面 內亭里·32세 : 원래는 무안 출생으로 6년 전 하와이에 인부로 건너갔다. 미국에 있는 동안 본국 신문을 보니 본국의 정세가 점차 쇠진衰殘한다는 소식을 듣고 나라를 구할 방법을 강구하기 위해 귀국했다. 작년 11월 상순 하와이를 떠나 상하이를 거쳐 12월 20일경 인천으로 귀국했는데, 전기 崔翰龍이 만든 격문을 돌렸다. 하와이에서 보던 신문은 대한매일신보였는데 특히 한일신협약은 일본이 한국 황제를 강제로 조약문에 도장을 찍도록[押捺] 한 것이며, 일인들이 한국에 와서 토지를 강탈한다는 등의 기사에 분격했다.

(그 외에 춘천경찰서에서 체포한 의병 3명도 대한매일신보를 읽고 의병에 가담했었다는 진술조서를 받았으나 상세한 신원은 남아 있지 않다.)

변호인 나도 검사가 비유했던 방법 그대로 이 사건을 비유해보겠다. 그대의 눈에는 이 책이 붉게 보이더라도 그러나 어떻게 알겠는가. 만일 사람 다섯이 와서 그대에게 말하기를 이 책은 붉은 것이 아니요 푸른 것이라 하여도 그대는 오히려 이것이 정녕한 붉은 것이라 하겠는가.

재판장 만일 내가 이 논설들의 뜻을 능히 결단을 못할 것 같으면 나는 응당

재판관으로 온 것이 합당치 아니 하였겠도다.

변호인 나는 다만 이 문제에 대하여 각하를 제성提醒, 잊어버렸던 것을 생각하여 깨우

치게 함이오 각하의 재판장 자격을 논하는 것은 아니다.

재판장 이 논설들은 일정한 뜻이 있어서 무슨 일에 선동이 되었으니 그러므

로 여러 증인은 쓸데없는 것이다.

변호인 이는 적어도 증거가 있어야 할 것이어늘 어찌 하여 증인 하나도 부

르지 않았는가. 이는 증인을 얻을 수 없기 때문이다. 그들은 결코 구

할 수가 없었다. 그렇지 않다고 하겠는가? 그들은 노력했다. 그러나

그들이 증인을 제출하지 못했다는 사실은 그대로 남아 있다. 아무도

부를 사람이 없는 것이다. 나는 이점을 매우 강력하게 주장한다. 2

천만이나 되는 한국인들 가운 데 중인 몇 명을 얻지 못하겠는가. 하

지만 하나도 부르지 아니 하였으니 나는 이것을 가장 강경하게 변론

하노니 각하는 어떻게 판결하려는가. 우리는 이미 그 늙은 양반 민

종식에게서 그 신문을 본 후로는 온화한 사람이 된 것을 들었는데도

각하는 어찌하여 이 논설들이 선동한 것으로 생각하는가.

재판장 그래서? 나는 선동한 것으로 생각한다.

4) 애국심은 죄가 아니다

변호인 4월 17일 이후로 폭동과 문란이 더 많아진 증거는 없으니, 만일 이

신문이 그처럼 중대한 성격의 것이라면 확실히 불만을 품고 있는 지

역에서 소요와 무질서가 격화되었을 게다. 그러나 원고 측은 그 신

문이 여기저기에 가는데 혹 여기는 2백장이 가고, 다른 데는 50장이 간다, 운운할 뿐이오. 그 신문 가는 고을마다 폭동이 퍼진다는 것은 아무런 증명도 못 하고 있다. 각하께서는 자신을 인도해 줄 물증을 가지고 있지 않으므로 배심원의 자격으로 양측 증거의 경중을 판단해야 할 것인데 피고 측 증언이 원고 측 증언보다 더 일반적이고 강력하다는 사실을 나는 강조하고 싶다. 각하께서는 판결에 있어 이 사실을 고려해야 한다. (크로스는 이와 함께 판결은 양편이 내놓은 증거의 많고 적음을 보아서 경중을 판단해야 한다고 권유했다.) 지금 윌킨슨은 필경 그 소란에 참가한 사람義兵들이 그 신문사에 온 것으로 언단言端, 말다툼을 일으키는 실마리을 삼을 듯하나 그 사람들이 어찌하여 그 신문사에 왔느냐 하면 각 신문 중에 그 신문 하나만 일인의 검열을 받지 않는 줄을 아는 때문이었다. 그러나 그것뿐이다. 배설이 이미 말했듯이 한국인은 화해하기 어려운 민족은 아니다. 다만 일본 관리들에게 학대받는 모양과는 다르게 대접받기를 원하는 사람들이다. 그들은 불만거리를 바로잡기를 간절히 바라지만 불행하게도 그들의 불만이 바로잡아지리라고는 생각 않는다. 그들은 자신이 억압과 학대를 당하고 있다고 생각하고 있으며 따라서 그 당연한 귀결로(도망갈 것이 아니라) 도움을 얻을 수 있는 곳을 찾는 것이다. 이런 것은 심히 적은 언단言端이라 이것으로 죄를 정할 수는 없다. 대한매일신보는 다만 그 국민의 단합을 희망할 뿐 일본인을 반대하여 선동함이 아니며 몇 백년 원수 되는 두 나라 사이에 있는 곤란을 일찍이 화평하게 융해되기를 원함이라, 이것이 그 신문의 공평한 뜻이요 반역이나 폭동이나 문란을 선동함은 아닌 것이다.

이미 각하께서도 말했듯이 애국심은 죄가 아니다. 내가 믿기로는 이는 오히려 덕이며 또 이 나라 국민들이 매우 널리 행하는 일이기도 하다. 이 법정을 영국법률 아래 재판하고 있으므로 배설이 기소된 범죄에 유죄라고 결정하기 위해서는 각하 스스로 마음속에 절대적인 확신이 서야만 한다.

재판장 물론이다.

변호인 만약 재판장께서 조금이라도 의심이 남아 있으면 피고는 그 혜택을 입어야만 한다.

재판장 물론이다.

변호인 나는 재판장께서 앞에 놓인 증거만 가지고는 이 기소가 번지수를 제대로 찾은 것이라고 말할 수는 없을 것임을 주장한다. 또 더 나아가 존경하는 검사께서 틀림없이 무언가 풍자적인 것을 말할 게 틀림없지만 그래도 내가 제기해야 할 게 하나 있다. 그것은 범의犯意 문제이다. 범의가 꼭 증명되어야 할 필요는 없다는 점을 나도 알고 있지만 그러나 이와 동시에 이번과 같은 중대한 기소의 경우 악의적인 고의가 있다는 증거가 필요한데도 불구하고 전혀 하나도 증거가 없다. 악의적 고의는 어디 가버렸는가.

재판장 이는 형벌의 경감에 큰 영향을 미친다. 법조항은 특정행위, 즉 특정 기사의 출판을 범죄로 규정하고 있지만 꼭 범의犯意나 고의를 승명할 필요는 없다고 되어 있다. 국가의 통치를 위해서는 그렇게 되어 있는 것이 합리적이다. 그러나 만약 악의적 고의나 혹은 어떤 비열한 동기로 일을 저지른 경우 이것이 중벌을 처할 강력한 이유가 될 뿐만 아니라 또 악의가 없다는 것도 가벼운 벌을 내릴 확실한 이유가 될 것이다.

변호인 그러나 각하는 범의의 증거를 가졌는가? 아무것도 없다. 그 반면 비열한 동기에 관해 말하자면 각하는 배설 자신의 진술을 들었는데 그는 이 나라에 올 때와 꼭 마찬가지로 가난하다고 증언했던 것이다. 따라서 그 어느 모로 보더라도 만약 각하께서 설혹 배설이 도를 지나쳤다고 판단하셨더라도 악의가 없다는 점만으로도 그에게 내릴 처벌은 경감되어야 하는 것이다. 나는 여기서 로저스의 저서(王 대 Berdett 사건)를 인용하겠다. 그 내용은 말, 행동, 또는 글에 의한 고의적 노력으로 대중 무질서를 조장하고 폭동, 반역, 또는 내란을 일으키려 한 행위는 마땅히 치안방해가 되며 반역법으로 다스려질 것이나 이러한 의식적 노력이 증명되지 않는 경우에도 그 결과가 법률과 헌법을 전복하고 불평을 조장한 것일 때는 범죄적 고의가 추정된다는 것이다. 이게 바로 이번 사건과 전적으로 부합된다. 치안방해는 반역의 바로 이웃이다. 추밀원령은 반역사건에 대해서는 배심원단이 있어야 한다고 규정한다. 그러나 이제 제3급 치안방해 사건에 배심원단이 없으니 나는 이 사건이 영국인 배심원단 없이 재판되는 것을 불행으로 생각한다. 만약 사정이 이럴진대 그 추밀원령의 목적은 단 하나 뿐일 것이다. 나로서는 내 조국정부에 대해 비방하는 말을 하는 게 괴롭고 무모한 짓이긴 하지만 그러나 나는 이 추밀원령을 입마개 슈령, 재갈이라 부르겠다.

재판장 이것은 중국에도 똑같이 적용되는 것이며 그대가 중상모략에 대해 너무 지나치다고 한 점을 나는 전혀 발견할 수 없다. 이 슈은 가장 합리적인 것이다. 치안방해의 정의는 매우 정당하고 합리적이다.

변호인 나는 동의할 수 없다. "의도한 말"이란 것은 너무나 광범위한 정의다.

재판장 이것은 그대가 제기한 특별한 난점을 극복할 수 있다. 만약 고소된 글들이 치안방해를 일으킬 가능성이 있는 것이라면 이는 범죄다. 그것이 그렇지 않기 때문에 따라서 범죄가 안 된다고 주장하는 것은 핵심을 벗어난 주장이다.

변호인 그러나 각하는 이것이 선동했다거나 혹은 선동을 의도했다는 아무 증거도 없다.

재판장 이 논설 자체만으로도 "의도했다"는 말에 충분하다.

변호인 이왕 있는 형법으로만 하여도 족히 다스릴지니 추밀원령의 제정은 하등 필요함이 없는 것이다.

5) 언론자유에 재갈 물린다

재판장 구법으로는 넉넉지 못한 것이 영국법률은 영국 정부에 대해 반역하는데 쓰는 것이오 한국 황제나 청국 황제에 대하여 반역하는데 쓰는 것이 아닌 것이다.

변호인 그러나 1904년에 정한 추밀원령만 적용해도 충분한 것이다.

재판장 그 두 가지가 다 같지만 다만 이것이 더 나은데 그 까닭은 이 죄는 고등법원에서 재판하도록 되어 있어 전적으로 신문 기자들의 이익을 위한 것이기 때문이다. 지방법원은 너무나 심한 벌을 경솔하게 내릴 수도 있을 것으로 생각된다. 내가 알기로는 이것은 완전히 피고의 계층에 있는 사람들의 이익을 위한 것이다.

변호인 이는 참으로 이상한 것이다. 배설이 작년 10월에 재판을 받자 금년 정월에 이 추밀원령이 제정되었다. 나는 두 가지가 동일한 규정이라는

	데 동의하지 않는다. 치안방해의 말은 구법에서는 정의되지 않았다.
검사	이것은 아마 배설을 위하여 제정한 법률이지.
재판장	재판장은 1904년 추밀원령을 언급하면서 치안방해란 말이 따로 정의되지는 않았으나 본문 속에 정의되어 있었다고 주장했다. 말은 틀릴지 몰라도 규정 내용은 꼭 같다. 만약 구법이 시행되었더라면 지방법원에서 예비심문이 있었을 게다.
변호인	구법이 치안방해에 관해서 정의하지 않았다고 주장했으나 재판장은 그것이 본문 안에 정의되어 있다고 재 주장했다. 변호인은 1907년 추밀원령을 인용하면서 이것이 치안방해란 것을 정의한 반면 1904년 추밀원령은 그렇게 명시적으로 정의하지는 않았다고 지적했다.
재판장	비록 그것이 이를 치안방해라고 부르지는 않았으나 처벌은 마찬가지라고 지적했다. 이것이 그렇게 주장된 연유는 차안방해물을 출판한 영국인 개인뿐만 아니라 신문발간에 종사하는 등록된 회사들까지 포괄하기 위한 것이며 주로 상하이를 대상으로 한 것이다.
변호인	그건 그렇고, 이 고소는 미우라의 교사敎唆로 영국 왕의 이름으로 고소된 것이라고 나는 주장하는 바이며 지난번 소송도 이와 비슷하게 제기되었다고 그는 말했다.
재판장	그렇다.
변호인	따라서 지금 이 법정은 일본 당국의 고소에 따라 영국왕의 이름으로 아무런 죄도 없는 우리 국민을 처벌하려 하고 있는 것이다.
재판장	그대는 이런 법률이 없어서 그 논설 짓는 사람은 무슨 일이든지 자기가 하고자 하는 것은 이 나라 정부를 대하여 마음대로 하게 해야

한다고 변론하는가.

변호인 정녕코 그런 말은 아니다.

재판장 이것은 십분 적당한 법률이요, 또 지금 내가 이 고소한 일에 대하여 그것이 죄가 되고 아니 되는 것을 알게 하는 사람이다.

변호인 나는 결론적으로 이것이 신문에 재갈을 물리는^{muzzling of the press} 것 이라고 말하고 싶다. 이것은 일본과 영제국의 모든 영토에 오랫동안 존재해온 언론자유에 간섭하는 것이니 내가 1840년 이래 형사사건 이 없었다고 말했을 때 존경하는 검사는 펄쩍 뛰고 재판장 각하께 서는 1868년 더블린에서의 재판사건을 내놓았으나 이곳은 영제국 영토 중에서도 기존 당국에 대한 불평이 늘 존재해오던 곳이다. 이 제 이런 소송들이 왜 제기되었는가? 한국에서 일본 이익을 보호하 기 위해서일 뿐 한국인을 화평하게 하자는 뜻은 아닌 것이다. 내 천 한 소견으로 이 훌륭한 일본 친구들에게 한마디 충고하도록 허용된 다면 그것은 스스로 전쟁기술의 달인^{達人, master}임을 증명해 보인 일 본인들이 평화기술도 좀 연마를 해서 한국인들 주장대로 그들을 억 압만 할 게 아니라 손을 잡고 친절하게 바른 길로 이끌라는 것이다. 억압과 전제로부터 소요와 불협화음이 생기는 것이니 만족은 좋은 정부의 최후목표이다. 각하께서도 김철영으로부터 들었듯이 이 나 라에 국민들의 어깨를 때리고 이런 종류의 처벌을 내리고 그들을 마 구 학대하는 제도가 없었더라면 지금 이런 자리도 열리지 않았을 게 다. 이것은 일본인들 자신과 (나는 최고위 당국은 말하지 않겠다) 이 나라에 주둔한 2만 명 그들 군대가 이 소요와 무질서를 일으켰음에 도 불구하고 일본인들은 배설이 이 논설들을 발간함으로써 저지른

(만약 죄가 있다 하더라도) 사소한 죄 뒤에 그들의 위세 잃는 머리를 감추고자 하는 까닭에서 나온 것이다. 나는 재판장께 주장하노니 이 논설들은 이 나라의 그 어떤 소요에도 책임이 없으며 그 주요한 원인이 되지도 않았다. 존경하는 검사는 아무런 증거도 제출하지 않은 반면 각하 앞에는 그 반대로 이 논설들이 소요와 무질서를 조장하려 의도하지 않았으며 또 실제도 소요와 무질서를 일으키지도 않았다는 사실을 보여주는 나 자신과 배설, 그 밖의 여러 증인들의 증언이 있는 것이다. 따라서 나는 각하가 이 기소가 제기된 까닭을 양찰하시와 사건을 각하却下하고 배설을 석방할 것을 입증하는 바이다. 나는 이제 이 사건을 각하의 손에 안심하면서 넘긴다.

검사 나는 논고를 끝마치면서 각하에게 1897년 추밀원(Privy Council)에 제기된 카류Carew의 당사자 소송(exparte, 일방적인 진술) 사건을 참조하시도록 요청한다. 그 취지는 치외법권 법정으로 구성되는 전체 사건을 각하께서도 이미 아시듯이 추밀원의 왕[King in Council]이 의회법 즉 외국사법법Foreign Jurisdiction Acts에 근거해서 세워진 치외법권 법원을 위한 입법을 하고 거기서 시행되어야 할 소송절차와 또 잘 정의된 제한 내에서 범죄의 신설 또는 폐지 및 처벌방법 변경 등을 규정할 수 있는 것이다. 본 법원은 존경하는 변호사로부터 이 소송이 어째서 제기되었는가에 대한 장황한 변론을 들었다. 나는 변호사가 이 법원을 일본 정부의 앞잡이cat's-paw로 묘사했다고 생각한다. 변호사께서 놀랄지는 모르겠지만 내가 즉시 하고 싶은 말은 이 소송이 제기된 연유는 이 법정이 결코 그 어떤 정부의 앞잡이로 되어서는 안 된다고 내가 생각했기 때문이란 사실이다. 변호사의 변론 중 첫

부분은 스티븐스 암살에 관한 논설에 대한 변호였다. 물론 변호사께서도 그런 변명이 치안방해를 처벌하는데 아무런 변호도 못 된다는 사실을 나만큼 잘 알고 있을 게다. 메테르니히 논설에 관해서는 변호사는 이게 선동적이지 않다고 말했다. 재판장께서도 그것을 읽어 보셨다. 재판장께서도 들으셨듯이 내가 그 한국인 부편집인에게 메테르니히가 이토伊藤 공을 직접 비유한 게 아니냐고 물었을 때 그는 아니라고는 대답하지 않은 것을 각하께서도 짐작하셨을 텐데 사실 그렇게 빗댄 게 확실하다. 나는 존경하는 변호사의 고명한 웅변에 감히 따라갈 수가 없기에 주로 법률문제만 한정해서 논하겠다. 오드거스Odgers의 저서 42페이지 국왕[Rex] 대 넬Nell 사건을 참조하시라. 이것은 한 주간신문이 표면상으로는 페르샤 궁정을 기술하는 체하면서 사실은 영국 왕실에 대해 좋지 못한 말을 한데 대한 고소사건이다. 이 기사는 뜻을 알아 볼 수 없도록 여러 조그만 부분으로 나누어 놓고 식자공들이 이를 재조립하도록 해놓았으나 이런 사정이라고 해서 그들이 책임이 면제되지는 않았다. 결국 식자공 1명과 심부름꾼 1명(이 자는 그 신문사의 사환에 불과했는데) 치안방해죄로 유죄판결 받았다. 그 반면 여기서는 편집인 겸 발행인에 대해 고소가 제기되었다. 스티븐스에 관한 기사는 매우 중요한 것인데 왜냐하면 이것은 한국정치에 있어 외국인 암살이란 문제를 전혀 새로운 면에 놓았기 때문이다. 이 확실히 용감하기는 하나 방향을 잘못 잡고 있는 대한매일신보 편집인(양기탁)이 만약 내가 여기 있던 그 당시에 그 스스로도 이곳에 있었더라면 아마 암살이란 게 한국정치에서 애용되는 무기라는 것을 스스로 깨달았을 게다. 스티븐스 암살이 있기 전까지는 한국인들은 그들에게 불만인 정책을 시행하는 대신大臣이나 이 나라의 관습에 어긋나는 행동을 하는 고문顧問들을 제거하는 것으로 만족했을 뿐 스티븐스 암살 전까지는 결코 냉혈적 살인을 좋은 정치적 무기로 간주하지는 않았다는 사실을 배설은 알거나 또는 알았어야만 했다. 존경하는 변호사께서는 스티븐스 살해범들에 대한 변호나 다름없는 변론을 했다. 그러나 그게 요점은 아니다. 요점은 이 논설이 그 샌프란시스코 신문을 재복사할 당위성이 있었느냐의 여부인 것인데 이 나라에서 이 논설을 재 게재함으로써 한국인들로 하여금 외국인을 살해하는 게 단순히 궁중대신을 제거하는 것보다 더 주의를 끌 수 있고 정치적 게임에서 이득을 볼 수 있는 방법이라고 선동하고 확신하도록 만들 것이란 사실을 피고는 알고 있었음에 틀림없다. '학계의 꽃'이란 논설에 관해서는 존경하는 변호사께서는 이것이 아무 의미도 없는 것처럼 보인다고 말하고 우리 기독교 문제에 관해 언급했다. 내 생각으로는 현재 한국이 처하고 있는 이런 상황에서는 만약 성경 중의 한 부분을 따다가 대한매일신보에 싣더라도 이것이 치안방해죄로 간주될 행동이 된다는 점이 충분히 가능성이 있을 뿐만 아니라 절대적인 사실이기도 하다. 시스라Sisera와 야엘Jael을 모두 들어보았을 게다.[6] 만약 시스라의 노래가 이토 공에 빗대어 대한매일신보 지상에 실렸다면 이는 기소대상이 될 것이다. 나는 이점을 전체적 관점에서 고찰하여 설혹 이 논설들이 다른 곳에서 발간되었더라면 단지 웃음거리에 불과했을 것이든지 아니든 지에 아무 관계없이 이 고소된 논설이 이용하려고 한 이 나라의 현재 사정이 범죄성 여부를 결정하는 데 고려되어야 한다고 주장하는 바이다. 이 논설들이 다른 곳에서 발간된 것을 재게재하였다는 주장은 아무 핑계도 못 된다.

재판장 그대는 권위를 내세울 필요는 없다.

검사 "선동을 의도했다calculated to excite"는 점에 관해 나는 이미 모든 권위서를 인용한 바 있으며 각하께서도 그 뜻이 "선동하는 경향을 가졌다"는 것은 의미한다는 것을 잘 알고 계실게다. 존경하는 변호사는 'excite' 문제를 다루었는데 내 생각으로는 그가 찾던 말은 "incite"가 아닌가 싶다. (크로스 : 아냐, 아냐!) 그러나 여왕Regina 대 설리반Sullivan의 선례가 있는데 이 사건에서는 기존 소요와 무질서가 있는 특정상황 아래서 소요와 무질서를 자극하는 경향이 있는 기사를 출간하는 것이 치안방해냐 아니냐의 문제가 충분히 논의되었다. 여왕 대 설리반 사건에서 요점은 설리반이 이미 소란한 나라에서 소요와 무질서를 일으키는 경향이 있는 말들을 말하고 쓰고 출판했다는 점이다. 설리반의 죄의 본질은 아일랜드에서 여러 해에 걸쳐 소요와 무질서가 존재한 가운데 그가 바로 그 시기를 골라 치안방해 언사를 말하고 썼다는 점이다. 따라서 이미 한국에 무질서가 존재하고 있었기 때문에 한국인들을 선동할 수 없다는 주장은 추밀원령에 정의된 그대로의 치안방해 또는 치안방해 언사에 대해 아무런 핑계, 변명이 될 수 없음은 양식 있는 사람이라면 누구나 알 수 있을 게다. 추밀원령에 지시되지 않은 한 영국법원에 따라 또 왕 대 설리반 사건의 판

---

5 야엘(Jael)은 구약성경 '사사기'에 나오는 여인. 그녀는 혜벨(Heber)의 아내로서 야빈(Jabin) 왕의 군대가 이스라엘을 침략했을 때 군대 장관 시스라(Sisera)를 죽인 이스라엘의 영웅이다. 가나안의 장군 시스라는 유태족을 탄압하다가 바락의 군대에 패해 도망하던 중 야엘에게 살해되었다.

례에 의해 소요가 이미 전에 누군가에 의해 야기되어 있었다는 사실 [설리반 사건의 경우에는 브리안 보르Brian Boru나 크롬웰에 의해]만으로는 핑계가 안 된다는 점이 확실해졌다.[7]

6) 재판의 공정성 보장

재판장　국왕Rex 대 피고트Piggott 사건도 참조하기 바란다. 변호사는 내가 더 많은 증인을 부르지 않는 점을 힘들여 설명했다. 변호사도 아마 알 것이지만 나는 일부러 그렇게 했던 것이며 잘못이었다고는 생각하지 않는다. 왜냐하면 논설들 자체가 매우 명확한 말로 되어 있기 때문이다.

검사　나는 이 나라의 상태에 관해 그처럼 명확한 증언을 제출했다. 반면 피고는 스스로 솔직하고도 거리낌 없이 증언했는데 그는 자신이 처한 입장이 어떤 것인가를 스스로도 모르고 이 신문에 전국에 배포된다는 증언을 해주었다. 미우라는 이 나라가 소란상태라고 증언했다. 그는 고소인으로서 이 논설들이 소요와 무질서를 자극하는 경향이 있는 것으로 생각한다고 말했다. 변호사에 의해 꽤 혹독하게 다루어진 핫토리는 (일어로 반대심문을 했더라면 그는 틀림없이 잘 견딜 수 있었을 텐데) 그러나 그의 소요지역 표시가 가치 있는 것이라고 주장하는 것은 아니지만 그 지역에 배달되고 있는 동 신문 두 가지 판의 부수를 나타내는 숫자는 분명히 증언일 뿐만 아니라 중요한 증언이다. 핫토리는 통신관리국 서기관이며 이 신문이 전국을 통해서 그만큼

6　Brian Boru(941~1014), 1002~1014년의 아일랜드 국왕. 여러 지방으로 나뉘었던 아일랜드를 거의 통일하였으나 암살당했다.

나간다고 증언했다. 미우라도 그렇게 말했고 배설도, 그 부편집인도 그렇게 말했다. 그런데 배설 자신과 그의 부편집인은 현재의 정치상황에 반대하는 한국인들이 그의 신문에 관심을 가지고 있으며 확실히 이를 그들의 기관으로 여기고 만약 기사가 충분히 강경하지 않을 경우 그를 위협했다고 증언했다. 피고는 자신이 발간하는 신문이 그런 종류의 것이라면 지기가 건 위험을 알았을 것임에 틀림없다. 변호사는 대한매일신보가 일요신문Sunday News, 읽을거리 위주의 오락신문이거나 또는 가장 젊은이 신문Young Folks at Home이라는 인상을 주려고 애썼다. 나는 그 해답을 재판장께 맡겨두어도 좋다고 생각한다.

이 논설들 하나하나는 소요와 무질서를 일으킨 혐의와 한국 정부와 그 국민 사이에 적의를 일으킨 혐의의 2중적 혐의 대상이 되고 있으며 한국 정부가 무엇이냐에 관한 것에 법의 요점이 고의적으로 제기되었다. 왕실의 일족이며 오늘 여기 소환되었던 민종식은 스스로 이 나라의 한국 정부가 무엇이냐에 관해 명확한 증언을 했다. 그는 그 동기에 관해서는 깊은 동정을 받을 만하지만 어쨌든 애국적 동기에 자주 받은 나머지 지방으로 내려가 부하들을 모으고 무기를 들었는데 왜냐하면 그는 전 주권全主權이 한국 황실로부터 떠났다는 것을 알았기 때문이다. 그 자신도 말하길 일본이 조약 후 일본의 지시를 떠맡자 출가했다는 것이다. 그의 前 군주인 한국황제는 물론 정중하게 말해서 충분한 동정을 받을 만하지만 이 충분한 동정 바람에 이 나라에 생긴 불행을 모두들 거의 잊고 있다. 그러나 여기서 무슨 동정을 표현하자는 게 아니라 법적 조건을 따지자는 것이다. 시간을 뒤로 돌릴 수는 없는 것이며 만약 그렇게 하고 싶은 사람이 있다면 한 가지 방법밖에 없다. 즉 해외참전금지법Foreign Enlistment Act의 처벌위험을 무릅쓰고 전자에 직접 참여하는 길뿐이다take to the hills, 인도 고지 주재지로 가다. 그들은 외국의 자기 집안에서 잘 보호받은 채 앉아서 그 보호 아래 그 나라의 기존 정부를 전복시키려 노력해서는 안 되는 거다. 그들은 그 정부에 도의하지 않을 수도 있고 불만일 수도 있고 다른 형태의 정부를 세우기를 원할지도 모르지만 어쨌든 기존정부는 기존정부이다. 그들은 그 정부를 주인으로 간주할 의무가 있으며 또 그들의 행동에 고무되어 기존정부를 전복시키려다 극형에 처해질지도 모르는 그 나라의 무지한 사람들을 보호해야만 하는 영국 정부에 대해서도 그들은 의무를 지니고 있는 것이다.

순수히 말로만 하자면 한국이 맺은 조약들이 어떤 식으로든 옛 입장 그대로 여전히 남아 있다고 주장할지도 모른다. 그러나 현실을 받아들여야 한다. 법원은 죽은 왕비의 친척 1명[민종식]이 이를 어떻게 생각하는지를 들었다. 또 우리는 외교적인 정중한 용어 속에 감추어진 것이 무엇인지를 알고 있으며 또 변호사께서 피고 측 증인이 필요할 때 어떻게 해서 마우라에게 증인 출두를 부탁했는지를 알고 있다.[결국 변호사도 실제로는 미우라에게 증인 소송을 부탁한 것은 일본 통치를 시인한 것이 아니냐는 뜻] 만약 이토 공의 견해가 제대로 실행될 수 있다면 내 생각으로는 지난번 조약이 현재보다는 더 현실적이고 그 뜻에 잘 부합되는 것이 될 가능성이 있지만 그러나 피고 및 그에 동조하는 사람들의 노력이 억제되지 않는다면 그들은 이 조약을 황제 측의 '할복はらきり, 腹切' 같은 행동으로 만들 시간을 더 재촉할 가능성도 있는 것이다. 이게 하나의 해석이다. 또 하나의 해석은 한

국에서 사태개선의 기초이다. 이제 나는 이번 사건에 있어 이 소송이 우리의 친구이자 맹방인 일본의 앞잡이 역할을 하고 있느냐에 관해 논하겠다. 그렇지 않다.

배설이 처벌받는 이유는 첫째로 그가 영국법률을 범했다는 단순한 까닭 때문이다. 내가 아는 바로는 두 번째 이유는 평범한 동기인데 왜냐하면 어쨌든 죄인은 단 한 사람인데 영국동포는 많기 때문이다. 내가 법원에 의해 이 범죄가 처벌되어야 하며 그것도 적절히 처벌되어야 한다고 주장하는 또 하나의 이유는 피고에 동정하면서 여기 본 법정에 앉아 있는 바로 이 사람들(그렇지 않았더라면 영국인 배심원단을 구성했을 사람들) 그들 자신의 입장을 위태롭게 할지도 모르기 때문이다. 즉 전장에서 우수했던 이 위대한 민족(일본), 그들의 본국에 사는 외국인들에게 전체적으로 보아 공정한 방식으로 동치하고 있는 이 위대한 민족이 이곳에서 전혀 새로운 식민화 정책과 전혀 새로운 보호정치를 한다고 만약 이들 '동정적 영국인'이 진심으로 믿는다면 이 영국국민들이 이 위대한 민족이 정말로 그런 일을 허용할 수 있는 것으로 믿는다면 그들은 가르침을 받아야 할게 많을 것이며 이 피고의 행동에 동조함으로써 그들의 특권과 치외법권을 폐지당하는 시기를 당기게 될 뿐일 것이다. 피고 자신의 [여기서 검사는 배설에 대한 영국인 동조자를 위협하고 있다] 이익을 위해서라도 그의 행동은 적절히 처벌되어야 한다. 재판장 각하 측에서 보자면 만약 피고가 유죄라고 확신하신다면 그 동기와 악의를 검토해야만 하는 문제가 남는다. 여기에 관해서 말하자면 이 행위가 단지 비열한 동기에서 행해졌다는 징조는 없다. 이 논설들이 게재되자 이 신문은 동정을 모았으며 한국인을 돕는 방법에 대한 잘못된 생각을 일으켰다. 또 한편 피고가 이번에 처음으로 재판받는 게 아니라는 사실을 상기시키고 싶다. 지난번에는 피고가 6개월 근신처분을 받았으며 그 6개월이 지난 뒤 이 논설들이 나타났는데 이로 인해 옛 법을 보완한 1907년 추밀원령 제5조에 따라 나는 이 소송을 제기했던 것이다. 나는 피고의 처벌을 요구한다. 가혹하다는 것은 사실이지만 그러나 그와 이곳에 있는 모든 영국국민을 위해 가능한 한 이 재판이 그들로 하여금 그들 자신의 입장과 한국 정부의 일부로서의 이곳 일본당국의 입장과 또 그들이 그처럼 크고도 당연한 동정을 퍼붓고 있는 이 애국적 한국인들의 입장을 이해시켜야만 할 것이다.

재판장 피고 어네스트 토마스 배설이여, 그대에 반대되는 증언을 듣고 또 그대 변호사의 모든 변론을 들었으므로 이제 그대에 대한 선고를 내리는 게 내 의무이다. 그러나 나는 이 사건에 완전한 공정성을 기하기 위해 양측이 말한 모든 것을 충분히 검토할 시간을 갖도록 선고를 연기하는 게 나을 것 같으며 나의 선고 이유를 그대와 검사 측이 모두 명확히 이해할 권리가 있다고 생각한다. 따라서 나는 선고공판을 내일 오후 4시에 열겠다.

보석 문제에 대해 검사는 합당한 보석에 대해 아무 반대도 않는다고 말했다.

4. 재판 제4일 : 6월 18일(목)

1) 일본 보호통치를 벗어나도록 선동

피고에 대한 선고를 듣기 위해 지정된 시각 훨씬 전부터 법정은 만원을 이루었다. 재판이 열리는 건물로 통하는 길목도 한국인들로 혼잡했는데 그들은 소송에 대해 예리한 관심을 나타내었다.

재판장은 정각 4시에 문서로 준비돼 있던 판결문을 낭독했다.

판결문(전문)

어네스트 토마스 베델, 피고는 고소된 범죄에 대해 유죄로 인정된다. 변호사는 피고가 즉심재판이 아니라 배심원단 배석 하에 재판받아야 한다고 주장했다. 1907년 추밀원령 제5조와 48조를 적용하면 이런 범죄는 3개월 이상 징역이나 20파운드 이하의 벌금 또는 그 양쪽의 병과보다 더 중한 처벌을 하지 않는 한 즉심재판을 할 수 있도록 되어 있다. 제5조는 치안방해를 영令에 대한 중죄로 규정, 최고 2개월 징역과 10파운드 벌금으로 규정하고 있다. 따라서 고소된 범죄는 즉심으로 재판될 수 있는 것이다. 추방에 관해서는 주법主法의 83조 (2), (3)항이 즉심 재판에 적용될 것처럼 보이나 내 생각으로는 만약 검사가 "비슷한 범죄로 계속 유죄판결 받을 경우의 추방"(제5조 1항)을 주장하고 싶으며 이 사건을 배심원단 배석 하에 재판되어야 할 것이다. 왜냐하면 83조에 인정되지 않는 더 이상의 처벌은 48조에 따라 실행되어야 할 것이기 때문이다. 검사는 즉심재판으로 진행할 것을 선택했으므로 나는 45조 3항에 따른 배심원단 구성을 지시할 특별한 이유가 없다고 본다.

이제 고소된 범죄는 피고가 그의 신문 4월 17일, 4월 19일, 5월 16일 자에

1907년 치안방해 기사를 실음으로써 1907년 추밀원령을 위반했다는 것인데 그 내용은 치안방해물을 게재한 사람은 이 영令에 대한 중죄를 범한 것으로 되며 또 치안방해물이란 "소요와 무질서를 선동하거나 또는 한국 정부와 그 국민 사이에 적의를 선동하여 의도한 것"으로 정의되어 있다. 이런 정의를 명심하면서 이제 고소된 신문을 검토하겠다. 4월 17일 자 스티븐스 살해에 관한 논설은 암살자들을 애국자이며 충성스럽고 정당한 신사들이라고 말하고 그 이유는 그들이 일본의 한국 보호통치를 지지한 자를 살해한 때문이라면서 계속해서 한국의 자유와 독립에 대해 이야기 한 것이다. 전체적으로 읽어 볼 때 이것은 한국인들에게 일본 보호통치를 벗어나도록 고무한 것임을 확신할 수 있다. 4월 29일 자 메테르니히에 관한 논설은 한국이 뚜렷이 지난 세기 중반의 이탈리아로 비유되어 있다. 이 논설은 마지막 부분에서 "그러나 마침내 이탈리아의 애국 자제들이 큰 힘으로 일어나 정의의 깃발을 날리고 자유의 종을 울리면서 그에 대항했다. 악마, 여우, 오소리 같은 이 메테르니히는 백기를 말아 쥐고 자기 나라를 도망쳐 외국에서 여생을 보내었다. 이것은 메테르니히처럼 야욕을 가지고 그처럼 다른 나라에 대한 흉계를 꾸미는 모든 자에게 경계가 될 것이다"라고 말했다. 5월 16일 자 「17명의 학생들의 손가락 피指血」라는 논설은 "우리는 틀림없이 우리 한국을 회복할 것이다. 역사상 피를 흘리지 않고 위대한 기념비를 남긴 영웅이 어디 있는가?"라고 말하고 있다.

2) 합법적 정부와 사실적 정부가 양립

나는 이 논설들이 현재의 이 나라 사정을 고찰할 때 한국인들로 하여금 일본인에 대항해서 봉기하도록 선동한 것임을 의심할 수 없다. 또 한국 정부가 스스로를 일본 보호령으로 맡긴 3개 조약뿐만 아니라 한국의 실제 정치 상태에 관해서도 법적 고려를 해야만 하는데 왜냐하면 나는 한국판사 대신 앉아서 한국황제가 영국황제께 위임한 권한을 행사하고 있기 때문이다. 나는 영국에서의 판사처럼 영토고권領土高權, Territorial Sovereignty에 따른 영국 국왕폐하의 판사가 아니라 한국이 대영제국에 허용한 제한된 권한에 따른 국왕폐하의 판사이다. 나는 추밀원의 국왕King in Council이 제정한 법률을 적용하지만 이와 동시에 한국법률과 한국 정치상태도 고려해야만 한다. 영 외무성 대 찰즈워스(Charlesworth) 사건 1901년 A.C. 373 1868년 더블린에서 재판된 레지나Regina 대 설리반Sullivan 사건(콕스 형사사건 제11권, p.45)에서 대배심 단장 피츠제랄드Fitzgerald는 게재된 기사가 기소된 것처럼 치안방해 의도를 가졌느냐는 문제를 판단함에 있어 주위사정과 이 기사가 게재되었을 당시의 나라사정 및 여론 사정을 충분히 고려해야 한다.

왜냐하면 이런 것들이 범죄를 검토하는 데 있어 가장 중요한 재료이기 때문이다. 예를 들어 만약 나라가 정치소요나 불평이 없고 평화롭게 상공업 발전에 종사하고 있다면 미국 신문에서 발췌된 이런 출판은 위험스럽지 않고 비교적 무죄일 것이다. 그러나 그 나라가 무장봉기 시도로부터 막 모면한 정치적 혼란과 소동의 시기에 또 그 나라가 책략으로 고통받고 반역적 흉계의 음모에 아직도 시달리고 있는 시기에 그런 음모의 견해와 목표를 변호하는 기사를 체계적으로 발간하는 행위는 단 하나의 해석 외는 못 받을 것 같다. 그렇다면 한국의 실제 정치 사정은 어떤가? 이 나라의 반 정도가 일본에 대한 무장소요 상태에 있으며 그 목표는 일본인을 쫓아내고 보호령을 철폐하는 것이다. 이런 나라의 형편인데 문제가 되는 기사가 한국 정부와 그 국민 사이에 적의를 선동하려 의도했다는 것을 그 누가 의심할 수 있겠는가? 피고를 대신해서 크로스 변호사는 나에게 일본 정부가 한국 정부는 아니라고 주장했다. 그러나 만약 일본 정부에 보호되는 현재 황제의 정부가 한국 정부가 아니라면 누가 이 나라를 다스린단 말인가! 국가는 가끔 같은 영토 안에 같은 시기에 합법적인 정부와 사실적인 정부가 공존하는 경우 조직적 반역 상태에 빠지는 때가 있는데 예를 들어 1645년 영국에서 국왕은 옥스퍼드에서 다스리고 의회는 런던에서 다스렸다. 조약에 의해, 그리고 또 사실상 한국 정부라 불릴 수 있는 정치조직은 단 하나 뿐이다. 지금까지 드러난 바로는 반란자들은 조직도 없고 책임 맡은 지도자도 없는 것 같다. 나는 일본의 보호 아래서의 현재의 황제가 한국 정부를 이루며 한국인들과 일본보호령 사이의 적의를 선동하는 이번 기사와 같은 것은 령 제5조의 범위에 든다는 점을 의심하지 않는다.

3) 배설은 반란분자의 지상紙上 지도자

내가 내려야 할 처벌에 관해 변호사는 형벌경감을 강력히 주장하면서 그 이유로써 피고의 의도는 공정하고 정직하며 그는 한국어를 읽을 수 없으므로 그가 출판한 것을 스스로의 마음으로 판단한 게 아니라 한국인 편집인에 의존했다는 점을 들었다. 그 반면 윌킨슨 검사는 배설이 영국인으로서 한국의 독립 주장을 지지함으로써 우리의 치외법권 보호 아래 피고의 신문은 일본인의 검열을 안 받고, 부하 직원들은 일본인들의 법망을 벗어날 수 있게 했다고 말했다. 또 피고 배설의 신문은 한국 불평분자들의 공인된 대변인 역할을 하게 되었다. 이것은 한국인들이 피고에게 게재해 달라고 보낸 여러 건의 반역적 기사로 증명되는데 그중 하나 '폭뢰爆雷'라는 것도 한 예이다. 그가 이것을 게재하기를 거부한 것은 옳으나 그들이 이를 보냈다는 사실은 곧 한국인의 마음속에 피고의 신문이 어떻게 비치고 있느냐를 보여주는 것이다. 이제 이런 사태가 계속되도록 영국 정부가 허용한다면 이는 꼴사나운 의무태반이라고 나는 생각한다. 이제 결론적으로 피고는 이 나라의 외국 손님으로서 그 정부가 피고에게 허용한 보호의 보답으로 그 정부에 대해 중요하고 질서 있는 행동을 할 의무가 있는데도 불구하고 반란분자의 지상紙上 지도자 노릇을 하면서 위험한 경우에는 본 법정을 도피의 성역으로 삼았다. 어떤 점에서 피고는 생명과 가족과 재산위험을 무릅쓰고 전선의 앞에 나서서 실질적 지도자가 될 수 있는가? 피고의 용기나 비 이기적 동기는 전혀 문제시하지 않더라도 피고는 곤란한 입장에 빠질 것이며 기껏해야 돕고 싶은 사람들에게 몹시 중대한 해를 미치게 되는 결과를 낳은 것이라고 판단한다. 만약 피고가 반역을 계속 권고하는 경우 추방될 것이 틀림없다는 사실을 경고하는 게 내 의무이다.

나는 피고가 심한 처벌을 받는 것보다는 이 말들을 새겨들어 행동을 그에 따라 자제시키는데 더 관심이 깊다. 피고는 제1종 경죄로 3주일간 금고에 처해지며 복역이 끝난 후 출두해서 6개월간의 근신을 서약해야 하며 그렇지 않을 경우 추방될 것이다. 피고의 복역장소는 아직 결정되지 않았다. 그동안 나는 피고 자신이 1,000달러, 보증인 1명이 1,000달러를 납부한다는 조건으로 피고에게 보석을 내릴 용의가 있으며 그렇지 않을 경우 피고는 법정 집행관의 책임 아래 유치된다.

그런 다음 재판장은 자신이 피고에게 가능한 한 모든 고려를 보이고 싶다고 말했다. 만약 피고가 중노동형에 처해질 죄수로 취급되어야 한다면 자신은 여기에 형집행장을 준비할 것이지만 그러나 그를 1급 경범으로 적절히 처우할 만한 방법이 이곳에는 없다. 따라서 이러한 사정을 감안하여 그를 적절히 대우할 적절한 조치가 마련될 때에 그에게 복역하도록 하는 게 공정한 처사일 것으로 생각된다.

[판결문 원문은 부록 참고]

4) 유죄판결에 한인들 분노

이로써 4일간에 걸친 공판은 끝이 났다. 요약하면 판사 F.S.A 보온은 배설을 제1종 경죄범인으로 선고하여 3주일간 금고禁錮형에 처하고 금고만기 후 6개월간에 근신을 표하기 위한 보증금으로 피고가 1,000 달러, 보증인이 1,000달러 도합 2,000달러를 납부하도록 판결했다. 또한 보온은 앞으로도 피고가 계속하여 반란을 선동하면 부득이 추방령을 내릴 것이라는 경고를 덧붙였다.

판결문은 먼저 재판절차의 적법 여부에 언급했다. 피고 측 변호인은 피고가 당연히 배심재판에 회부하여 판결할 일이지 즉심재판에서 처리할 일이 아니라고 주장하고 있으나 1907년 추밀원령 제5조에 의거, 본 건과 같은 범죄는 약식재판에 회부해도 하등 지장이 없다고 설명했다.

판결문은 문제된 3건의 논설이 '한국인으로 하여금 일본을 배척하라고 선동한 의미가 명확하다'고 단정하고 재판장 자신은 영국 영토 내에서 영국의 법관자격으로 재판하는 것이 아니라 한국 황제가 영국 왕에게 위임한 권한을 행사하여 한국 법관을 대리하여 판결한다고 설명했다.

판결문은 이어 일본이 보호하는 한국 정부와 그 인민 간에 서로 원수가 되도록 선동(격동)하는 행위는 추밀원령 제5조에 저촉된다고 결론짓고 피고가 한국말을 알지 못하는 고로 비록 피고의 명의로 발간한다 하나 한국인 편집자가 이러한 글을 실었다는 변호인의 변론도 참작했다고 밝혔다.

또한 신문에 한국인들의 투고를 다 게재하지는 않았으나 피고는 치외법권상의 권리를 빙자하여 '한인 불평당不平黨의 기관'으로 모두 인정함을 증명하고 있다 하면서 이와 같이 판결한 것이다.(주한일본공사관기록)

이 판결에 대한 한국인들의 반응은 어떠했는가?

그때에 여러 한국인들이 재판정 밖에 모여 배설 씨가 감금에 처하기로 판결됨을 듣고 혹 분격하게 여기는 자도 있으며 그중에 한 사람은 돈 4천환을 가지고 왔는데 배설 씨의 감금을 돈으로 대속代贖함을 허락하거든 얼마든지 불계不計하고 보조하기로 작정하고 온 자도 있었다더라.(대한매일신보 1908.8.7)

주일 영국대사 맥도날드Claude M. MacDonald도 한국인들의 감정을 크게 우려했다. 이 재판은 일본의 요구에 영국이 동조하여 배설을 처벌하기 위한 양국의 책동이었음을 한국인들도 알기 때문이었다.

맥도날드는 스티븐스 저격사건을 보더라도 한국인들이 신뢰하는 배설을 주한 영국총영사 코번 때문에 처벌하게 된다고 생각하면 영국 영사관이나 소속 외교관을 습격할지도 모른다고 염려했다. 그리하여 배설 처벌을 끈질기게 요구했던 외무대신 하야시 다다스林董에게 공판 전날 밤에는 영사관 부근에 경찰관을 순회시키는 등 그 예방책을 세워 달라는 기밀사신을 보내기까지 했다.[7] 어쨌건 배설은 판결에 복종해야 했다. 배설은 상하이 감옥에서 복역하기 위해 서울을 떠나던 때를 이렇게 기록했다.

6월 20일 토요일이었다. 그날 나는 별로 깊이 생각할 시간이 없었다. 소환을 받으면 출두하여 선고를 받겠다고 7월 18일에 서명한 서약서에 따라 나는 6월 20일 아침 에스터 하우스 호텔에서 (배설) 재판의 서기clerk였던 로서T.E.W. Rosser 씨로부터 심문을 받고, 오후 4시에 법정에 출두하라는 통지를 받았다. 상하이 고등법원에서 파견되어 온 로서 씨는 그날 밤 우리가 상하이로 떠나야 할

---

7   위의 통감부 기록, 문서번호 1126, 39~41면.

것이기 때문에 여행할 차비를 하고 오는 것이 좋겠다고 나에게 말했다. 내가 들은 말은 이것이 전부였다.[8]

배설은 제물포에서 떠나는 상하이행 배가 정박되어 있지 않다고 생각했기 때문에 그날 밤 10시 20분에 서울을 떠나 부산과 일본의 모지門司를 거쳐 가야 하겠다고 잘못 판단했다. 그런데 뜻밖에도 5시 20분 발 기차로 제물포로 떠나야 한다는 통고를 받고 그는 "눈물 한 방울 안 흘리고 이별의 노래 한 곡도 없는 가운데 심한 갈증을 느끼면서 뭔가 잊어버린 것 같은 생각을 떨쳐버릴 수 없는 심리 상태에서" 서울을 떠났다.[9]

배설은 인천에서 영국 군함 클리오호를 타고 3주일간의 금고 복역을 위해 상하이로 갔다. 상하이 주재 일본 경찰이 보내온 보고에는 상하이 거주 한국인들은 배설이 상하이에 왔다는 보도를 보고 부두에 나가 마중했으나 배설은 상하이에 온 목적이 유람이 아니라 사실은 죄인으로 형의 집행을 받기 위해서였으므로 그러한 후한 대접을 감수하기 어렵다고 사절했다. 그러나 자신의 죄과는 한국을 위해 일신을 희생한 것이라고 말했다. 상하이 거주 한인들은 약 40명으로 20여 명은 학생이고, 그 밖에는 망명자들이었다. 그들은 감옥으로 꽃다발과 음식을 보내 위로했고,[10] 출옥 후에는 환영회를 열었다. 한국으로 돌아가기 전에는 밤중에 그의 숙소를 방문하고 위로했는데 배설은 오랫동안 한국에 머물면서 가련한 백성을 구할 것이라고

---

8 배설은 9월 3일 자 저팬 크로니클에 실린 옥중기 「내게 내려진 3주일간의 금고형(禁錮刑, My Sentence of Three Weeks' Imprisonment)」에서 상하이로 떠나던 때가 6월이었는데 7월로 잘못 기록하고 있다. 7월 20일은 상하이 복역을 마치고 서울로 돌아온 이후였다.

9 위의 글; "Mr. Bethell's Departure for Shanghai", *Japan Weekly Chronicle*, Jul. 2, 1908, p.40.

10 "Mr. Bethell in Shanghai, Sympathy of Koreans", *Japan Weekly Chronicle*, Jul. 2, 1908, p.12.

대답했다.

출옥한 날은 7월 11일(토)이었는데 석방에 앞서 재판장 보온은 6개월의 선행을 보증하기 위해 배설 자신이 200파운드, 보증인이 150파운드를 납부해야 하며 그렇지 않을 경우 한국과 중국에서 추방당할 것이라고 말했다.[11]

배설이 형기를 마쳤을 때에 마침 상하이에 왔던 장지연도 배설을 만났다. 장지연이 시일야방성대곡으로 구속되었을 때에 배설의 대한매일신보는 장지연의 용기를 크게 찬양하였고, 영문 호외까지 발행하였음은 앞에서 살펴보았다. 장지연은 1909년 5월 1일 배설이 서울에서 사망한 후 그의 공적을 기리는 사람들이 세운 묘비에 새긴 비문에 상하이에서 배설을 만났던 사실을 이렇게 밝혔다.[12]

내 일찌기 상해에서 그를 만나 날이 새도록 함께 통음痛飮할 적에 비분강개하야 그 뜻이 매우 격렬하더니 이제 공의 묘를 위하여 글을 쓰게 되매 허망한 느낌을 이기지 못하겠도다. 이제 명銘하여 가로되 드높도다 그 기개여 귀하도다 그 마음씨여, 아! 이 조각돌은 후세를 비추어 꺼지지 않을지로다.

배설은 옥살이를 끝낸 후 상하이에 잠시 머물렀다가 서울로 돌아가면서 언제 떠날 것인지 일정을 알리지 않았으므로 상하이 거류 한국인들은 그를 전송하지 못한 것을 안타까워했다고 경찰 보고서는 기록하고 있다.[13]

---

11 "Release of Mr. Bethel", *Japan Weekly Chronicle*, Jul. 23, 1908, p.114. 서울에서 열린 재판 판결문에는 피고 자신이 1,000달러, 보증인 1명이 1,000달러를 납부하도록 했는데 상하이에서 형기를 마친 때의 선행 보증금과 차이가 있는 이유는 알 수 없다.

12 장지연이 블라디보스토크에서 이때 상하이에 갔던 경위는 다음 논문 참고. 천관우 외, 「장지연의 언론사상과 언론활동」, 『위암 장지연의 사상과 활동』, 민음사, 1993.10, 505~548면.

5) 배설, 이 땅에서 죽다

대한매일신보의 논조는 변하지 않았다. 신문을 만들던 사람들이 양기탁 등 민족진영 인사들이었기 때문이다. 7월 2일 자 논설 「확실한 언론」은 일본이 한국에서 불평등한 압제를 가함을 통박하면서 "잔폭殘暴한 행위와 압제의 수단으로 득승한 나라는 전혀 없으니 정직하고 인선仁善하며 관후하고 인민을 자유케 하여야 득승한다"고 결론지었는데 통감부가 이를 압수했다.[14]

그러나 배설이 없는 동안에 일어난 더 중대한 사건은 양기탁의 구속이었다. 7월 12일 밤, 경시청 경부 와다나베渡邊는 물어볼 말이 있다 하여 양기탁을 연행하였다가 그대로 구속했다. 구속 이유는 대한매일신보가 모금한 국채보상금을 횡령했다는 혐의였다. 국채보상운동은 정부가 일본으로부터 차관한 1,300만 원을 갚아야 일본의 간섭에서 벗어나 독립을 확보할 수 있다는 데서 일어난 범국민적 민중운동이었다. 이에 관해서는 다음 장 양기탁 재판과 배설의 N-C 데일리뉴스 소송 기록에서 상세히 살펴보기로 한다.

일제의 이러한 탄압으로도 배설과 양기탁의 의지를 꺾지는 못했다. 대한매일신보는 의연히 일본의 침략과 횡포를 힐책하고 강경한 항일논조를 지속했다. 그러나 배설은 옥고를 치른 후 건강이 크게 나빠졌다. 그의 기자정신은 어떠한 위협과 고난에도 형형히 불타올랐으나 신문발간에 정열을 쏟던 끝에 이듬해 봄, 1909년 3월 초 심장병으로 자리에 눕게 되었다. 병세

---

13 내부(內部) 경무국장 마쓰이 시게루(松井茂)가 부통감 소네 아라스케(曾禰荒助)에게, '上海 재류 한국인 현황 및 베델의 刑 집행을 위한 도항(渡航) 당시의 상황 보고', 1908.9.21.

14 「확실한 언론」 및 「충고함을 미워하야(疾視忠告)」, 대한매일신보, 1908.7.2.

FOREIGN JOURNALISM IN KOREA.

PROCEEDINGS AGAINST MR. E. T. BETHELL.

(FIRST DAY, JUNE 15TH.)

The proceedings against Ernest Thomas Bethell, on the complaint of Resident Yagoro Miura opened in His Britannic Majesty's Supreme Court for China and Korea on the morning of the 15th inst. before His Lordship Judge F. S. A. Bourne of Shanghai, sitting in summary jurisdiction. The court was held in the old barrack hall of the British Consulate.

For the prosecution Mr. H. P. Wilkinson, H.B.M.'s Crown Advocate, appeared, and Mr. C. N. Crosse of Kobe acted for the defence, his client Mr. Ernest Thomas Bethell being allowed to sit by his side during the proceedings. Mr. E. H. Holmes, H.B.M.'s Pro-consul for Seoul, acted as registrar of the Court, Mr. T. E. W. Rosser as clerk. The official interpreters were Dr. S. Iishida for Japanese and English and Mr. Y. Mayema for Korean and English. The complainant Mr. Y. Miura was provided with a seat by the side of the Crown Prosecutor Mr. Wilkinson.

The interest excited by the case was evidenced by the large number of spectators, including several ladies—among others the wife of the accused—who filled the body of the Court. Several of the members of the consular body of the different powers were present.

The Court having been called to order punctually at 10 a.m. the registrar read the complaint to the following effect:—

"In His Britannic Majesty's Supreme Court for China and Korea at Seoul in criminal jurisdiction.

"Yagoro Miura of Seoul, Korea, Secretary to His Imperial Japanese Majesty's Residency-General in Korea, being first duly sworn, complains that Ernest Thomas Bethell, a British subject of Seoul, Korea, newspaper proprietor and editor, on the 17th day of April, 1908, at Seoul aforesaid, did publish and further did offer for sale, a printed newspaper in mixed Chinese and Korean script known as the *Dai Han Mai Il Shimpo*, containing an article entitled (Chinese characters) (meaning in the English language "Detailed Report of the Shooting and Killing of Stevens, copied from the Kong Dong Hweil special report"), which said newspaper together with a translation into the English language of the said article is hereto annexed and marked A-1, A-2, which said article contains seditious matter, being matter calculated to excite tumult or disorder and further being matter calculated to excite enmity between the government of Korea and its subjects.

"And the said Yagoro Miura sworn as aforesaid further complains that the said Ernest Thomas Bethell on the 29th day of April in the year aforesaid at Seoul aforesaid did publish and further did offer for sale, a printed newspaper in mixed script known as the *Dai Han Mai Il Shimpo* as aforesaid containing a leading article entitled (Chinese characters) (meaning in the English language "A Hundred Metternichs Could Not Keep One Italy in Bondage") which said newspaper together with a translation of the said article into the English language is hereto annexed and marked B-1, B-2, which said article contains seditious matter, being matter calculated to excite tumult and disorder, and further being matter calculated to excite enmity between the government of Korea and its subjects.

"And the said Yagoro Miura sworn as aforesaid further complains that the said Ernest Thomas Bethell on the 16th day of May in the year aforesaid did publish and further did offer for sale, the printed

甬骨覆肓覩骨
蔵目何炯々
賢何
星々

不是石室
望星空定是
書癒漁狂
嵩陽犬自賛

장지연. 배설이 상하이에서 3
주일 옥살이를 마치고 석방
되었을 때에 만나서 통음하
며 울분을 토했다.

는 악화되어 피를 토하기도 한 끝에 5월 1일 새벽 1시 반, 서대문밖 그의 집
에서 세상을 떠나고 말았다.

그는 평소에 늘 "한국을 위하여 위험을 피하지 않는 것은 나의 직책이니
어떠한 일이 있더라도 신명身命을 돌아보지 않으리라" 했으며, 운명하기 전
날 남긴 유언도 "나는 죽을지라도 신보는 영생케 하여 한국 동포를 구제하
라"는 한마디였다. 37세, 10년 전에 결혼한 부인과의 사이에 8세 된 아들
짐이 있었다.[15]

5월 2일 오후 3시 반에 거행된 장례식에는 각국 총영사관원 이하 각국

---

15 「별보, 배설 공의 행장」, 대한매일신보, 1909.5.8.

거류민, 선교사 등 80여 명과 한국인 수백 명이 참석했다. 4시에 발인하여 5시 장지인 양화진 외국인 묘소 그의 영원한 안식처에 안장했다. 장례식은 그가 1회 재판을 받을 때 증언했던 터너 신부가 인도했고, 5월 5일 오후, 동 대문 밖 영도사에서 거행된 추도회에는 유길준兪吉濬, 안창호安昌浩가 추도사 를 했다.

배설이 다 기울어진 대한제국의 최후를 보기 직전에 일생을 마친 한 해 뒤에 대한매일신보의 사명도 끝이 나고 있었다. 1910년 6월 9일까지 만함 萬咸이 사장으로 있었으나 이미 대한제국의 운명이 다했음을 알았던 만함 은 영국 총영사관의 주선으로 비밀리에 신문을 통감부에 매도했다. 발행 인은 이장훈李章薰의 명의로 바뀌었으나[1910.6.14] 2개월 후인 8월 29일 일본 은 한국을 완전히 합병하였다. 이로써 대한매일신보도 그 운명이 다하게 되었다. 1910년 8월 28일 자 종간호까지의 지령은 국한문판 1,461호, 한글 판 938호였다.

제3부

국채보상운동 양기탁 재판

제1장

프레스 캠페인 국채보상운동

1. 언론사, 민족운동사, 외교사와 총체적 연관

국채보상운동은 국민의 성금으로 나라의 빚을 갚자는 취지의 국권 회복 운동이다. 1907년 2월 대구에서 발기하였지만 단시일에 전국적으로 확산되어 상하귀천의 열성적인 동참으로 애국적 열의가 온 나라 방방곡곡에 흘러넘쳤다. 특정한 지도자나 조직이 없는 상황에서 민중이 주체가 되어 전개되었다는 사실이 큰 특징이었다.

비록 특정한 지도자나 조직 없이 시작되기는 했지만 주체가 아주 없지는 않았다. 이 운동이 거대한 민중운동으로 발전하여 전국적으로 확산될 수 있었던 것은 신문이 그 취지와 중요성을 널리 알리고, 의연금 모금에도 앞장섰기에 가능했던 것이다. 언론사의 관점에서 처음 연구했던 최준崔埈 교수는 언론의 역할을 '프레스 캠페인'으로 규정했다.[1] 이 운동은 그 이후 언론이 벌이는 여러 캠페인의 효시가 되었다.

하지만 통감부가 이를 묵과할 리 없었다. 일본의 경제침략을 물리치려는 반일운동이 삽시간에 전국적으로 확산되는 현상을 보면서 통감부는 특히 대한매일신보에 감시의 눈초리를 집중하고 있었다. 이 운동 이전부터 신보사의 발행인 배설裵의 처벌 또는 추방을 획책하여 배설이 두 차례나 재판을 받았음은 앞에서 살펴보았다. 통감부는 여기서 그치지 않고 신보의 제작 책임자인 총무 양기탁梁起鐸을 의연금 횡령혐의로 체포했다.

국채보상운동의 열기가 한창 뜨겁던 1908년 7월 12일 밤에 통감부가 양기탁을 구속하자 영일英日 간에는 심각한 외교문제까지 일어나게 되었

---

1   최준, 「국채보상운동과 프레스 캠페인」, 『백산학보』 3, 1967; 같은 저자의 『한국신문사 논고』(일조각, 1975)에도 수록되었다.

다. 양기탁 구속으로부터 재판이 끝나기까지 3개월이 못되는 기간이었으나 영일 두 동맹국 외교관들은 서울에서 긴장된 대결을 벌였다. 양기탁 구속에 대해 영국 총영사관은 강력하게 항의하면서 석방을 요구했고, 통감부는 이에 대응하여 영일 양측의 긴장은 고조되었다. 우여곡절을 겪으면서 양기탁을 구속하여 재판이 진행되는 동안 국채보상운동은 치명적인 타격을 입고 말았다. 이로써 모금의 열기는 식었고, 운동은 더 지속될 수 없었다.

양기탁 구속을 둘러싸고 일어났던 영일 두 나라 외교관의 대립은 복잡하게 얽히고설켜 긴박한 상황이 이어졌다. 그러므로 이 운동을 살펴보기 위해서는 언론의 역할, 일본의 언론탄압과 양기탁 구속사건으로 이어지는 정치 외교 상황의 전개, 일본의 언론을 통한 선전 홍보 차원의 다각적인 대응 등을 총체적으로 살펴보는 것이 필요하다.

2. 국채보상운동의 전개와 언론

1) 4차에 걸친 일본의 차관 도입

국채보상운동은 대구에서 시작되었다. 광문사廣文社라는 출판사를 설립했던 김광제金光濟와 부사장 서상돈徐相敦이 대한제국 정부가 일본으로부터 빌려 쓴 나라 빚國債 1,300만 원을 국민들의 의연금으로 갚아보자는 「국채보상취지서」를 발표하면서 그 불길이 삽시간에 전국으로 번져나가게 되었다. 이 「취지서」는 1907년 2월 21일 자 대한매일신보가 처음 게재하였고, 이로부터 운동은 본격화되었다.

을사늑약 이후 통감부가 개설되고 이토 히로부미가 통감에 부임하여 제일 먼저 착수한 일은 소위 '시정개선施政改善'에 소요된다는 명분으로 들여온 국채 1,300만 원이었다. 실무를 맡은 일본인 재정고문 메가다 다네타로目賀田種太郞는 높은 금리의 차관을 들여왔다. 나라의 이 빚은 한국의 재정을 파탄 상태로 몰아넣어 일본 경제에 예속시키는 결과를 초래할 상황에 처하게 되었다. 1905년 6월부터 이듬해 3월에 사이 4차례에 걸쳐서 한국의 관세수입을 담보로 일본 흥업은행興業銀行으로부터 1,000만 원을 빌리는 것이었다. 조건은 연 이자율 6.6%의 고리에 5년 거치 후 5년 상환이었으며, 그나마 100만 원을 일본이 선 이자로 가로채어 실수금實收金은 900만 원에 지나지 않았던 악성 차관이었다. 1906년 3월 계약체결과 동시에 1,000만 원 가운데 500만 원을 들여왔으나 실수금은 450만 원이었고 나머지는 수시로 인수하기로 되었다. 차관의 사용도 통감부가 임의로 하는 것이어서 한국 정부는 돈을 만져보지도 못하는 형편이었다. 차관의 사용계획은 다음과 같다.[2]

① 도로비 150만 원(남포, 평양, 원산 및 대구, 경주, 영일만 등을 연결하는 도로 개척 확장비)

② 수도 공사비 437만 원(인천 상수도 공사 217만 원, 평양 상수도 공사 130만 원)

③ 농공은행農工銀行 설립비 80만 원

④ 학교 신축 수리비 50만 원(보통학교 34만 원, 중학교 16만 원)

⑤ 대한병원大韓病院 신축비 28만 원

⑥ 기타

---

2   김용덕, 「통감부」, 『한국현대사』, 신구문화사, 1969, 28~29면.

그 후로 차관액은 늘어 1907년 4월 현재 1,300만 원이 되었고, 그동안 사용한 비용은 다음과 같았다.

① 각 은행과 회사에 나누어 준 돈 300만 원

② 수도국과 위생비용 370만 원

③ 일본 유학생 비용 300만 원

④ 일본이 공제한 구문口文 100만 원

⑤ 일본에서 미급된 금액 630만 원[3]

이처럼 한국인을 위한 실질적인 투자는 수도국과 위생비용 정도였고, 나머지는 일본의 침략을 위한 투자였거나 이익이 일본과 일본 거류민에게 돌아가는 것들이었다.[4] 국채는 해마다 늘어나서 상환불능의 상태로 악화되고 있었다.

1906년도의 대한제국 정부예산은 세입총액 1,318만 9,336원에 세출총액은 1,395만 523원이었으므로 국채 1,300만 원은 국가예산과 거의 맞먹는 엄청난 금액이었다. 통감부는 한일합방 이전까지 일본의 차관을 계속 더 들여와서 1910년에는 총액이 4,400만 원을 넘어섰다.[5]

국채보상운동이 실질적으로 와해된 상태였던 1909년 1월 9일 자 경성신보에는 다음과 같은 기사가 실려 있다. "한국 정부의 국채 액수는 합계 12,000,000원 외에 일본 정부의 입체금立替金이 7,029,000원에 이른다. 이

3　「차관여액(借款餘額)」, 신보, 1907.4.14.

4　신재홍, 「국채보상운동」, 『한국사』 19, 근대, 국사편찬위원회, 1984, 257~267면.

5　조선총독부, 「구한국 국채 현재액」, 『총독부통계년보』, 1910, 106~131면, 제512표.

번에 성립된 흥업은행 외채는 1,840,000파운드인데 이율과 상환 시기는 다음과 같다."[6]

위의 차관금액 가운데 파운드화를 제외한 총액만 해도 19,529,083원으로 늘어나 있다. 국채의 과다한 부담으로 한국 정부는 일본에 점차 더 예속되지 않을 수 없는 처지가 되었다. 전국적인 국채보상운동은 이와 같은 상황을 배경으로 일어난 것이다.

대한제국의 국채와 상환시기

금액(圓;엔)	차입처	이율	상환시기	사용 내역
2,000,000	국고채권	7%	금년 12월, 미정	
3,000,000	제일은행	6%	9년(1915.6)	화폐정리
5,000,000	흥업은행	6.5%	10년(1916.3)	상공기업(起業)자금
1,500,000	일본 정부	무이자	6년(1912.12)	금융자금
7,029,083	일본 정부 체당금	무이자	미정	
1,000,000	대장성 예금부	6%	17년(1923.12)	起業공채(公債)
1,840,000파운드	흥업은행	미정	25년(1931.12)	

2) 김광제와 광문회의 문회文會

국채보상운동을 발기한 김광제와 서상돈이 대구에서 운영하던 광문사는 1906년 1월에 설립되었는데 교과서와 서양 서적을 번역 발행하고, 도내의 충효열행忠孝烈行이 있는 자를 모아 매월 3회씩 잡지를 발행한다는 목적으로 출발하였다.[7] 김광제는 출판사를 운영하는 한편으로 신문발행도 추진하여 이해 6월 농상공부로부터 신문발간 허가를 얻었다. 처음으로 지방에서 신문 발행을 시도한 것이다. 대한매일신보는 다음과 같이 보도하였다.

---

6 「韓政府の國債と償還期」, 京城新報, 1909.1.9.
7 「광문창설」, 신보, 1906.1.14.

신문승인. 달성 광문사에서는 신학문 교과서를 발간하는 여가에 또 일 신문을 발행하기로 일작日昨 농부農部에 청원하야 승인하얏더라.[8]

광문사는 경북관찰부와 협력하여 공립사범학교의 설립을 추진한 일도 있었으며,[9] 서적 출판과 함께 신문 간행 계획까지 세웠던 것이다. 그러나 대구의 광문사가 추진했던 신문은 실현되지 못하였고, 최초의 지방신문은 1908년 10월 15일에 진주에서 창간된 경남일보였다.

김광제는 1906년 6월 19일 자 대한매일신보에 친일신문 국민신보國民新報를 비판하는 글을 싣기도 했다. 기자의 글은 치우치거나 사사로움이 없어야 되고 선한 것은 추켜주고 악한 것은 규탄해야 하는 것이라고 전제하고, 경상 관찰사 신태휴申泰休는 치적이 뛰어난 사람인데도 국민신보가 도리어 나쁜 사람으로 비난했다고 지적했다.[10] 이와같이 김광제는 신문의 중요성을 잘 알고 있는 활동가였다. 그는 1910년에는 만주로 망명하여 일신학교를 설립하고 교장에 취임하여 교육 구국운동에 헌신하였고, 1920년에는 3.1운동 1주년을 맞이하여 유학생들과 제2의 독립선언서를 작성하여 국내외에 배포하였다. 서상돈은 천주교 신자로 대구의 경제권을 좌우할 정도의 갑부 대열에 들었다. 그는 일찍이 독립협회의 재무부 과장 및 부장급의 한 사람으로 활약하였던 경력이 있었다.

광문사에는 문회가 있었는데 1907년 1월 30일 문회의 명칭을 대동광문회大東廣文會로 개칭하면서 박해령朴海齡을 회장으로 선출하고 광문사 사장 김

---

8 「신문승인」, 신보, 1906.6.2.
9 「의연흥학」, 황성신문(이하 '황성'), 1906.3.12.
10 「기서」, 신보, 1906.6.19

광제는 부회장이 되었다. 대동광문회는 일본의 동아동문회東亞同文會, 중국의 광학회光學會와 연락하여 친목을 도모하고 교육을 확장한다는 계획도 세웠다.[11] 국력배양을 위해서는 학교를 세워 교육을 확장하고 서적을 간행하여야 한다는 요지의 건의서를 정부에 제출하고 이를 황성신문에 게재하였다.[12] 회의 명칭을 대동광문회로 개칭하는 특별회를 마친 후, 서상돈의 제의로 담배를 끊고 이 돈을 절약하여 국채를 보상할 것을 결의했다. 거대한 역사적인 민족운동의 불꽃은 이와 같이 점화된 것이다.

이 자리에 모였던 발기인들은 광문사의 사장 김광제, 부사장 서상돈, 대동광문회장 박해령, 회원 장상철張相轍, 강영주姜永周, 심정섭沈廷燮, 김우근金遇根, 서병오徐丙五, 윤하선尹夏璿, 정재덕鄭在悳, 이종정李鍾楨, 길영수吉永洙, 이우열李遇烈, 강신규姜信圭, 정규옥鄭圭鈺, 추교정秋敎廷이었다. 이들은 자금으로 2,000여 원을 갹출하고, 이 운동을 전국으로 전개키로 한 후 「국채보상취지서國債報償趣旨書」를 작성 발표하였다.

이들은 2월 21일 대구 북후정北後亭에서 국채보상 모금을 위한 국민대회를 열고 대구 서문 밖 수창사壽昌社에 국채지원금수합사무소國債志願金收合事務所를 설치하였다. 그러나 처음부터 일경日警은 이 운동을 탄압하여 집회허가가 없다는 이유로 이를 해산하고 연설자를 체포하여 참가자들이 격분하였다.[13]

국채보상운동의 구체적인 실천 방법은 전 국민이 담배를 끊어 절약한 돈을 모아서 나라 빚을 갚자는 것이었다. 국채 1,300만 원을 국민 2천만 명이 분담하면 1인당 65전씩인데 한 사람이 1개월간 피우는 담뱃값을 20전씩으

---

11 「연락광학」, 신보, 1907.2.23.
12 「광회건의」, 황성, 1907.2.22.
13 「大邱西門外壽昌社 國債志願金收合事務所 公函」, 신보, 1907.3.9.

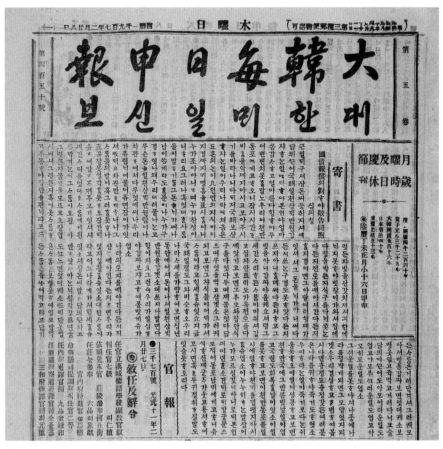

국채보상운동의 취지를 설명하는 글, 1907.2.28.

로 계산하고 이 돈을 3개월 동안 모아 저축하면 국채를 상환할 수 있다는 계산이었다. 만일 그 액수가 미달할 때는 1원, 10원, 100원, 1,000원의 특별 모금을 해도 된다고 생각했다. 운동은 곧 전국적인 호응을 얻었다.

2월 21일 자 대한매일신보가 처음으로 이 「취지서」를 보도하자 22일에는 서울에서 김성희金成喜, 유문상劉文相 등 24명이 국채보상기성회를 설치하였다. 대한매일신보에 이어서 황성신문, 제국신문, 만세보 등의 민족지가 일제히 이를 지지하는 신문 캠페인을 벌이면서 운동의 취지가 온 국민에게 널리 알려지고 열화 같은 호응을 받아 그 불꽃이 번져나가게 되었다.

3) 신문의 집중보도와 지원

대한매일신보는 2월 21일 자에 김광제와 서상돈 명의의 「국채 1천 3백만 원 보상취지」를 게재한 뒤, 2월 27일에는 「국채보상기성회 취지서」, 28일 자에는 1면 머리 논설란에 심의철의 「국채보상의 대하야 경고 동포」라는 한글전용의 기서寄書를 실었다. 심의철은 대한매일신보사 회계였다.[14] 이튿날인 3월 1일에는 「한인충애韓人忠愛」라는 논설로 이 운동을 지원하였다.

국채보상운동 취지서가 신문에 실리자 의연금이 신문사로 들어오기 시작하였다. 충남 아산군에 사는 한 부인은 자신은 빈곤한 가정부인이지만 국채보상금에 보태라면서 운동에 호응하는 편지와 함께 20원을 제국신문에 보냈고, 전봉훈이라는 사람은 신보사에 편지와 함께 다섯 식구의 몫으로 금화 1원씩을 보태어 5원을 보내왔다.[15]

황성신문은 2월 25일 자에 「국채보상기성회 취지서」와 함께 「단연보국채斷烟保國債」라는 논설로 국민의 동참을 호소하였다. 만세보는 2월 28일 자에 「국채상환 의금모집」이라는 논설로 이 운동을 지원하는 뜻을 밝히는 한편으로 같은 날 광고란에 「국채보상 서도의성회 취지서西道義成會 趣旨書」를 실으면서 만세보사에서 의연금을 접수하기 시작하였다. 뎨국신문은 2월 28일부터 3월 4일까지 5일간 「국채보상금 모집에 관한 사정」이라는 연속 논설을 게재하였다.

---

14 국사편찬위원회 소장, 「1908년 大韓每日申報關係 梁起鐸 벳세루」, 『주한일본공사관기록』, 丸山가 長谷川에게, 1907.1.18, 1126/187~188.

15 「애국부인」 및 「전씨기함」, 신보, 1907.2.26.

이와 같이 중앙의 신문들이 대구의 두 유지가 보내온 국채보상취지서를 게재하고 국민들의 동참을 호소하자 전국 각지에서 불길처럼 호응하는 움직임이 일어나면서 곧바로 직접적인 행동으로 나타나게 되었다. 고종도 동참하여 담배를 끊었다고 2월 27일 자 신보가 보도하였다.[16] 이 날짜 신보는 그밖에도 전 참정대신 김성근金聲根을 비롯하여 한규설韓圭卨, 심상훈沈相薰 등 사회 지도급 인물이 담배를 끊었다는 기사들로 잡보란을 거의 메웠다.

각 지방에서도 도, 군, 면 단위로 운동에 찬동 지지하는 단체가 생겨났다. 이에 자극받은 정부 각료들도 금연하였으며, 각 학교 학생에서 군인에 이르기까지 국채보상금을 마련키 위해 금연하거나 술을 끊기도 하고 음식을 줄이기까지 하였으며, 부녀자들은 비녀와 가락지를 뽑아 바치는 사람도 많았다.[17] 신보사 사원들도 일제히 담배를 끊어 의연금을 내기로 하였다.[18]

한 달이 못되었던 3월 초순까지 각처에서 결성된 보상소는 김광제-서상돈이 중심이 된 대구의 단연동맹회斷烟同盟會를 필두로 서울 보성관普成館에 결성된 국채보상기성회, 또는 연합회의소聯合會議所, 관서關西의 지기영池基榮 중심의 국채보상의성회, 부인들이 결성한 부인감찬회婦人減餐會, 동래東來의 국채보상일심회國債報償一心會, 관서의 국채보상동맹, 의주義州의 국채보상의무회國債報償義務會, 전남북의 국채보상의무소가 있었다. 담배를 끊는다는 '단연동맹斷煙同盟'은 영어학교와 양정의숙 학생들을 비롯하여, 내부, 궁내부의 관리들과 군부의 장령將領 위졸尉卒, 그리고 재일본유학생회 등이었다.[19] 3월 말까

---

16 「大哉皇言」, 신보, 1907.2.27.
17 논설 「斷烟同盟의 結果預期」, 신보, 1907.4.20.
18 국채보상운동 관련 언론의 반응과 지원은 조항래, 「국채보상운동의 발단과 전개」, 『1900년대의 애국계몽운동연구』, 아세아문화사, 1993, 236~246면 참고.
19 「早春樂事」, 만세보, 1907.3.12.

지는 27개의 보상소가 결성되었고,[20] 그 뒤로도 보상소는 늘어나서 강원 3, 경상 15, 경기 5, 충청 11, 전라 14, 황해 7, 함경 7, 평안 13개 지역에 설립되었다.[21] 신문에 보도된 여성국채보상단체만 해도 전국적으로 30여 개에 이르러 이 운동이 얼마나 열성적으로 전개되었던가를 짐작하게 한다.[22]

각 지방에서 전 국민이 호응하여 운동이 활발히 추진되자, 기탁되는 의연금을 안심하고 맡길 수 있는 통합기관의 필요성이 대두되었다.[23] 여러 개의 결사結社가 각지에서 산발적으로 의연금을 거두는 형편이었기 때문에 통합된 조직에 일원화해서 적립해야 한다는 논의가 일어난 것은 당연한 일이었다.

4) 국채보상의연금 접수

2월 22일에는 25명의 유지들은 '국채보상기성회'를 결성하여 전국 각지에서 의연금을 거두는 여러 단체를 연합하기로 하였다. '기성회'는 목적이 동일한 여러 단회團會는 서로 연합하여 의연금을 내는 사람은 회원으로 인정하며 그 이름과 금액을 신문에 공표하고, 목표한 1,300만 원이 될 때까지는 신용 있는 본국 은행에 예치하도록 하였다.[24] 기성회에 들어오는 의연금과 명단은 대한매일신보에 광고로 게재하였다.

두 번째로 결성된 큰 단체는 국채보상중앙의무사國債報償中央義務社였다. '의

---

20 최준, 『한국신문사논고』, 일조각, 1991, 110면.

21 조항래, 앞의 글, 228~229면.

22 박용옥, 「국채보상을 위한 여성단체의 조직과 활동」, 『1900年代의 애국계몽운동연구』, 아세아문화사, 1993, 263~289면.

23 논설 「國債報償 聯合近況」, 만세보, 1907.4.13.

24 「국채보상기성회 취지서」, 황성, 1907.2.25; 신보, 1907.2.27.

무사'는 임시 수금소를 황성신문사로 정하였다. 기성회와 마찬가지로 의연금을 내는 사람의 이름과 금액은 신문에 게재하고 수합금은 매월 말에 합계하여 신문에 광포하며 이를 은행에 예치한다는 것이다.[25] 황성신문은 국채보상중앙의무사의 본부가 된 것이다. 황성은 3월 2일 자 1면에 국채보상중앙의무사의 포고문을 게재하면서 같은 날자 3면에는 다음과 같이 국채보상 의무금을 접수한다는 사고를 실었다.

각처에서 의금義金 집송集送하시는 일반 동포께서 본사를 실신實信하시는 영광을 피被하와 갹금醵金을 육속陸續 송치하시니 본사 의무에 불감不敢 사손辭遜이온고로 특히 국채보상금 영수소로 자처하오며 금액은 수집 되는 대로 은행에 예치하겟사오니 전국 동포는 조량照亮하소서.

이같은 사고가 실리고 나서 3월 4일부터는 국채보상의무금을 낸 사람의 명단과 액수를 매일 광고로 게재하기 시작하였다. 6일에는 접수된 의무금 5백원을 한성은행에 예치하였고, 11일에는 제2차, 15일에는 3차로 같은 액수를 예치하였다.[26] 황성은 그 후로도 계속하여 들어오는 돈을 은행에 예치하고 의무금의 액수와 명단을 광고란에 게재하는 한편으로 기사를 통해서도 단체 또는 개인이 내는 성금을 소개하였다. 의무금을 내는 사람들의 명단은 이로써 황성신문 3면에 고정된 광고란으로 정착되었다. 데국신문은 사장 이종일李鍾一이 적극적으로 나섰으며,[27] 만세보는 국채보상서

25 「국채보상 佈告文」, 황성, 1907.3.2.
26 「義金預置銀行」, 황성, 1907.3.7; 「報債金預置」, 황성, 1907.3.14.
27 논설 「國債償還 義金募集」, 만세보, 1907.2.28.

도의성회國債報償西道義成會의 수금소로 지정되었다.[28]

4월 8일에는 보성관 안에 있는 국채보상연합회의소가 의장 이준李儁, 부의장(또는 총무) 김광제, 위원장 윤효정尹孝定을 선출하였는데 김광제는 이를 고사하였다.[29] 김광제가 고사한 것은 자신이 같은 때에 국채보상의연금총합소를 발기하였기 때문일 것으로 짐작된다. 이보다 먼저 결성되어 황성신문에 수금소를 둔 국채보상중앙의무사는 연합회의소와 통합하기 위하여 2월 24일 보성관에서 총회를 열었으나 명칭문제를 결정하지 못하였다.[30]

그러나 대한매일신보는 이 운동의 취지와 국민들의 애국심에는 찬동하면서도 회의적인 태도였다. 이런 방식으로 의연금을 모아 국채를 보상한다는 것은 현실적으로 불가능하다고 판단했기 때문이다. 냉정히 따져보면 전 국민이 담배를 끊어서 모은 의연금으로 나라 빚을 갚는다는 계획은 처음부터 허점을 내포하고 있었다.

2천만 인구는 어린이, 미성년자와 부녀자까지 포함된 숫자였다. 그 가운데 성인 남자라도 담배 피우지 않는 비흡연자도 있을 것이므로 모든 국민이 담배를 끊어 모은 돈으로 나라 빚을 갚겠다는 구상은 애초에 그 전제가 비현실적이었다. 담배를 직접 재배하여 피우는 사람이 더 많았던 시절이었다. 아직 담배를 국가에서 전매專賣하던 때가 아니었다. 돈을 주고 사야하는 수입 담배는 특수한 부유층이 아니면 피울 수 없는 사치품이었다. 담배를 피우지 못하는 미성년자와 담배를 피우지 않는 부녀자를 제외하면 실지 흡연인구는 많이 잡아도 전체 인구의 4분의 1이 채 안 될 지경이었다.

---

28 만세보, 1907.2.27 이후 광고 「국채보상서도의성회 취지서」 참조.
29 「임원조직」, 황성, 1907.4.8.
30 「中央聯合」, 신보, 1907.4.26.

'담배를 끊은 돈'으로 국채를 갚는다는 말은 상징적인 의미를 지니는 구호이기는 했다. 패물을 내놓거나 밥을 굶어 절약한 돈을 기탁하는 사람도 있었듯이 '담배'는 국민의 '애국심'과 정성을 상징하는 말이었다. 그렇더라도 국민 모두를 참여대상으로 가정하여 일률적으로 20전씩을 내어 국채를 갚는다는 계획은 애초부터 성공할 가능성이 없었다. 더구나 당시 인구는 2천만이 못되었다. 1920년대에 흔히 2천만 조선동포라고 불렀던 것도 실은 과장된 면이 있었다.

그러므로 2천만 인구가 담배 끊은 돈을 모아서 국가 예산에 맞먹는 1,300만 원이라는 거액을 모은다는 발상은 우국심에 불탄 나머지 정열만 넘쳤을 뿐 치밀하고 냉정한 전략이 결여된 구상이었다. 오로지 금연한 돈을 모은다는 계획에만 의존하는 운동은 아니었다. 전 국민의 관심과 참여를 유도하면서 그 열기를 이용해서 여러 방법으로 모금운동을 전개한다는 계획도 있었다. 부인들은 소중히 간직했던 패물을 기탁하거나 끼니를 줄여서 절약한 돈을 내놓는 경우도 있었다. 그러나 그 정도로 거액을 충당하기에는 형편없이 부족했다. 초기의 전국적인 호응과 상하귀천의 성원에도 불구하고 모금된 돈은 겨우 20만 원에도 미달했던 것이 이 운동의 허점을 말해준다. 신보사 총무 양기탁은 재판을 받을 때에 판사의 심문에 대답하면서 신보사가 처음에는 이 계획이 실현성이 없다는 생각을 가졌다고 대답하였다.[31] 신보는 3월 8일 자 논설 「국채보상」에서도 이 운동이 성공하기 어렵다는 사실을 냉정히 지적하였다. 첫째 국채가 1,500만 원 미만이라 하더라도 이를 국민들이 헌금으로 거두어 낸다는 것은 불가능하며, 둘째 일인 재정고문 메가다目賀田種太郎가 화폐를 개혁하는 방식을 이미 보았듯이 어떤 술책으로든지 이를 저지할 것이라고 경고하였다.

이같은 이유로 신보사는 확실한 선후책을 강구하기까지는 의연금을 접수하지 않겠다는 뜻을 명확히 선언하고 의연금 접수를 사절하였다. 이미 황성신문이 의연금을 적극적으로 접수하여 은행에 예치하기 시작한 이후에도 신보는 의연금 접수를 사절하고 있었다. 신보사는 3월 5일 자부터 24일까지 20여 일에 걸쳐 의연금을 신보사로 가지고 오지 말라는 「본사광고」를 매일 게재하였다.

국채보상금을 본사로 지래持來하는 이가 축일逐日 답지하오나 본사에서는 여차如此 중대지사에 대하야 선후지책善後之策을 확실 강정講定하기 전에는 영수키 난難 하기로 고불수봉姑不收捧하오니 첨군자僉君子는 조량照亮하시압.

그러나 이같은 「사고社告」가 게재되고 있는 동안에도 많은 사람들이 신보사로 의연금을 들고 왔다. 발행부수가 많고 논조가 가장 항일적인 신문에 의연금을 기탁하고 싶었던 것이다. 하는 수 없이 신보사는 처음 접수된 의연금 213원 14전 5리를 기성회로 보냈고, 두 번째로는 185원 40전을 기성회로 넘겼다.[32] 신보는 이 운동의 궁극적인 성공에 회의를 표시하면서 의연금을 보내지 말라는 「사고」를 게재하면서도 각지에서 열성적으로 의연금을 기성회로 보내는 사람들의 명단과 그들의 애국심을 칭찬하는 기사는 매일 같이 실었다.

31   "The National Debt Redemption Fund, Proceedings Against Yang Kitaik", *The Seoul Press*, Sep. 5, 1908.
32   「義金傳達」, 신보, 1907.3.6·9.

3월 16일에는 지금까지 국채보상기성회에 의연금을 낸 사람의 명단과 의연금 액수를 기재한 4면짜리 특별부록을 발행하였다. 이로써 신보는 지금까지의 소극적인 태도에서 이 운동에 적극적인 자세로 전환하고 운동의 중심기관으로 자리 잡게 되었다. 처음에는 회의적이었던 신보도 드디어 태도를 바꾸지 않을 수 없었다. 전국에서 열성적으로 일어나는 애국운동을 소극적인 태도로 방관하고 있을 수만은 없었던 것이다.

3. 언론의 반응

1) 대한매일신보의 의연금 접수

마침내 신보는 의연금을 접수하지 않는다는 사고를 3월 25일부터 중단하고 국채보상기성회에 접수된 의연금과 출연자出捐者의 명단을 광고란에 매일 게재하기 시작하였다. 이와함께 신보사는 기성회와는 별도로 결성된 새로운 단체의 총합소가 되었다.

4월 3일 이종일, 김광제, 박용규, 서병규, 이면우, 오영근의 발기로 유지들이 회합을 갖고 대한매일신보사 내에 국채보상지원금총합소를 설치하였다. 소장은 한규설, 부소장 김종한金宗漢, 회계감독 박용규朴容圭, 서병규徐丙珪, 검사원 이강호李康鎬, 양기탁, 이면우李冕宇, 사무원 안덕선安德璿, 윤치호尹致昊 등으로 임원을 선임하고 평의원 20인을 두도록 하였다.[33] 5월 중순에는 총합소의 업무를 확장하면서 임원을 개선하여 윤웅렬尹雄烈을 소장으로 선출하고, 평의원회 의장은 조존우趙存禹, 검사원 김광제를 추가하는 한편으로 서기 4인을 채용하여 경향 각 수금소의 운영 실태를 검사하기로 하였다.[34]

大韓每日申報第四百六十四號附錄

國債報償期成會義金 廣告 第一號

謝告

本會と因於忠義所激す야設於倉猝故로諸般奉常等節이俱多欠缺す고各項任員을姑未定定す야事務的煩劇과書類的積滯之致로迄今廣告가未有整頓す오니諸僉員은恕諒悉す심을切愧悚す오나勢使然矣라

原亮焉시옵

光武十一年三月十六日

國債報償期成會 白

[이하 국채보상 의연금 출연자 명단이 세로쓰기로 다수 수록됨]

국채보상기성회에 접수된 의연금 출연자 명단. 대한매일신보는 부록을 발행하여 전체 지면에 명단을 수록했다. 1907.3.16.

이로써 신보사는 지금까지의 미온적이었던 태도를 바꾸어 국채보상운동의 중심기관으로 자리 잡았다. 신보의 제작을 실질적으로 책임지고 있던 양기탁은 총합소의 재무를 담당하여, 신보사는 의연금을 접수하고 관리하는 본부가 되었다. 총합소 운영경비는 유지들이 내놓았는데 이들 가운데는 총합소의 임원도 있었고 대외적으로 이름이 밝혀지지는 않았지만 평의원급 인사도 있었을 것이다. 명단과 액수는 다음과 같다.[35]

윤웅렬, 권중석權重奭(10원), 박용규, 양기탁, 정인욱鄭寅旭(5원), 민영옥閔永玉, 박긍래朴兢來, 이정규(2원), 이항의李恒儀, 정일영鄭日永, 강태응姜泰膺, 조승호趙承鎬, 안철용, 심의철(1원)

신보사는 국채보상지원금총합소 임시사무소를 두면서 보상운동의 전국적인 단일화를 위해 연합회의소와의 통합을 모색하였다. 국채보상연합회의소 총무 김광제와 국채보상지원금총합소 검사원 이강호는 양측의 대표 자격으로 만나 상호경쟁을 피하고 합동하여 협조하기로 하였다. 연합회는 동포의 지도방침을 맡고, 총합소는 각처에서 수금한 의연금을 관리하도록 역할을 분담했다.[36] 이러한 원칙의 합의에도 불구하고 두 단체의 통합은 이루어지지 않았다.

신보는 3월 31일 자부터는 「특별사고」를 통해서 의연금을 직접 접수하겠다고 밝히면서 접수된 의연금은 신문에 광고하고, 당일로 은행에 예치하

---

33 「組織總會」, 신보, 1907.4.11.
34 「總會組織」, 신보, 1907.5.25.
35 「諸氏感義」, 신보, 1907.5.21.
36 「兩所歸一」, 신보, 1907.5.28.

였다가 액수가 많아지면 세계적으로 신용 있는 회사나 은행과 결탁하여 이 기금의 운영방안을 마련할 것이라고 약속했다. 이에 따라 4월 4일에는 1차로 1,083원 32전 5리를 한미전기회사 은행에 예치했다.[37]

이 무렵에 신보의 발행부수는 빠른 속도로 늘어나고 있었다. 1907년 9월 현재 국한문판 8,000부와 한글판 3,000부였고, 1908년 5월에는 국한문, 한글, 영문을 합하여 13,256부였다.[38] 신보는 당시 서울에서 발행되던 신문 전체를 합친 부수보다도 많아서 타 신문에 비해 사세와 그 영향력이 절대적인 우위에 있었다. 이에 따라 우선 국한문판의 지면을 확장하였다. 종래 타블로이드판 정도 크기로 1면이 6단이었는데, 판형을 키워 대판으로 만들면서 7단으로 늘렸다. 판형 확대는 1907년 4월 7일이었는데, 5월 23일에는 새로 한글판을 창간하였다. 이로써 배설은 국한문판, 한글판, 영문판 3개의 신문을 발행하게 되었다. 신보의 지폭을 늘리고 한글판을 새로 창간한 것은 국채보상운동으로 인해 광고도 증가하였지만 운동을 실질적으로 이끌고 있던 신문에 대한 국민의 관심이 높아지면서 독자가 늘어난 원인도 있었다.

신보의 사세가 이처럼 신장되고 있던 무렵에 일본 통감부가 기관지로 발행하던 경성일보는 오히려 한글판을 폐간하여 크게 대조를 이루었다. 경성일보 한글판은 1906년 9월 1일에 일어판을 창간할 때부터 그 자매지로 발행하고 있었는데, 신보 한글판이 나오기 한달 전인 4월 21일 지령 제 185호까지 발행한 뒤에 폐간하였다.

신보사가 국채보상운동의 중심기관이 될 수 있었던 것은 다른 신문의

---

37 「특별사고」, 신보, 1907.4.4.
38 정진석, 『대한매일신보와 배설』, 278~284면 참조.

추종을 불허할 정도로 많은 부수를 발행하는 가장 영향력 있는 신문이라는 사실이 크게 작용했다. 또한 영국인 배설이 신보사의 소유주라는 점도 고려되었다. 영국인은 치외법권의 특권을 누리고 있었으므로 통감부가 신보에 직접적인 탄압을 가할 수는 없었다. 그러므로 이 신문사에 있는 국채보상지원금총합소도 통감부의 간섭과 압력을 피할 수 있을 것으로 기대했던 것이다. 배설은 상하이에서 있었던 *North China Daily News*를 상대로 제기한 명예훼손 재판에서 대한매일신보가 의연금을 보관한 이유를 이렇게 말하였다.

그 당시 일본경찰이 부당하게 나를 다룰 수 없고, 나에게 맡겨진 돈은 일본경찰에 빼앗기지 않는다는 사실이 알려져 있었다. 한국인들은 돈을 한국인들이 보관하는 것을 두려워했다. 이는 한국인들이 부정직해서가 아니라 그들이 그 돈을 누군가(일본)에게 빼앗기게 될까 두려웠기 때문이다.

신보는 매일 전국에서 답지하는 의연금의 액수와 이를 기탁한 출연자 명단을 광고했다. 명단의 인원이 너무 많아서 광고란에 모두 게재할 수가 없을 정도였으므로 명단을 싣기 위한 증면 부록을 발행해야 할 때도 자주 있었다. 1907년에 신보가 정상발행 지면에 더하여 부록을 발행한 날은 다음과 같다.

3월 16일, 28일, 31일,
4월 5일, 6일, 18일, 30일,
5월 7일,

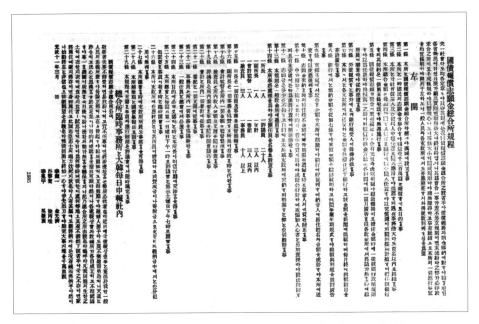

국채보상지원금총합소 규정. 대한매일신보사에 사무소를 두도록 하여 신보사는 운동의 전국적인 본부가 되었다.

6월 18일,

8월 6일, 13일

이와 같이 신보는 여러 차례 명단과 금액을 싣는 부록을 발행하였다. 명단을 미처 다 실을 수 없을 정도로 적체되자 만세보에도 나누어 광고하는 경우까지 있었다.[39]

2) 의연금 관리에 관한 의구심

국채보상운동은 전국에 여러 단체가 있었으나 크게 3개 단체가 중심이 되어 있었다. 국채보상기성회, 국채보상지원금총합소^{대한매일신보}, 국채보상중앙의무사^{황성신문}였다. 신보와 황성 양대 민족지는 총합소와 의무사의 본부 역할을 맡아 이 운동의 중요성과 취지를 다투어 게재하여 국민의 호응을 유도하였다. 그러나 국채보상기성회와는 횡적인 협조 없이 의연금을 접수하였기 때문에 의연금의 명칭도 황성신문은 '의무금'으로, 신보사는 '의연금'으로 불렀고, 의연금을 내는 사람들이 혼란을 일으켜 '기성회'와 신보사는 초기부터 사소한 불협화음도 있었다.

기성회는 4월 29일과 30일 이틀 동안 황성신문에 「특별광고」를 게재하여 대한매일신보에 보내는 의연금은 기성회와는 관계가 없음을 밝혔다.[40] 처음에는 기성회가 접수하는 의연금의 내역을 신보에 게재하였으나 신보사가 '총합소'라는 독자적인 조직의 본부가 되었으므로 기성회와 총합소를 혼동하지 말라는 뜻이었다. 이처럼 약간의 오해와 혼동은 있었지만 심각한 문제가 되는 것은 아니었다. 다만 여러 곳에서 의연금을 접수하였기 때문에 그 돈을 어떻게 관리하는가 하는 것이 중요한 과제였다.

돈이 모이는 곳에는 잡음이 따르기 마련이다. 1907년 5월 30일, 국채보상지원금총합소는 각 수금소收金所의 지원금 접수와 관리를 조사하기로 하고 검사원 이강호와 김광제가 서기 3명을 대동하고 제1차로 데국신문사로 가서 검사하였다.[41] 한달 반쯤 지난 뒤 국채보상지원금총합소는 다른 단체인 국채보상기성회의 운영이 부실하다는 사실을 신문에 공고하였다. 신보 7월 11일 자부터 31일까지와 황성신문 7월 20일부터 3회에 걸쳐 실린 광고는 "기성회는 문부文溥가 현란眩亂하고 금액이 모호하여 조사하기 어려우므로 기성회에 돈을 낸 사람들은 영수증 호수와 금액과 성명을 국채보상총합

---

39 「특별광고」, 만세보, 1907.3.31; 「특별광고」, 신보, 1907.4.4.

40 「有何相關」, 신보, 1907.5.2.

41 「派送檢査」, 신보, 1907.5.31.

소로 보내 달라"는 요지였다. 전국 단위로 모금을 시작한 첫 번째 단체인 기성회의 운영을 신뢰할 수 없다는 것이다.

황성신문은 11월 19일 자에 국채보상운동은 국민의 애국심이 자연발생적으로 흘러나온 것이라 하여 그 "애국의 혈성血性이 유연감발油然感發하야 자연 중 유출自然 中 流出함이고 하인何人의 지사指使로 유由함은 아니라"고 말하고 이와 같은 열성으로 전국의 국민들이 내놓은 의연금은 '국민의 핏방울血点'으로 규정하면서 최근에 국채보상 수합에 종종 불미한 말들이 오가고 신문지상에 광고가 자주 나오는 데 대해 경고하였다. 황성신문은 그때까지 거두어진 의연금으로 국채를 완전히 갚을 수는 없지만 국채보상의 길은 연 셈이므로 이를 보완하는 방법을 강구하고 장부를 정리해 두어야 한다고 지적하였다.[42]

황성신문은 앞서 11월 4일 자에는 모금된 돈의 활용에 관한 의견을 제시했다. 전국 2천만 동포의 고혈膏血인 국채보상금은 지금까지의 접수 금액으로 국채를 보상할 수는 없기 때문에 이를 쌓아두고 기다리는 것보다는 사업을 벌여서 이익을 남기자는 자도 있고, 또는 이 돈으로 교육을 확장케 하자는 자도 있으나 이는 모두 불가한 것이라고 주장하였다.[43]

이같은 논설은 이미 이 운동에 대한 초기의 열의가 식어가고 있으며 접수된 기금에 대해서 의혹을 품는 사람도 있음을 드러내고 있다. 운동을 추진하던 사람들도 국민의 자발적인 애국심에 호소하는 방법에만 의존하여 목표를 달성하기에는 너무도 벅차다는 사실을 차츰 깨닫기 시작했다. 접수된 액수가 목표에 도달하기에는 턱없이 부족했던 것이다. 이렇게 되자 의연금을

---

42 「국채보상금 收合에 관한 문제」, 황성, 1907.11.19.
43 「告 국채보상금 收合諸氏 급 일반동포」, 황성, 1907.12.4.

기탁하는 열의도 차츰 식어갔고, 이미 걷힌 의연금의 행방에 관해 의구심을 품는 사람까지 생기게 되었다. 한편 통감부는 이 기금이 장차 어떤 반일 목적에 사용될지 모른다는 의심도 갖고 있었다.

3) 친일신문의 비난

통감부는 처음부터 이 운동을 방해하려 하였지만 워낙 전국적으로 일어난 운동을 탄압할 구실을 찾지는 못하다가 드디어 꼬투리를 잡았다. 1908년 3월 11일 경시총감 마루야마는 통감대리 부통감 소네曾禰荒助에게 다음과 같이 보고했다.[44]

警秘 제977호의 1

대한매일신보사에서 모집한 국채보상금 4만 2,535원 남짓을 천일은행에 예금 중인데 이달 6일 이 회사 사장 베델 씨와 이 회사 주사 양기탁·박용규, 전 군부대신이었던 윤웅렬의 4명이 서로 의논하여 그중 금 30,000원을 인출하여 비밀리에 인천항 회풍은행匯豊銀行에 예금했다고 합니다. 이와 관련하여 해당 은행은 중국 상해에 본점을 가지고 있으며 인천은 그 지점으로 일찍이 보상금을 예입한 일이 없습니다. 필경 이 일이야말로 후일에 분쟁을 초래할 요소가 될 것이라고 합니다.

통감부는 국채보상운동을 계속 감시하다가 7월 4일에는 마루야마가 다음과 같은 보고를 조네에게 올렸다.

---

44 「대한매일신보관계」(1, 2, 3), 「국채보상금에 관한 件」, 국사편찬위원회 소장, 『통감부문서』 4권, 9.

警秘 제248호

대한매일신보의 주관이었던 베델과 기자 양기탁이 동 신문사가 보관했던 국채보상금에 대해서 제멋대로 처리했다는 주장은 이미 보고한 바와 같습니다. 동 신보사가 작년 3월부터 금년 6월 사이에 접수한 의연금 총액은 실로 6만 1,000원에 달합니다. 그 금액 중 3만 원은 금년 2월 7일 베델은 양기탁과 짜고 베델 명의로 인천항 회풍은행에 맡기고 2월 말에 2만 5,000원을 인출하고, 4월에 이르러 4,000원, 또 1,000원을 3회에 걸쳐 모조리 인출하여 한 푼의 현금도 남기지 않았습니다. 그런데 보상금총합소에는 베델과 양기탁이 제출한 회풍은행 발행의 3만 원 예금어음을 현재 가지고 있는 것은 별지別紙 조사서와 같습니다. 현금 없는 어음은 있을 수 없으므로 그 어음이야말로 무효일 것이며 3만 원은 이미 달리 소비되었을 것이라고 합니다.

별지 조사서는 총합소장 윤웅렬의 질문에 대해 양기탁이 제출한 것이라고 합니다.

이에 앞서 금년 2월경 총합소장 윤웅렬은 그 3만 원은 미리 전기회사에 맡겨 둔 것을 베델과 양기탁이 마음대로 인출하여 이것을 회풍은행으로 옮기게 된 것을 따졌더니, 이자 관계상 이와 같이 했다고 변명했습니다. 역시 앞날을 염려해서 3개의 열쇠를 갖춘 금고를 구입하여 현금 및 어음 등은 여기에 넣고 관계자 3명이 열쇠를 나누어 갖기로 했습니다. 그런데 매일신보사는 이 의연금에 대해서는 시종 취급의 정확함을 그 지상에 광고했습니다. 이제 이것을 번역하여 참고삼아 다음에 게재합니다.

위와 같은 보고와 함께 마루야마는 대한매일신보에 실린 국채보상의연금 접수 총액을 기록했다. 한편 통감부 기관지 *Seoul Press*는 이 운동이 시작될 때

부터 운동 자체가 잘못된 것이라고 비난하였다.(서울프레스의 신보와 배설 비난
은 제1부 제2장 3, '서울프레스 배설 공격 캠페인' 참고) 친일신문 국민신보는 배설이
머지않아 영국으로 돌아갈 것이라는 기사를 실어서 의연금의 처리에 대한
의혹을 부채질하였다.[45] 인천에서 일인이 발행하던 일어신문 조선신보는 국
채보상운동의 표면적인 명분은 훌륭한 것 같지만 내심으로는 배일사상이 숨
겨져 있는 것이라고 비난했다.[46]

4. 모금액 총계

1) 신보의 모금액 광고

대한매일신보와 황성신문은 의연금을 모금하기 시작한 이후부터 의연
금을 낸 사람의 명단과 액수, 은행에 기탁한 금액을 상세히 신문에 공포하
여 의혹이 일어나지 않도록 하였다. 신보는 5월 9일에서 12일까지는 그동
안 접수한 의연금 653건의 명단과 금액 내역을 정리하여 공포하였고, 의
연금 접수를 시작한 지 50일이 경과한 뒤인 4월 19일 자에는 8,350원 1전
을 은행에 예치하였다고 밝히는「특별광고」를 실었다.

모금액수는 매일 늘어나 4월 30일에는 17,672원 4전이 되었다. 그 후 신
보「특별광고」에 밝힌 내용을 월별로 보면 은행에 예치한 액수는 다음과
같다.

---

45 「曲中山水」, 신보, 1907.5.12.

46 「辨解 朝鮮新報 排日思想說」, 만세보, 1907.3.3; 논설, 「本報의 友人과 敵嫌者」, 신보,
1907.5.11.

1907년 5월 31일 38,288원 84전(그중 11,800원은 국채보상지원금총합소로
교부)

6월 30일 46,860원 71전(19,300원은 총합소)

7월 28일 51,810원 45전(32,300원은 총합소)

8월 31일 53,841원 87전(33,300원은 총합소)

9월 29일 54,910원 17전(32,300원은 총합소)[47]

10월 31일 55,833원 73전(32,300원은 총합소)

11월 30일 56,902원 41전(32,300원은 총합소)

12월 19일 57,054원 96전(32,300원은 총합소)

12월 31일 57,345원 71.7전(32,300원은 총합소)

1908년 5월 15일 61,042원 33전(32,300원은 총합소)[48]

한편 황성신문은 1907년 3월 6일에 처음으로 '의무금' 500원을 한성은
행에 예치한 다음부터 13일 제2회, 15일 제3회의 순으로 500원 단위로 예
치하였는데, 8월 5일 제100회까지 예치하여 50,000원을 돌파하였다.[49] 그
러나 날이 갈수록 초기에 비해 의연금을 내는 사람이 줄어들어서 8월 5일
에 제1백 회분을 예치한 다음에는 약 2개월이 지난 뒤인 10월 30일에야 제
101회분과 102회분을 예치할 수 있었다. 그리고 이듬해 1월 11일에 제107

---

47 9월 12일부터 총합소로 교부한 금액은 1,000원이 줄었다.
48 신보는 1907년 12월까지는 은행 예치액수를 공표하였으나 그 이후에는 은행 예치의
「특별광고」가 실리지 않고 접수된 금액의 총계만을 보도하였다. 이는 은행 예치액수
와는 약간의 차이가 있지만 대동소이하다. 1908년으로 넘어오면서 의연금을 기탁하
는 액수가 점차 줄어들었으므로 신보에 날마다 실리지도 않았다.
49 「義務金 預置銀行」, 황성, 1907.3.7; 황성, 1907.3.14; 황성, 1907.8.6.

회분과 108회분 1,000원을 예금하였으나[50] 그　이후에는 간간이 의무금을 접수하면서도 이를 은행에 예금하였다는 기사는 보이지 않는다. 그러므로 이때까지 황성신문이 접수한 금액은 모두 54,000원이었다.

2) 배설이 밝힌 액수

그러면 국민들의 열렬한 호응을 받아 자발적으로 일어난 이 운동으로 거둔 의연금을 종합하면 모두 얼마였을까. 신보사가 접수한 의연금은 두 가지였다. 하나는 신보사가 직접 접수한 금액이고, 다른 하나는 신보사 안에 있는 국채보상지원금총합소가 접수한 돈이다.

양쪽을 합한 수입금은 모두 72,000원이었다. 배설이 이미 두 번이나 감사를 받은 것이라면서 코번에게 밝힌 의연금 접수 총액과 기금 운영상황은 다음과 같다.

수입금 내역[51]

신보사 접수총액	61,500원
* 국채보상지원금 총합소에 교부交付	32,000원
마르탱에게 대부貸付	22,500원
현금잔고	7,000원
국채보상지원금 총합소	42,500원
총합소에서 직접 접수한 돈	10,500원
* 신보사에서 교부받은 돈	32,000원

---

50 「義務金 預置銀行」, 황성, 1908.1.12.

수입금 운용 내역

회풍은행 예치	30,000원
예치금 수안금광주逐安金鑛株 매입	25,000원
마르텡에게 대부貸付	5,000원
현금잔고	12,500원

한편 황성신문이 접수하여 은행에 예입한 의연금은 1908년 1월 11일에 제108회까지 예입하였으므로 54,000원을 넘어섰으나 그 이후의 접수분은 많지 않았다. 그러므로 대한매일신보와 황성신문 양측을 모두 합하면 115,500원으로 그 후에 접수된 약간의 의연금을 합하면 약 12만 원 정도 모금되었을 것이다.

이 밖에 또 하나의 모금단체였던 국채보상기성회와 산발적으로 여러 단체가 접수한 의연금도 있겠지만 큰돈은 아니었고, 정확한 액수를 파악하기는 어렵다.[51] 황현黃玹의 『매천야록梅泉野錄』에는 1910년에 국채보상금 처리회를 열고 각처에서 저축한 금액을 조사하니 현재 금액이 159,253원 99전이었다고 했으므로 신보와 황성이 접수한 의연금 총액에 국채보상기성회와 군소 모금단체의 모금총액으로 40,000원 정도가 추가된 액수였을 것이다.[52]

---

51 이 자료는 배설이 주한 영국총영사 헨리 코번에게 제시한 것으로, 코번은 이를 1908년 9월 1일 자로 영국 외무성에 보고하여 영국의 국립문서보관소(National Archive)에 보존되어 있다. 분류번호는 FO 262/1009, "Memo Conversation with Bethell"

52 황현, 이장희 역, 『매천야록』, 대양서적, 1973, 435쪽.

3) 주한 일본헌병대 조사

운동이 시작된 지 1년 6개월이 지났을 때인 1908년 7월 27일 자로 주한 일본헌병대가 내사하여 집계한 자료에는 신보사가 직접 접수한 의연금과 신보사 내의 총합소가 접수한 의연금을 합하면 78,308원 10전이었고, 황성신문 등 전국에서 걷힌 의연금의 총액은 다음과 같이 187,787원 38전 7리였다.[53]

대한매일신보	36,000여 원
신보사 내 총합소	42,308원 10전
황성신문	82,000여 원
뎨국신문	8,420원 6전
만세보-대한신문	359원
국채보상기성회	18,700원 22전 7리
총 계	187,787원 38전 7리

헌병대의 자료는 신보사의 모금 액수가 실제의 절반밖에 되지 않는 반면에 황성신문의 모금액은 과다하게 집계되어 있다. 신보는 접수된 모금액 61,500원 가운데 32,000원을 신보사 내에 있는 총합소로 이월했기 때문에 모금된 액수가 적게 나타났을 것이고, 황성신문은 국채보상중앙의무사의 본부였으므로 그 모금액을 합친 것으로 해석된다. 혹은 헌병사령부의 자료에도 착오가 있었을지 모르지만, 이 자료가 가장 구체적이고 사실

---

53 「1908년 대한매일신보관계 양기탁 뺏세루」, 국사편찬위원회 소장, 『주한일본공사관기록』, 憲秘, 제407호, 1908.7.27, 1205/66~67.

```
                                                    751
Memo.  Conversation with bethell.  September 1.1908.
                === ====

Mr. Bethell stated that the charge was ridiculous, and founded
on the fact that the deposits were credited twice over. He
noted on a piece of paper the actual state of the fund as follo
follows :-

             Korea Daily News.
Cash received :              61,500     (in round figures)
Transferred to Central Office  32,000
Loan to Martin.                22,500      "   "   "   "
Cash in hand                    7,000

             Total           61,500
                             ============

         Headquarters
             Central Office.
Collected direct.             10,500
Received from K.D.N.          32,000

       Total rece pts.        42,500
                              ------
Deposit in H.K.& S. Bank.     30,000
Cash in hand.                 12,500
                              ------
                              42,500
                              ============

Of the H.K.& S. Bank deposit the following disposition has
   been made:-
       Suan Mine shares.      25,000
       Loan to Martin.         5,000
                              --------
                              30,000
                              ============
```

주한 영국 총영사 코번이 작성한 '배설과의 대화 메모(Memo Conversation with Bethell)', 1908.9.1.

에 가까운 숫자일 것으로 판단된다.

한편 일본에서 발행된 『외교시보外交時報』는 1908년 9월 무렵까지 접수된 의연금의 총액이 예기한 액수의 1백분의 1에도 미달하였다고 말하였는데,[54] 사실이라면 그 액수는 13만 원이 못되었던 셈이다. 그러나 『외교시보』는 이 운동을 평가절하하기 위한 의도가 있는 것 같으므로 액면대로 믿기는 어렵다. 여러 자료와 상황을 종합하면 전체적인 모금 총액이 20만 원이 넘지 못했던 것은 확실하고 16만 원에서 19만 원 정도였을 것으로 추산된다.

---

54   松宮春一郎,「韓國時報」,『外交時報』 제131호, 도쿄 : 외교시보사, 1908, 501면.

5. 일본의 탄압 영국과의 갈등

1) 양기탁 구속과 의연금 수사

통감부는 국채보상운동의 전국적인 총본부와 같은 역할을 수행하고 있는 대한매일신보에 오래 전부터 커다란 불만을 품고 있었다. 일본은 가장 강력한 항일논조였던 이 신문의 소유주 영국인 배설을 추방하거나 한국에서 신문을 발행하지 못하도록 요구하는 외교교섭을 영국 측에 꾸준히 제기하고 있었다.

일본의 끈질긴 요구에 따라 영국은 1907년 10월 14일에 배설을 주한 영국총영사관의 영사재판에 회부하여 6개월의 근신을 명하였다. 일본은 이에 만족하지 않고 배설의 처벌을 더욱 강력히 요구하여 상하이 주재 영국 고등법원 판사와 검사가 서울에 와서 1908년 6월 15일부터 4일 동안 정식 재판에 회부하여 배설에게 3주일간의 금고형 판결을 내렸음을 앞에서 살펴보았다. 배설은 6월 20일 인천을 떠나 영국의 형무소가 있는 상하이로 가서 3주일간 복역하였는데 배설이 상하이에 있는 동안에 통감부는 신보와 그 관련자들에 대한 또 하나의 새로운 탄압계획을 실천에 옮겼다. 그것은 신보사의 총무 양기탁을 국채보상의 연금을 횡령한 혐의로 구속한 사건이다.

통감부는 신보의 제작을 실질적으로 총괄하고 있던 양기탁을 구속함으로써 신보에 치명적인 타격을 주는 한편, 국채보상운동의 중심기관을 와해시켜 버린다는 이중효과를 노렸다. 통감부는 배설 문제를 일단락 지은 후 양기탁을 구속하되, 시기는 배설이 상하이에서 서울로 돌아오기 이전이 좋다고 보았다. 배설의 처벌 문제는 일본이 영국과 벌인 까다롭고도 힘겨운 교섭을 통해서 일단락되었지만 양기탁은 한국인이므로 영국과 사전에 협의할 필요가 없을 것으로 판단하였다. 경찰은 배설과 양기탁이 국채보상금을 다른 목적에 사용했을지도 모른다는 혐의를 두고 이를 은밀히 조사하여 증거를 수집하였다. 1907년 5월 이후 신보가 광고로 밝힌 국채보상금 수금 실적을 근거로 보상금의 행방을 조사해 본 결과 의혹이 있는 것으로 보았다.

7월 4일 경시총감 마루야마 시게토시는 통감부 외무부장 나베시마 게이지로鍋島桂次郎에게 배설과 양기탁이 의연금을 횡령하고 있다는 보고서를 보냈다. 통감 조네에게 보낸 것과 같은 보고서였는데 내용은 신보사가 접수한 의연금은 61,000원에 달하는데 배설과 양기탁이 이를 천횡擅橫, 아무 거리낌 없이 제멋대로 함한다는 설이 있다. 그런데 금년 2월 7일 배설이 양기탁과 모의하여 30,000원을 인천에 있는 회풍은행匯豊銀行: Hongkong & Shanghai Bank에 예금해 두고 3월 말까지 25,000원을 인출하였으며, 4월에도 4,000원과 1,000원을 인출하여 모두 3회의 인출로 은행에는 현금이 전혀 남아 있지 않다. 그런데도 배설은 보상금총합소 소장 윤웅렬의 질문에는 이 돈이 그대로 남아 있다고 대답하였다는 것이다. 보고서에는 신보가 광고한 월별 의연금 모금 액수까지 상세히 첨부되어 있었다.[55]

이로부터 8일 뒤인 7월 12일 밤 마루야마는 양기탁을 신보사에서 유인하여 구속하였다. 양기탁은 일본 경찰의 체포를 피하기 위해 신문사 밖으로 나가지 않은 채 신문을 제작하고 있었는데 신보사는 배설의 소유였으므로 치외법권을 인정받아 일본 경찰이 들어갈 수 없는 지역이었다. 마루

---

[55] 丸山가 鍋島에게, 「國債報償金ニ關スル件」, 『주한일본공관기록(日公記)』警秘 제248호, 1908.7.4, 1205/114~121.

야마는 잠시 물어 볼 말이 있다면서 양기탁을 신보사에서 불러내어 곧바로 경시청에 가두어버렸다.[56] 통감부는 치밀한 사전 준비 끝에 가장 적절하다고 판단되는 시기를 택해서 배설이 상하이에서 돌아오기 직전이라는 시점을 포착하여 양기탁을 구속한 것이다. 배설은 양기탁이 구속되기 하루 전7월 11일 상하이에서 금고형을 마쳤고, 서울로 돌아온 날은 양기탁이 구속된 지 5일이 지난 7월 17일이었다.

2) 영국 총영사의 반발

통감부는 이때 주한 영국총영사 헨리 코번Henry Cockburn의 강력한 반발을 예상하지 못하였다. 배설 후임 대한매일신보 사장 만함萬咸, Alfred W. Marnham으로부터 양기탁이 구속되었다는 소식을 들은 코번은 이를 통감부가 저지른 '비겁한 행위foul play'로 규정했다. 일본경찰이 양기탁을 구속한 방법과, 구속한 사실 자체, 두 가지 점이 모두 잘못된 것으로 보았다. 체포 방법에 있어서는 경찰이 기만적인 수단을 써서 영국인 소유 건물 밖으로 양기탁을 꾀어내었기 때문에 한영조약 제3조를 위반한 것이나 다름이 없다는 것이었다. 또 구속 자체도 배설 재판에 대한 통감부의 보복으로 볼 수밖에 없다고 주장했다. 재판이 열리기 전에 일본은 배설을 위해 증언한 사람들을 보복하지 않기로 분명히 약속했음에도 불구하고 이를 위반한 것으로 판단했다.

코번은 7월 14일 자로 런던의 영국 외상 에드워드 그레이에게 양기탁이

---

56 양기탁을 신보사에서 불러낸 사람은 경시총감 마루야마(丸山)가 아니라 경시 와다나베(渡邊)였다는 기록도 있다. 「事必歸正」, 신보, 1908.7.16; 이토(伊藤)가 하야시(林董)에게, 「대한매일신보 베세루」, 1205, 『일본공사관기록』, 1908.7.13, 106~108면.

체포된 사실을 알리는 전문을 보냈다. 코번의 보
고서 요지는 이렇다. 양기탁은 배설이 재판받을
때에 피고 측의 주요 증인이었고, 신보의 편집인
이다. 일인들은 12일 밤 교묘한 계략을 써서 양
기탁을 신문사 바깥에서 체포하였다. 통감부는
양기탁의 구속은 단지 국채보상금 횡령혐의라
고 주장하고 있으나 양기탁은 배설 공판 때에 증
인으로 출두하여 배설에게 유리한 증언을 했기
때문에 그에 대한 보복으로 구속한 것이라는 의
혹이 짙다는 점을 지적하였다.[57] 통감부는 배설

주한 영국총영사 헨리 코번

사건의 증인을 보복하지 않겠다고 약속했는데도 이를 지키지 않은 것이라
고 코번은 분개했다.

결국 이 사건은 통감부와 주한 영국 영사관이 다 같이 상처를 입는 결말
을 가져왔다. 통감부는 양기탁을 구속하는 과정에서부터 배설 재판의 연
장이라는 인상을 줄 수밖에 없었고, 상대편 외교관인 코번의 비위를 크게
상하도록 만들었다. 양기탁을 구속한 뒤에도 코번의 상대역이었던 경성이
사청京城理事廳 이사관 미우라 야고로三浦彌五郎의 거친 태도로 인해 사태는 더
욱 복잡하게 꼬였고, 원만한 수습이 어려워졌다. 코번도 이 사건으로 큰 피
해를 입었다. 그는 외교관으로서의 체면을 손상당한 가운데 본국으로 돌
아가 조기 사임하는 불운을 감수하지 않을 수 없었다. 그는 사건의 전개과

---

57 영국 국립기록보관소(National Archive) 소장 문서, FO 371/438, Cockburn이 Grey에게,
Jul. 14, 1908, No.20; FO 262/1009, No.38; FO 65/244, Cockburn이 상하이의 Crown
Advocate에게, Jul. 15, 1908.

정에서 통감부 당국과 심각한 마찰을 일으켰고, 마침내는 도쿄 주재 영국 공사 맥도날드와도 불화가 일어났다.

양기탁을 구속한 마루야마는 의연금에 대한 조사를 계속하였다. 그런데 양기탁이 구속되자 신보사 사장 만함^{萬咸, Alfred W. Marnham}이 조사에 필요한 중요한 서류를 감추어버렸다. 국채보상지원금총합소의 돈과 수형^{手形} 등 중요 서류는 신보사 내에 보관되어 있었는데 만함이 그 서류를 어디론지 가지고 가버린 것이다.

마루야마는 이 사실을 7월 18일 나베시마에게 보고하면서 지금까지 신보가 접수한 보상금 총액은 61,131원 50전 5리^厘인데, 이 가운데 30,000원을 인천의 회풍은행에 예입했다가 배설이 곧 인출해 버렸기 때문에 은행에는 현재 한 푼도 없으므로 의혹이 있다고 보고했다.[58] 이 보고서는 통감 이토 히로부미에게도 전달되었다. 이토는 만함이 국채보상금 관련 장부와 금고 등을 딴 곳으로 옮겼으면 증거인멸의 우려가 있으니 영국 총영사에게 이를 조사할 수 있도록 청구하는 동시에 후일의 증거로 남기도록 공문을 받아두라고 지시했다.[59] 이에 따라 미우라는 7월 20일 영국, 미국, 프랑스 세 나라의 주한 영사관에 이 사건 조사를 위한 협조를 요청하는 공문을 발송했다.

영국에 대해서는 ① 배설이 인천의 회풍은행에 예입했다가 3회에 걸쳐 인출한 돈으로 무엇을 했는가, ② 예금 가운데 남은 부분이 국내의 미국은행에 예치되어 있는가, ③ 그리고 만함이 국채보상총합소에서 가져간 금

58　丸山가 鍋島에게, 「國債報償金ニ關スル件」, 『주한일본공관기록』(이하 日公記, 警秘 제 260호, 1908.7.26, 1205/101~102.

59　日公記, 伊藤이 曾彌에게, 1908.7.18, 제369-1호, 1205/97~98・103~104.

고 및 장부 2권 등에 관해 조사해 줄 것을 요청했다. 미국 영사관에 대해서는 콜브란-보스트위크 회사에 배설이 보상금을 예입 또는 인출했는지의 여부를 문의했고, 프랑스 영사관에 대해서는 서울 아스토 하우스 호텔의 주인 마르탱이 배설로부터 보상금을 빌린 내용을 알려 달라고 요청했다.[60]

3) 배설의 보상금 유용 의혹

통감부는 이와 같이 외국 영사관에 사건 수사의 협조를 요청하기 전이었던 7월 18일 양기탁과 함께 또 하나의 혐의자로 박용규를 지목하고 그에 관련된 일건 서류를 경성지방재판소 검사에게 송치했다. 박용규는 원래 비서승秘書丞으로 있으면서, 고종의 지원금을 배설에게 전달하기도 했던 인물이다. 일본 경찰은 고종이 양위할 때에 박용규와 심우택沈雨澤, 김철영金澈榮 등을 체포하려 했으나 박용규는 배설의 집으로 피신해 버렸기 때문에 체포에 실패했다. 통감부가 박용규 관련 서류를 검사에게 보낸 것은 배설과 양기탁을 포함하여 신보와 연관이 있는 사람은 모두 유죄임을 어떤 방법을 써서라도 증명하려고 결심한 것이다.

같은 날 헌병사령부는 신보사와 총합소가 접수한 의연금 78,308원 10전 가운데 배설이 15,000원을 유용하였다는 내용의 다음과 같은 보고서를 작성하였다.[61]

황해도의 수안 금광 주식　　　15,000원

60　日公記, 三浦가 石塚에게, 1908.7.20, 제9호, 1205/93-94: FO 371/439 三浦가 Cockburn에게, 20 July, No. 110, 111(Cockburn의 No. 53 첨부서류), Cockburn이 Grey에게, 20 July, No.24.

61　앞의 憲秘, 제407호, 1908.7.27, 1205/66~67.

가옥 건축비	5,000원
박용규 유용	386원 8전
마르탱 호텔 대여금	10,000원(9리 이자로 대여)
잔 금	37,921원 2전

　이제 영국과 일본 당국은 바로 한 달 전에 열었던 배설의 재판 때와는 정반대의 위치에 서게 되었다. 배설 사건은 사법처분의 주도권을 영국이 쥐고 있었기 때문에 영국 재판 절차에 따라 진행했지만 이번 사건은 일본이 사법절차를 진행하는 상황이 되었다. 배설 사건은 서울, 도쿄, 런던의 영국 외교관들이 각자의 위치에서 제시하는 의견을 지루할 정도로 오랜 기간에 걸쳐 검토했고, 복잡한 결정과정을 거쳤던 데 비해서, 양기탁 사건은 일본 당국이 대단히 신속하고도 단순한 방법으로 처리하고 있었다. 사건 처리에 있어서 일본 외무성도 옆으로 비켜섰고, 이토 히로부미와 통감부가 거의 독자적인 판단에 따라 결정해서 밀어붙였다. 실질적인 결정은 통감부 서기관 미우라와 경시총감 마루야마의 선에서 이루어졌으며, 통감 이토는 사건 처리에 신중을 기하라고 여러 차례 훈시했을 정도였다.

　한국에서 일본의 영향력을 몰아내기 위해서 모금한 국채보상의연금에 의혹이 있다는 이유로 통감부가 양기탁을 구속했다는 말은 해괴한 논리가 아닐 수 없었다. 그것은 일본의 한국 침략을 반대하는 대한매일신보에 대한 탄압이고, 국채보상운동을 중단시키려는 저의가 있음은 누가 보더라도 명백했다. 주일 영국공사 맥도날드는 양기탁의 구속이 정말로 일본이 주장하는 이유 때문이라면 이는 이타주의利他主義의 표본이요 기념비적인 바보행위일 것이라고 비꼬았다.[62] 영국은 이 사건을 어디까지나 영국인 소

유의 신문에 대한 일본의 탄압으로 보았고, 일본은 단
순히 국채보상의연금의 횡령을 조사하려는 것이라고
주장하면서 양측의 숨 가쁜 긴장이 고조되었다.

이토 히로부미

4) 영-일 양국간 외교분쟁

양기탁 사건에서 통감부를 대표하기로 된 미우라
는 7월 20일 하루에 세 차례나 코번에게 공문을 보냈
다. 첫 번째는 양기탁이 의연금을 횡령한 것이 유죄로
판명되어He was found to be guilty of embezzlement of the Korean
Foreign Loan Redemption Fund 18일 자로 검사에게 송치되
었다는 통보였다.

이어서 미우라는 만함이 국채보상지원금총합소의 요청을 무시하고, 총
합소 소유물인 금고와 장부 2권을 빼내 갔다는 정보가 있다는 두 번째 공
문을 코번에게 보냈다. 미우라는 코번에게 만함이 금고와 장부를 가져간
것이 사실인지 여부와, 사실이라면 어떤 권한에 의해 가져갔으며, 또 무슨
목적에서 그런 일을 했는지 알려달라고 요구했다.

미우라는 같은 날 또다시 세 번째 공문을 보냈다. 그것은 배설이 신보에
광고된 것과는 달리 지난해 7월이나 8월에 의연금 1만 원을 인출하여 아
스토 하우스 호텔 지배인 마르탱에게 빌려준 뒤 매달 이자 80원씩을 받고
있다. 더욱이 배설은 한국인 몇 명과 함께 콜브란-보스트위크 회사Collbran
Bostwick & Co.에 예치해 두었던 위의 기금 가운데 또다시 30,000원을 인출하

62　FO 371/439: 262/993, MacDonald가 Grey에게, Aug. 1, 1908, No.200.

여 금년 2월께 회풍은행의 대리점인 인천의 홈링거 회사Holme Ringer & Co.에 예금했다가 배설이 그 전액을 찾아간 것으로 알려졌다는 내용이었다.

미우라는 배설이 의연금과 관련을 맺은 경위와 마르탱에게 빌려준 돈의 행방 등을 알려달라고 코번에게 요청했다. 이날 미우라가 보낸 세 통의 공문은 각각 양기탁, 만함, 배설에 관한 것으로 통감부는 이미 검찰에 송치한 양기탁과 배설의 집에 피신해 있는 박용규는 물론이고 배설에게까지 수사를 확대할 의도임을 드러내었다.

코번은 미우라의 첫 번째 편지에서 "양기탁이 유죄로 판명되었다"는 표현은 잘못된 것이라는 데 유의했다. 이 용어는 재판이 끝난 뒤라야 쓸 수 있는 말인데 아직 양기탁에 대한 정확한 기소 내용조차 알려져 있지 않았는데도 이 말을 사용했기 때문이다. 코번은 반격을 가했다. 편지에 답변하는 대신에 미우라의 질문이 어디에 근거를 두고 있으며, 질문한 정보를 무슨 목적에 쓰려는 것인지 알려달라고 되받아 요청했다. 미우라는 그것은 양기탁에 관해 더 상세한 증거를 얻고, 배설이 의연금과 관련하여 어떤 범죄를 저질렀는지 조사하기 위한 것이며, 질문의 근거는 경찰이 양기탁을 심문하는 과정에서 얻어낸 것이라고 말했다. 미우라의 이러한 공문들은 코번이 볼 때에 대단히 저돌적인 것으로 느껴졌다.

미우라는 만함과도 감정 섞인 편지를 주고받았다. 만함은 미우라에게 양기탁의 면회를 요청하면서 영어로 대화할 수 있도록 허용할 것과 국채보상의연금에 관해서도 이야기를 나눌 수 있게 해달라고 덧붙였다. 양기탁이 혐의를 받고 있는 문제에 관해서 말할 수가 없다면 어떻게 양기탁의 변호를 도와줄 수 있겠는가 라는 것이 만함의 주장이었다. 그러나 미우라는 만함의 요청을 거절했다. 그러면서 만함이 의연금과는 아무런 관련이 없다고 주장하면서도 왜 그처럼 열성적으로 양기탁의 변호를 추진하는지 이해할 수가 없다고 비꼬는 투로 반문했다. 만함도 지지 않고 응수했다. 즉 양기탁은 만함의 가장 귀중한 직원인데 그가 신문사에 못나오게 됨으로써 막대한 불편을 겪고 있다고 답변했다. 만함은 이어서 영국인 고용주는 자기가 고용한 사람을 돌봐주고 그들의 이익을 보호하기 위해 최선을 다하는 것이 관습이라고 말하고, 내가 이처럼 간단하고 공정한 요구를 하는데도 귀하가 그처럼 많은 방해를 하고 있는 것은 화나는 일

주일 영국대사 맥도날드

이라고 쏘아붙였다. 이와같이 이 사건은 코번과 미우라 사이에 감정이 대립된 상태에서 양측이 타협보다는 대결의 양상을 띠면서 긴장이 고조되는 가운데 교섭이 진행되었다.

미우라가 영국, 미국, 프랑스 세 나라 주한 영사관에 질의한 내용에 관해서 미국과 프랑스 측은 회답을 보냈다. 미국 총영사는 배설이 25,000원어치의 광산 주식을 산 것은 사실이라고 통보했고, 프랑스 총영사는 아스토하우스 호텔Astor House Hotel 지배인 마르탱Martin이 배설로부터 27,500원을 빌렸다고 확인해 주었다. 그러나 코번은 영국의 사법행정 원칙과 정면으로 어긋나는 절차에 대해서는 도움을 줄 수 없다는 이유로 미우라가 요청한 질문에 협조를 거절했다. 코번이 미우라의 요청을 거절하자 통감부는 배설까지 고소할 태세를 갖추었다. 통감 대리 소네曾彌는 7월 30일 일본에 있는 이토 히로부미에게 배설이 국채보상 의연금을 횡령했다는 증거를 찾

아내었으므로 배설에 대한 고소장을 기초중이라고 보고했다. 조네는 배설의 혐의사실을 다음과 같이 들었다.[63]

첫째, 신보사와 신보사 안에 있는 국채보상의연금총합소가 모금한 금액 71,610원을 콜브란 은행에 예치했다고 신보는 광고했다. 그리고 이 모금액을 취급하는 사람은 총합소 소장 윤웅렬과 임원 양기탁, 박용규 그리고 배설인데, 사실상 배설이 이를 처리하고 있다.

둘째, 모금액 가운데서 30,000원은 신보 광고와는 달리 콜브란은행으로부터 인출하여 2월 7일 인천에 있는 회풍은행홍콩 상하이은행의 대리점인 Holme Ringer은행에 예금했다가 4월중 3회에 걸쳐서 모두 인출하였다.

셋째, 전기 모금액 가운데 27,500원은 작년 9월 9分의 이자로 아스토 하우스 호텔 주인 프랑스인 마르탱에게 대여했는데, 금년 8월 21일부터 매월 500원씩 갚기로 되어있다.

넷째, 위의 모금액 중에서 24,000원은 콜브란으로부터 미국 하트포드 한성금 광회사의 주식을 매입했는데, 이는 배설 단독 명의인지, 임원의 명의인지는 아직 판명되지 않았다. 그리고 5,000원은 배설 자신이 소지하고 있다는 것이다.

다섯째, 현재 콜브란은행에는 약 10,500원이 예입되어 있다는데, 앞에서 찾아낸 금액과 합산해도 총계 68,000원이므로 모금액 71,600원에 비하면 3,000원이 부족하다.

이상이 통감부가 파악한 배설의 혐의 사실이었다. 그러나 코번은 절대

---

63 日公記, 1205, 曾彌가 伊藤에게, 1908.7.30, No.24, pp.37~46; 최준, 『한국신문사논고』, 140~141면.

로 배설이 의연금을 횡령하지 않았다고 확신했다. 그는 런던 외무성에 다음과 같이 보고했다.

나는 배설이 정직하지 않거나 믿을 수 없는 사람이란 말을 결코 들어본 적이 없다. 기금의 일부가 미국 은행인 콜브란-보스트위크 회사에 예치돼 있다는 사실로 해서 불가피하게 이 문제를 검토해 본 어떤 미국인 외교관은 배설이 자신이 받은 금액 전부를 설명할 수 있을 것으로 확신한다고 내게 말해 주었다. 어려운 것은 도대체 누구에게 이를 설명해 주어야 할지를 모른다는 것이다.[64]

5) 일본 언론의 집중공격

양기탁의 구속으로 야기된 영일 간의 분규는 국채보상운동과 관련되어 확대되고 있었지만, 보상운동의 의혹을 규명하기 보다는 양기탁의 신병 문제와 관련된 영일 간의 외교적인 마찰과 교섭이었기 때문에 여기서는 자세한 언급을 생략하겠다.[65]

통감부는 양기탁을 구속하여 국채보상운동에 찬물을 끼얹는 한편으로 대한매일신보에도 치명적인 타격을 가하자는 목적이었으므로 양기탁, 배설과 함께 대한매일신보를 비롯하여 주한 영국총영사 헨리 코번에 대해서까지 명예훼손적인 비난을 퍼붓는 맹렬한 언론 플레이를 전개하였다. 일본 신문들과 한국의 서울프레스를 비롯한 일인경영 신문, 한국인 경영의 친일신문들이 입을 모아 양기탁과 배설이 국채보상의연금을 횡령하였다는 혐의를 널리 퍼뜨리고 이들을 옹호하는 주한 영국총영사 헨리 코번의

---

64 FO 371/439: 262/1009, Cockburn이 Grey에게, Aug. 18, 1908, No. 55.
65 이에 관해서는 정진석, 『대한매일신보와 배설』에 상세히 고찰했다.

비난에 열을 올렸다.

일본 언론의 이같은 공세는 국채보상운동으로 통합된 민족진영을 분열시키고 이를 지원하는 국민적인 열기를 일시에 냉각시키는 가장 좋은 방법이었다. 배설은 양기탁이 구속되기 하루 전인 7월 11일 상하이에서 3주일간의 금고형을 마치고 서울로 돌아온 날은 7월 17일이었다. 그가 돌아오자 한국의 친일신문과 일본의 언론은 양기탁과 배설이 의연금을 횡령했다는 기사를 마구 실었다.

국채보상의연금에 관한 의혹은 통감부가 양기탁을 구속한 이후에 공개적인 논란이 일어나기 시작했다. 먼저 7월 30일 대한매일신보사 내 국채보상지원금총합소 소장 윤웅렬이 회의를 소집하고 다음 사항을 논의하기로 했다.[66]

① 총합소 의연금 4만 2,830원 6전을 베델은 반환할 것.[67]

② 황성신문사·제국신문사·기타 각 사회의 의연금을 총합소에서 관할하고 내각에서 감독할 것.

③ 배설이 만약 도주하거나 혹은 그 돈 전부를 반환하지 않을 때는 총합소위원은 내각에 청원하여 영국총영사관에서 재판을 열 것.

④ 총합소는 대한매일신보사 밖으로 이전할 것.

⑤ 양기탁·박용규 등은 중범죄의 피고로 고소할 것.

---

66 「국채보상금소비사건」, 憲機 第416號, 「大韓每日申報社 내 국채보상금 모금을 위한 회의 개최 通文에 관한 件」, 『통감부문서』 5권 9, 1908.7.29.

67 위의 憲機 第416號에 관한 속보 第421號에는 4만 8,300여 원으로 되어 있다.

이날 모임에서는 '현재 남아 있는 국채보상의금 4만 8,300여 원을 배설로부터 즉시 회수할 것'이라는 문제를 놓고 논의를 진행하였지만 분쟁을 자아냈을 뿐 결론을 얻지는 못하였다. 일본 헌병대는 이날 회의 내용을 이렇게 보고했다.

① 당일 결의할 예정 항목은

㉠ 현재 남아 있는 국채보상의금 4만 8,300여 원을 베델로부터 즉시 회수할 것.

㉡ 총합소 도장·은행통장(전기회사를 가리키는 것임. 또 인장·서류 등은 만함萬咸이 집으로 갖고 돌아와 있다) 및 서류 3가지를 회수할 것.

㉢ 전항 4만 8,300여 원과 인장·서류 등은 윤웅렬에게 보관시킬 것.

② 그 가운데 제㉠항을 의제로 하였지만 다만 분쟁 소요를 자아냈을 뿐 끝내 결론을 내지 못했다.

③ 집회한 자가 베델에게 여러 가지 힐문한 결과 베델이 답변한 요점은 다음과 같다.

내가 관계한 국채보상금 가운데서 스스로 소비한 것은 평안남도 수안군遂安郡 금광 25주를 작년 12월 2만 5,000원으로 매수하고, 또 5,000원은 작년 9월부터 금년 3월까지 자신의 가옥 건축을 위해 소비했을 뿐이라고 한다(이상은 말뿐 아니라 서면으로 주장했다고 한다. 그리고 해당 서면은 윤웅렬이 소지하고 있다고 함).

④ 베델의 답변은 전항과 같지만 금광 매수를 위하여 소비한 2만 5,000원은 과연 사실인지 아닌지는 의문으로 회원이 이에 대하여 여러 가지 힐문하였지만 요령부득이었다.

⑤ 회원이 조사한 바에 의하면 베델이 관계한 금액은 약 7만 8,300여 원이다(국채보상지원금 총합소에 수금된 부분 약 3만 6,000여 원, (대한)매일신보사에 수

금된 부분 약 4만 2,300여 원으로, 이상은 베델에 보관 위임하여 윤웅렬·베델·박용규·양기탁 4명의 명의로 전기회사에 예탁한 것이다).

⑥ 그런데 베델의 답변에 의하면 그가 소비한 금액은 3만 원이므로, 아직 전기회사에 현존하는 잔금은 4만 8,300여 원이 될 것인데 동 회사에 대해 회원이 조사한 바에 의하면 겨우 1만 3,000원이 있을 뿐이므로, 약 3만 5,300여 원은 어디에 소비한 것인지 불확실하다. 이 점에 대하여 회원이 베델에게 힐문했지만 이 또한 요령부득이었다.

⑦ 이상과 같으므로 결국 제ⓒ, 제ⓔ항을 협의하지 못하고 폐회했다고 한다.

배설은 대한매일신보를 통해 무고함을 해명도 하고,[68] 국채보상총합소에서도 의연금을 횡령하지 않았다고 주장했으나 일본 헌병대의 비밀 보고에서 보듯이 난처한 입장이 되었다. 8월 3일부터는 신보사 안에 있던 국채보상총합소를 종로에 있는 상업회의소로 이전하였다. 지금까지는 배설이 거의 독단적으로 기금을 관리하였으나 이제부터는 평의원회 의장 조존우가 기금을 맡았다.[69] 8월 10일에 열린 국채보상지원금총합소 특별위원회에서는 검사원(회계감독) 이강호가 의연금 운영방식에 불만을 토로하면서 만일 배설이 의연금 운영방식을 시정하지 않으면 한국인의 손에 죽을지도 모른다고 공언하였다.[70]

배설은 8월 27일에 열린 의연금총합소 평의회에서도 의연금의 현황을

---

68 대한매일신보가 친일신문 국민신보를 성토하거나 논전을 벌인 논설들은 다음 날짜 참조. 신보, 1907.9.10·9.11·10.9·12.17, 1908.8.8·1909.5.21·5.23. 한편 일진회의 신보 비난은 이인섭, 『元韓國一進會歷史』 제4권, 서울: 명문사, 1911, 14~15·57~58면 참조.

69 「總合所移定」, 황성, 1908.8.2, 같은 날짜 광고.

설명하였다.[70] 평의원들의 앞에 선 배설이 최대의 굴욕감을 느꼈던 것은 평의회 의장서리 자리에 국민신보 사장 한석진韓錫振이 앉아 있었기 때문이었다. 국민신보는 친일단체 일진회의 기관지로 고종이 양위하던 때에 친일논조에 불만을 품은 시위 군중이 신문사를 습격하여 사옥과 인쇄시설이 파괴당한 일도 있는 신문이었다. 국민신보의 친일논조에 대해서 신보를 비롯한 민족지들은 여러 차례 이를 성토했고, 논전을 벌인 일도 있었다. 친일파 한석진은 배설에게 왜 보상금으로 금광의 주권을 샀느냐는 질문을 하였고, 배설은 그 이유로 더 큰돈을 만들기 위해서였다고 답변하였다.[72]

이 자리에서 배설은 총합소가 직접 접수한 금액은 10,000여 원이고, 신보사가 접수하여 총합소로 이관한 액수가 30,000여 원인데 이를 합하면 42,000여 원이며 그 외의 액수는 자세히 알 수 없지만 총합소의 장부를 살펴보면 자연히 알게 될 것이라고 대답하였다. 그는 접수된 40,000여 원 가운데 12,900여 원은 콜브란-보스트위크 은행에 예금하였고 프랑스인 마르탱에게 이자를 받을 목적으로 5,000원을 빌려주었는데 매월 500원씩을 받기로 계약을 맺었으므로 7, 8개월분 1천 원을 이미 입금하였고 콜브란 금광주식 125주를 25,000원에 매입하였다고 말하고 그 증빙서류를 내놓았다.[73]

배설은 앞서 코번에게 제시하였던 내용 가운데 총합소가 접수한 42,500

---

70 「總合所平議」, 황성, 1907.8.26.

71 『日本外交文書』, 41/1, No. 815, pp.797~798; FO 371/439, Cockburn이 MacDonald에게, Aug. 19, 1908, No. 56; FO 262/1009, No. 63; 三浦가 Cockburn에게, Aug. 15, 1908; 또한 The North China Herald, Dec. 12, 1908, p.662; The Japan Weekly Chronicle, Dec. 24, 1908, p.967.

72 日公記, 1908.8.28, 警秘 제291호, 丸山가 曾彌에게, 1207/42~44.

73 「총합소의 裴說答」, 황성, 1907.8.29.

원총합소 직접 접수 10,500원, 신보사가 접수하여 교부한 금액 32,000원에 대해서만 소명한 것이다. 배설은 양기탁의 재판이 끝난 뒤인 12월 9일 상하이에서 열린 노스 차이나 데일리 뉴스와 노스 차이나 헤럴드를 상대로 제기한 명예훼손 재판에서도 의연금의 운용에 대해 증언하였는데 코번에게 제시했던 자료에서와 마찬가지로 마르탱에게 27,500원을 대부했는데 그중 22,500원은 신보사가 접수했던 돈이고 5,000원은 총합소가 접수한 돈이라고 말하였다. (이에 관해서는 앞의 제3부 배설이 밝힌 액수 참고)

일본 언론은 배설이 국채보상의연금총합소에서 의연금에 관해 해명하는 과정을 보도하면서 배설에게 혐의가 있다는 기사를 실었다. 배설이 의연금을 유용했음을 자백했다는 요지였다. 배설은 특히 8월 30일 일본 특파원이 서울에서 도쿄로 보낸 기사는 명예를 크게 훼손하였다고 주장했다. 서울에서 흘린 이 기사는 일본을 거쳐 중국 및 동남아 여러 나라 신문에 널리 퍼지게 되었다. 상하이에서 발행되던 대표적 영어신문 노스 차이나 데일리 뉴스는 8월 31일 자에 도쿄발 기사로 이를 게재했다. 같은 신문이 발행하는 자매지 노스 차이나 헤럴드는 주간이었으므로 똑같은 기사를 9월 5일 자에 게재하였다.

이에 관해서는 제2장 공판기록에서 상세히 살펴보기로 한다.

6) 배설의 반격, 코번의 지원

배설은 일본 언론의 공격에 두 가지 방법으로 대처하였다. 하나는 신문을 통한 공개적인 명예회복 노력이었고 다른 하나는 법적 절차를 밟아 자신의 결백을 객관적으로 입증하는 동시에 금전적인 보상을 받아 내자는 것이었다.

배설은 우선 고베에서 발행되는 영어신문 저팬 크로니클에 자신을 중상하는 일본 신문들의 기사가 허위라는 글을 보냈다. 9월 10일 자 저팬 크로니클에 실린 배설의 편지는 자신이 보상금을 횡령하지 않았음을 강조하고 자신은 일본 언론에 의한 피해자라고 해명하였다. 8월 27일 서울상업회의소에서 열린 국채보상지원금총합소 평의회는 악의적으로 자신을 중상하는 소문을 퍼뜨려온 사람들 앞에서 배설이 논박하는 첫 모임이었는데, 의장이었던 한석진은 정치적으로 반대 입장이었음에도 배설의 설명에 만족을 표했다고 주장하였다. 배설은 의연금에 관련해서 숨길 것이 하나도 없었기에 이 모임에 자진 참석하여 설명했고, 기소상태에 있는 양기탁도 같은 입장이라면서 저팬 크로니클 편집자에게 다음과 같이 호소하였다.[74]

귀하께서 확증을 얻을 때까지 서울에 상주하는 일본 특파원들이 보내는 기사의 게재를 유보해 주실 수는 없을까요. 그들의 자격조차 없는 출판물들은 내게 엄청난 피해를 주고있습니다. 그러나 귀하가 아시다시피 나는 이에 대해 아무런 자구책이 없습니다.

일본 언론의 배설에 대한 비방은 다른 여러 나라 신문에 그대로 전재되었을 뿐 아니라 영국 언론에도 많은 영향을 미치고 있었다. 로이터Reuter 같은 국제적인 통신사도 대부분 일본 신문을 취재원으로 삼기 때문에 무의식중에 근본적인 편향보도를 하고 있었다. 배설에게 호의적 입장이었던 저팬 크로니클은 배설이 일본 신문만이 아니라 영국과 미국의 언론으로부

---

74 "Mr. Bethell and the Japanese Press", *Japan Weekly Chronicle*, Sep. 10, 1908, p.400.

양기탁. 통감부가 그를 구속하자 영국의 거센 반발로 외교 갈등이 야기되었다.

터도 피해를 입고 있다고 지적하면서 영국의 법률에 의한다면 로이터나 영국 신문들이 배설의 명예를 훼손한 것이 확실하다고 주장하였다.[75]

배설은 자신의 결백을 주장하는 글과 함께 상하이 옥중기 '나의 3주간의 옥중생활My Sentence of Three Weeks' Imprisonment'를 저팬 크로니클에 기고하여9월 3일부터 24일까지 4회 우회적으로 자신이 일본의 탄압에 피해자라는 이미지를 심어주려 노력했다. 6월 1일부터 코리아 데일리 뉴스의 발행을 중단하였기 때문에 영문으로 쓴 옥중기를 일본에서 발행되는 신문에 게재했던 것이다.

배설은 또한 주한 영국총영사 코번에게도 일본 특파원들이 모욕과 불명예를 가져오는 허위보도 중지를 위해 통감부가 통제권을 행사하도록 요청해 달라고 호소하였다. 자기 자신도 일본 언론의 공격에 시달리고 있는 중이었던 코번은 이러한 일본 언론의 보도가 일본 당국의 조작에 기인한다고 믿고 있었기 때문에 배설의 입장을 변호하는 이례적인 공개편지를 썼다. 9월 10일 자로 코번이 배설에게 보낸 편지 전문은 다음과 같다.[76]

---

75 *Japan Weekly Chronicle,* Sep. 17, 1908, pp.417~419.

76 "Japanese Correspondents in Korea, Letter from Mr. Cockburn", *Japan Weekly Chronicle*, Sep. 24, 1908, p.478.

약 3주 전 귀하는 나에게 편지를 보내어 한국 내 일본 당국이 현지 일본 특파원들에게 통제권을 행사하여 귀하에게 모욕과 불명예를 가져오는 허위보도를 중지하도록 해달라고 요청하셨습니다. 나는 귀하의 편지에 정식회답을 보내지 않았는데 그 이유는 8월 20일 내가 귀하에게 구두로 내 견해를 설명할 기회를 가졌기 때문입니다. 나는 일본신문 특파원들 중 적어도 1명이 전신으로 보낸 보도에서 나 자신이나 혹은 내 부하직원들 중 일부가 국채보상기금 횡령사건과 직접 관련되어 있다고 말한 것을 귀하에게 지적하고 이런 사람들의 말은 무시해버려야 할 것으로 생각한다고 말했습니다. 그러자 귀하는 일본 일간지들에 나타나는 허위보도들을 무시할 수 있지만 그러나 이런 보도들의 일부가 영국에까지 전보로 재 보도됨으로써 애초의 정보 제공자가 얼마나 믿을 수 없는 인물인가를 알지 못하는 사람들이 볼 때는 귀하의 명예가 훼손될 것이라고 항의하였습니다.

귀하는 또한 일본에서 명예훼손보상 소송을 제기하는 것은 쓸데없는 일임을 지적했고 나 자신도 일본의 명예훼손법을 들은 바로 보아 귀하의 견해에 동의하지 않을 수 없었습니다. 그러나 나는 충분한 검토를 한 후에 귀하가 바라는 이곳 일본당국에 대한 항의를 내가 보호하는 것이 쓸데없는 일이라는 견해를 고수했습니다.

나는 이 대화 당시 일간지에 나타난 이 기사가 어떤 식으로 오용될 지를 완전히 이해하지는 못하고 있었습니다. 그러나 귀하는 오늘, 노스 차이나 헤럴드지 9월 5일 자에 실린 8월 30일 자 도쿄 특파원으로부터의 도쿄발 전보기사에 주의를 환기시켰습니다. 그 취지는 "일본 소식통들로부터 알려진 바에 따르면 서울에서는 국채상환기금과 관련하여 국민들 사이에 상당한 베델 반대운동이 일어나고 있다고 한다. 이 일본 전문보도들은 베델이 어제 행해진 심문에서 횡령 코번이 배설에게 보낸 편지, *Japan Chronicle*, 1908.9.24.

사실을 자백했다고 전했다"는 것입니다.

이같은 상황 아래서 나는 이런 기사가 일본 신문 특파원에 의해 일본에 송고되었다는 단순한 사실만으로는 이것이 진실에 조금이라도 근거를 두고 있다고 추측될 수는 없다는 나의 견해를 귀하가 정식으로 표명할 권리가 있다고 생각합니다.

(서명) 헨리 코번

코번은 일본 특파원들이 송고하는 기사로 말미암아 배설이 심각한 명예훼손을 당하고 있다는 사실을 코번의 견해로써 공개해도 좋다고 말하였다. 코번이 배설에게 준 편지는 복합적인 의미를 지니고 있었다. 코번이 배설을 동정하고 있음을 말해 주는 동시에, 코번은 이 편지를 통해서 자신을 공격하고 있는 일본 언론에 반격을 가했던 것이다.

코번의 편지는 배설에게는 대단히 큰 힘을 보태주었다. 편지의 내용 가운데 배설의 무고함을 직접 표현한 말은 없었지만 주한 영국총영사가 배설의 입장을 지지하고 있음을 명백히 했으며, 공개될 것을 전제로 밝힌 견해라는 점이 중요했다. 배설은 코번의 편지를 게재해 주도록 저팬 크로니클에 보냈고, 크로니클은

9월 24일 자에 이를 게재하였다. 이를 되받아 통감부 기관지 서울프레스도 9월 27일 자에 편지 전문을 게재하였다. 상하이의 노스차이나 헤럴드가 편지를 전재한 것은 10월 3일이었다. 배설에게 불리한 기사가 그랬던 것처럼 배설을 옹호한 코번의 편지도 일본, 한국, 중국에서 발행되는 신문에까지 연쇄적으로 전재轉載되었다. 코번이 지적한 일본 언론의 무책임성에 관해서는 서울프레스조차도 일본 특파원들이 "엉터리없는 오보를 본국에 보내는 유감스러운 경향"이 있음을 지적하고, "이런 식의 언론활동이 계속된다는 것은 일본언론의 명예를 아끼는 사람들에게는 크게 한탄스러운 일"이라고 쓸 정도였다.[77]

배설은 여론을 통한 명예회복의 노력과 함께 N-C 데일리 뉴스와 헤럴드를 명예훼손으로 상하이고등법원에 제소하여 그 해 12월 승소판결을 받았다(이에 관해서는 제3부 배설의 *N-C Daily News* 명예훼손 재판에 상세히 살펴본다).

---

[77] "Japanese Correspondents in Korea", *The Seoul Press*, Sep. 27, 1908; *Japan Weekly Chronicle*, Oct. 8, 1908, p.557.

제2장

양기탁 재판

1. 사법권 탈취 이후 첫 재판

통감부는 양기탁의 재판을 서둘렀다. 재판에 앞서 일본인 경무국장 마쓰이 시게루松井茂가 국채보상지원금총합소 소장 윤웅렬로 하여금 배설을 상대로 보상금 가운데 사취詐取한 30,000원의 반환을 요구하는 청원서를 8월 17일 자로 내부대신에게 제출토록 하였다.[1]

일본은 전년도에 체결한 한일협약1907.7.24 및 「한일협약 규정 실행에 관한 각서」를 교환하여 한국의 사법권을 탈취하였다. 이에 따라 1908년 8월 1일부터 3심제로 된 새로운 재판제도를 시행하게 되었으므로 통감부는 양기탁 재판을 통해서 한국의 사법제도를 개선했음을 대외적으로 과시할 필요도 있었다.

일본 효고현 휴양지 마이코舞子에 체재 중이던 통감 이토 히로부미는 8월 16일 통감부에 훈령을 보내어 공판을 시작하되 공명정대한 재판으로 내외국인 어느 쪽이 보더라도 그럴듯하다는 판결을 내리도록 하라고 지시하였다. 특히 증거조사에 더욱 주의를 요하며 경찰의 탐정보고를 기초로 하여 단정하지 말라고 경고하였다. 잘못된 판결을 내리면 새로 구성된 재판소의 신용을 추락시키고 나아가 장차 영국인에 대한 치외법권 철회에 영향을 미칠지도 모른다고 우려했던 것이다. 이토는 배설을 비롯한 외국인을 소환할 경우에는 해당국 영사에게 조회하여 정당한 수속을 밟아 다시는 논의의 원인을 만드는 일이 없도록 하라고 지시하였다.[2]

8월 31일에 첫 공판이 있었는데, 그 후 9월 3일, 15일, 25일 그리고 29일

---

1 「1908년 대한매일신보 관계 양기탁 벳세루」, 『주한일본공사관기록』, 1207, 72~75면.

의 선고 공판을 포함하여 다섯 차례에 걸쳐 열렸다.

이 재판도 배설 재판처럼 한국 재판사상 하나의 특이한 기록을 남겼다. 피고는 한국인이었으나 재판장과 배석판사 1명은 일본인이었고, 증인으로 출두한 사람은 영국인배설, 만함, 프랑스인마르탱, 그리고 재판정에 출두하지 않았지만 미국인 콜브란Collbran이 「선서구술서」를 제출했기 때문에 모두 다섯 나라 국적을 가진 사람들이 재판에 관련되었다.

양기탁 공판기록은 통감부 기관지 *The Seoul Press*의 보도를 번역했다. 통감부 기관지 서울프레스는 국채보상운동을 처음부터 비난하면서 대한매일신보 소유주 배설과 총무 양기탁을 공격해 왔던 신문이다. 그 연장선에서 이 공판 기사는 양기탁이 유죄라는 인상을 주기 위해 애쓴 흔적이 엿보이며 배설에 대해서도 같은 시각을 드러내고 있다. 하지만 서울프레스는 배설의 공판기록을 출판했으며 양기탁 공판도 상세하게 기록한 신문이기 때문에 이를 그대로 소개한다.[3]

서울에서 진행된 배설과 양기탁의 공판 내용이 이처럼 상세한 기록으로 남을 수 있었던 것은 신문사 소속 기자가 아니라 전문적인 속기사가 있었기에 가능했다고 생각된다. 배설 공판은 영어로 진행되었지만 양기탁 사건은 일본어로 진행되었는데 일본어 공판 내용을 즉시 영어로 번역하여 게재했다는 점도 염두에 두고 읽어야 할 것이다. 증인 가운데는 영어를 사용한 배설, 불어를 사용한 마르탱도 있었는데 이 국제적인 재판이 일어로 진행된 것이다. 배설은 대한매일신보의 사장직을 영국인 만함에게 인계하

---

2   日本外務省, 「梁起鐸ノ取扱ニ付韓國副統監ヘ訓令ノ內容通報ノ件」, 『日本外交文書』, 41/1, p.802.

3   양기탁 재판은 통감부 기관지 서울프레스가 상세히 보도하였으므로 이를 그대로 번역하였다.

였으나 실질적인 소유주임에는 변함이 없었다.

이 기록은 국채보상운동을 탄압하는 일본의 시각이 반영되기는 했지만 이를 염두에 두고 본다면 운동의 연구에 자료적인 가치는 크기 때문에 전문을 번역 소개하는 것이다. 같은 재판을 일어신문 경성신보京城新報도 보도하였는데 서울프레스 보다는 상세하지 못하다. 그러나 영어신문 기사에 없는 부분은 반영하였다. 일본 고베神戶의 저팬 크로니클과 요코하마橫濱의 *Japan Mail*도 다음과 같이 이 재판을 상세히 보도하였다.

> *The Seoul Press*, "The Yang Kitaik Case", Sep. 1·4·5·6·16·17·18·19·26·30, 1908.
>
> *The Japan Weekly Chronicle*, "Mr. Yang Ki-Tak and His Return to Jail", "The Yang Ki-Tak Case", Sep. 10, 1908, pp.391~393; "The Trial of Mr. Yang Ki-Tak", Sept. 24, 1908, pp.476~478; Oct. 1, 1908, pp.548~551.
>
> *The Japan Mail*, "The Korean National Debt Redemption Fund", Sep. 26, 1908, pp.380~383; Oct. 3, 1908, pp.413~414; Oct. 10, p.426.

양기탁은 7월 12일에 구속되어 가장 무더운 한여름 동안 영국 측이 그의 처우를 크게 문제 삼았던 열악한 환경의 감옥에서 옥고를 치르는 동안 불면증에 시달리기도 하였다. 그는 수척한 체구였으나 우국심과 정신적인 확신에 차 있는 모습으로 법정에 섰을 때에는 침착하고도 위엄이 있었으며, 결코 꺾이지 않는 의지를 지닌 사람이라는 강력한 인상을 주었다.[4] 양기탁은 서양 사람들과 접촉할 기회도 많았고, 일본에서 살기도 했던 사람인데도 상투를 틀고 있었으며, 재판정에 나올 때에도 한복차림이었다.[5]

다음은 서울프레스에 실린 영문 재판기록이다.[6]

2. 재판 제1일 : 8월 31일(월)

서울 지방법원 1호 법정에서 열린 양기탁 사건 공판은 피고 측 변호사 이용상을 집에서 불러오느라고 도착이 늦어짐으로써 9시 반이 약간 지나서야 시작되었다. 재판은 일본인 판사 2명과 한국인 판사 1명의 공동진행이었고, 한국인 변호사 2명이 변론을 맡았다. 재판장 요코타 사다오橫田定雄를[7] 중심으로 후카자와 신이치로深澤新一郎,[8] 유동작柳東作[9] 두 판사가 배석하고 검사 이토 토쿠준伊藤德順[10]과 피고 측 변호인 이용상李容相[11]이 자리를 잡았다. 또 다른 변호사 옥동규玉東奎는 후에 참여했다. 통역은 후카에 츠네요시深江常喜[12]였고, 법정 단상과 판사들 뒤에는 5, 6명의 공식 참관인들이 앉았는데 그 가운데는 영국 총영사관의 홈스E.H.Holmes와 화이트White도 있었다.

법정마루에 마련된 좌석에는 일반 방청객들이 자리 잡았다. 사건이 대

---

4   "Examination of Yang Ki-Tak", *Japan Weekly Chronicle*, Aug. 8, 1912, p.156 · Jan. 2, 1913, p.31 참조. 이 신문은 양기탁의 모습을 "Yang faced the court with dignified composure, and replies to the questions put to him respectfully but firmly…"라고 표현했다.

5   *Japan Weekly Chronicle*, Sep. 3, 1908.

6   공소장 일어 원문은 『日本外交文書』, 41/1, 799~800면.

7   橫田定雄. 통감부 법무원 평정관(1907.5.11) 한국 법부 사법관에 임명. 1908년 11월 통감부 검사, 1917년 3월 1일 검사로 퇴직.

8   深澤新一郎. 총독부 판사로 1934년 9월 1일에는 從4위勳2등에서 正4위로 승급했다.

9   柳東作(1877.7.6생) 주요경력은 1898년 3월 3일~11월 1일 미국에 다녀오다. 1899년 2월 일본 明治學院 보통과 입학, 관비 유학생으로 1904년 7월 15일 明治大學 법과 졸업, 1905년 8월 22일 法部 법률기초위원, 동년 12월 13일 법관양성소 교관, 1906년 8월 13일 한성재판소 검사.

중 사이에 불러일으킨 관심에 비해 볼 때 예상보다 적었다. 기자석은 거의 찼으며 AP 통신의 Bolljahn과 대한매일신보 사장 만함萬咸 Alfred W. Mrnham도 출석하였다. 배설도 방청객 사이에 모습이 보였다. 검사 이토의 논고로부터 공판이 시작되었다.

피고 양기탁은 당 38세 서울 남서 석정동 호외지 소재漢城 南署 石井洞 號外地 대한매일신보 총무로써 동 신문사의 모든 업무를 책임져 왔다. 피고는 대한매일신보 전 소유주인 영국인 E.T. 배설의 승인 하에 한국 국채를 상환한다는 목적아래 기부금을 모을 것을 계획하였다. 광무 11년1907 3월 피고는 대한매일신보에 특별광고를 게재하여 동 기금의 기부를 요청하였다. 이후 피고는 전국으로부터 신문사로 보내온 의연금을 계속적으로 접수하였다. 그와 동시에 피고는 매일신보 외의 장소에서 같은 목적으로 다른 사람들이 모은 기부금을 총합하는 수탁자가 되게 하려는 생각을 품었다. 이런 목적을 가지고 피고는 배설 및 다른 사람들과 상의하여 국채보상지원금총합소라는 단체를 결성하고 피고가 재무財務가 되었다. 금년 2월까지 피고는 대한매일신보 종사자 외의 다른 사람들이 모아 국채보상지원금총합소에 넘긴 돈 총 10,560.01원을 받았다. 대한매일신보 자체와 국채보상지원금총합소가 접수한 돈의 총액수에 관해서는 피고 및 그의 동료들이 운영하고 투자한 여러 액수를 조사함으로써 추계推計할 수밖에 없다.

총액을 수사한 결과 작년 9월 중 배설의 이름으로 프랑스인 M. 마르탱에게

---

10 伊藤德順. 1906년 4월 16일 검사 임명. 1916년 7월 28일 사임. 1916년 7월 31일 正5위 勳 6등 승급.

11 李容相(1877.10.17생). 1895년 4월16일 법관양성소 입학, 동년 11월 10일 법관양성소 속성과 졸업. 1902.9.12. 법부 법률기초위원, 1905.12.30. 한성재판소 판사를 지내다가 1906.10.26 판사 해임, 변호사 업무.

대여한 금액이 27,500원이었는데 이 돈은 아직 미불로 남아 있다. 1908년 1월 16일 금광회사의 주식[株券] 매입대금으로 콜브란-보스트위크 개발회사에 25,000원을 지불하였다.

금년 2월 초 3만 원을 콜브란-보스트위크 은행에서 인출하여 배설의 이름으로 홍콩-상하이은행 제물포 대리점에 예금하였다가 그때부터 4월 말 사이에 수차에 걸쳐 다시 인출하였다. 이 돈이 어떻게 처분되었는지는 명확치 않다.

마지막으로 대한매일신보 5월 15일 자 기사에 따르면 콜브란-보스트위크 개발회사 은행부에 1908년 4월 30일 자로 예금되었다는 61,042원 33전이 있다. 이 모든 액수가 다 국채상환기금에 속한다고 가정하면 총액수는 적어도 143,542원 33전이 될 것이다. 그러나 이중 10,560원 1전은 이미 밝힌 것처럼 대한매일신보 외의 곳에서 받아 국채보상지원금총합소에 넘긴 돈이다. 이것을 위 총액에서 빼면 대한매일신보에 금년 4월 30일까지 직접 접수된 기부금은 적어도 132,982원 32전이 되어야 한다.

이같은 사실에도 불구하고 피고는 대한매일신보 1908년 5월 30일 자에서 신문사가 1908년 4월 30일까지 접수한 총액이 단지 61,042원 332전이라는 취지의 광고를 게재하였다. 이 허위광고의 수단으로 피고는 국채상환기금 기부자들을 속이고 실제 접수한 돈과 광고된 돈과의 차액 즉 71,939원 98전 8리를 착복한 것이다. 피고의 행위는 형법 600조에 언급된 공리公利를 사칭한 금액사취에 해당된다. 따라서 그는 형법 595조의 절도 처벌규정에 따라 처벌되어야 한다. 이에 소송기록 및 증거물건物件을 첨부하여 공소를 제기함[12]

---

12 공소장은 서울프레스 영문 기사를 토대로『日本外交文書』, 41/1, 799~800면. 일어원문을 참고하여 보완하였다.

이상의 논고는 일본어로 낭독되었으며 이를 한국어로 통역하였으므로 재판은 시간이 길어졌다. 변호인 이용상은 겨우 이틀 전 피고로부터 사건을 수임받았기 때문에 서류를 검토해 볼 시간이 없었다는 이유로 수일간 공판을 연기해주도록 신청하였다.[13]

이 신청은 받아들여져서 공판은 9월 3일 목요일로 이틀간 연기되었다. (*The Seoul Press*, 1908.9.1)

3. 재판 제2일 : 9월 3일(목)

2일째 공판은 9월 3일 오전 9시 30분에 개정되었다. 법정은 방청객으로 만원을 이루었다. 공판은 정오부터 1시간 반 동안은 휴정하면서 오후 3시 40분까지 계속되었다. 공판은 대부분 재판장의 피고 신문訊問에 소비되었으며 검사의 짧막한 신문이 있었다. 검사의 요청에 따라 법원은 배설, 마르탱, 콜브란 및 제물포의 홈-링거 Co. 지배인 등을 다음 공판의 증인으로 출석시키도록 확보할 조치를 취하기로 결정했는데 공판 날짜는 부득이한 사정으로 결정되지 못하고 있다.

만함은 피고 측 변호인으로 특별허가를 받았다. 변호사 자격을 가진 옥동규玉東奎도 피고 측 변호사로 허가받았다. (*The Seoul Press*, 1908.9.4)

법정은 9월 3일 9시 반에 재개정하였다. 3일 전 첫 공판은 피고 측 변호사 이용상 한 사람이 변호를 위해 피고인 옆에 앉았으나 이날 공판에서는

---

13 *Japan Weekly Chronicle*, 1908, p.346 이후 참조.

이미 보도한 대로 만함과 옥동규가 변호인으로 추가됨으로써 피고는 상당한 힘을 더하게 되었다. 만함은 그의 통역 이표^{Yi Pyo 李穮}, 신보사의 번역기자와 함께 피고의 오른쪽 맞은편에 앉았고, 이용상과 옥동규는 왼쪽 맞은편에 앉았다.

재판장은 아주 뛰어난 능력을 가진 것으로 판명된 법정통역 후까예^{深江常萬}를 통해 피고에게 사건의 주요 사실들을 심문하였다. 아래에 재판당시 일어났던 일을 그대로 옮겨놓기보다는 심문에서 밝혀진 요지만을 기록한다.

1) 양기탁 – 배설의 관계

재판장 피고가 대한매일신보 직원으로 들어간 것은 언제인가?

양기탁 3년 전이다.

재판장 어느 달인가?

양기탁 12월로 생각된다.

재판장 그대는 어떻게 해서 그 신문사에 들어갔는가?

양기탁 사주^{社主}와의 서로 아는 친구를 통해 사주를 소개받았다.

재판장 사주란 배설을 말하는가?

양기탁 그렇다.

재판장 그 전에도 배설을 조금이라도 알고 있었는가?

양기탁 그렇다. 그를 알고 있었다.

재판장 어떤 관계로?

양기탁 그가 서울에 온 직후 나는 그에게 소개되어 영어를 한국어로 번역하는 일에 가끔 그를 위해 종사하였다.

재판장 피고가 이미 배설을 알고 있었다면 신문사에 들어갈 때 새삼스레 소

KOREAN EDITOR WHO ESCAPED
FROM THE JAPANESE.

KOREAN SUB-EDITORS AT WORK.
THE BRITISH FLAG TO PROTECT A KOREAN JOURNALIST IN SEOUL.
The native editor of the Korean "Daily News" was arrested by the Japanese on
a charge of peculation. He escaped, and took refuge in the offices of Mr. Bethell,
a former proprietor of the paper. Mr. Bethell hoisted the Union Jack over his office,
and defied the Japanese.—[PHOTOGRAPHS BY F. A. MCKENZIE.]

MR. E. T. BETHELL, FORMER PROPRIETOR
OF THE KOREAN "DAILY NEWS."

맥켄지 기자가 찍은 배설(오른쪽)과 양기탁(왼쪽), 중앙은 대한매일신보 편집실(왼쪽 두번째가 양기탁). *The Illustrated London News*, 1908.8.22.

개를 받을 필요가 어떻게 있었는가?

양기탁 아니다. 그 당시 내가 그에게 소개된 게 아니다. 소개된 것은 그의 요청으로 신문사 직원이 되기 얼마 전의 일이다.

재판장 그 신문사에서 피고의 임무는 무엇이었는가?

양기탁 처음에는 주로 영어를 번역하고 가끔 편집국의 일반 업무를 돕는 일이었다. 다음에 업무부의 일도 돌보게 되었다.

재판장 경찰에서 심문받을 때 피고는 동 신문사의 총무라고 말했다면서?

양기탁 배설로부터 그런 직위를 받은 것은 아니다. 다만 사람들이 일반적으로 나를 그런 호칭으로 불렀는데 그 이유는 아마 내가 모든 종류의 업무를 다했기 때문인 것으로 생각된다.

재판장 피고의 권한 관계는 무엇이었는가?

양기탁 이미 말했듯이 편집국과 업무부에서 일하였다. 배설은 흔히 여러 가지 문제에 대해 나와 상의하곤 하였다.

2) 국채보상 의연금 접수 책임

재판장 그대는 1907년 2월경 국채상한을 위한 공개 모금운동이 시작된 사실을 알고 있는가?

양기탁 누구나 다 아는 사실이다.

재판장 피고는 이 생각이 여러 신문에 의해 발안되었다는 것을 아는가?

양기탁 그렇다.

재판장 대한매일신보는 무엇을 했는가?

양기탁 대한매일신보는 처음에는 이 생각을 찬성하지 않았으며 이 계획이 실현성이 없다고 생각하였다.

재판장 왜 나중에는 거기에 찬성했는가?

양기탁 그렇게 생각했으므로 우리는 처음에는 사람들이 우리 신문사로 가져오는 그런 목적의 기부금 접수를 거부하였다. 그러나 사람들이 대한매일신보에 대해 그처럼 큰 신뢰를 갖고 있었으므로 신문사의 거부에도 불구하고 전국으로부터 기부금이 신문사로 계속 답지하였다. 따라서 우리는 할수 없이 기부금을 접수하기로 하였다.

재판장 그게 언제인가?

양기탁 지난해 3월 중 우리는 대한매일신보에 보내는 모든 기부금을 기성회(당시 이 운동지지자들에 의해 조직된 연합체들의 하나)에 보냈다. 4월 초부터 기부금을 신문사에서 받기 시작하였다.

재판장 피고는 이 문제에 관해 배설과 상의했던가?

양기탁 아니다.

재판장 누가 더 큰 권한을 가졌는가? 피고인가, 배설인가?

양기탁 배설이 나에게 기부금을 접수하라고 말했기 때문에 기부금이 접수된 것이다.

재판장　피고는 경찰 예비심문 조서에서 배설이 기부금을 접수하도록 제안했으며 자신은 거기에 동의했다고 진술했었다.

양기탁　아니다. 그렇게 말한 적이 없다.

재판장　돈을 간수하는 데 대해서는 어떤 조치가 취해졌는가?

양기탁　돈을 은행에 예금하도록 되어 있었다.

재판장　피고는 이것을 게재했는가?

대한매일신보 1907년 3월 31일 자 3면에 실린 「특별사고特告」가 실린 신문을 피고에게 보여주었다. 「특별사고」 전문은 다음과 같다.

국채보상의 의연금을 지금부터 본사에서 수봉收捧하기로 정하였으며 수봉하는 대로 전액錢額과 씨명을 축일逐日 광고에 게포揭佈하며 당일로 전기회사 내 은행으로 고선저치姑先貯置하였다가 거액에 달한 시에는 세계에 유有 신용한 회사나 은행에 결탁하야 선후방책을 채용할 터이오며 지어수합至於收合 방법하야는 본사에 하액何額을 수납하며 사항을 상의하는 단체와는 일응 연락하려니와 외타外他는 일절 무관함.

　　　　　　　　　　　　　　　　　　　　—대한매일신보사

지금부터는 국채상환 기부금은 대한매일신보에서 접수할 것이며, 매일 접수한 기부금은 세계적으로 신용 있는 회사나 은행에 예치하여 적절히 활용할 것이라는 요지였다.

양기탁	이것에 관해 기억할 수는 없지만 이 사고가 배설의 지시로 게재된 것으로 생각된다.
재판장	사고는 "세계적으로 신용 있는 회사나 은행"에 관해 언급하고 있다. 피고는 당시 마음속에 어떤 특정 대상을 그리고 있었던가?
양기탁	콜브란-보스트위크 개발회사는 믿을 수 있는 회사로 생각되었다.
재판장	그렇다면 당시 피고의 마음속에 있던 것은 바로 그 회사였던가?
양기탁	배설은 국채상환기금 계정으로 접수된 모은 돈을 그 회사로 보내도록 지시하였다.
재판장	피고는 이 회사가 세계적으로 얼마만한 신용을 누리고 있는 것으로 생각했던가?
양기탁	나는 이에 관해 알지 못하며 다만 배설이 명한 바대로 했을 뿐이다.
재판장	그렇다면 배설에게 권한이 있고 피고는 단지 그의 지시를 실행하는 것뿐이란 말인가?
양기탁	모두들 알고 있는 것처럼 바로 그렇다.
재판장	기부금 접수를 얼마나 오랫동안 계속할 작정이었던가?
양기탁	기부금이 들어오는 한 계속할 작정이었다.
재판장	이 기금은 궁극적으로 정부에 넘겨질 계획이었던가?
양기탁	목적은 이 나라가 일본에 진 빚을 갚으려는 것이지만 이 돈을 정부에 수탁 하느냐의 여부에 관해서는 명확한 생각이 없었다.
재판장	상환방법에 관해서도 아무 절차가 없었는가?
양기탁	없었다. 그것은 국민들이 결정할 문제다. 대한매일신보의 임무는 기부금을 접수해서 안전하게 보관하는 것이다.
재판장	피고는 개인적으로 상환방법에 관해 어떤 생각이라도 해 본 적이 있

21

Paraphrase
of
telegram.

Mr. Cockburn to Sir Edward Grey.
(Repeated to His Majesty's Ambassador at Tokio)
===============

No. 42.   Seoul,
                                        August 18th. 1908.

Yang case: my immediately preceding telegram.

I arranged for Yang to be examined by Dr. Hirst, the medical attendant of this Consulate General, the day before yesterday, in obedience to the instructions conveyed in your telegram No. 17.   Dr. Hirst has visited Yang daily since the 12th. instant, and his opinion, based on his observations at these visits, is to the effect that in his present condition he is in no sense fit to undergo the severe mental strain of a trial.   His statement to the above effect is very decided.

I communicated this opinion to the Residency General on the 15th. and stated my willingness to arrange for a joint examination of Yang by a Japanese doctor and Dr. Hirst.   This suggestion has not yet been acted upon, for reasons which appear in my immediately following telegram.

I also intimated to the Residency General the desire of His Majesty's Government that assurances may be given of Yang's immunity from punishment for accepting the liberty offered to him.

I have bound over both Bethell and Marnham in heavy recognizances for the production of Yang when instructed by me to do so.

Yang would probably not suffer from removal to the Japanese hospital were he not in a state of extreme nervousness and terror of the Japanese officials.

Henry Cockburn

1905

코번이 영국 외상 에드워드 그레이와 도쿄 주재 영국 대사에게 보낸 전문. 양기탁의 건강상태는 재판을 감당하기 어려울 정도로 심각하다. 미국 의사와 일본 의사가 합동으로 진찰할 필요가 있다. 1908.8.18.

는가?

양기탁 없다.

재판장 기금을 보관만 할 뿐 궁극적 처분에 관해서는 아무 생각도 안 가지
       고 있다는 것은 무책임한 것처럼 생각되지 않는가?

재판장 피고는 국채보상지원금총합소의 설립목적에 관해 설명해 주겠는가?

양기탁 법정은 이 총합소와 관련 있는 인사들에게 물어보는 게 더 나을게다.

재판장 피고는 이와 관련이 없는가?

양기탁 있다.

재판장 그렇다면 피고는 왜 거기에 대한 일을 설명할 수 없는가?

양기탁 나는 이 회의 사무원에 불과하다. 따라서 이 회의 목적에 관해서는
       아무것도 모른다. 그러나 이 회의 다른 일들에 관한 사항이라면 말
       할 수 있을게다.

재판장 피고는 기부금이 이 회에 의해 어떻게 운영되었는지를 설명할 수 있
       겠는가?

양기탁 나는 거기서 재무를 담당하였지만 그 지위는 거의 명목상의 것이었
       고 한 달 혹은 두 달 만에 한 번씩 거기에 갔을 뿐이다. 나는 이 회로
       부터 한 푼도 돈을 받지 않았다. 업무는 2, 30명의 사람들이 운영하
       였다.

3) 국채보상지원금총합소

재판장 이 회의 간부는 누구인가?

양기탁 윤웅렬尹雄烈이 소장, 김종한金宗漢이 부소장, 박용규朴容奎와 또 한사람
       이 재무감독, 이강호李康鎬와 이면우李冕宇가 감사, 본인과 정지영鄭志永

이 회계다.

재판장 피고는 또한 감사이기도 한가?

양기탁 명목뿐이다.

재판장 국채보상지원금총합소에 비치된 장부는 어떤 것인가?

양기탁 기부금 접수부, 은행 예금부, 수표장 등이다.

재판장 이 장부들이 지금 어디 있는가?

양기탁 총합소 안에 있다.

재판장 예비심문조서에는 장부들이 만함의 집으로 옮겨졌다고 되어있는데?

양기탁 나는 모르는 사실이다.

재판장 피고는 최근 신문사에 머무르는 동안 그것에 대해 들어본 적이 없
는가?

양기탁 신문사에 있는 동안 아무것도 못 들었다.

재판장 당시 신문사 안에는 국채보상지원금총합소와 관련 있는 사람들이
있지 않았는가?

양기탁 있었다. 그러나 거기에 대해서는 아무것도 못 들었다.

재판장 임치정林蚩正은 총합소의 회계가 아니었는가?

양기탁 아니다. 林은 신문사의 회계만 볼 뿐 총합소의 회계는 아니다.

재판장 그는 총합소와 아무 관련도 없었는가?

양기탁 없었다. 5월까지는 Tsai[신보사의 사무원 최창식崔昌植을 지칭한 것인지?]
라는 사람이 총합소의 회계였다. 林이 그 이후 총합소를 위해 일하게
되었을지도 모르겠으나 나는 이에 관해 아는 바 없다.[14]

재판장 총합소와 신문사가 접수한 돈은 어디에 보관했는가?

양기탁 모두 콜브란-보스트위크 회사에 보관하였다.

구한국 군복 차림의 임치정(오른쪽)과 이교담(왼쪽). 신보사에 근무했던 두 언론인은 군인이 아니었지만 국권 회복의 뜻을 품고 군복 입은 사진을 찍었다.

재판장 지난 5월까지의 총 예치액이 얼마였는가?

양기탁 정확히는 기억 못 하겠으나 61,000원을 약간 넘는 액수였다.

재판장 대한매일신보에 광고되기로는 61,042,332원으로 되었는데?

양기탁 아마 그럴 게다.

재판장 피고는 경찰에서 32,000원을 약간 상회하는 액수가 국채보상지원
금총합소로 이전되었다고 진술했지?

양기탁 그게 사실이다.

재판장 또한 1,056,001원이 총합소에 직접 접수되었다고 기록되어 있는데?

양기탁 총합소가 직접 접수한 액수가 얼마나 되는지 정확히 말할 수는 없으
나 10,000원가량 되는 것으로 생각된다.

재판장 그 돈은 어디 있는가?

양기탁 모두 콜브란-보스트위크 회사에 있다.

재판장 그렇다면 거기 예치된 총액수는 70,000원 이상이 되어야 하지 않는가?

양기탁 총합소와 관련 있는 인사 중 그 누구도 처음에는 아무 보수도 받지
않았다. 그러나 일부 사람들이 보수를 받길 원하였다. 그래서 간부
회의 결과 봉급을 주기로 결정했으며 그 회의에 참석했던 나는 거기
에 대해 배설에게 가서 말하였다. 그는 이 제의에 찬성했으며 나중
에 나는 배설이 월간 100원을 사무원 봉급으로 지불할 것이라고 말
했음을 알았다. 내 생각으로는 배설이 그의 신문에 속하는 이 기금
으로부터 이 봉급을 지불할 것이라고 여겼다. 그러나 그 후 총합소

---

14 임치정은 대한매일신보의 회계였는데 양기탁이 가장 신임하는 사람이었으며 후에 양기
탁과 함께 신민회 사건으로 구속되어 6년형을 언도받는다. 정진석, 『항일 민족언론인 양
기탁』, 기파랑, 2015, 90~96면.

의 기금으로부터 10,000원을 마르탱에게 고리로 대여하여 나오는 이자로 필요한 액수가 마련될 것이란 사실을 알고 깜짝 놀랐다. 나는 기금을 그런 목적에 사용하려는 생각에 대해 반대하였다.

재판장 이 대여가 있은 것은 언제인가?

양기탁 내 기억이 정확하다면 지난해 7월이었다.

재판장 그러나 증거에 의하면 지난해 7월까지 이자가 지불되었다는 표징이 없는데?

양기탁 내 생각으로는 이자가 지불된 게 틀림없는 것 같다. 왜냐하면 약속된 봉급이 매달 꼬박꼬박 나왔기 때문이다.

재판장 누구에게 봉급이 지불되었나?

양기탁 총합소의 사무원들에게 지불됐다.

4) 양기탁, "거래 내역 모른다"

재판장 경찰로부터 보내온 서류에는 배설이 마르탱에게 두 차례에 걸쳐 27,000원과 5,000원을 빌려주었다고 기록돼 있다. 그러나 피고는 그 액수가 10,000원이라고 말하였다. 여기에 무슨 잘못이 없는가?

양기탁 나는 이미 말한 액수 외는 마르탱에게 또 돈이 대여되었는지에 관해 알지 못한다. 총합소 사무원들에게 지불하는 데 소요되는 액수는 월간 70~80원이다. 10,000원에 대한 이자는 이 목적을 위해서라면 넉넉할 것이다.

재판장 미우라 이사관이 경시총감 마루야마丸山에게 보낸 통신에서 서울주재 프랑스 총영사를 통해 얻은 진술에 따르면 배설은 마르탱에게 9푼 이자로 27,000원을 선불해주고 일정한 기간 이자 없이 거치한 뒤 다달이 500원씩 상환하기로 했다고 보고했는데?

양기탁 프랑스 총영사나 미우라 이사관이 무어라고 말했든 간에 나는 거래 내용에 대해 아는 게 없다.

재판장 또 윤치호는 배설이 마르탱에게 또 다른 5,000원을 빌려 주었다는 말을 배설로부터 들었다고 보고되었는데?

양기탁 나는 재판장께서 여기에 대해 배설에게 질문하도록 요청한다. 나는 배설이 윤에게 한 말이나 혹은 그 반대의 말 등에 관해 알 까닭이 없다. 나는 이미 알고 있는 바를 모두 경찰에서 진술하였다.

재판장 피고는 경찰에서 진술한 것이든 아니든 불문하고 알고 있는 바를 모두 법정에 진술해야 한다. 기부금을 취급한 장부 원본들은 신문사 사무실에 있는가?

양기탁 그렇다.

재판장 이 장부들의 제목은 무엇인가?

양기탁 이미 경찰에서 진술하였다.

재판장 (경찰이 송부한 기록을 읽는다.) 그 장부들은 기부금 접수부 수령대장 7~8권, 예금부 등인가?

양기탁 그렇다.

재판장 이 예금부는 콜브란-보스트위크 회사에서 발행한 것인가?

양기탁 그렇다.

재판장 누구의 명의로 발행되었나?

양기탁 배설 명의다.

재판장 이 예금부는 총합소와 신문사가 접수한 총액수 70,000원 이상의 예 입상황을 모두 기록하고 있나?

양기탁 액수에 관해서는 잘 모르겠지만 이 예금부는 단지 신문사에서 다룬 기부금만 포함하고 있다.

재판장 이 장부가 왜 배설의 명의로 되어 있는가?

양기탁 왜냐하면 기부금은 신문 사주社主 앞으로 보내졌기 때문이다.

재판장 기부금은 접수될 때마다 정기적으로 예입되었는가? 실제로 누가 돈을 은행으로 가져왔는가?

양기탁 처음에는 많은 금액이 들어왔으므로 매일매일 은행에 보내졌다. 그러나 차츰 접수회수가 줄어듦에 따라 일정 액수에 도달할 때까지 신문사 사무실에 보관되었다. 한 두 직원이 대개 돈을 은행으로 갖고 갔다.

재판장 예금에 붙는 이자는 얼마였는가?

양기탁 나는 거기에 대해 모른다. 나중에 배설이 은행으로부터 쪽지를 받았는데 예금에 붙는 이자 액수를 보고한 것이란 말을 들었다. 내가 배설에게 그 쪽지에 관해 묻자 배설은 그걸 잃어버렸다고 말했으므로 내가 직접 그 쪽지를 보지는 못하였다.

재판장 문제의 쪽지는 그 후 발견되었는가?

양기탁 아니다. 나는 거기에 대해 묻고 싶었으나 너무 바빠 그렇게 할 것을 잊어버렸다.

재판장 콜브란-보스트위크에 예치된 돈 중 일부가 다른 은행으로 이전되지는 않았는가?

양기탁 모른다.

재판장 이 모든 금액을 합하면 많은 액수가 된다. 피고는 총합소와 대한매일신보가 접수한 총액이 얼만지 아는가?

양기탁	대강 말하면 대한매일신보에서 60,000원, 총합소에서 10,000원이다.
재판장	홈링거 & Co.에 예치된 30,000원은 어디서 나온 돈인가?
양기탁	신문사에서 접수한 돈 중에서 약 32,000원가량은 총합소 구좌로 이체되었다. 총합소 접수분 10,000원과 합쳐진 총합소 구좌 중 10,000원은 콜브란-보스트위크 개발회사에 3만 원은 홈링거 & Co.에 예치되었다.
재판장	예치액은 얼마인가?
양기탁	신문광고대로 60,000원이다.
재판장	확실한가?
양기탁	그렇다.
재판장	피고는 32,000원이 총합소 구좌로 이체되었다고 진술하였다. 이 돈은 예금부에서 아직 빼지 않은 것은 아닌가?
양기탁	이체사실은 광고되었다.
재판장	이것을 정식으로 은행에 통고했는가?
양기탁	그렇다. (*The Seoul Press*, 1908.9.5)

5) 세 사람 명의로 3만 원 예치

재판장	홍콩-상하이은행 제물포 대리점에서 주는 이자율은 얼만가?
양기탁	6푼分이다.
재판장	돈이 언제 홈링거 & Co.에 예치되었는가?
양기탁	정확히 기억할 수 없다.
재판장	피고는 경찰에서 이게 작년 2월이라고 진술했지?
양기탁	1월 또는 2월이라고 진술하였다.

재판장 이체를 누가 했는가?

양기탁 나는 늘 신문사에 출근했지만 배설은 항상 그곳에 있지는 않았다. 그는 몇분간 잠시 들렀다가는 하루 종일 다른 곳에 있곤 하였다. 가끔 그는 전혀 나오지도 않았다. 언젠가 한번 이런 경우에 그는 나를 불러 업무에 관해 논의하기 위해 사람을 보내왔다. 그는 나에게 30,000원짜리 수표를 콜브란-보스트위크 회사로부터 인출해서 홈링거 & Co.에 예치하도록 수표에 내 이름을 써 넣으라고 요청하였다. 나는 수표에 윤웅렬, 박용규의 이름과 나란히 내 이름도 써 넣었다. 예금을 한 사람은 배설이다.

재판장 수표에 이름을 쓴 네 사람의 합의 없이는 제물포 은행에서 돈을 인출 못한다는 양해는 없었는가?

양기탁 아니다. 나는 그런 양해를 알지 못한다.

재판장 이 돈은 총합소의 이름으로 예치되었는가, 아니면 배설의 이름으론가?

양기탁 세 사람의 이름이다.

재판장 피고와 다른 사람들은 이 돈의 예치에 있어 배설을 수탁자로 했는가?

양기탁 그렇다.

재판장 이 돈을 제물포로 이체하는 것은 배설의 발의로 이루어진 것인가?

양기탁 나와 다른 사람들이 그에게 그렇게 하도록 요청하였다.

재판장 이 돈(30,000원)은 아직도 제물포회사에 있는가?

양기탁 나는 법률을 잘 모르기 때문에 내가 이미 경찰 심문에서 진술한 것에 한해 진술해야 하는지 알고 싶다.

재판장 피고는 이미 경찰에서 말한 것만을 되풀이 할 의무는 결코 없다. 피고는 진실이라고 알고 있는 것은 무엇이든 말해야만 하는 게 의무다.

양기탁 나는 경찰심문에서 이 돈이 아직 홈링거 & Co.에 있는 것으로 생각한다고 말하였다. 경찰이 이 돈이 이미 배설에 의해 인출되었다고 나에게 말했을 때 나는 이를 믿을 수 없었다. 그러나 최근 신문사에 체류하는 동안 경찰로부터 들은 게 사실임을 알았다. 나는 배설이 이 돈으로 무얼 했는지 알지 못한다. 나는 거기에 관해 배설에게 묻고 싶었으나 그럴 기회가 없었다.

재판장 피고는 배설 단독으로 그 돈을 홈링거 & Co.로부터 인출할 권한이 있다는 사실을 알고 있었는가?

양기탁 그렇다.

재판장 경찰이 윤웅렬과 다른 사람들을 심문한 결과 25,000원이 금광회사의 지분特分에 투자되었고 5,000원은 마르탱에게 대부되었음이 드러났다. 이 돈은 제물포 은행으로부터 인출된 돈인 것으로 주장되고 있다. 피고는 이것을 알았는가?

양기탁 최근 신문사에 머무르는 동안 들었다. 내가 처음 경찰로부터 그 사실을 통고받았을 때 나는 배설의 정직성을 너무나 확실히 믿었기 때문에 그걸 믿을 수가 없었다. 그러나 나도 이제는 이 문제에 관한 일본 측 설명을 믿기 시작하였다.

재판장 금광 지분 구입은 1908년 1월 16일에 있었으나 홈링거 & Co.의 30,000원 이체는 1908년 2월에 일어났다. 예금되지도 않은 돈을 어떻게 인출할 수 있었겠는가? 이 돈들은 서로 다른 별개의 돈이 아닐까?

양기탁 나는 최근에야 이 일을 들었다. 날짜도 정확히 기억 못 하겠다.

재판장 이것은 별개의 돈인가?

양기탁 같은 돈으로 생각된다.

재판장　나는 국채보상기금과 관련하여 피고가 져야 할 중대한 책임에 대해 경고하고 싶다. 이것은 애국적 동기에서 국민들이 기부한 돈이다. 진상을 진술하여 기금운영에서 모든 의심과 의문을 깨끗이 씻어버리는 게 피고의 의무이자 관심사다. 이것은 또한 법원의 의무이기도 하다. 만약 피고가 어떤 기록이나 혹은 다른 어떤 수단을 통해 문제를 간명하게 설명하고 싶다면 법원은 가능한 모든 편의와 지원을 다 해줄 것이다.

양기탁　이것은 바로 나도 바라는 바다. 나는 전번 공판에서 내가 140,000원[실제 기소된 착복액은 70,000여 원이고, 140,000원은 총액수인데 양기탁이 착각한 듯] 이상의 거액을 착복한 혐의로 기소된 것을 알고 깜짝 놀랐다. 일반대중은 내가 그런 죄를 저지르지 않았다는 것을 알고 있다.

　　재판장의 질문에 답변하여 피고는 신문사에 있는 장부들이 만약 그가 사주社主에게 요청한다면 법원에 제출될 것으로 믿는다고 말하였다.
　　법정은 12시 15분에 휴정하였다가 오후 2시 15분 전에 속개되었다.

6) 만함, 장부제출 동의

재판장　지방으로부터의 기부금은 우편환으로 왔는가 현금으로 왔는가? 각 개별항목이 신문사의 장부에 기록되어 있는가?

양기탁　그렇다.

재판장　기부금은 현금으로 왔나 우편으로 왔나?

양기탁　대부분 현금으로 왔다. 우편환으로 배달된 액수는 비교적 소액이다.

재판장	신문사에서 돈이 어떻게 취급되었는가?
양기탁	기부금은 선착순대로 번호가 매겨졌으며 그 영수증도 상응하는 번호가 매겨졌다. 기부금은 또 정기적으로 신문에 광고되었다.
재판장	기부금 광고를 피고가 직접 주의했는가?
양기탁	광고는 사무원에 의해 행해졌지만 나는 각 항목을 주의 깊게 검사하였다.
재판장	금액이 즉시 신문에 공표 되었는가?
양기탁	기부금이 워낙 건수가 많아 공개 발표되기까지는 수 주일이 걸리는 경우도 가끔 있었다.
재판장	광고대장은 어디 있나?
양기탁	신문사에 있다.
재판장	(만함에게) 그대는 오전 공판 동안 밝혀진 것의 요지를 알고 있는가?
만함	공판에서 일어난 내용이 무엇인지 알 수 없다. 통역이 적은 노트가 아직 번역되지 않았다.
재판장	피고는 만약 그가 요청을 하면 현재 신문사에 있는 국채보상기금을 다룬 장부들이 법원에 제출될 것이라고 말하였다. 만함은 그것들을 제출할 수 있는가?
만함	언제 장부들이 필요한가?
재판장	다음 번 공판 때이다.

여기서 만함의 통역이 요구되는 장부제목을 적어 만함에게 설명해 주었다. 만함은 이 장부들을 제출하겠다고 약속하고 다만 예금부만은 다른 관계 당사자들과 협의할 때까지는 명확한 약속을 할 수 없다고 말하였다. 그

가 총합소에 보관중인 장부들은 제출할 수 있느냐는 재판장의 질문에 만함은 그게 어디 있는지를 모른다고 대답하였다. 재판장은 경찰의 예비심문에서 이 장부들이 만함의 사택에 있다고 한 증인이 진술했다고 말하였다. 재판장의 허가를 얻어 만함은 문제된 장부들의 표제와 그 행방에 관해 피고 양기탁과 영어로 대화하였다. 그런 다음 만함은 이 장부들이 총합소의 소유물이므로 제출되기 전에 총합소 소장과 그 밖의 책임 있는 간부들의 동의가 필요하다고 재판장에게 말하였다.

> **재판장** 이 간부들이 동의할 경우 만함은 장부들을 제출하겠는가?
>
> **만함** 확실히 그러겠다.
>
> **재판장** 피고는 이 장부들이 어디 있는지 알고 있는가?
>
> **양기탁** 총합소에 있다.

그런 다음 피고에 대한 검사의 심문이 진행되었다.

> **검사** 국채보상이란 일본에 진 빚을 갚는다는 뜻인가? 피고는 그런 양해 아래 기부금을 접수했는가?
>
> **양기탁** 나는 1,300만 원이 상환되어야 하는 것으로 알고 있다.
>
> **검사** 피고는 그처럼 많은 돈을 모으는 게 가능할 것으로 믿었는가?
>
> **양기탁** 불가능하다고 생각했기 때문에 처음에는 기부금 접수를 거부했던 것이다.
>
> **검사** 그렇다면 왜 의견을 바꾸어 기부금을 접수했는가? 무슨 동기에서 그렇게 했는가?

양기탁　배설의 명령에 따라 그렇게 하였다.

검사　한국에 그처럼 중대한 문제에 있어 한국 신민인 피고가 자신의 신념에 반反하여 외국인의 명령에 순종했다는 것은 믿기 어렵다. 기금운영이 변칙적이 아닌 것이 되리라고 믿었던가?

7) 불가능했지만 가상한 동기

양기탁　기부금은 단지 국민들의 간절한 요청에 부응하여 접수된 것이다. 만약 그 품은 목적이 나쁜 것이었다면 어떠한 사정 하에서도 결코 국민의 간청을 들어주지 않았을 것이지만 목적이 기특한 것이기 때문에 마침내 거기에 응했던 것이다.

검사　목적은 기특한 것이었을지 모르지만 돈의 취급이 비정상적으로 될 가능성이 있으리란 사실을 피고가 몰랐을 리 없다. 또 피고가 이 목표가 달성될 수 없는 것이라고 믿었다는 사실에 비추어 그대의 설명은 믿기 힘든 것 같다.

양기탁　나는 그것을 전적인 신뢰를 가지고 하였다. 사실상 우리 신문사에서는 다른 어떤 신문사보다 더 큰 주의와 신중함을 가지고 기부금을 취급하였다. 총합소의 업무는 많은 수의 사무원에 의해 운영되었다. 나는 거기서의 일에 관해서는 그다지 잘 알지 못한다.

검사　모든 기부금은 공표 되었는가?

양기탁　그렇다.

검사　이 기금에 얼마나 많은 사람이 기부했는가?

양기탁　장부를 보지 않고는 말할 수 없다.

검사　기부자 수만 광고되었나 아니면 그들의 이름까지 공개되었는가?

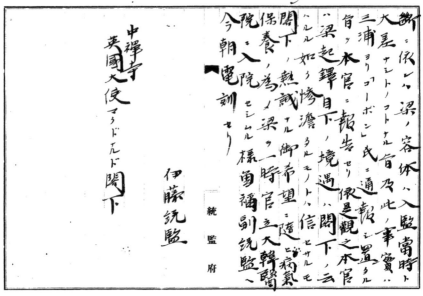

통감 이토 히로부미가 주일 영국대사 맥도날드에게 보낸 전보. 맥도날드의 사신(Private and Personal)을 받은 이토는 부통감 조네에게 양기탁을 입원시키라고 지시했다고 회답했다.

양기탁	양쪽 모두 다.
검사	피고는 모든 기부금이 다 공표 되었다고 말할 만한 입장에 있는가?
양기탁	아직 우편국에서 배달받지 못한 미국으로부터 온 1건을 제외하면 모두 다 공표되었다.
검사	익명 기부금은 있는가?
양기탁	약간 있다.
검사	약간이라니? 많은 게 아니고?
양기탁	얼마나 많은지는 말할 수 없으나 신문의 광고를 참조하면 확실히 알 수 있을 것이다.
검사	익명 기부금은 어떻게 처리되는가?
양기탁	그들을 위한 영수증이 만들어지고 다른 종류의 기부금과 꼭 마찬가

電報

昨夜八月二日附貴翰ニ接シ、八月言
朝本官ノ落掌スル電報ニ依レバ在
京城英國總領事官コトボン氏ノ在
月一日京城理事官三浦ニ書ヲ會
リマ一ハムガ梁起鐸ニ面會ノ
ニ梁ハ十疊内外ノ小室ニ二十九名ノ同
氣力ニサヘテ身体瘦セ精神恍惚ノ
昏シテ北ニ虛ロ死地ニ陥ルノ救助ヲ
旨請求ニ來リ之ニ對シ三浦ハ
梁ノ取扱ヲ他ノ韓人未決囚ト
異ニシ相當ノ取扱ヲトリ水官ト
三浦ノ回答ハ穩當ナリト記メ
即日梁ノ取扱ヲ改善スベキコ
トヲ曾禰副統監ニ訓令シ置ケリ
副統監ハ八月五日朝令電報アリ
ニ因リ徒中處分シ者多數アリ
以テ梁ノ同囚者多數アリト五
六名ニ減少シタルヲ以テ五監獄署
人員減少シタルヲ以テ五監獄署ニ診

統監府

지로 광고된다.

검사 　피고는 10,000원이 마르탱에게 배부되었다고 진술하였다. 왜 이런 사실을 돈을 기부한 사람들에게 공개적으로 알려주지 않았는가?

양기탁 　기부금을 접수하여 신문에 광고하고 은행과의 업무로 처리하는 등 밤낮으로 바빴기 때문에 그럴 시간이 없었다. 더욱이 나는 총합소 사무원들에게 봉급이 지불될 때 비로소 이 대부에 대해 들었다. 나는 박용규에게 이 문제에 관해 이야기했으나 朴은 나에게 기다리라고 충고하였다.

검사 　피고는 단지 총합소의 사무원에 불과하다고 말하였다. 그러면서도 그대는 총합소 구좌의 3만 원이 콜브란-보스트위크 회사에서 인출될 때 수표에 이름을 쓰도록 요청받을 만큼 중요한 인물이었다. 이게 어떻게 된 일인가?

양기탁 윤응렬과 박용규가 주역 인물이다. 아마도 이름을 세 개 써넣는 것
이 좋을 것 같이 생각되었는데 나는 영어를 알아들으므로 돈이 이전
될 은행과의 거래에 있어 사용하기에 쓸모 있다고 생각되어 세 번째
인물로 요청받은 것 같다.

8) 검사는 증인 네 명 소환 요청

재판장은 양기탁에 대한 심문을 재개하여 다시 한번 총합소의 주요 간
부의 이름에 관해 물었다. 양기탁이 언급한 이름들은 이미 밝혀진 이름들
과 같은 것이었다. 양기탁이 최근 신문사에 있는 동안 총합소의 업무를 실
제 수행하는 사람이 누군지에 관해 무언가 알았느냐는 질문에 대해 피고
는 영국 총영사가 그에게 신문사 밖으로 나가지 말라고 명령했기 때문에
정보를 얻을 기회가 거의 없었다고 대답하였다. 양기탁이 신문사 밖으로
나가지 않은 것은 일본 경찰로부터 체포당할 우려가 있었기 때문이었다.
신문사는 배설의 소유였으므로 치외법권을 인정받아 일본 경찰이 들어갈
수 없는 지역이었다. 양기탁은 신문사 밖으로 나가지 않은 채 항일논조의
신문을 발행하였던 것이다.[15]

재판장은 피고 측 변호인에게 총합소 인원에 관해 같은 질문을 되풀이
하였다. 이용상은 인원이 피고가 말한 것과 같다고 대답하였다. 주요 간부
들의 이름에 대해 질문받고 그는 윤응렬로부터 시작해서 아래도 쭉 같다
고 대답하였다. 그는 윤이 아직도 소장이라고 재 천명하였다.

재판장은 이렇게 해서 법원이 예비심문에서 피고가 한 진술과 마르탱
에 대한 대부금에 관해 미우라 이사관이 통고한 것과 30,000원을 제물포

의 홈링거 & Co.에 예치한 것에 관해 시노부 이사관이 통고한 것 및 일부 증인들의 진술들을 받았다고 말하였다. 재판장은 또한 콜브란-보스트위크 회사가 금광 지분持分대금으로 25,000원을 받았음을 증명하는 서류를 갖고 있다고 말하였다. 재판장은 검사에게 증인을 부르기를 바라는지 물었다.

검사는 재판장에게 증인 4명을 소환하기를 요청하였다. 첫째 배설. 그에게는 신문사에서 접수한 돈에 관한 것과 총합소의 기금처리문제에 관해 묻고 싶다. 두번째, 콜브란. 그에게는 국채보상지원금의 예치 및 금광지분 거래에 관해 장부를 참조하여 묻고 싶다. 셋째, 마르탱. 그에게는 그가 국채보상기금 구좌에서 배설에게 진 빚의 액수 및 이자율과 기타 조건들에 관해 묻고 싶다. 네째, 홈링거 & Co. 지배인. 그에게는 장부를 참조함으로써 30,000원 예치에 관한 정보를 얻고 싶다.

재판장은 피고 측 변호인에게 증인을 소환하기를 원하는지를 물었 다. 변호사 이용상은 소환할 증인이 없다고 대답하였다. 질문이 만함에게 통역되자 그는 현재로서는 아무 증인도 소환할 사람이 없다고 말하였다. 이용상은 배설이 대한매일신보가 모은 61,000원을 모두 맡았으므로 그가 거기에 대해 모두 알고 있을 것이라고 말하였다. 이용상은 또 몇 가지 증거서류를 재판장에게 제출했는데 그것은 신문사에 보관 중이던 기부금 접수부 사본 1부 및 5월 말까지의 기부금 총액을 밝힌 광고문이 게재된 신문사본 1부였다.

재판장은 법원이 검사의 신청을 허가하여 지명된 증인 4명을 다음 공판

---

15 정진석, 『항일 민족언론인 양기탁』, 383~384면.

에 출석시키도록 조치를 취할 것이라고 말하였다. 법정은 오후 3시 40분에 폐정되었다. (*The Seoul Press*, 1908.9.6)

4. 재판 제3일 : 9월 15일(화)

재판은 9월 15일 화요일 10시 15분 전에 속개되었다. 날씨가 나쁜데도 불구하고 몰려드는 군중들로 만원을 이루었으며 그중에는 유럽인 거주자들의 한 존경할 만한 대표도 포함돼 있었다.

일반적으로 출정이 기대되었던 증인들 중에서 콜브란은 출두를 거부했고 제물포의 홈링거 & Co.지배인은 북쪽으로 가고 없어 출두할 수 없었다. 단지 마르탱과 배설만이 증언하기로 동의한 것으로 알려졌다. 짤막한 피고 신문이 있은 뒤 배설이 소환되었다. 그에 대한 재판장과 검사의 심문은 한시 경까지 계속되었다. 그의 심문이 끝난 후에 마르탱이 소환되었다.

1) 만함의 졸도, 재판지연
바로 이때 곤란한 사건이 일어나 공판이 잠시 중단되었다. 마르탱이 막 소환되었을 때 만함이 무언가 혼자 중얼중얼 하더니 갑자기 혼수상태로 바닥에 쓰러졌다. 바로 옆에 앉아 있던 배설과 경찰관 1명 및 다른 사람들이 즉시 그를 일으켜 변호사 앞의 책상 위에 눕혔다. 물을 뿜고 머리를 차게 해 주는 등 여러 가지 도움을 주었다. 그 후 그는 옆방으로 옮겨진 후 곧 충분히 회복되어 가마chair로 귀가하였다.[16]

이 때문에 불가피하게 중단되었던 재판은 3시 10분 전에 속개되어 마르

탱 심문이 시작되어 4시경에 폐정되었다. (*The Seoul Press*, 1908.9.16)

재판장 (피고에게) 증인 몇 사람이 소환되었지만 그들을 신문하기 전에 나는 피고에게 한두 가지 점을 묻고 싶다. 대한매일신보 5월 15일 자에 게재된 광고에서 61,042원 33전[경성신보는 61,042원 35전]이 콜브란-보스트위크개발회사 은행부에 있다고 했다. 그러나 재판과정에서 10,560.01원[경성신보는 10,560원]이 지방 사람들로부터 총합소에 모여졌다는 것이 밝혀졌다. 이 금액은 왜 광고에서 언급되지 않는가?

양기탁 61,042원 33전이란 금액은 당시까지 신문사를 통해 모여졌던 전 액수였다. 나는 다른 금액에 대해서는 모른다.

재판장 지방으로부터 접수한 기부금 모두가 61,042원 33전[경성신보는 61,040.35원] 속에 포함되었던가? 시골에서 온 기부금은 누가 접수했나?

양기탁 누가 받았는지 모르겠다.

재판장 그대의 사무실에서는 접수하지 않나?

양기탁 거기서 접수했는지 아닌지를 모르겠다.

재판장 피고는 자기 사무실에서 접수한 것에 대해서 알지 못할 리가 있는가?

양기탁 우리 사무실에서 접수한 것은 알고 있어야 한다고 생각한다.

재판장 그렇다면 법원은 10,560원 1전이 그대의 사무실에서 접수되었는지를 알고 싶다.

---

16 일어 신문 京城新報는 만함이 졸도하자 재판장을 비롯하여 놀란 나머지 만함을 책상에 눕히고 방청객을 내보내고 경성감옥으로 달려가서 감옥 의사를 불러 만함을 다른 방으로 옮겼다가 미국 영사관의 담가(擔架)를 빌려와서 집으로 옮겼다고 보도했다.(「マ-ナムの 卒倒」, 1908.9.16)

양기탁 누가 이 금액을 말했는지 나는 모르겠다. 아마도 나를 곤경에 빠뜨리길 원하는 누군가가 그런 말을 했을 게다.

재판장 피고를 곤경에 빠뜨리려는 사람은 아무도 없으니 그대는 그런 식으로 말하지 않는 게 좋을 게다.

양기탁 나는 문제의 돈을 누가 받았는지 모르기 때문에 그렇게 말한 데 불과하다.

재판장 그렇다면 다만 모른다고만 말하는 게 나을게다. 피고는 시골지역으로부터 모은 10,560원 1전이 직접 총합소로 보내졌다는 것을 알고 있는가?

양기탁 이 돈은 우리 신문사에서 접수하지 않았으므로 나는 확실히는 모르겠지만 총합소에서 직접 접수한 것으로 생각한다.

재판장 그렇다면 이 돈은 61,042원 33전 속에 포함되지 않는 것인가?

양기탁 포함되지 않았다고 생각한다.

재판장 5월 15일의 광고는 단지 신문사에서 접수한 돈만 언급한 것인가?

양기탁 그렇다.

재판장 이 돈 중 단 1전도 총합소에 속한 게 아니었던가?

양기탁 30,000원을 약간 상회하는 액수가 총합소로 이체되었다.

재판장 또 다른 돈이 있는가?

양기탁 마르탱에게 빌려준 10,000원도 61,042원 33전의 일부라고 생각한다. 나는 다만 배설에게 명령받은 대로만 광고에 써넣었을 뿐이다.

재판장 제물포의 홈링거 & Co.로 이전된 돈은 광고에 언급되지 않았다. 왜 그런가?

양기탁 이 돈은 총합소 기금에서 나온 것이니 아무 언급도 하지 않았다.

재판장 문제의 광고로 보아 30,000원 이상의 액수가 총합소에 있는 것처럼 보였는데.

양기탁 나는 신문사 일은 알고 있지만 총합소 일은 모른다.

재판장 그러나 피고는 총합소 감사의 한 사람이 아닌가? 왜 그대는 부정확한 것이라는 걸 알았음에 틀림없는 그런 광고를 게재했던가?

양기탁 나는 총합소의 주요 간부가 아니며 충분한 권한도 없다.

재판장 피고는 광고와 실제 재정상태 사이에 차이가 있다는 사실을 몰랐다고 주장하는 것인가?

양기탁 나는 홈링거 & Co.로 돈을 이전한다는 것은 알고 있었지만 총합소 업무를 실제 책임지고 있지는 않았다.

재판장 피고는 전번 공판에서 자신이 신문에 게재되는 광고의 모든 항목을 주의 깊게 조사했다고 밝혔다. 왜 그대는 이 특정 광고에 대해서만은 이런 주의를 갖고 조사하지 않았는가?

양기탁 나는 단지 신문사에서 접수하는 돈만 책임지고 있었다. 지금 두통이 있어 머리가 혼란스러워 질문을 이해하기 힘들다.

재판장 그러나 설혹 그대가 총합소의 업무를 실제 책임지지 않고 있었다 하더라도 피고는 홈링거 & Co.로 돈이 이전된 사실을 알고 있었다고 시인하였다. 왜 그대는 광고가 게재될 때 이를 알리지 않았나?

양기탁 광고는 정확하고 사실이다.

재판장 피고에게 광고의 정확성에 관해 물은 것은 아니다. 단지 그대가 사실이 아니란걸 알면서도 왜 게재를 했는가를 물을 뿐이다.

(이때 32,000여 원이 총합소로 이전되었다고 밝힌 광고를 피고에게 제시하였다.)

양기탁 이 광고는 단순히 이 금액이 총합소로 이전되었다는 사실만을 밝혔

을 뿐이요 신문사는 그 후의 처분에 관해서는 책임이 없다.[17]

2) 배설이 증인으로 등장

재판장 (피고에게)출두가 요청된 증인들 중에 콜브란은 출두를 거부했고 홈 링거 & Co.지배인은 북쪽으로 가버려서 출두 불능이다. 그러나 배설과 마르탱은 출두를 승낙하였다. 배설을 먼저 심문할 것이다.

그런 다음 배설이 소환되어 공식통역 미네기시峯岸繁太郎[18]를 통해 심문이 진행되었다.

재판장 몇 살인가?

배설 36세다.

재판장 국적과 거주지는?

배설 영국시민이며 서대문 밖에 산다.

재판장 증인은 혈족이나 또는 같은 집에 사는 거주자로서 피고와 아무 관련 도 없는가?

양기탁 아니, 아니, 그런 관계는 없다. 혈족은 절대 아니다(폭소).

재판장 배설은 이번 사건에서 증인으로 심문받게 된다. 물론 진실 된 말만 해야 한다는 사실은 새삼 말할 필요도 없을 것으로 생각한다.

배설 나는 자유롭고 자발적으로 피고를 위해 증언할 것이다. 앞서의 공판

---

17 경성신보는 양기탁이 마지막 부분에서 애매하게 얼버무리며 답변을 회피하거나 괴로워 했다고 보도했다. 경성신보, 1908.9.16.
18 峯岸繁太郎는 일어신문 京城新報(1907.11.3)를 창간했던 인물이다.

에서 내가 마치 梁(양기탁)의 공범 처럼 언급되었다는 사실을 나도 알고 있다. 그럼에도 불구하고 나는 증언할 용의가 있다.

양기탁

재판장 언제 피고와 알게 되었나?

배설 1904년 4월경 내가 막 서울로 왔을 때다.

재판장 어떤 상황아래서?

배설 나는 통역이 필요했는데 뮐렌스테트Mühlensteth가 梁을 그 직위에 추천하였다.[20]

재판장 증인은 언제 대한매일신보를 시작했는가?

배설 1904년 7월 혹은 8월이다.

재판장 언제 신문사에 梁을 채용했는지?

배설 처음부터였다.

재판장 梁은 어떤 직무로 근무했나?

배설 梁은 통괄업무를 맡았다. 그는 번역도 하고 업무 지배인으로 나를 돕기도 하였다.(일어신문 京城新報는 이 부분을 "통역도 하고 영업사무도 관장하고 또는 일반사무도 보았다"라고 보도하였다.)

19 뮐렌스테트는 덴마크인 전무기사(電務技師)로 1885년 9월 서울과 제물포 사이에 전신을 가설하였고 1896년 6월 농상공부의 전무기사로 고빙(雇聘)되었다. 1901년 11월에는 법부 교정소 의정관(法部 校正所 議政官)에 임명되어 J.de Lapeyriere의 재산문제 중재재판에 중재자가 되기도 했으며 12월에는 한국 외무고문으로 임명된 적도 있던 사람이다. 정진석, 『항일 민족언론인 양기탁』, 152~153면.

재판장 그렇다면 피고는 총업무를 맡았단 말인가?

배설 아니다. 꼭 그런 것은 아니다. 내가 늘 신문사의 전체 경영을 맡았지만 양에게도 상당한 경영을 맡겼다.

재판장 양은 자신을 신문사의 총무general manager이라고 불렀다. 그게 옳은가?

배설 아니다. 꼭 그런 것은 아니다.

재판장 증인은 1907년 3월 일본에 대한 국채를 보상하기 위해 돈을 모으려는 운동이 시작된 것을 알고 있나?

배설 알고 있다.

재판장 무슨 이유에서 대한매일신보가 이 운동에 가담했던가?

배설 아무 간청도 없이 돈이 신문사로 보내져 왔기 때문이다.

재판장 법원은 신문사가 처음에는 기부금 접수를 거부했으나 나중에 이 운동에 참가했다는 것을 알게 되었다. 그런가?

배설 신문은 아무 데에도 가담하지 않았다. 다만 사람들이 돈을 보내왔을 뿐이다.

재판장 증인은 그대의 신문 1907년 3월 31일 자에 게재된 광고에서 여러 가지 일 중에서 신문이 향후 기부금을 받을 것이라고 밝혔다는 사실을 알고 있는가?

배설 그렇다.

재판장 아무 생각도 없었나?

배설 모르겠다.

재판장 3월 31일 자「특별광고」를 통해 접수된 돈은 세계적 신용을 가진 은행이나 회사와 협의하여 적절한 방식으로 처리할 것이라고 밝혔다. 이것은 증인의 의사였던가?

(여기서 통역에 다소 어려움이 있어 증인에게 질문의 뜻이 정확히 전달되기에는 약간 시간이 걸렸다.)

재판장   돈은 콜브란-보스트위크 회사 은행부에 예치되었다. 증인은 이 회사가 세계적 신용이 있다고 믿었는가?

배설   확실히 그렇다.

재판장   홍콩-상하이은행의 경우에도 같은가?

배설   그렇다.

재판장   채창학崔昌植?이란 사람이 국채보상기금으로 대한매일신보에 접수된 돈의 취급을 맡았다고 밝혀졌다. 그런가?

배설   채란 사람이 그 전에 얼마 동안 우리 신문사에 있던 한 사람의 이름과 같은 사람인지 아닌지 모르겠다.

재판장   접수된 돈은 콜브란-보스트위크 회사에 매일매일 보내졌나 아니면 하루걸러 씩 보내졌나?

배설   그렇다.(배설은 서류 꾸러미를 뜯어 대한매일신보 기부금 접수부를 제출하면서 합쳐서 400원 이하의 액수인 기부금 2건을 가리키면서) 당시 기부금 모집을 위해 서울에서 결성되었던 연합체 가운데 하나에 우리 신문사가 접수한 기부금을 보낸 것은 이것이 처음이다. 그러나 이 연합체가 그다지 믿을만하지 못하다는 것을 발견하고 그 후의 신문사에서 받은 모든 기부금은 콜브란-보스트위크 회사에 예금하였다.

(재판장의 요구에 따라 배설은 이 장부를 그에게 제출하였다. 이와 동시에 증인은 법원에 다른 장부 2책을 제출했는데 하나는 梁의 체포 이후 접수한 기부금에 관한 것이고 다른 하나는 기부된 은제품들을 팔아 기부금에 포함시킨 장부였다.)

재판장   (피고 측 변호인 이용상에게 앞서의 공판에서 그가 법원에 제출했던 기부금 접수부 사본 1부를 가리키면서) 이것은 방금 증인이 제출한 접수 부로부터 복사한 것인가?

이용상 그렇다.

재판장 복사에 잘못은 없겠지? (*The Seoul Press*, 1908.9.17)

이용상 없다. 그러나 복사가 서둘러 이루어졌기 때문에 사소한 잘못이 약간 있을지는 모르겠다.

재판장 (배설에게) 61,042원 33전이란 1908년 5월 15일까지 접수된 총액 을 나타낸 것인가?

배설 그렇다.

재판장 그 전부가 콜브란-보스트위크 회사에 예치되었던가?

배설 그렇다.

재판장 32,300원을 총합소로 이전한데 관해서인데 이것은 단지 계정상으 로만 이전되었던가 아니면 현금이었나?

배설 이체는 수표로 이루어졌다. 그런 다음 증인은 추가발언을 요청하였 다. 허가가 내려지자 그는 돈이 자신에게 전달됨으로써 피고의 책임 은 끝나는 것이라고 말하였다. 돈의 사후처분에 대해서는 梁은 결코 책임이 없다.

재판장 콜브란-보스트위크은행에 예치된 돈의 이자율은 얼마며 누구의 명 의로 이 돈이 예치되었는가?

배설 내 명의로 예치됐다. 처음에는 이자가 없었는데 왜냐하면 예금이 정기 예금이 아니었기 때문이다. 그러나 나중에 그 2%가 주어졌다.

재판장 왜 예금이 증인의 명의로 되었나?

배설 왜냐하면 그게 유일하게 가능한 방법이었기 때문이다.

재판장	증인은 예금의 인출방식에 대해 그 누구와 어떤 협정이라도 했던가?
배설	아니다. 나는 돈에 관해 전적인 권한을 갖고 있었다. 애초부터 나에게 보내진 돈이며 내가 예금한 돈이다.

3) 돈 전달 후로는 양기탁 책임 없다

배설은 또다시 기부금이 자신에게 전달되는 순간 피고의 책임은 사라진다고 말하였다. 그는 이어 이 돈의 그 후 처분은 이번 사건과는 아무 관련도 없는 것으로 생각한다고 말하였다.

재판장	증인은 그렇게 생각할지 모르지만 법정은 그렇게 생각지 않는다.
배설	그러나 梁은 나의 고용인이니 돈이 나에게 전달된 후에는 그에게는 아무런 책임도 없음을 다시 한번 밝히고 싶다.
재판장	법정은 이점에 관해 증인과 동의할 수 없다. 총합소(배설은 본부라고 부르나)에 돈을 이체한 방법을 다시 한번 설명해 달라.
배설	콜브란-보스트위크은행이 발행한 수표 몇 장을 가지고 총합소 대리인 몇 명이 은행에 감으로써 이체가 실현되었다.
재판장	콜브란-보스트위크은행에 예치되었다가 총합소 명의로 이체된 돈 중 일부가 윤웅렬, 박용규, 양기탁 및 증인의 공동명의 아래 홈링거 & Co.로 이전되었음이 밝혀졌다. 증인도 실제 이전에 참가했던 사실이 밝혀지지 않았던가?
배설	이 세 사람이 나에게 30,000원짜리 수표를 주어 이 돈은 내 명의로 홍콩-상하이은행 제물포 대리점에 예치되었는데 그 이유는 더 나은 이자를 받기 위해서였다. (증인은 법정에 이 은행이 발행한 예금통

장을 제출하였다.)

재판장 이 돈은 아직 그 은행에 있나?

배설 통장의 다른 쪽에는 인출된 액수가 적혀 있다.

재판장 이 인출은 다른 사람들의 동의를 받아 이루어진 것인가?

배설 아니다.

재판장 돈이 이전될 때 수표에 서명했던 사람들의 합의에 의해서만 인출될 수 있다는 양해가 없었던가?

배설 (잠시 동안 생각한 후에) 아니다. 특별한 양해는 없었다.

재판장 4명의 이름으로 돈이 예금되었으니 인출하는데 4명의 합의가 필요한 게 아닌가?

배설 이 돈은 4명의 이름으로 예금된 게 아니다. 나 혼자만의 명의로 예금된 것이다.

재판장 윤웅렬과 다른 사람들은 홈링거 & Co.의 예금이 공동으로 되었다고 말하였다.

배설 이 예금통장은 예금이 나의 이름으로 되었다는 것을 보여주고 있다.

재판장 증인은 콜브란-보스트위크 회사에서 발행된 예금통장도 가지고 있는가?

배설 나는 총합소의 은행예금에 대해서는 공식적으로 알지 못한다. 그러나 그 은행 회계원인 스미스가 써서 총합소에 보낸 쪽지에 의하면 총합소의 예금고는 12,978원이라고 한다.

재판장 신문사에서 접수한 금액에 대한 예금통장에 관해서는 어떤가?

배설 내가 가지고 있다. (통장은 재판장에게 제출되었다.) 내가 지적하고자 하는 것은 계산착오 때문에 광고된 금액과 통장에 입금된 금액 사이에 26전의 차이가 있다는 것이다.

(재판장은 배설에게 이 통장들의 복사를 위해 얼마동안 맡겨주기를 요청하였다. 배설은 바로 동의하였다.)

재판장　증인이 국채보상기금의 일부를 마르탱에게 대여해줬다는데?

배설　그렇다. 내가 5,000원을 그에게 대여하였다.

재판장　27,500원이 아닌가?

배설　(약간 주저한 후) 나는 두 가지 별개 금액에 관해 설명하고 싶다. 총합소(배설의 말로는 본부)는 42,000여 원을 가지고 있었는데 이중 32,300원은 대한매일신보로부터 이전된 것이고 10,500원가량은 총합소에서 접수한 것이다. 이 돈 중에 30,000원은 제물포로 이전되었다. 따라서 총합소에는 12,000여 원이 남아 있었다. 마르탱에게 빌려준 다른 금액은 신문사 수익에서 나온 것이었다. 다시 말해서 22,500원을 나 자신의 구좌에서, 5,000원은 홍콩-상하이은행 예금에서 나온 것이다.

재판장　피고는 10,000원이 국채보상기금으로부터 마르탱에게 대여된 것으로 증인으로부터 들었다고 말했었는데?

배설　아니다. 나는 梁에게 여러 차례 대여계획을 말해준 적은 있으나 실제로 대여가 행해지지는 않았다.

재판장　증인은 梁에게 계획 중인 대여금의 액수를 말했던가?

배설　나는 단지 대여에 대해서만 말했을 뿐 실제로 대여되었다는 말은 피고에게 한 적이 없다.

재판장　대여계획은 원래 총합소 사무원들은 봉급(1달에 70~80원)을 지불하기 위한 돈을 마련할 필요에서 시작된 것이 아니었던가?

배설	아니다. 나는 정확히는 기억 못하겠다. 이런 식의 것에 관해 말했다고는 생각하지 않는다.
재판장	대여금 5,000원에 대한 이자율은 얼마로 정했는가?
배설	연리 9%이다. 그러나 이것은 아직 지불 날자가 되지 않았기에 지불 받지도 않았다.
재판장	그러나 이 이자는 필요한 비용을 충당하기 힘든데?
배설	재판장이 말한 대로다.
재판장	5,000원은 신문사에 속한 것인가, 총합소에 속한 것인가?
배설	총합소에 속한 것이다.
재판장	윤웅렬은 이것이 신문사에 속한 것이라고 말하였다. 이것은 증인 쪽의 기억 잘못이 아닌가?
배설	윤尹 장군은 신문사 일에 대해서는 아무것도 모른다.
재판장	25,000원은 금광지분 투자를 위해 콜브란-보스트위크 회사에 옮겨진 것인가?
배설	그렇다.
재판장	증인이 총합소 돈을 금광지분에 투자한 동기는?
배설	여러 가지 생각 때문에 이런 일을 하였다. 우선, 수안 광산에 투자된 돈은 한국 내에서 유통 될 것이므로 한국의 산업을 진흥시킬 것이다. 이 투자는 매우 안전하고 수익도 높은 것으로 알려졌다. 이 투자는 梁이 모르는 가운데 행해졌다. 그러나 총합소장 尹과 회계감사 朴은 알고 있었다.
재판장	이런 성질의 거래가 양의 동의를 필요로 하지 않았단 말인가?
배설	필요 없다.

재판장	5,000원을 마르탱에게 빌려준 것은 담보를 잡고 빌려준 것인가?
배설	아니다. 약속어음만으로 빌려줬다.
재판장	지불조건은?
배설	원래는 마르탱이 18개월 내에 임의로 상환하도록 하였다. 그러나 내가 상하이로부터 돌아오자 조건을 바꾸어 매달 500원씩 월부 상환하도록 하였다. 이미 두 차례 지불을 받았다.
재판장	이자는 받은 적이 있는가?
배설	아니다. 아직 없다.
재판장	콜브란-보스트위크은행의 예금에 붙은 이자는 증인이 받았는가?
배설	아니다. 이자는 통장에 입금되었을 뿐이다.
재판장	피고는 증인이 은행으로부터 이자율에 관한 쪽지를 받았으나 그것을 잃어버렸다고 진술했는데.
배설	이것을 나 자신이 잃어버렸는지 혹은 피고가 잃었는지는 확실히 모르겠으나 어쨌든 잃은 것은 사실이다.
재판장	총합소에서 양의 직위는 무엇이었나?
배설	내 생각으로는 감사 또는 회계원인 것 같다. 나는 총합소와 아무 공식관계가 없으므로 이 진술은 추측에 불과하다.
재판장	그렇다면 증인은 총합소와 아무 관련도 없단 말인가?
배설	있다. 나는 명예직위를 받았으나 한글로 쓰여 있어 읽을 수가 없었다. 그게 무슨 뜻인지 모른다. 나는 총합소에 나가지는 않았다.
재판장	증인은 자신이 총합소에 속하는 돈을 예금하고 투자했다고 진술하였다. 이것을 방금 한 진술과 어떻게 부합시키겠는가?
배설	재판장께서는 또 오해를 하셨다. 나는 단지 내가 받은 30,000원짜

리 수표에 관해서만 처분권이 있다.

4) 검사, 증인 배설 신문

다음에는 검사가 배설에게 질문하였다.

검사 내 생각으로는 증인이 아까 더 높은 이자를 받기 위해 30,000원을 홈링거 & Co.로 옮겼다고 진술한 것으로 생각한다. 그러나 돈은 거기에 오래 머물러 있지 않았다. 그 이유는 뭔가?

배설 나는 돈을 옮기는 게 바람직한지에 대해 지난해 12월 논의하였다. 그 정확한 이유는 잊었지만 어쨌든 이런저런 까닭으로 수표에 서명한 세 수탁자를 만날 수가 없었다. 아마도 尹이 이 나라에서 떠나 있었기 때문일지도 모르지만 윤尹이 정말 외국에 있었는지에 관해서는 자신이 없다. 기금의 일부를 금광지분에 투자하는 것의 타당성은 1월에 논의되었는데 수탁자들은 이미 돈을 홈링거회사에 예금하기로 결정되었다고 말하였다. 그래서 나는 먼저 돈을 콜브란-보스트위크 회사로부터 홍콩-상하이은행으로 옮긴 다음 바로 그 날 25,000원을 인출했던 것이다.

검사 돈의 대부분을 예금하자마자 인출할 것이라면 어째서 그 돈을 예금했는지 나는 이해하기 힘들다.

(검사가 증인을 의심하지 않을 수 없다고 말한 것으로 통역이 잘못 말했기 때문에 증인은 이에 즉시 항의하였다. 그러나 이 실수는 증인에게 설명되지 않았다. 검사는 결코 통역이 번역한 것처럼 못마땅한 뜻으로 해석될 말은 한 적이 없다.)

배설 홍콩-상하이은행에 실제로 현금으로 예입된 금액은 5,000원이며

25,000원은 콜브란-보스트위크 회사에 수표로 즉시 보내졌다.

검사 나는 이 금액을 예금한 날 바로 인출할 필요가 무엇이었는지 더 정확히 알고 싶다.

배설 금광지분 투자에 관해 여러 차례 협의가 있었다. 이 협의 중 마지막 경우에는 양도 참석했는데 그는 이 제안에 반대하였다. 따라서 나는 결정된 대로 먼저 예금을 했다가 돈을 인출했던 것이다.

검사 돈의 예금과 관련하여 3 사람의 서명이 필요했던가?

배설 그렇다.

검사 그러나 증인은 혼자서도 예금을 인출할 수 있다면서?

배설 그렇다.

검사 증인은 마르탱에게 빌려준 27,500원 중 22,500원은 스스로의 구좌에서 빌려준 것이라고 진술하였다. 그대는 이 금액의 내용이 무엇인지 말해 줄 수 있는가?

배설 그 돈은 대중으로부터 기부된 것, 더 정확히 말해서 어떤 특정 개인들로부터 기부된 것이었다.

검사 국채상환의 목적으로?

배설 그렇다.

검사 이것을 신문을 통해 밝혔던가?

배설 이것은 61,042원 33전의 일부다.

검사 22,500원이 보상기금과는 별개라고 증인이 말한 것으로 들었는데?

배설 아니다. 내 말은 단지 이것이 총합소의 기금과는 관계없다는 뜻이었다.

검사 그렇다면 마르탱에게 빌려준 돈 중에서 5,000원은 총합소에 속한 것, 22,500원은 신문사에 속한 보상기금에서 나온 것이라고 이해해도 좋은가?

배설   그렇다.

검사   25,000원을 금광지분에 투자한 후 남은 5,000원은 어떻게 되었는가?

배설   마르탱에게 빌려주었다.

검사   22,500원을 언제 마르탱에게 빌려줬나?

배설   정확히는 말할 수 없다. 그러나 약 1년 전부터 여러 번에 걸쳐 빌려 줬다.

검사   담보물을 받은 게 있는지?

배설   이 질문들은 현재의 사건과는 아무 관련도 없는 것이지만 담보가 나 를 아주 만족시켰다는 것은 말할 수 있다.

검사   조건에 대해 물어도 좋은가?

배설   양기탁은 이 대부에 관해 아무것도 모른다. 나는 상하이로부터 돌 아오자 여러 차례의 대부를 하나로 묶어 500원 씩 월부 상환하도록 하였다.

검사   이자는 얼만가?

배설   연리 9%다.

검사   왜 이 대부를 마르탱에게 했는가?

배설   많은 이자를 받기 위해서다.

그런 다음 재판장은 배설 심문을 속개하였다.

재판장   콜브란-보스트위크은행에 있는 신문사의 보상기금 계정예금에는 지금 얼마나 남아 있는가?

배설	6,432원 48전이다.

배설은 여기서 접수된 금액과 그 처리 상황을 보여주는 숫자가 적힌 종이 한 장을 법정에 제출하였다. 국채보상기금으로 현재까지 접수된 총액은 61,232원 48전이다. (이것은 5월 15일 이후 접수된 금액도 포함돼 있는데 당시의 총액은 광고처럼 61,042원 33전이 아니라 61,042원 59전으로 26전의 계산착오가 있었다.) 이중 32,300원은 총합으로 이전되었고, 22,500원은 마르탱에게 빌려 줬다. 나머지 차액으로 콜브란-보스트위크은행에 대한매일신보의 국채보상기금으로 예입되어 있는 액수는 6,432원 48전이다.

왜 증인이 5월 15일 자 광고에서 돈의 처리에 관해 명확히 밝히지 않고 돈의 대부분이 은행에 없는데도 은행에 예금되어 있다고 광고했느냐는 질문에 대해 배설은 처음에는 핑계를 내세워 해명하려고 노력하여 그렇게 하는 게 관례가 아니라는 둥, 너무 바빠서 그렇게 못했다는 둥, 광고는 단지 얼마만 한 액수가 은행에 있는가를 설명하는 것일 뿐 반드시 남은 은행 잔고를 의미하는 것은 아니라는 둥 갖가지 구실을 대었다. 그러나 질문이 되풀이되자 배설은 그게 자신의 잘못이며 좀 더 주의를 기울였어야 했다고 시인하였다.

검사는 증인에게 또다시 몇 가지 질문을 하였다.

검사	피고의 진술로부터 30,000원이 홈링거회사로 이전될 당시 윤웅렬, 양기탁, 박용규 서명한 무슨 서류가 있는 것처럼 보이는데 그런가?
배설	그것은 단지 콜브란-보스트위크은행으로부터 돈을 인출하기 위한 수표다.

검사	금광지분 대금은 얼마이며 몇 주나 매입했고 이 지분은 어디에 누구 명의로 보관되어 있는가?
배설	지분은 콜브란-보스트위크은행에 총합소의 수탁자 3명의 명의로 보관돼 있다. 지분 수는 125주, 금액은 1주당 美 금화로 100달러이다.
검사	지분의 현 시가는 얼마인가?
배설	아직 금광업이 충분히 진행되지 않아서 시가는 없다. 그러나 내 생각에는 살 때보다 가치가 더 있는 것 같다.

증인심문이 끝나고 피고는 재판장에게 앞으로 재판에 있어 배설의 진술을 일어로 번역할 때 잘못이 있고 또 이 잘못이 그에게 해가 되는 것으로 생각되는 경우 이를 지적하도록 허용해 줄 것을 요청하였다.

재판장은 피고에게 공식 공판기록을 열람하는 것은 허용할 것이나 번역에 잘못이 있는지의 여부는 그가 걱정할 문제가 아니라고 말하였다.

그런 다음 마르탱이 소환되었으나 앞서 있었던 만함의 좋지 못한 사건 때문에 법정은 잠시 휴정해야만 하였다. 그때는 1시를 약간 지났다.[20] (*The Seoul Press*, 1908.9.18)

5) 프랑스 호텔 주인 마르탱

2시 50분에 공판이 속개되었다. 마르탱이 소환되었으나 그에 대한 신문이 있기 전에 재판장은 피고 측 변호인 옥동규에게 배설이 증언하는 동안 그가 말하고 싶었던 게 뭐냐고 물었다.

---

20 *Japan Weekly Chronicle*은 배설에 대한 심문은 4시간이 걸렸으며 그 후에 나온 마르탱 심문에도 1시간이 소요되었다고 보도하였다. 동 신문 1908.9.24, p 476 이하.

(옥동규는 이에 앞서 말을 하려 했으나 재판장은 증언이 끝날 때까지 기다리라고 했던 것이다.) 옥동규는 검사에게 공판을 지연시킬 의견진술은 하지 말도록 주의를 주고 싶었다고 말하였다. 재판장은 검사가 아무런 의견도 자진해서 말하지는 않았다고 그에게 확언하였다.

재판장은 피고에게 그가 영어를 이해하므로 배설의 증언이 그에게 통역되지 않았다고 말하였다. 프랑스어로 행해질 마르탱의 증언은 요약내용을 때때로 법정기록으로부터 피고에게 통역될 것이다. (그러나 그후 법정통역이 마르탱의 진술요약을 한국어로 통역해 주자 피고는 이미 일어통역으로 뜻을 이해할 수가 있으니 한국어 통역은 안 해줘도 괜찮다고 말하였다.) 그런 다음 마르탱의 심문이 진행되었는데 공식 통역은 구로다黑田였다.

재판장　증인은 본 사건의 내용을 알고 있는가?

마르탱　그렇다.

재판장　언제부터 증인은 배설을 알았는가?

마르탱　1904년의 일러전쟁 발발 후부터다.

재판장　나이는?

마르탱　32살이다.

재판장　거주지와 국적은?

마르탱　서대문 밖에 살며 프랑스 시민이다.

재판장　그대는 배설과 친밀한 관계인가?

마르탱　배설은 나의 호텔에서 2년 이상 머물렀으므로 그와 친근하다.

재판장　돈 문제도 믿고 교환할 만큼 친밀한가?

마르탱　같이 수행할 어떤 사업에도 신뢰할 만큼 서로 잘 알고 있으나 모든 문제를 충분히 믿고 교환할 수는 없다.

재판장 증인은 배설로부터 22,500원과 5,000원을 빌렸는가?

마르탱 그렇다.

재판장 언젠가?

마르탱 1907년 9월부터 1908년 3월 사이 여러 차례에 걸쳐서다.

재판장 증인은 각 개별금액을 기억하는가?

마르탱 정확히는 기억 못한다. 처음에 우리가 이 문제를 논의했을 때 배설은 최고 30,000원까지 빌려줄 수 있다고 말하였다. 각 개별대부의 기간은 18개월이었으나 배설이 상하이로부터 돌아온 뒤 조건이 바뀌어 그 뒤부터 매달 500원씩 상환하기로 하였다.

재판장 이자는?

마르탱 9%다.

재판장 담보는 주었는가?

마르탱 몇 가지 담보를 배설에게 주었다.

재판장 어떤 담보인가?

마르탱 개인적 문제이므로 이야기하고 싶지 않다. 재판장께서는 배설에게 이것에 관해 물으시기 바란다.

재판장 배설은 대부에 대한 담보를 받지 않았다고 말했는데.

마르탱 배설이 만족했으니 그에게 물어 달라.

재판장 증인은 몇몇 담보를 제공했다는 게 확실한가?

마르탱 첫 대부는 5,000원이었고 그 다음 여러 차례 나누어 22,500원을 빌렸다. 증서에 담보에 관해서는 언급하지 않았다.

재판장 첫 대부 5,000원은 언제 받았는가?

마르탱	정확히는 기억 못하나 1907년 9월중이다. 나는 또 1907년 10월과 1908년 2월 두 차례 5,000원을 받았다.
재판장	그 나머지 대부금은 얼마만한 액수로 받았나?
마르탱	2,000원, 4,000원 등 여러 가지였다.[『경성신보』는 마르탱이 몇 차례에 걸쳐 빌린 액수가 27,500원이 된 것이라고 답했다.]
재판장	돈의 출처에 관해 배설은 무어라고 말했나?
마르탱	그는 이 돈이 국채보상기금에 속한다고 말하였다.
재판장	배설은 이 돈들이 어디로부터 가져온 것인지 말했던가?
마르탱	아니. 배설은 돈을 어디서 가져왔는지는 말하지 않았다. 그러나 수표에는 일부는 콜브란-보스트위크은행 것이고 다른 것들은 홍콩-상하이은행 것이었다. 배설은 이 돈이 두 가지 다른 구좌에 속한다고 말하였다.
재판장	배설은 5,000원이 홈링거회사로부터, 22,500원이 콜브란-보스트위크은행으로부터 나왔다는 것을 말했던가?
마르탱	나는 어느 쪽이 어느 쪽인지 알 수 없다.
재판장	배설은 또 다른 돈을 빌려줄 수 있다고 말했던가?
마르탱	배설은 단지 높은 이자를 바란다고만 말했을 뿐이다.
재판장	그대가 빌린 돈은 배설의 것은 아닌가?
마르탱	나는 이게 국채보상기금에 속하는 것으로 알고 있다.
재판장	증인은 어느 금액이 어느 구좌에 속한다는 것을 아는가?
마르탱	모른다. 그러나 배설이 상하이로부터 돌아왔을 때 그는 전체를 하나의 대부로 만들어 500원 씩 월부로 상환할 수 있도록 원하였다.
재판장	증인은 왜 대부를 받았는가?

마르탱 여러 가지 이유가 있는데 특히 사업 확장을 위해서다.

재판장 그 돈으로 어떤 부채를 갚은 것은 아닌가?

6) 건물확장, 연주실 건축, 영사기 구입

마르탱 재판장께서 어떻게 내가 갚을 부채가 있다고 생각하시는지 모르겠다. 그러나 나는 상환할 부채는 하나도 없다.

재판장 만약 그대가 차입 이유를 좀 더 구체적으로 밝힌다면 그대의 진술은 더 비중이 있을게다.

마르탱 나는 차입한 돈으로 연주실을 건축하고 영사기 기재를 구입했으며 건물을 확장하고 목욕실, 난방을 위한 기계실을 짓고, 가구를 샀다.

재판장 차입금 상환은 언제 시작되었는가?

마르탱 배설이 상하이로부터 돌아왔을 때다. 이미 두 차례 지불하였다.

재판장 어느 달에?

마르탱 7월과 8월이다. (마르탱은 재판장에게 두 차례의 지불에 대한 배설의 영수증을 보여 주었다.)

재판장 이자는 지불되었는가?

마르탱 앞서의 조건이 유효한 동안에 3~400원 쯤을 이자조로 지불하였다. 그러나 새 월부상환조건이 유효해진 뒤로는 이자를 지불하지 않았다. 왜냐하면 원금상환이 끝난 다음에 이자를 지불하기로 합의했기 때문이다.

재판장 배설은 증인에 대한 대부가 총합소 사원들의 봉급을 지불할 돈을 충당하기 위해서라고 진술했는데?

마르탱 이제 이 문제가 언급되니까 나는 그런 취지의 말을 들었던 게 생각난다.

나는 때때로 배설에게 차입금 이자조로 100원 혹은 150원을 주었다.

재판장 누가 먼저 대여를 제안했나?

마르탱 정확히는 기억 못하나 배설이 제안하였다.

재판장 증인은 사업확장을 위해 그대가 대여를 요청했는지 아니면 배설이 높은 이자를 얻기 위해 대여를 원했는지를 명확히 말해주겠는가?

마르탱 정확히는 기억 못한다. 배설은 늘 우리 집에 왔다. 어떤 사람들은 내가 대여를 원했다고 말했으나 내 생각에는 거래를 제안한 게 배설인 것 같다.

재판장 피고는 단 10,000원을 마르탱에게 대여했다고 말하고 그는 다른 대부에 관해서는 들은 바 없다고 선언하였다. 증인은 여기에 관해 무언가 설명할 수 있는가?

마르탱 나는 양과 아무 관계도 없으므로 양으로부터 아무것도 듣지 못하였다.

재판장 이 문제에 관해 배설로부터 아무것도 못 들었나?

마르탱 그것은 양이 단지 대부가 10,000원에 달했을 때 거기에 대해 들었기 때문에 일어난 일인지도 모르겠다.

재판장 아마도 증인과 배설 사이에 나머지 금액에 관해 어떤 비밀이 있어 10,000원만을 양기탁에게 말해준 것이나 아닌지?

마르탱 그런 것은 전혀 모른다.

재판장 윤웅렬과 그의 아들(윤치호)이 홈링거회사로 돈을 이체하는 문제에 관해 배설과 논의하기 위해 증인의 집으로 오지 않았던가?

마르탱 배설이 우리 호텔을 떠난 지 금년 11월로 만 2년이 된다. 그리고 호텔은 대중의 집이므로 나는 우리 집에서 그런 협의가 있었는지를 기억할 수 없다.[경성신보는 재판장의 질문에 마르탱이 요령부득으로 대

답했으나 추궁하지 않았다고 비판했다]

증인은 다음으로 검사에게 심문받았다.

검사   이자로 배설에게 얼마를 지불했나?

마르탱   전부 합쳐 300~400원 사이다.

검사   이런 지불에 대해 영수증을 받았나?

마르탱   안 받았다.

검사   이 지불은 장부에 기록되었나?

마르탱   기록되었다고 생각한다.

검사   배설은 이자를 받은 적이 없다고 말하였다. 증인은 확실한가?

마르탱   현재의 조건 아래서는 이자를 지불한 적이 없지만 이미 말했듯이 앞
서의 조건 아래서는 일부 이자를 지불하였다.

그의 심문이 끝나고 마르탱은 퇴장하였다.

피고 측 변호인 옥동규는 배설의 증언이 변론을 위해 긴요하므로 법정
통역이 그를 위해 그 요지를 번역해 달라고 요청하였다. 재판장은 이 요청
에 반대는 없지만 이미 공판이 여러 시간 계속되었고 피고가 지쳤을 것이
므로 한국어로 법정기록 번역이 끝날 때까지 기다리면 그 열람을 허용하
겠다고 말하였다. 여기에 대해 옥동규는 곧바로 동의하였다. 법정은 4시
조금 지나서 폐정하였다. (*The Seoul Press*, 1908.9.19)

5. 재판 제4일 : 9월 25일(금)

재판은 상오 10시 서울공소원 제1호 법정에서 속개되었다. 재판장은 콜브란이 미국 총영사 앞에서 금광지분持分에 투자된 국채보상기금 및 그 밖의 한 두가지에 관해 진술한 '선서구술서'를 그 전날 받았다고 피고에게 말하였다. 그런 다음 재판장은 그 서류요지를 구두번역하였다.

구술서

헨리 콜브란은 먼저 정식으로 선서하고 다음과 같이 증언하다. 그는 서울광업회사 사장인데 이 회사는 미합중국 코네티커트 주법州法에 의해 조직되어 존재하며 한국에서 업무를 행하는 회사이다. 1908년 1월 E.T.배설이란 사람이 상술上述한 콜브란에게 접근하여 당시 배설의 처분 하에 있던 한국국채보상기금의 일부를 투자하는 데 관해 상의하였다. 배설이 이 기금을 투자함으로써 이익을 올릴 수 있는 몇 가지 사업의 장점에 관한 논의가 있은 후 배설은 1월 16일 혹은 그 전후에 동 기금의 수탁자들을 대표해서 서울광업회사의 주식 125주를 매입하는 조건으로 그 대금 25,000엔을 주겠다고 제안했는데 이 요청은 서울광업회사를 대표한 이 구술자에 의해 받아들여졌다. 1월 16일 콜브란-보스트위크개발회사는 25,000엔에 대한 영수증을 발행하였고 H.E. 콜브란과 J.F.스미스가 이에 서명하였으며 125주의 주식예약이 서울광업회사 예약자 명부에 올려졌고 25,000엔의 영수증은 콜브란-보스트위크개발회사에 의해 본 구술자에게 전달되어 보관되었다가 배설이 25,000엔을 현금으로 지불 하는 대로 그에게 전달하도록 되었다. 이 영수증은 본 구술서에 '증거 A'로 표시되어 첨부된다. 그 후 1908년 2월 3일 배설은 서울광업회사를 대표한 본 구술자에게 상기 서울광업회사주식 125주 예약대금 전액으로 25,000엔을 지불하였고 거기서 1908년 1월 16일 자로 된 영수증을 본 구술자가 배설에게 전달하였다. 구술자는 또 콜브란-보스트위크개발회사가 국채보상지원금총합소의 구좌로 접수한 예금 총액은 42,978엔 67전이지만 30,000엔짜리 수표 1장이 인출되어 지불되었기 때문에 현재 콜브란-보스트위크개발회사에 同 기금구좌로 남아 있는 예금액은 12,978엔 67전[경성신보는 12,580원]이라고 진술하였다. 구술자는 이 이외에는 말하지 않았다.

(서명) H. 콜브란.

1908년 9월 24일 이 구술서를 본관 앞에서 서명하고 서약하다.

(서명) 토마스 시몬스

미합중국 총영사.

〈증거 A〉

한국 서울, 1908년 1월 16일

일금 25,000엔정.

우리는 여기 일화 25,000엔을 한국국채보상지원금 수탁자들로부터 정히 영수했으며 이 금액에 대해 우리는 미합중국 코네티커트주洲 하트포드 소재 서울광업회사의 완전 불입된 주식 125주(1주당 미화 100달러)가 미국으로부터 도착하는 대로 위의上記 수탁자들에게 인도할 것에 동의하는 바이다.

콜브란-보스트위크 개발회사

증인 H. E. 콜브란, 지배인 J. F. 스미스, 감사

재판장 피고는 상술한 구술서에 관해 진술할 게 있는가?

양기탁　나는 금광주식 구입에 대해서는 아무것도 아는 게 없으므로 거기에 대해 말할 것도 없다. 돈을 홈링거회사로 이전한 데 대해서는 더 나은 이자를 얻기 위해서 그렇게 했다는 것만 알고 있을 뿐이다.

재판장은 검사에게 소환할 증인이 있느냐고 물었으나 검사는 없다고 대답하였다. 재판장은 그 다음 피고 측 변호인에게 무슨 사실 진술이나 혹은 새로 내놓은 증거가 있는지 물었다. 변호사가 대답하기 전에 피고가 일어서서 진술을 하게 해달라고 부탁하였다. 재판장은 이를 허용하면서 피고에게 나중에 의견표현을 할 기회를 줄 테니 현재로서는 사실에만 한정하고 의견표현은 삼가라고 주의를 주었다.

피고는 다음과 같이 진술하였다. 검사는 공판초기에 내가 140,000원이나 착복했다고 고발하였다. (실제 논고에서는 70,000원 착복으로 되어 있다.) 그러나 지금까지 밝혀진 진상으로 이 혐의는 벗겨졌다. 나는 30,000원을 홈링거회사로 이체한 것은 알고 있으나 주식구입에 대해서는 모른다. 70,000원이라는 말이 있으나 국채보상기금으로 우리 신문사에서 접수한 액수는 광고된 것처럼 60,000원을 약간 상회하는 액수였다.

이용상　신문사에서 접수한 61,000원에 관해서는 그것이 어떻게 처분되었는지 증거에 의해 명확해졌다. 검사는 피고가 140,000원을 횡령했다고 말했으나 그것을 증명할 아무 증거도 없었다.

재판장　변호인은 법률가로서 공판의 현 단계에서는 의견을 표현해서는 안 된다는 것을 알고 있을 것이다. 내놓을 새로운 사실이 있는가?

이용상　새 사실은 없다.

재판장 만함은 새 사실을 제출할게 있는가?

만함 없다.

재판장 홈링거회사 지배인 멕켄지의 증언이 아직은 없다. 그러나 법정은 그
의 증언이 이제 꼭 필요한 것은 아니라고 생각한다. 따라서 법정은
증인심문을 종결된 것으로 간주하고 검사로 하여금 논고를 하도록
요구하는 바이다.

검사 본인은 재판장께서 증인심문을 행하는데 있어 보여준 주의와 사려
깊음에 대해 만족을 표명해야겠다. 고발은 양기탁이 국채보상지원
금으로 그의 신문사와 총합소 양쪽에서 접수한 돈을 부정으로 횡령
했다는 것이었다.

그러나 재판과정에서 제출된 증언, 특히 E.T. 배설의 증언 결과 피고
가 비록 신문사 업무경영에 있어 상당히 중요한 직위를 맡고 있기는
하나 동 신문사가 모은 보상지원금에 관해서는 권한이 없으며 E.T.
배설이 문제된 돈의 처분에 관해 전적인 책임을 지고 있음이 명확히
드러났다. 더욱이 배설의 증언에 의하면 피고는 비록 총합소의 감사
이기는 하나 금광주식 구입이나 마르탱에 대한 대부에 관해 상의받
지도 않았다. 이 모든 것은 배설의 진술에 의해 명확해졌다. 양기탁
이 어떠한 돈도 부정 횡령했다는 것을 보여주는 증거는 없다. 국채
상환의 목적으로 모금된 돈을 주식투자나 대부에 사용하는 게 적절
하거나 옳으냐의 문제에 대해서는 피고가 이런 거래에 전혀 책임이
없다는 것이 명확해진 이상 이 문제를 논고할 필요는 전혀 없을 것이
다. 따라서 검사는 단지 재판장께서 사전재판에서 보여준 수고에
감사할 따름이며 피고를 무죄방면하기를 요청한다.

재판장 피고는 검사의 진술에 따를 수 있겠는가? 아무 할 말도 없는가?

양기탁 검사가 무죄를 요청했으므로 할 말이 아무것도 없지만 그러나 검사가 애초 피고가 14만 원을 횡령했다고 논고한 말이 모든 신문에 보도되었으므로 내가 무죄방면 되어도 내 입장은 난처하다는 점을 말하고 싶다. 나는 애초에 누가 나에 대해 이런 중상고발을 했는지 알고 싶다.

변호사 할 말은 없다. 우리는 단지 방금 검사가 한 진술을 승락할 수 있을 뿐이다.

만함 할 말 없다.

재판장은 판결이 29일에 언도할 것이라고 말하였다.

법정은 오전 11시에 폐정하였다. (*The Seoul Press*, 1908.9.26)

6. 재판 제5일 : 9월 29일(화)

판결은 화요일 9시에 선고되었다. 아래에 서울프레스가 영문으로 번역 보도한 판결문을 먼저 싣고, 일본어 원문 번역 판결문을 소개한다. 같은 판결문이지만 서울프레스는 일본어→영어 번역을 다시 한국어로 옮기는 3단계를 거쳤기 때문에 문맥에 다소의 차이가 있을 것이다. 일본어 원본은 국사편찬위원회의 번역문을 한자만 줄이고 내용은 그대로 옮겼다.

선고(서울프레스)

피고 양기탁은 무죄이다.

이유

피고는 서울 석정동石井洞 소재 대한매일신보사의 총무로서 업무를 수행하는 동안 영국 신민이자 당시 이 신문 소유주였던 배설이라는 사람의 동의를 받아 한국의 채무를 보상할 목적이라고 칭하고 매일신보사를 모금장소로 하여 널리 의연금을 모금하기로 계획하였다. 이 목적을 위해 그는 광무 11년 3월 중에 대한매일신보에 특별공고를 게재하였다.

그 이후 그는 한국으로부터 동 신문사로 오는 기부금을 계속적으로 접수하였다. 이외에도 피고는 배설 및 다른 사람들과 함께 동 신문사 이외의 본부에서 같은 목적으로 기부금을 모금하기 위해 국채보상지원금총합소를 설립하였다. 피고는 동 총합소 업무의 주요 감사로서 금년 2월까지 동 신문사외의 다른 곳으로부터 총 10,560원 1전의 금액을 접수하였다.

위에 언급한 금액에 추가하여 피고가 관계한 다른 금액도 있는데 즉, 배설이 지난해 9월 프랑스 시민 마르탱에게 빌려준 27,500원과 금년 1월 16일 금광회사 주식대금으로 콜브란-보스트위크 회사에 지불된 25,000원, 금년 1월 초 콜브란-보스트위크은행으로부터 홍콩-상하이은행 제물포대리점에 이체되었다가 상술한 날짜로부터 금년 4월 어느 날 사이에 알려지지 않은 목적으로 인출된 30,000원, 금년 4월 30일 자 대한매일신보에 콜브란-보스트위크 회사에 현재 예치중인 것으로 광고된 61,042원 33전 2리 등이다.

이 모든 금액이 국채보상지원기금에 속하므로 피고에 의해 同 기금으로 접수된 총액은 최소한 143,542원 33전이 되어야 한다. 이 총액으로부터 총합소에서 모은 10,560원 1전을 제하면 피고가 대한매일신보에서 금년 4월 30일까지 일반대중으로부터 접수한 돈은 132,982원 32전이 되어야 한다. 이상의 사실에도 불구하고 피고는 대한매일신보에 게재된 광고를 통해 同 신문사가 금년 4월 30일까지 접수한 돈이 단지 61,042원 33전 2리에 불과하다는 허위광고로 일반 의연자를 속였다. 이런 허위광고의 수단으로 피고는 차액 71,939원 98전 8리를 사취 횡령했다는 공소사실은 증거에 의해 증명되지 않았으므로 피고는 선고문 대로 무죄이다.

경성지방재판소 형사부 주심판사 橫田定雄

판 사 深澤新一郎

판 사 柳東作

(*The Seoul Press*, 1908.9.30)

일본어 원본 번역

主文 피고 梁起鐸을 무죄로 판결한다.

이유

피고는 京城 西署 石井洞 號外地 대한매일신보사 총무로서 동 신보사 일체의 사무를 담당한 까닭에 동 신보사 사장이었던 영국인 배설의 동의를 얻어 한국 채무를 보상할 목적이라고 말하고 매일신보사를 모금장소로 하여 널리 의연금을 모금하기로 계획하였다. 1907년 3월 중 대한매일신보에 이에 대한 모금 취지 특별광고를 실은 후 피고는 각 지방에서 매일신보사에 보내온 의연금을 계속 수금하는 한편, 별도로 매일신보사 이외의 장소에서 외부인이 동일한 목적을 위한 것이라 하여 모집한 의연금마저도 피고인들이 도맡아 수합하기 위해 배설 등과 협의하여 국채보상의연금총합소라는 이름으로 피고가 자진해서 그 회계의 주무를 맡았다. 따라서 대한매일신보사 이외에서 외부인이 모금한 금 10,000 560원 1전을 금년 2월까지 수령했다. 그리고 매일신보사 및 총합소에서 수금한 금액 총액을 수사하건대 작년 9월 중 배설 이름으로 프랑스인 만함에게 대여하여 아직까지 동인同人에게 대여 중인 금액 2만 5,000원이 있고, 금년 1월 16일 금광회사 주권株券 매입대금으로 콜브란-보스트위크개발회사에 지불한 금 2만 5,000원이 있으며, 금년 2월 초순 콜브란-보스트위크은행에서 인출하여 배설 명의로 인천의 홍콩-상하이은행 대리점에 예입한 후 동월부터 동년 4월에 걸쳐 인출한 그 소비처가 불명한 금액 3만 원이 있다.

또 별도로 금년 5월 15일에 대한매일신보에, 그리고 동년 4월 30일 전기회사 내 은행예금액으로 광고한 금 6만 1,042원 33전이 있다. 모두 국채보상의연금에 관련된 것으로 보면 모금 수입총액은 적어도 14만 3,542원 33전이 된다. 매일신보사와 관계없이 총합소에 수입된 전기 금액 1만 560원 1전을 공제해도 아직 매일신보사에서 피고가 금년 4월 30일까지 의연한 자들에게서 직접 수금한 금액은 적어도 13만 2,982원 32전이 되는데도 불구하고 사고社告는 금년 5월 30일 대한매일신보 신문지상에 그 신보사에서 금년 4월 30일까지 출원자로부터 직접 수령한 의연금 총액은 겨우 6만 1,042원 33전 2리에 불과하다는 내용의 허위광고를 하였다. 따라서 일반 출원자를 속이고 그 실제 수금 액수는 광고에 게재한 금액과의 차액 7만 1,939원 98전 8리를 횡령했다는 공소 사실은 그 증거가 충분하지 않으므로 피고에 대한 무죄를 언도하는 바이다.

따라서 주문과 같이 판결한다.

京城地方裁判所 형사부 재판장 판사 橫田定雄

판사 深澤新一郎

판사 柳東作

[여기 나오는 금액의 단위는 서울프레스에서는 '엔'으로 표기하였으나 '원'으로 번역하였다. 다만 콜브란-보스트위크 회사가 증거물로 내놓은 서류만은 일화日貨로 표기되었으므로 '엔'으로 그냥 두었다.]

7. 통감부 공판기록 요약 정리[21]

통감대리 부통감 자작 소네曾禰荒助 각하

○ 별지 ○ 부속서

梁起鐸

위 사기 취득 피고사건은 전에 경성지방재판소에 공소를 제기한바, 심문이 종결됨에 따라 그 과정을 다음과 같이 보고합니다.

1. 재판소장, 판사 橫田定雄·深澤新一郎·柳東作, 입회 검사 伊藤德順, 변호인 李容相·王東奎, 영국인 만함(대한매일신보사 사장).

---

[21] 이상 상세한 공판기록을 살펴보았는데 통감부가 재판과정을 요약한 기록을 참고로 소개하면 다음과 같다.

제1회 개정 : 1908년 8월 31일

검사 공소 취지의 진술

피고 양기탁은 대한매일신보사에서 동 신보사 사장 영국인 베델과 협의하여 국채보상지원금이라는 명목 아래 모금하고 아울러 별도로 베델은 또 다른 사람들과 협의하여 지원금 총합소를 설치하고 그 임원으로 그 회계 사무를 담당했습니다. 매일신보사에서 금년 4월 30일까지 모금한 총금액은 적어도 132,982원 32전으로 판단합니다. 그 증거는 다음과 같습니다.

일금 27,500원 (프랑스인 마르탱 대여액)

일금 25,000원 (遂安金礦 주식 매입대금)

일금 30,000원 (인천 상하이은행 예금고)

일금 61,042원 (전기회사 은행 예금고)

합계 금액 143,542원 33전 보상금 수입총액 (신보사 및 총합소 취급분) 그 중 금 10,561원 1전 총합소 수입금 중 매일신보사에 관계없는 것, 정산 잔금 132,982원 32전 매일신보사 수입총액 그런데 피고는 신보사에서 불과 금 61,042원 33전 2리를 모금한 것처럼 『매일신보』 신문지상에 보고하고 일반 의연금을 속여 그 차액금 71,939원 98전 8리를 횡령했습니다.

제2회 개정 : 동년 9월 3일

피고의 해명

매일신보사에서 피고는 베델의 지휘를 받고 사무에 종사했습니다. 보상금 모금 수입에 대해서는 오로지 베델의 지시를 받고 총합소 임원으로 피고는 명의만 있을 뿐 실무에는 관여하지 않았습니다. 프랑스인 마르탱에게 금전 대여한 것과 금광주식 매입 사실은 모두 전혀 무관합니다. 인천의 은행예금은 아직 예치되어 있을 것이고, 전기회사 내의 현재 예금액은 알 수 없으며, 신문의 광고는 오로지 베델의 지시에 의합니다.

제3회 개정 : 동월 15일

베델의 증언

국채보상금 수입은 매일신보사의 발의가 아니고 자신베델을 믿고 송금해 온 자가 끊이지 않아 국채보상이 사실 실행될 것인지 여부에 대해서는 아무런 생각도 가지고 있지 않았습니다. 결국 그 보상금을 모금하겠다는 것과 모금액은 세계에서 신용 있는 은행 또는 회사에 예금해두겠다는 것을 지난해 3월 말 신문지상에 광고를 하고 그 뒤로부터 계속 모금하여 금년 4월 30일까지의 수입액은 6만 1,000여 원입니다. 수입금에 대해서 양기탁은 현금을 받아 그 때마다 자신에게 교부했을 뿐 기타 일절 일에 관여하지 않았습니다. 수입금의 예입 대부 등의 일에 대해서는 전적으로 본인이 관여한 바가 없습니다. 6만 1,000여 원 중 3만 2,300원은 총합소에 교부했습니다. 프랑스인 마르탱에게 대여한 금 2만 7,500원은 작년 9월부터 몇 차례에 걸쳐 대여한 것을 뒤에 일괄하고 매월 500원씩 월부로 개정한 것입니다.

인천의 은행에 예입한 금 3만 원은 금년 2월 7일 총합소 임원으로부터 콜브란은행, 즉 전기회사 내 은행으로 보낸 금 3만 원의 수표를 받았기 때문에 그 금액을 예입한 것으로 그 예입은 자신의 명의로 해야 자신이 자유로이 처리할 수 있기 때문에 (총합소의 규약에는 85원은 반드시 은행에 예입해야 한다고 기재되어 있음) 그중 금 2만 5,000원은 예입 당일 바로 인출하여 금광주식 매입대금으로 콜브란에게 교부하고 잔금 5,000원은 4월 중 수차례에 걸쳐 인출하여 프랑스인 마르탱에게 대여했습니다(3월까지 차용했다는 마르탱의 증언과 부합하지 않음).

마르탱에게 대여한 금 2만 7,500원은 전기 금 5,000원을 총합소에 교부하지 않고 매일신보사에 보류 중이던 보상금 중 금 2만 2,500원으로 이루어졌으므로 현재 콜브란은행에 예치된 신보사 예금고는 6,000여 원에 불과합니다. 그런데 모금한 보상금 총액 6만 1,000여 원은 전부 은행에 예입한 것으로 처음 사실과 어긋난 광고를 해 왔습니다. 마르탱에게 대여한 사실과 금광주식 매입 사실을 광고하지 않은 것은 자신의 과실입니다.

마르탱의 증언

동 증언은 오로지 베델과 마르탱 간의 금전 대차 사실에 대해 금 2만 7,500원은 금년 3월까지 차용했다고 말하는 외에는 베델의 증언과 큰 차이가 없습니다.

제4회 개정 : 동월 25일

콜브란의 조서(미국총영사로부터 회송)

금광주 매입에 대해 베델이 인도했다는 대금 영수증 날짜는 실제 대금 인수 날짜와는 서로 다릅니다. 주식 매입 건은 1월 16일의 신청하여 자신 콜브란은 당일 금광회사의 주식명부에 등록하고 동일자 콜브란은행 대금 수

령증을 작성하여 자신이 맡아 두었습니다(2월 3일 베델은 2월 7일이라 증언했음). 베델로부터 현금 2만 5,000원을 받고 교환으로 그 영수증^{1월 16일부}을 본인에게 교부했습니다. 총합소로부터의 예금은 총액 4만 2,000여 원이고 그 인출은 1회 수표로 3만 원을 인출했을 뿐 잔금은 아직까지 예치되어 있습니다. 기타 총합소 및 베델에 대한 예금 출입에 대해서는 증언 요구에 응할 수 없습니다.

검사의 변론

베델의 증언에 의하면 신보사 및 총합소에서의 보상금 결말 처리에 대해서는 양기탁의 책임에 속하는 것으로 인정하지 않을 수 없기에 국채보상금을 한 개인에게 대여하거나 또는 금광주식 매입 자금으로 제공한 것에 대한 정당성 여부는 별개의 문제로 하고, 본건은 범죄 증거불충분으로 피고에 대해서 무죄의 언도가 있기를 바랍니다.

재판소는 변론을 폐쇄하고 오는 29일 판결을 언도하겠다고 선고했습니다.

변론 종결 당일, 재판소는 피고에 대해 보석을 언도하고 검사는 그 언도에 따라 출감을 지휘하여 양기탁은 당일 즉시 출감했습니다. 이상.

융희 2년 9월 28일
경성지방재판소 검사장 中川一介 印
법부차관 법학박사 伊富勇三郎 殿

제3장

국채보상운동의 결말

1. 애국심이 결집된 고혈

일본은 이 사건에서 양기탁은 의연금을 유용하지 않았음을 확인했다. 그러나 배설이 의연금을 운영한 방식에는 문제가 있다고 생각했으면서도 더 이상 추궁하지는 않았다. 배설은 영국 시민이므로 그를 기소하려면 또 하나의 새로운 외교적 분쟁거리를 만들어야 했기 때문이다. 통감부는 양기탁의 수사를 진행하는 과정에서 재판을 받으면 무죄로 판결할 수밖에 없다는 사실을 알고 있었다. 그러므로 미우라는 코번이 본국을 향해 떠난 이틀날인 9월 16일 총영사대리 레이[Lay]에게 양기탁이 무죄 석방될 것이라고 암시했다.[1] 통감부는 크게 벌여 놓은 일을 그만둘 수가 없었기 때문에 재판절차를 통해 마무리 지음으로써 일본의 사법절차가 공정하다는 것을 증명하려 했던 것이다.

이토 히로부미가 일본에 체류하는 동안 통감직을 대행하고 있던 부통감 소네[曾禰]는 이토에게 보낸 1908년 10월 7일 자 보고에서 공판의 성과를 이렇게 평가했다.

(양기탁)본인이 공판에 의해 국채보상금 취급사정이 판명되고 일반 세인은 베델과 성실하게 공금을 보관·관리함에 소홀했다는 사실이 명백해졌으므로 본 사건의 조사 목적은 충분히 이뤄졌다고 판단됨. 동시에 또 공명한 재판으로 종래의 예에 반해서 그와 같은 혐의자에 대해 단호히 무죄 방면 선고를 내린 사실은 내외인에게 우리 태도의 공정함을 신뢰하게 된 듯함. 또 베델에 대해서는 한국인

---

1 FO 371/439: 262/1009, Lay가 Grey에게, 30 Sept. No. 65.

으로부터 기탁금 반환과 같은 민사소송을 제기하는 자가 있으면 어쨌든 이쪽에서 형사 피고인으로는 기소 수속을 취하지 않을 생각임.

이 운동을 처음부터 비난했던 서울프레스의 논조는 변함이 없었다. 서울프레스는 양기탁의 무죄가 확정된 다음인 10월 1일 자 논설을 통해서 배설의 의연금 운용에는 분명히 문제가 있다고 주장했다. 이 사설은 서울프레스가 처음부터 배설, 양기탁 그리고 대한매일신보를 비난해 왔던 논조의 연장선상에 있는 것이었다. 그러나 배설의 국채보상운동 의연금 운용 방식에 의혹과 불합리한 점이 있었다는 사실도 드러났다. 국민들의 애국심과 그 열의는 순수하였으나 애국운동의 방법에는 미숙하였던 것이다. 국민의 피, 또는 고혈을 모은 결정체인 의연금의 운용이 석연치 못했음은 통탄해 마지않을 일이었다.

국채보상운동은 대구에서 처음으로 발기되어 구국의 열정에 불탄 국민들의 적극적인 호응과 언론의 절대적인 지원으로 급속히 전국으로 확산되었다. 이 운동은 전국을 통괄하는 중앙의 구심체가 없이 산발적으로 전국에서 발기되었으므로 이를 통합할 필요성이 제기되었으며 처음 결성된 단체는 국채보상기성회였고, 이어서 황성신문은 국채보상의무사와 국채보상연합회의 본부 역할을 맡았으며 대한매일신보는 국채보상의연금총합소의 본부가 되었다.

여러 의연금 접수 단체 가운데 대한매일신보-국채보상의연금총합소에는 많은 의연금이 접수되어 그 총액은 70,000원가량이었으며 황성신문이 접수한 액수가 54,000원 정도로 전국에서 거둔 액수는 대략 160,000원에서 190,000원 정도였다. 이는 일본으로부터 차관한 국채 1,300만 원에 비하면 턱없이 부족한 액수였지만 황성신문이 논설에서 지적한대로 이는 '국민들의 혈점血点'이요, 애국심이 결집된 '고혈膏血'이었던 것이다.

이 운동의 성공 가능성은 처음부터 희박하였다. 2천만 국민이 일률적으로 20전씩의 성금을 내고 여유 있는 사람들로부터는 더 많은 성금을 거둔다 하더라도 1,300만 원의 목표를 달성하기에는 벅찬 사업이었다. 그러나 이 운동이 국민들에게 던져준 의미는 성금의 액수로 환산할 수 없을 정도로 컸다. 자발적인 민중운동이 단시일에 전국적으로 확산되는 것은 유례없는 일이었다. 흩어져 있던 국민들의 힘을 이 운동을 통해 결집시키고 숨죽이고 있던 국민들의 애국심을 불러 일으켜 민족진영의 역량을 축적시켰다는 점에서 이 운동은 그 이후의 항일운동에 절대적인 영향을 미쳤다.

그러나 통감부는 이 운동을 양기탁의 구속과 재판이라는 교묘한 수단으로 무산시키고 말았다. 양기탁의 구속과 재판은 그보다 앞서 있었던 배설에 대한 일본 측의 탄압과도 연결되어 있었다. 일본은 신보의 소유주인 배설을 추방하거나 또는 신보의 발행을 중지하도록 영국 측에 오랜 기간 동안 끈질기게 요구해 온 끝에 마침내 그에게 3주일간의 금고형을 언도하도록 하였고 배설이 상하이에서 복역을 마치고 돌아오기 직전에 양기탁을 구속하여 영일 양국 간에 미묘한 외교분쟁을 야기했다. 주한 영국총영사 헨리 코번은 양기탁의 구속을 치외법권을 지닌 영국시민 배설에 대한 탄압으로 해석했고, 이에 반해서 일본은 양기탁의 구속을 국채보상의연금 횡령혐의일 뿐이라고 주장하였다.

결국 통감부는 양기탁을 구속함으로써 국채보상운동이 더 이상 확산되지 못하도록 찬물을 끼얹고 나아가서는 이를 완전히 무산시켜 버리는 효과를 거두었다. 곁들여 배설과 양기탁의 명예와 신뢰도를 크게 떨어뜨렸을 뿐 아니라 대한매일신보에도 심대한 타격을 주는 데 성공하였다. 사건은 무죄로 판결되었으나 일본은 커다란 성과를 거둔 것이다.

2. 의연금은 총독부가 몰수

국채보상운동에 대해서 서울프레스, 경성신문 등 한국에서 발행하던 일본인의 신문들은 이를 방해하는 프레스 캠페인을 벌였다. 배설과 양기탁의 재판도 비난과 중상모략으로 두 사람의 명예를 훼손했다. 주한영국 총영사 헨리 코번은 양기탁 구속을 둘러싸고 통감부와 마찰을 일으킨 끝에 재판이 진행 중인 1908년 9월 15일에 아직 정년퇴직의 시한이 남아 있는데도 임기를 채우지 못한 채 서울을 떠나는 처지가 되었다.

이 사건을 통해서 통감부는 한국인들의 국채보상운동을 완전히 붕괴시키는 성과를 거두었다. 국채보상운동은 이 재판이 아니었더라도 성공을 거두기에는 벅찬 운동이었다. 그러나 이 운동의 참된 의미는 의연금의 모금 액수보다는 한국 민족진영이 이러한 운동을 통해 응집력을 과시하고 민족의식을 고취한다는 데 있었다. 그런데 통감부는 이 사건을 통해서 이 운동의 추진세력을 분산시키고, 한국 일반 민중에게 좌절감을 안겨 주는 성과를 올린 것이다. 일본은 또한 이 사건을 통해서 대외적인 결의를 보여주었다. 그것은 한반도의 지배권을 확보하기 위해 일본이 추진하는 정책에 대해서 어떤 나라가 간여하는 것도 용납하지 않겠다는 결의였다.

일본은 양기탁을 구속하여 주한 영국총영사관의 강력한 반발에도 불구하고 재판에 회부하였으나 그를 기소한 검사가 자진하여 양기탁의 무죄를 선언하고 재판부에 석방을 요구하였다. 일본은 자신들이 벌인 수사가 잘못되었음을 만천하에 시인하는 어리석은 행동을 저지른 것처럼 보이지만 그같은 사소한 체면을 잃는 대신에 훨씬 많은 것을 얻어내었다. 재판 끝에 양기탁의 결백은 명백히 입증되었으며 일본의 의도가 무엇이었는가를 드러내 보였으나 한편으로 이 기금의 운용에도 문제가 없지 않았음도 동시에 밝혀졌다. 배설은 이 기금을 자의로 미국인 소유의 금광에 투자하였으며 마르탱에게 빌려준 돈과 은행예치의 방법에도 문제가 있었다. 또한 신보사와는 별도로 황성신문과 기성회 기타 여러 단체와 신문사가 접수한 의연금도 어떻게 되었는지 그 행방이 모호하다.

국채보상의연금 양기탁 공판이 끝나고 나서는 기왕에 접수된 기금을 어떻게 처리하는가 라는 문제가 새롭게 제기되었다. 배설은 11월 11일 자로 신보사에 공개편지를 보내어 자신이 보관 중인 의연금을 새로 구성된 총합소 임원에게 인계할 수는 없으며 이를 낸 사람들에게 되돌려주는 방안이 마련된다면 현재 자신이 안고 있는 번뇌를 벗어버리고 싶다고 말하였다.[2]

결국 의연금처리회가 구성되었는데 양기탁은 이를 각 지방에 다시 돌려주어 키워나가다가 국민이 국가에 대해 필요한 때가 오면 일시에 다시 내놓도록 하자는 안을 제시하였다.[3] 그는 장차 독립을 위해 자금이 필요한 때가 올 것을 예상하였던 것이다. 그런데 이듬해인 1909년 5월 1일 배설은 36세의 젊은 나이에 사망하였다. 그의 아내 마리 모드Mary Maude Gale는 8월 말에 영국으로 돌아갔으며, 이에 앞서 배설로부터 신보사를 인수하여 경영하던 만함은 이듬해 6월 한일합방 직전에 신보사를 통감부에 비밀리에

---

2   「裴說氏公函」, 신보, 1908.11.12.
3   「梁氏意見」, 신보, 1908.11.30.

매도하고 한국을 떠났다.

황성신문사와 국채보상기성회, 국채보상의연금총합소 등이 접수한 의
연금도 확실한 행방을 알 수 없게 되었다. 운동을 주도했던 유지들은 1909
년 11월에 '국채보상금처리회^{兪吉濬, 南宮薰, 金柱炳}'를 결성했다. 전국 각처에 모
인 돈을 조사하여 학교를 설립하자는 주장과, 식산^{殖産}을 진흥하자거나 은
행을 설립하자는 등의 의견이 백출하였으나 실행에 옮기지 못하는 사이에
강제 합병이 이루어졌다. 그 3개월 후인 1910년 12월 12일 총독부 경무총
감부는 기금을 모두 압수했다. 총독부가 빼앗은 금액은 '국채보상금처리
회'의 교육기본금관리회가 관리 중이던 90,000여 원과 '국채보상지원금총
합소^{尹雄烈, 梁起鐸, 朴容圭, 金允五, 金麟}'의 4만 2,000원이었다.[4] '국민의 핏방울^{血点}'이
요, 애국심이 결집된 '고혈^{膏血}'^{황성신문, 1907.11.19}이었던 성금은 허무하게도 일
제의 손에 넘어가고 말았다.[5]

---

4 「국채보상금 처분」, 매일신보, 1910.12.15.
5 최준, 앞의 글, 130~131면.

제4부

배설의 N-C 데일리 뉴스 명예훼손 재판

제1장

일본 신문의 배설 공격

일본으로부터 빌려 쓴 나라 빚(國債) 1,300만 원을 국민들이 성금을 모아 갚아보자는 「국채보상취지서」를 대구의 김광제와 서상돈이 발표했다. 대한매일신보, 1907.2.21.

1. 배설의 신변 위협

배설은 상하이에서 3주일간의 금고형을 마치고 1908년 7월 17일에 서울로 돌아왔다. 양기탁이 구속된 지 5일 후였다. 6월의 배설 재판에는 양기탁이 증인으로 출두했으나 9월의 양기탁 재판에는 배설이 증언대에 서야 할 형편이었다. 영일 두 나라가 외교마찰을 빚으면서 우여곡절 끝에 양기탁은 무죄로 석방되어 국채보상금을 횡령한 증거가 없음이 입증된 셈이었다.

하지만 배설, 양기탁 그리고 대한매일신보가 입은 손실은 컸다. 국채보상운동은 우국충정에 찬 자발적인 국민운동이었다. 남자들이 담배를 끊어 모은 돈, 여자들이 은비녀 금반지등 패물을 내놓아 거둔 의연금이었다. 무죄판결은 났지만 의연금을 횡령혐의가 있었다는 사실만으로도 대한매일신보와 배설과 양기탁은 회복할 수 없는 타격을 입고 말았다.

일본신문과 우리나라에서 발행되는 친일 신문들은 배설의 명예훼손을 부채질하고 있었다. 친일 신문들은 배설이 의연금을 횡령하였을 것이라는 추측기사를 계속 써내었다.[1] 친일신문로는 일진회 기관지 국민신보와 이완용 내각 기관지 대한신문과 통감부의 일어신문 경성일보와 영어신문 서울프레스가 통감부를 대변하는 역할을 맡았다.

거기다가 통감부는 신보사에 은신해 있던 국채보상지원금총합소 회계감독 박용규朴容奎도 혐의가 있다 하여 8월 27일 경성재판소에 송치했다.[2] 박용규는 원래 비서승秘書丞인 고종 측근으로 배설과 밀접한 관련이 있었고 [3] 배설이 죽은 뒤에는 그가 살던 집에 거주했을 정도로 친근한 사이였다.[4] 통감부가 박용규도 체포할 기미를 보이자 주일 영국대사 맥도날드가 사전에 일본이 그의 신변을 보장해 주어야 한다고 타진했으나 통감부는 사전 보장을 할 수 없다고 답변했다.[5] 부통감 조네 아라스케曾彌荒助는 본국 외무성에 다음과 같이 보고했다.

동인同人, 박용규은 일찍이 모반죄의 혐의를 받고 그 연루자는 처벌되었음에도 불구하고 그는 외국인 소유의 호텔에 숨었다가 거기서 배설의 저택 내로 은신하여 끝내 체포를 면한 자임. 당초 배설이 외무부장 대리와 회견하였을 때 전기 사실을 밝히고 모반죄로 소추訴追돼서는 안 된다는 보증을 얻는다면 국채보상금 사건의 피고인으로서 체포되는 것을 승락하겠다고 뽐내었음. 그러나 영국

1   서울의 친일신문 國民新報가 양기탁과 배설 두 사람이 국채보상금을 횡령한 사실이 탄로 났다고 보도하자 대한매일신보는 1908년 7월 25일 자 「國民妄報」와 8월 8일 자 「魔報妄筆」 등의 제목으로 반박하였다.
2   「1908 대한매일신보 베세루 사건」, 『주한일본공사관기록』, 1206, 134~135면.
3   「박씨 수탁」, 신보, 1909.8.27, 참조.
4   「1908 대한매일신보 베세루 사건」, 『주한일본공사관기록』, 1126, 1~7면. 渡邊가 丸山重俊에게 보고한 내용 가운데 배설은 궁중의 동정을 취재하기 위해 박용규와 만났고 1907년 7월 고종이 헤이그 밀사사건으로 讓位했을 때도 박용규를 만난 뒤 호외를 발행했던 것으로 되어 있다.

총영사는 그 인도요구의 근거(그라운드)를 알지 못하면 확언하기 곤란하다 하여 암암리에 인도를 거부하는 상황이었음.[6]

영국과 일본이 이러한 일련의 사건들을 놓고 주한 영국총영사 헨리 코번은 교섭 상대인 통감부 이사청 서기관 미우라 야고로三浦彌五郎를 기피선언까지 하는 외교적 긴장상태에 놓여 있는 동안 국내의 친일신문과 일본 언론들은 배설과 양기탁 그리고 헨리 코번까지 집중적인 공격을 가하는 프레스 캠페인을 벌였음은 앞에서 살펴보았다. 배설은 국채보상지원금총합소에서도 자신의 무고함을 해명해야 할 난처한 입장이 되었다. 7월 30일 열린 국채보상지원금총합소 모임에서는 배설이 소장 윤웅렬尹雄烈 앞에서 수금액수와 의연금 보관 현황을 보고했다.[7]

또한 8월 10일에 열린 국채보상지원금총합소 특별위원회에서는 회계감독 이강호李康鎬가 의연금 운영방식에 불만을 토로하면서 만일 배설이 운영방식을 고치지 않으면 한국인의 손에 죽을지도 모른다고 말했다.[8] 8월 27일 열린 의연금총합소 평의회는 배설을 불러 보상금의 운영방법을 질문했

---

5   「在京城英人宅ニ逃避セル韓人犯罪容疑者ノ引渡ニ關シ在本邦英國大使申出ノ件」, 『日本外交文書』 제41권 제1책. 국채보상금횡령혐의로 체포하겠으니 인도해 달라고 三浦가 코번에게 처음 요청한 날은 8월 10일이었다.(FO 371/438, pp.422~424 No.35) 그러나 영국 외무성은 배설 집에 숨어있던 박용규가 체포당해서 양기탁처럼 나쁜 대우를 받는다는 사실이 본국에 알려지면 국내의 여론이 악화될 것을 우려해서 주일 영국대사 맥도날드에게 영국 정부의 입장을 일본에 전달하도록 훈령했다.(FO 371/439, No.45)

6   위의 책, 812면.

7   「國債補償調査」, 대한매일신보, 1908.8.1.

8   Cockburn이 MacDonald에게, FO 371/439, pp.323~324, No.56; 또한 三浦가 Cockburn에게, 같은 문서, pp.325~326.

다.[9] 이에 관해서 부통감 소네가 일본에 체재 중인 이토 히로부미에게 8월 31일 자로 보낸 보고는 이렇다.

지난 28일 오후 2시 13명의 평의원이 한인상업회의소에서 회합하여 베델을 초청했는데 만함과 함께 와서 총합소에서 예입한 모집금 취급에 관한 질문에 답하기를, "금광 주권을 매입하여 이식利殖의 방도를 강구했다"라고 진술했음. 평의원장은 "국민이 보상금 모집에 응한 것은 이식을 위해서가 아니오. 즉시 현금을 반환하시오"라고 독촉하니, 베델은 "박용규 · 양기탁 등이 임원직을 사임하고 떠났으므로 신용 있는 후임자를 천거하여 그들이 연서한 청구서를 휴대하고 그 조치에 대하여 1개월 간 신문에 광고한 후 받으러 온다면 교부하겠다"고 거침없이 말하였음. 문답은 수차례에 걸쳐 이루어졌지만 요령부득인 채로 오후 6시 폐회하였다고 함.

2. N-C 데일리 뉴스의 오보

배설이 가장 참기 어려운 굴욕감을 느꼈던 상황은 평의회 의장자리에 국민신보 사장 한석진韓錫振이 앉아 있었기 때문이다. 국민신보는 처음부터 양기탁과 배설이 의연금을 범용犯用한 형적이 탄로 났다고 보도한 적도 있어서 신보가 반박하는 기사를 싣기도 했고, 그 이전부터 국민신보와 여러

---

9   丸山重俊가 曾彌에게, 「1908 대한매일신보 베세루 사건」, 『주한일본공사관기록』, 1207, 42~44면, 警秘 제291호.

차례 논전을 벌인 적이 있었다.

일본인 발행 경성신보는 8월 28일 오후 3시부터 한인상업회의소에서 열린 '국채보상금 총회의'가 보도한 기사 요지는 이렇다. 참석자는 金麟, 金九五, 金成武, 柳東說, 李淳祐, 鄭志永(이상은 배설파)와 尹雄烈, 李康鎬, 安重根, 尹致昭, 鄭寅旭, 崔敬淳, 白瑩洙, 李敏卿이었고, 배설과 만함萬咸, A.W. Marnham이 통역 이규식李圭植을 데리고 출석하였다. 임시 평의장은 한석진이 맡았다. 국채보상금으로 들어온 돈이 얼마인지 알아야 한다는 참석자들의 요구에 배설은 자신과 사이가 가장 나쁜 이강호를 퇴장시켜야 설명하겠다고 주장해서 논란 끝에 이강호를 내보낸 뒤에 이렇게 설명했다.

자신이 콜브란 은행에 예입한 돈이 12,098원 67전이고, 마르탱에게 빌려준 돈이 5,000원, 금광주식 매입 금 25,000원 이외에는 관계가 없다고 말했다. 마르탱에게 빌려준 5,000원은 매월 500원씩 10개월 안에 갚는 다는 조건으로 6월 30일에 빌려주었다고 말했다.[10]

그런데 양기탁의 재판이 열리기 하루 전인 8월 30일 일본 언론들은 배설 자신이 국채보상금을 유용했음을 자백했다는 기사를 내보냈다.

상하이의 대표적 영어신문 N-C 데일리 뉴스는 도쿄발 기사를 받아 8월 31일 자에 이 기사를 실었다. 같은 신문이 발행하는 자매지 *N-C Herald*는 주간이기 때문에 똑같은 기사를 9월 5일 자에 게재했다. 후에 배설이 명예 훼손으로 고소를 제기했을 때 공판과정에서 밝혀진 사실이지만 이는 일본 고쿠민신문國民新聞 기자 시오쓰가 N-C 데일리 뉴스의 도쿄 특파원 자격으로 보낸 기사였다. 이 사실무근 기사는 일본을 거쳐 중국 및 동남아 여러

---

10 「국채보상회 총회의」, 경성신보, 1907.8.30.

나라에서 발행되는 신문에 널리 퍼졌다. 당시 중국과 일본 동남아 여러 나라 영어신문들은 발행지역 이외의 장소에는 상주특파원을 두지 않고 주로 현지 발행 신문을 인용하는 관례였다. 그러므로 배설이 보상금을 횡령했다는 간단한 서울발 기사는 극동과 동남아 여러 신문이 그대로 받아 실었다. 배설이 실추된 명예를 회복하는 일은 불가능에 가까운 상황이 되었다.

배설은 있는 힘을 다해서 명예를 회복하고 손해를 보상받는 노력을 기울일 수밖에 없었 다. 방법은 두 가지였다. 하나는 신문과 여론을 통한 공개적인 명예회복 노력이었고, 다른 하나는 법적 절차를 밟아 자신의 결백을 객관적으로 입증하는 한편으로 금전적인 보상을 받자는 것이었다.

배설은 고베에서 발행되는 저팬 크로니클에 자신을 중상하는 기사들이 허위라는 글을 보냈다. 9월 10일 자 저팬 크로니클에 실린 배설의 편지는 자신은 보상금을 횡령하지 않았음을 강조하고 일본 언론의 피해자임을 강조했다. 8월 27일 서울상업회의소에서 열린 국채보상지원금총합소 평의원회는 악의적으로 자신을 중상하는 소문을 퍼뜨려온 사람들 앞에서 자신의 입장을 밝힌 첫 모임이었으며, 의장을 맡은 한석진은 정치적으로 반대 입장이었음에도 자기의 설명에 만족을 표했다고 말했다. 국채보상금에 관련해서 아무런 숨길 것이 없었기에 이 모임에 자진 참석하여 설명했던 것이고 지금 기소상태에 있는 양기탁도 또한 같은 입장이라고 강조했다(이에 관해서는 이 책 제3부 제1장 '5. 일본의 탄압 영국과의 갈등'에 상세히 밝혔다).

일본 언론의 무책임한 중상과 비방은 동남아 지역의 여론을 오도했을 뿐 아니라 영국 언론에 대해서도 오류를 범하도록 유도하고 있었다. 배설과 양기탁에 관해 도쿄에서 보내는 Reuter의 기사들도 대부분은 일본 신문에서 취재한 내용이기 때문에 무의식중에 근본적인 잘못을 저지르고 있었다. 배설에 우호적이었던 *Japan Weekly Chronicle*은 배설이 인본언론만이 아니라 영국과 미국의 언론으로부터도 피해를 입고 있다고 지적하면서 영국 법률에 따르면 Reuter나 영국 신문들도 배설의 명예를 훼손한 것이 확실하다고 지적했다.[11]

배설은 자신의 결백을 밝히는 글을 신문에 기고하는 한편으로 주한 영국총영사 헨리 코번에게도 일본 특파원들이 모욕과 불명예를 가져오는 허위보도를 중지하도록 일본당국이 통제권을 행사해 주도록 요청해 달라고 호소했다. 그러나 배설과 양기탁의 재판으로 통감부측과 불편한 관계였던 코번은 배설의 요청을 들어줄 형편이 못 되었다. 뿐만 아니라 코번 자신도 일본 언론으로부터 집중적인 공격을 받고 있는 피해자 입장이었다. 코번은 처음에는 일본 언론의 허위보도는 무시해 버리라는 반응을 보일 뿐이었다. 그러나 배설이 N-C 데일리 뉴스 기사를 제시하자 마침내 코번도 배설을 변호하는 편지를 보냈다. 일본 특파원들의 허위 기사로 말미암아 배설이 심각한 명예훼손을 당하고 있다는 사실을 코번의 견해로서 공개해도 좋다면서 다음과 같이 끝을 맺었다.

이같은 상황 아래서 나는 일본 특파원이 진실에 조그마한 근거라도 두고 송고했다고는 추측할 수가 없다는 나의 견해를 귀하가 공식으로 표명할 권리가 있다고 생각합니다.

---

11 "Local and General", *The Japan weekly Chronicle*, Sep. 17, 1908, pp.417~419.

3. 영국총영사의 배설 옹호

코번의 이 편지는 배설의 무고함을 직설적으로 표명하지는 않았다. 전형적인 외교관의 편지답게 남의 말을 빌어 완곡한 간접화법 형식을 취한 조심스러운 문장이었다. 그러나 영국 총영사가 공개될 것을 전제로 밝힌 견해라는 점에서 배설에게는 큰 힘을 보태주는 매우 귀중한 문서였다. 배설은 이 편지를 게재하도록 저팬 크로니클에 보냈고, 신문은 9월 24일 자에 코번의 편지를 실었다. 이를 되받아 서울에서는 통감부 기관지 서울프레스가 9월 27일 자에 전문을 게재했고 상하이의 *N-C Herald*도 10월 3일 자에 저팬 크로니클에 실린 편지를 전재했다. 배설에게 불리한 기사가 그랬던 것처럼 코번의 편지도 일본, 한국, 그리고 중국에서 발행되는 신문들에 연쇄적으로 실린 것이다.

코번이 지적한 일본 언론의 무책임성은 서울프레스조차도 다음과 같은 반성의 기사를 실었을 정도였다.

이곳 우리 신문계의 일각에서는 사람들, 특히 서양에서 온 사람들의 행동에 관해 전혀 엉터리 없는 오보를 본국에 보내는 유감스런 경향이 있다고 지적한바 있다. 코번의 편지에 대해서도 오보를 낸 특파원들은 언어의 장벽 때문에 직접 정보를 얻는 것이 불가능했다고 변명하고 있다. 그러나 그들은 아주 명예를 훼손시킬 이런 기사를 보내면서 확인하려는 노력을 조금도 기울이지 않음으로써 커다란 직무태만을 범한 데 대해서는 전혀 변명의 여지가 있을 수 없다. 그 이유야 무엇이든 이런 식의 언론활동이 계속된다는 것은 진심으로부터 일본의 명예를 지키고 있는 모든 일본인들에게 크게 한탄스러운 일이다. 특히 일본 언론의

명예를 아끼는 사람들에게는 매우 유감스럽다.[12]

코번도 일본 언론의 공격에 시달리고 있었다. 배설과 양기탁 사건으로 통감부와 어려운 교섭을 벌여야 했던 코번은 주일 영국대사 맥도날드와도 견해의 차이가 있었고 특히 양기탁의 신병 인도 문제로 본국 외무성으로 부터도 전폭적인 지지를 받지는 못하고 있었다.

1880년 5월에 외교관으로 첫 출발을 하면서부터 줄곧 중국에서만 근무하다가 주한대리공사로 부임한 것은 1905년 11월 23일이었다. 그는 을사조약이 체결된 지 며칠 후부터 외교권이 박탈당한 비운의 나라에 와서 외교관으로서의 생애도 불운하게 막을 내려야 했다. 한국에서 근무하는 3년이 못되는 기간 대한매일신보로 말미암아 계속적인 일본의 공세에 시달려야 했고 본국 정부는 일본과의 동맹관계라는 전제하에 한국 사태를 보려했기 때문에 코번은 외로운 입장에서 일본과의 교섭에 임해야 했다. 그는 여러 차례 일본당국의 여론조작과 일본 언론의 횡포를 개탄하고 있다. 양기탁 사건으로 일본과 긴장상태에서 교섭을 벌이던 때인 8월 22일 본국 외무성에 보낸 보고서는 다음과 같다.

악감이 부채질 된 것은 의심할 나위가 없다. 이것은 일본 당국에 의해 고의적으로 조장된 것인데 그들은 강대한 통제권을 행사할 뿐만 아니라 때때로 신문사 사람들을 불러 모아서 그들의 견해를 밝히곤 해왔다. 그런 다음에 일본 특파원들은 즉시 일본에 기사를 보냈으며 이곳 신문들도 악감을 불러일으키는 논

12 "The Japanese Correspondents in Korea", *The Seoul Press*, Sep. 27, 1908.

서울 주재 일본 신문기자들

조의 해설기사를 게재해 왔다. 예를 들어 8월 14일 일본의 한 주요 신문에 실린

한국 특파원 기사는 나 자신 또는 내 부하 한 명이 횡령혐의에 관련되어 있으며

그런 이유 때문에 내가 梁과 배설을 옹호하고 있다는 것이었다. 일전 제물포의

한 신문도 이와 비슷한 기사를 실었다.[13]

코번은 며칠 뒤인 8월 28일에도 일본당국의 신문조작을 지적하고 있다.

통감부가 본국에 보내는 보고서도 '신문을 이용해서 벌이고 있는 격렬한

계속적 활동'에 근거를 둔 것이기 때문에 "만약 이러한 보고에만 바탕을 둔

13　Cockburn이 外相 Grey에게, FO 371/439, No.50, 1908.8.22.

다면 한국에서의 우리 입장이 중대한 오해를 불러일으킬 수도 있다"고 경고한다.[14] 코번은 이 보고서를 본국에 보낸 날인 8월 28일 통감부 외사부장外事部長 고마쓰 미도리小松緑와 만나 나눈 대화를 다음과 같이 적었다.

그는(고마쓰) 또 도쿄로부터 온 지시에 비추어 통감부는 일본 신문들에게 이 사건에 관해 앞으로 비판이나 논평을 하지 말도록 '충고'할 것이라고 말했다. 그의 언급은 말할 나위도 없이 이전에도 신문들이 이런 말을 따랐다는 것을 암시하는 것이며 이같은 그의 자인自認에 대한 보답으로 나는 더 이상 논평을 참았고 문제는 끝났다.

양기탁 사건에서 일어난 신문들의 악감정이 단지 한국 안에 있는 일본 관리들의 조작에 전적으로 기인하는데도 불구하고 일본 외무성은 이 악감정을 공개된 진상의 효과라고 생각하고 있다는 사실을 귀하의 8월 21일자 전보(60호)를 받고 알지 못했더라면 나는 신문 캠페인에 대해 주의를 환기시키지도 않았을 것이다. 그러나 나는 이 캠페인이 항구적인 이해관계를 갖는 것으로 생각 한다. 왜냐하면 지금 나를 공격하는데 사용된 방법이 인젠가는 나보다 더 높은 직위의 영국 공무원을 향해서 중요한 순간에 사용될 가능성이 있기 때문이다. 따라서 나는 본국 외무성에 대해서 이 캠페인의 몇 가지 성질에 관해 주의를 환기시키고자 하는 것이다.[15]

결국 코번은 그의 27년에 걸친 외교관 경력을 일본 언론의 집중공격을

---

14 Cockburn이 Grey에게, FO 371/439, No.52, 1908.8.28.

15 Cockburn이 주일 영국대사 MacDonald와 외상 Grey에게, FO 371/439, 1908.8.31, No.66.

받는 가운데 그다지 명예롭지 못하게 끝막고 말았다. 통감부 기관지 서울프레스조차도 "우리 특파원들이 코번씨의 태도에 관해 그토록 많은 잘못된 보도와 심지어 심한 모욕적 기사를 본국에 송고한 사실에 심심한 유감을 표하는" 가운데[16] 9월 16일 아침 서울을 떠나 본국으로 향했다. 양기탁 재판이 진행 중인 때였고 그는 공직에서 아주 물러나고 말았다.

이토 히로부미가 일본에 체류하는 동안 통감 직을 대행하던 부통감 조네曾禰는 이토에게 보낸 10월 7일 자 보고에서 "북경 및 천진의 신문에서 베델은 청국에서 유력한 신문(N-C 데일리 뉴스를 지칭)이 본인의 명예를 훼손한 기사를 실었으므로 이를 비난하는 소송을 제기할 것이라고 기재하였음. 그리고 현재 베델은 고베에 체류 중이나 고베와 오사카 등의 신문에는 근일 상하이로 갈 것이라고 보도됨에 따라 고베에서 크로스와 협의한 뒤 기소를 위해 중국에 갈 것으로 추측되나 앞으로의 행동에 대해서는 아직 분명하지 않음"이라고 말했다.

같은 보고에서 조네는 배설이 서울 주재 영국총영사관에 면담하고 일본 신문 및 상하이 영자신문을 기소하기로 의논했는데 영사관은 일본 신문은 기소해도 만족한 결과를 얻기 어려우므로 우선 상하이 영어신문을 기소·공격하여 명예회복과 손해배상 요구를 청구하는 것이 지름길이라고 답하였다는 것이다. 배설은 영국영사의 말에 따라 저팬 크로니클에 상하이 신문의 기사는 중상이라는 반박기사를 실어 줄 것을 부탁하고, 변호사 1명을 상하이로 동반하여 그 소송을 제기하기 위해 서울을 출발했다고 보고했다.

이처럼 배설이 취한 제2단계의 조치는 법적 소송절차였다. 일본 언론을

---

16 "British Consul-General", *The Seoul Press,* Aug. 29, 1908.

명예훼손으로 일본 법정에 고소하는 것은 아무런 효과가 없는 일임을 알고 있었기 때문에 상하이 영국인 발행 영어신문 N-C 데일리 뉴스를 영국 법정에 고소하기로 했다.

4. N-C 데일리 뉴스의 위상

N-C 데일리 뉴스는 상하이의 가장 권위 있는 영어신문이었다. 1850년 8월 3일 *North China Herald*라는 주간신문으로 출발했다가 *Daily Shipping List*를 합병하여 1864년부터 *Daily Shipping List*를 *North China Daily News*로 개제했고, 1870년에는 *Supreme Court & Consular Gazette*를 주간지 *Herald*에 합병했다. 이때부터 *Herald*의 정식 제호는 *North China Herald Supreme Court & Consular Gazett*라는 긴 이름이 되었다. *N-C Herald*는 상하이가 외국인들에게 개방된 지 7년 뒤에 창간되었고, 배설이 이 신문을 고소하던 1908년에는 60년 가까운 역사를 지니고 있었다. 배설의 고소로 이 신문을 대표하여 법정에 나오는 편집인 벨H.T. Montague Bell은 1906년에 편집인을 맡아 1911년까지 근무하는 사람이다.

이러한 N-C 데일리 뉴스의 전통과 권위로 말미암아 이 신문은 극동과 동남아 각국 발행 신문들에 보이지 않는 영향을 미치고 있었다. N-C 데일리 뉴스에 실린 배설에 관한 기사는 *The Hongkong Daily News*, *The S-C Morning Post*, *The China Mail*, *The Hongkong Telegraph*, *The Manila Times* 등에도 실렸다고 배설은 공판 과정에서 주장했다.

배설은 소송절차를 밟기 위해 일본을 거쳐 상하이로 갔다. 6월에 상하이

고등법원의 판사와 검사가 서울까지 와서 배설을 재판했던 사건과 배설이 상하이까지 가서 복역한 일, 이어서 통감부의 양기탁 체포와 이로 인한 영-일 간의 분규, 그리고 양기탁 공판 등으로 말미암아 배설은 이 무렵 일본 언론의 관심이 집중된 주목의 대상이었다. 그는 마치 국무장관이기나 한 것처럼 신문들은 그의 일거일동을 연대기적으로 샅샅이 보도했고 그가 하고자하는 일이 무엇인가에 대해서는 증권시장에서 진출한 위치라도 차지하고 있는 사람인양 억측이 만발하고 있다고 저팬 크로니클이 꼬집을 정도였다.[17]

배설은 양기탁의 결심공판이 있기 전인 9월 말경에 고베로 가서 서울에서 고등법원 재판의 변호를 맡았던 영국인 변호사 크로스Crosse와 소송문제를 상의했다. 그가 고베로 갔다 온 사실에 대해 일본 신문들은 갖은 추측 기사를 마음대로 써 제꼈다. 고베로 갈 때에는 양기탁의 공판에 소환되는 것을 두려워하여 피신해 도망가는 것이라고 했다가, 그가 급히 서울로 돌아 올 때에는 양기탁 재판에 증인으로 출두하기 위해 변호사와 협의하고 돌아온다고 상반되는 기사를 신기도 했다. 마치 배설이 일본에서 혁명을 일으키기 위해 불평에 가득 찬 군국주의 군대라도 끌고 와 일본 정부에 대항하려는 것같이 여기게 만들 정도였다.[18]

양기탁 재판이 무죄로 종결된 직후 배설이 다시 일본을 거쳐 상하이에 도착한 날은 10월 8일이었다. 이제 배설은 어떤 타협안에도 응하지 않고 N-C 데일리 뉴스를 고소할 참이었다. 그는 일본의 탄압과 일본 언론의 집중공격에 잔뜩 화가 나 있었다. 더구나 일본 재판관이 양기탁을 무죄로 판결한 이

---

17 *The Japan Weekly Chronicle*, Sep. 24, 1908, p.458.
18 위의 신문.

상 배설이 국채보상금을 횡령했을 것이라는 서울의 친일신문과 일본 언론의 기사는 자연히 근거 없는 허위임이 판명된 셈이었다.

배설이 소송절차를 밟고 있는 동안에 N-C 데일리 뉴스도 그대로 버티고 있을 수는 없게 되었다. 도쿄 특파원이 보내왔던 문제의 기사는 정확하지 못했다는 정정기사를 9월 19일 자에 실었다. 10월 1일에는 배설에게 사과와 함께 타협을 요청하는 편지를 보냈다. 그러나 배설은 이 편

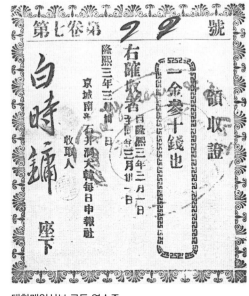

대한매일신보 구독 영수증

지를 받기 전에 서울을 떠났고 정정기사도 만족한 것이 아니었다. 배설은 상하이에서 일단 소송절차를 밟아놓고 재판날짜를 기다릴 수가 없었기 때문에 공판이 열리기 전인 10월 16일 상하이를 떠나 23일 서울로 돌아왔다.

배설이 서울로 돌아간 뒤인 10월 26일 상하이 고등법원에서는 원고가 없는 가운데 첫 번째 재판을 열었다. 같은 해 6월 배설을 재판하기 위해 서울까지 왔던 보온F.S.A.Bourne이 재판장을 맡았다. 변호인은 원고 배설 측 두 사람 더글러스J.C.E. Douglas, 브로웨트H. Browett과 피고 측 변호인 두 사람 필립스T. Morgan Phillips, 매클라우드R.N. Macleod가 참석했다. 이날 재판은 소송비용 문제로 원고와 피고 측 변호사가 의견 차이를 보였다. 피고 측은 재판에 지는 쪽이 소송비용을 부담해야 하기 때문에 원고 측이 1,000달러를 공탁해야 한다는 의견을 내놓았다. 여기서 제시하는 금액은 멕시코 달러였다.

이에 대해 원고 측은 배설이 상하이에 거주하지 않기 때문에 영국의 법에 따라 50달러 이상을 공탁할 필요는 없다고 주장했다. 논란 끝에 재판장의 조정으로 500멕시코 달러로 합의하고 첫날 재판을 마쳤다.[19]

5. 배설의 세 번째 상하이행

배설은 다시 한번 상하이로 건너갔다. 1908년에 세 번째 상하이 행이었다. 그가 모지門司에서 나가사키長崎를 거쳐 홍제환弘濟丸을 타고 상하이에 도착한 날은 12월 2일이었다. 서울에서 상하이로 직항하는 배가 없었기 때문에 언제나 일본을 거쳐 가지 않을 수 없었다. 통감부는 배설의 상하이 행에 관심을 갖고 감시를 게을리 하지 않았다. 모지에서는 일인 경찰이 항시 뒤따르면서 일거일동을 감시하자 배설은 심히 불쾌한 감을 가지는 듯했다고 일본 경찰당국은 통감부 외무부장 나베시마 게이지로鍋島桂次郎에게 보고하였다.[20] 배설이 상하이로 가던 때에 N-C 데일리 뉴스측은 사건의 변론을 위해 서울프레스 주필 즈모토 모토사티頭本元貞를 상하이로 불러들였다. 서울프레스가 배설과 정 반대 입장이었음은 물론이다. 즈모토는 원래 이토 히로부미의 공보비서였고 일본 영어 신문계의 권위자로서 후에 *The Japan Times* 사장이 되었다가 대의사代議士로 정계에 진출하는 거물이었다. 즈모토도 배설

---

19 "E.T.Bethell v. The N-C Daily News and Herald Ltd.", *The N-C Herald and S.C. Gazette*, Oct. 31, 1908, pp. 272~273.

20 통감부 경시총감 若林賚藏이 외무부장 鍋島에게 보고. 배설이 門司에 있는 동안 일인 경찰이 그의 신변에서 떠나지 않자, 심히 불쾌한 감을 가지는듯했다"고 썼다. 「1908 대한매일신보 베세루」, 『주한일본공사관기록』, 1206, 警秘 제4144호 1, 57~59면.

이 상하이로 가는 것과 같은 때에 나가사키를 거쳐 상하이로 갔다.[21]

이리하여 1908년 12월 9일과 10일 이틀 동안 상하이의 영국 중·한고등법원은 N-C 데일리 뉴스의 배설 명예훼손 사건 공판을 열었다. 이번에는 배설이 피고가 아니라 원고였다는 점이 이전 사건과는 정반대였다.

---

21 배설과 頭本의 상하이 행은 *The Japan Weekly Chronicle*, Dec. 10, 1908(p.876)이 보도하고 있으며, 배설의 두 번에 걸친 상하이 도착과 출발일자는 *N-C Herald*, Oct. 10, p.36~37; Oct. 17, p.176; Dec. 5, p.615; Dec. 19, p.743의 passenger 명단에 들어 있다.

제2장

배설의 N-C 데일리 뉴스 재판

이 공판기록은 다음 자료를 전문 번역했다.

E.T.Bethell v. The N-C Daily News and Herald Ltd., *The N-C Herald and S.C. Gazette*, Oct. 31, 1908, pp.272~273 · Dec. 12, 1908, pp.659~673.

The Bethell Libel Case, Full Proceedings, *The Japan Weekly Chronicle*, Dec. 24, 1908, pp. 966~972.

1. 상하이 영국 고등법원 법정

1) 재판의 형식과 진행

재판일시와 장소 : 1908년 12월 9일. 상하이

재판부 : 재판장Acting Judge 보온F.S.A Bourne

배심원Jurors: 조이스C.M.Joyce, 마세이P.W.Massey, 댈디H.W.Daldy, 월레스R.M.C Wallace, 잭슨W.H Jackson

원고 : 베델E.T. Bethell

피고 : 노스 차이나 헤럴드 뉴스 및 헤럴드사North China Daily News and Herald Ld.

사건명 : 명예훼손Damage for Libel

원고대리인 : 더글러스C.E.Douglas, 브로웨트H. Browett

피고대리인 : 모건 필립스T.Morgan Phillips, 매클라우드R.N.Macleod

변호인Counsel이 원고의 청구취지를 읽었다.

◇ 원고 측 청구취지

1. 원고는 대한제국 서울에 살고 있는 영국 국민으로서 최근까지 서울에서 발행되던 코리아 데일리 뉴스와 대한매일신보의 사주 겸 편집인이었다.

2. 피고 노스 차이나 데일리 뉴스와 헤럴드사는 상하이에서 영업활동을 하고 있는 주식회사로서 '노스 차이나 데일리 뉴스' 및 '노스 차이나 헤럴드 & 슈프림코트 & 카운슬러 가제트Supreme Court Counselar Gazette' 신문의 소유자, 편집인 겸 발행인이다.

3. 노스 차이나 데일리 뉴스는 상하이를 비롯 개항장 및 여타 중국 지방에 많은 독자를 갖고 있는 일간 신문이며 해외에서도 읽히고 있다.

4. 노스 차이나 헤럴드 & 슈프림코트 & 카운슬러 가제트는 영국 및 영국 식민지 상하이 또는 여타 중국 미국 및 그 밖의 나라에서 읽히는 주간신문이다.

5. 1908년 8월 30일 또는 전후해서 피고 회사 노스 차이나 데일리 뉴스는 다음 기사를 통해 원고에 대해 허위적이고 악의적인 뉴스를 보도했다.

"Korea's National Funds/ The Alleged Misappropriation", Tokio August 30

It is reported from Japanese sources, that there is continued native agitation in Seoul against Mr. Bethell in connecxion with the national debts redemption funds. The Japanese telegrams state that Mr. Bethell confessed to misappropriation in reply to remonstrative inquiries which were made yesterday.—Our Own Correspondent"

6. 피고 회사는 1908년 9월 5일을 전후하여 또다시 노스 차이나 헤럴드에 원고에 관한 악의적이고 근거 없는 다음 뉴스를 게재하였다.

한국의 국채보상금/ 횡령설 나돌아

도쿄 8월 30일 일본 소식통들에 따르면 서울에서는 국채 보상금을 둘러싸고 베델에 계속 불미스런 이야기들이 나돌고 있다. 일본인들의 전보(통신)는 어제 있었던 일련의 심문에서 베델이 횡령 사실을 자백했다고 되어 있다.

— 본사 특파원

7. 피고회사는 그러한 보도를 함으로써 원고가 국채보상금을 횡령하고 범죄행위를 저질렀다는 인식을 주도록 만들었다.

8. 전술한 사항에 비추어 원고는 그의 신뢰와 명예에 큰 해를 입었다. 이에 따라 원고는

    ⑴ 손해 배상금

    ⑵ 소송비용 및 여타 보상조치를 요구한다.

◇ 피고인 측 변론요지

1. 피고는 원고 측 청구취지 1, 2, 3항 및 4항에 포함된 청구취지의 각항을 모두 인정한다.

2. 피고는 1908년 8월 31일 노스 차이나 데일리 뉴스와 동 9월 5일 노스 차이나 헤럴드에서 앞의 5 및 6항의 청구취지에 관한 보도를 했음을 인정한다.

3. 피고는 보도 내용이 청구취지 제7항을 의미할 수 있으며 그러한 기사 내용이 원고를 가리키고 있다는 것을 인정한다.

4. 소송에 앞서 피고는 노스 차이나 데일리 뉴스와 1908년 9월 19일의 노스 차이나 헤럴드 기사에 대해 원고에게 다음과 같이 사과한다.

서울 횡령 재판

서울의 국채보상금 횡령설에 관한 양기탁의 재판과 관련─9월 17일 자에 보도한 통신은 베델 씨에 아무런 잘못이 없음이 증명됐다. 이러한 점으로 미루어보아 본사 도쿄 특파원이 일본인들의 통신을 인용 베델 씨가 국채보상금의 횡령을 고백했다는 보도는 잘못된 것이다. 8월 31일 자에 보도

된 문제의 메시지 내용은 다음과 같다.

한국의 국채보상금/횡령설 나돌아

도쿄 8월 30일 일본 소식통들에 따르면 서울에서는 국채 보상금을 둘러싸고 베델에 계속 불미스런 이야기들이 나돌고 있다. 일본인들의 통신은 어제 있었던 일련의 심문에서 베델이 횡령 사실을 자백했다고 되어 있다. 우리는(본사 특파원의 메시지가 수요일자에 보도될 수 있을 것으로 기대하고 있지만) 일본어로 보도된 문제의 기사는 왜곡된 것이고 사실이 아니라는 것을 확실히 연락받았다. 따라서 우리는 본사 특파원이 현장을 취재하지 못하고 일본인들의 주장을 그대로 보도한 것을 진심으로 사과하는 바이다.

5. 이 재판이 시작되기 전에 피고는 변호인 단장의 이름으로 원고에게 잘못을 인정하고 아래와 같은 편지를 보내는 바이다.

상하이 1908년 10월 1일

원고 귀하

노스 차이나 데일리 뉴스와 헤럴드의 사장이 상하이에 부재중이었기 때문에 편집인 벨Bell 씨와 귀하 그리고 귀하의 변호인들 간의 문제가 어제서야 비로소 이사회에서 논의됐습니다.

이 회의에서 회장인 본인이 귀하에 관해 우리 신문에 보도된 기사와 관련, 편집인 벨 씨의 유감의 뜻과 함께 귀하에 대한 일본 언론의 공격이 전혀 부당한 것이었으며 그로 인한 귀하의 피해에 정중한 사과의 편지를 귀하와 귀하의 변호인에게 내도록 결정 했습니다.

　귀하께서 읽으셨는지 모릅니다만 노스 차이나 데일리 뉴스 9월 19일 자에는 코번 씨가 당신에게 보낸 주목해야 할 만한 편지가 게재되어 있습니다. 벨 씨도 같은 날(9월 19일 자) 노스 차이나 데일리 뉴스와 노스 차이나 헤럴드에 귀하에 대한 왜곡보도를 거듭 사과했음을 아셨을 것입니다. 만약 이러한 조치에 귀하가 충분하지 못하다고 생각하신다면 우리는 우리 신문독자가 귀하에 대해 가지게 되었을지도 모르는 귀하에 대한 나쁜 인상을 씻어주기 위해 우리가 할 수 있는 어떤 일이라도 할 용의가 있음을 이해하여 주시기 바랍니다. 이만 줄입니다.

회장 F. Anderson(엔더슨) 서명

E. T. 베델 씨 귀하

6. 피고들은 이 재판에서 위의 4항 및 5 항에 제시된 피해를 줄이려는데 목적이 있다.

2) 배설 변호인 더글러스의 변론

　변호인 더글러스는 이 사건이 명예훼손에 대한 피해보상을 청구하는 데 있다고 말했다. 배심원들은 변론을 들었으며 명예훼손이 인정된다고 판단, 따라서 명예훼손에 따른 보상방법을 논의했다. 더글러스는 배심원이 명예훼손의 글이 게재되었다는 사실과 이 명예훼손의 발단이 매우 악의적인 것이라는 것에 동의할 것이라고 밝혔다. 그는 명예훼손이 이루어지게 된 정확한 배경을 알기 위해서 배심원에서 베델이 누구인가를 간단히 말하는 것이 필요했다. 베델은 저널리스트로서 한국에 거주하는 영국인이다. 더글러스는 베델이 대한매일신보에 쓴 기사의 성격 등에 관해 이야기 했다. 그는 베델의 기사내용으로 일본인과 심각한 충돌이 있었다는 명백한 사실을 설명했다. 일본인들은 대한제국에 큰 이권을 바라고 있으며 서방국가가 일본인의 노선을 전부 지지하는 것은 아니라는 것을 알고 있다. 그리고 일본인들은 무엇이 진실이며 한국인들에게 불편한 것이 무엇인가를 말해주는 독립적인 신문과 저널리스트가 있다는 것을 알고 있다. 그러나 그러한 것이 불법적인 것은 아니다.

더글러스는 배심원이 베델이 무법자가 아니라는 사실에 동의할 것으로 믿는다고 말했다. 1907년 일본 검찰은 '베델칙령Bethell Order'이라는 것을 시달했는데 이것은 근세사에서 영국 기자에게 적용하는 가장 혹독한 것이었다. 이 칙령은 만일 어떤 일본인이 길거리를 가다가 사람을 총으로 쏘아 죽게 하거나 불구자가 되게 했을 때 그것이 비록 사실이라 하더라도 그것을 보도하는 것은 한국에 있는 일본인과 한국인 사이를 이간질하는 행위로 법에 저촉된다는 내용이 들어있다.[1] 베델은 그가 쓴 기사로 제소를 당한 일이 없으며 1907년 이전의 영국법에 저촉되는 어떤 범죄행위로 제소된 일도 없다. 그는 그의 신문을 경영하는데 일정한 정책을 유지하고 있었으며 그가 감옥에 있는 동안에도 그의 신문은 그러한 한계를 지켰다. 베델은 전에 그가 확실히 믿는 것을 위해 감옥에 가도 좋다는 마음을 가지고 행동한 일이 적어도 한 번 이상 있었으나 그렇다고 그것으로 그의 성실성이

---

1 '베델칙령(Bethell Order)'은 신문지법(1907.7.24)을 지칭하는 것으로 보인다. 이완용 내각 법률 제1호(흔히 '광무신문지법'으로 불림). 벌칙으로는 발매 반포금지, 압수, 발행정지 등의 행정처분과 언론인에 대한 체벌(體罰) 등을 규정했다. 1908년 4월 20일(법률 제8호)에 일부 개정. 한국에서 외국인이 발행하는 신문과, 외국에서 발행하는 한국인 신문도 규제대상에 명문화. 일제 통치기간 언론탄압의 근거로 활용되었다.

파괴되었다는 것을 의미하는 것은 아니다.

　일본인들의 그같은 행위가 뒤에도 지속되었으며 베델이 상하이에 있을 때는 물론 올 가을까지도 계속되었다. 베델에 대한 한국법원에서의 모든 재판사실은 노스 차이나 데일리 뉴스 편집인에게 잘 알려져 있는 데도 8월 30일 명예훼손 혐의의 기사가 게재되었다. 상하이에까지 오게 된 이 명예훼손은 노스 차이나 데일리 뉴스의 도쿄 특파원이 검열을 받고 보낸 기사이고 전혀 의문시 되지 않은 채 데일리 뉴스에 보도되었다. 이 명예훼손 기사는 극동에서 발간되는 신문에 거의 그대로 게재되었다. 베델은 한국을 떠나 있었기 때문에 그에게 일어난 이 혐의에 대해 즉각 제소조치를 취하지 못했다. 따라서 이 신문도 아무런 조치를 취하지 않았다. 그러나 9월 17일 지난번 통신이 사실이 아니라는 엇갈리는 통신을 받았다. 두 신문은 9월 17일 18일 자에서 베델에 관해 아무런 언급을 하지 않았으며 19일 고베에 있는 베델의 대리인으로부터 편지 한 장을 받았다. 19일 그 두 신문은 그들이 발견한 사실을 수정하기보다는 그러한 사실을 사과하는 글을 게재하였는데, 왜냐하면 그렇게 하지 않으면 제소를 당할 위험이 있기 때문이었다.

　배심원은 그러한 사과가 얼마나 적절한 것인지 그리고 어떻게 피해보상 하여야 할 것인가를 평결해야 한다. 게재된 지 3주일 후에 발표하는 그러한 사과는 베델에게 만족스러운 것이 되지못할 수가 있으며 베델은 상하이로 가기 위해 한국을 떠났다. 그는 10월 전에 상하이에 도착할 수 없을 것이며 그것은 명예훼손에 관한 기사가 보도된 지 5주가 넘는 것을 의미한다. 명예훼손의 성격이나 베델이 입은 초기의 손실이 무엇인가에 대해 배심원이 충분히 검토하여야 하며 심의해야 한다. 베델은 국적이 다른 국민

COREA.

NOTICE.

The following King's Regulations made by His Majesty's Consul-General, and approved by the Secretary of State, are published for general information.

HENRY COCKBURN,
Consul-General.

Seoul, June 12, 1908.

KING'S REGULATIONS UNDER ARTICLE 155 OF "THE CHINA AND COREA ORDER IN COUNCIL, 1904," AS AMENDED BY ARTICLE 13 OF "THE CHINA AND COREA (AMENDMENT) ORDER IN COUNCIL, 1907," AND ARTICLE 1 OF "THE COREA ORDER IN COUNCIL, 1907."

No. 1 of 1908.

Control of British Newspapers.

1.—(1.) A REGISTER of newspapers entitled to British protection in Corea shall be maintained at the Consulate-General in Seoul.

(2.) The register shall contain such particulars, and shall be in such form, as the Consul-General shall by notification direct.

(3.) The registration shall be renewed annually, in the month of January.

(4.) If any alteration takes place with regard to any particulars entered in the register, the register shall be corrected forthwith by the person responsible for the publication of the newspaper.

2. A newspaper shall not be registered in the register of newspapers unless it is the property of a British subject, or of a joint stock Company registered in the United Kingdom or in a British possession.

3. If the owner of a registered newspaper is not ordinarily resident in Corea, the name of some responsible British subject resident within the jurisdiction shall be registered as his agent for all purposes relating to these Regulations.

4. The owner or agent, as the case may be, shall be deemed to be responsible for the publication of the newspaper and for all matters appearing therein.

5. In every copy of a registered newspaper there shall be legibly printed, in English, the name of the owner or agent who is responsible for the publication.

6. A newspaper which is not registered shall not be deemed to be entitled to British protection as the property of a British subject.

Provided that nothing in this Article shall exempt the owners, printers, or publishers of such newspaper from liability to any criminal or civil proceedings to which they would have been liable if these Regulations had not been passed.

[448]

신문규칙(Control of British Newspaper) 공포. 영국인이 한국에서 발행하는 신문에 대한 규제조항을 신설했다.

을 위해 글을 써왔으며 그의 글이 그 자신을 위한 것에 있는 것이 아님을 알 수 있다. 그리고 그가 그 같은 일을 수행해 왔다면 그는 평범한 모험가가 아니며 따라서 어떤 비열한 목적을 이루기 위해 그의 일을 해온 것이 아님을 보여주었다.

3) 피고 변호인의 신문과 배설의 답변

배설은 증인석에서 피고 측 변호사 더글러스의 신문을 받기 시작했다.

배설　나의 이름은 어네스트 토마스 베델이며 한국 서울에 살고 있다. 서울에 살기 전 나는 나의 형제들과 함께 일본에서 비즈니스를 하고 있었다. 나는 1904년 3월 영국의 데일리 크로니클지 특파원으로 임명되어 처음으로 서울에 갔다. 나는 국내 신문과 AP통신을 위해 일해 온 언론인이었으며, 대한매일신보와 그 자매지 국한문관과 한글관의 편집인이었다. 나는 한국을 결코 떠나지 않았다. 내가 나의 신문을 위해 일한 것은 신문의 발행이나 뉴스 해설 등 통상적인 저널리즘의 실천이었다.

이 세 신문의 발행 목적은 한국인의 애국심 고취였다. 나는 영어신문 경영권을 1908년 5월 27일 A.W. 만함에게 양도했다. 나는 그 세 가지 신문을 함께 팔아 넘겼으며, 영자 신문의 발행은 중단하였지만 후에 다시 발행할 계획이었다. 그 신문의 발행목적은 현재 일어나고 있는 여러가지 현상을 있는 그대로 보도하는 것이며 특히 일본인들의 손에 고통을 당하고 모욕받는 사람들에 대한 이야기를 보도하는 것이다. 이러한 생각이 나의 신문을 반일 색채로 가득 차게 했다.

고종을 알현하는 서양 특파원들. *The Illustrated London News*, 1904.8.27.

우리는 일본인들에 피해를 주는 보도에 관해 계속 보고하도록 강제
되었다. 나의 신문이 항일 기사를 보도한다고 해서 혁명적 기관으로
묘사될 수는 없지만, 우리 신문의 논설집필은 언제나 다른 길을 가
고 있다. 이같은 반일 편집은 내가 기소당하는 빌미가 되었다.

때때로 나는 여러 가지 위험이 임박하고 있다고 들었다. 나는 1907
년에 처음으로 기소되었고, 1908년 6월에는 새로운 추밀원령Order
in Council으로 또다시 기소되었다.

[여기서 재판장과 변호인(더글러스) 간에 1907년과 1908년 추밀원령의 차이에 관해 논

란이 있었다. 재판장은 두 법이 차이가 없다고 말했고, 변호인은 차이가 있다고 주장했다.]

재판장   이전 추밀원령과 새로운 추밀원령은 아무런 차이가 없음을 지적해야겠다. 두 개는 정확하게 같다.

더글러스(변호인)   재판장님, 내 생각에는 같지 않다.

재판장   법을 범했을 때에 규정은 같은 용어라는 사실을 찾아보라.

더글러스   차이가 있다.

재판장   보면 알 수 있을 것이다. 재판을 방해할 의도로 한 말은 아니었다.

배설   내가 처음 추밀원령 위반으로 재판받았을 때 이에 대한 명확한 설명을 들은 적이 없다.

재판장   원고는 두 번째 추밀원령을 위반으로 재판받았을 것이다. 두 번째 추밀원령이 첫 번째를 폐지시켰을 것이기 때문이다.

더글러스   배심원단에게 사건의 진실에 대해 최대한 알리고 싶을 뿐이다. 이전 기소 건에 대해 자세히 파고들 의도는 없다.

배설   나에게 주어진 경고는 오직 내 앞으로 발행된 소환 영장뿐이었다. 영장에서 나의 혐의는 치안 방해적인 기사의 출판한 것으로 기록되어 있었다.

더글러스는 원고가 처음 재판을 받았을 때 증거로 제출되었던 기사를 읽었다.

필립스   만약 원고의 변호인이 그 기사를 배심원단 앞에서 읽는다면, 기사의 전체를 읽는 것이 맞을 것이다.

재판장 필립스가 원한다면, 기사를 전부 읽거나 전부 읽지 않는 것이 맞을 것이다.

더글러스 필립스가 이외의 다른 기사를 읽기를 원한다면 그리 하도록 하겠다.

필립스 읽고 싶지 않다.

더글러스 배심원단이 배설이 하는 일에 대해 이해했으면 한다.

필립스 하지만 더글러스는 현재 배설이 하고 있는 일에 대해 배심원단에게 설명하고 있지 않다. 그가 읽은 기사는 일본군들이 저지른 몇 가지 잔혹행위에 대한 것이다.

재판장 모든 기사는 배심원단 앞에 공개되어야 할 것이다. 더글러스는 필립스와 배심원단에게 팸플릿 전체를 제공해 내용을 전부 알 수 있도록 해야 한다.

배설은 이어서 더글러스의 질문에 답했다.

배설 그 기사는 비교적 강한 어조로 쓰였다. 기사는 내 혐의에 대한 증거의 일부로 쓰였다. 기사의 사실성에 대해서는 논해진 적이 없다. 기사의 사실 여부와 상관없이 나는 치안 방해를 저질러서는 안 되었던 것이다. 그 사건의 재판은 코번이 맡았다. 기소자가 누구인지는 알아내지 못했다. 코번에게 기소자가 누구인지에 대해 물었더니 코번은 당장 대답해줄 수는 없지만, 명목적인 기소자는 영사관의 홈즈 Holmes라고 했다. 정말로 누가 나를 기소했는지에 대해서는 알아내지 못했다. 1908년 7월에 나는 다시한번 기소되었다.

배설 가족. 왼쪽부터 배설, 부인 마리 모드 게일, 어린이는 아들 허버트 오웬 친키.

배설은 자신이 1907년과 1908년 두 차례 기소당한 진술을 계속했다.

배설　나에 관한 기소사실은 나의 행위가 한국 정부와 국민 간에 무질서와

혼란을 가져오게 할 우려가 있다는 것이다. 그 기소사실 중 가장 중

요한 부문은 샌프란시스코에서 일어난 스티븐스의 암살사건을 다

룬 것이었다. 우리는 그 기사를 샌프란시스코에서 발행되는 공립신

보共立新報에서 종합하여 보도했다. 이 보도는 잘 되었으나 암살을 고

무하는 듯한 내용이 문제였다.

재판장   원고는 기사를 읽지 못했는가?

배설   문제의 기사 중 두 가지는 내가 읽지 못했다. 그 신문에 게재된 3개의 기사는 한국어였다. 기사가 선동적인 내용이라는 것을 나는 인정할 수 없다. 이같은 기소사실로 나는 3주일간의 금고형禁錮刑에 처해졌다. 당시 기소한 검사는 서울에 거주하는 일본인이었으며 경성 이사청 서기관 미우라 야고로三浦彌五郎였다. 나의 재판에 관한 기사는 요약되어 6월 22, 24일 및 25일 노스 차이나 데일리 뉴스에 게재되었다. 기사 제목은 「한국의 외국 저널리즘Foreign Journalism in Korea」였다. 나는 상하이에서 복역해야 했다. 내가 상하이에 있는 동안 나의 편집인이었던 양기탁은 인본경찰에 체포되었다. 우리는 수 개월 후 그가 재판을 받기까지는 그에 관한 죄목이 무엇인지 알 수가 없었다. 그는 내가 이곳을 떠났던 7월 20일 경 체포되었던 것이 아닌가 생각된다.[정확한 체포 날짜는 7월 12일] 영국 영사와 통감 사이에는 그같은 일에 많은 서한이 오갔으며 결국 그것이 국채보상금유용 사건으로 연결 기소된 것이다. 양기탁은 계략에 말려들어 체포됐다. 그가 신문사 안에 있었으면 안전했을 것인데 그는 밖으로 나오도록 유인당해 체포되었다. 그는 옥중에서 매우 아파 병원으로 이송하라는 명령을 받았던 것으로 안다. 그 후 그는 감옥에서 내보내졌는데 아무도 그를 병원으로 데려가지 않았던 것으로 안다. 그는 사무실로 와서 2주간 머물렀다가 다시 수감되었다. 그리고 나와 함께 횡령죄로 기소되었다. 그는 국채보상금을 거두어들이고 나와함께 70,000엔 정도 횡령한 것으로 기소됐다. 내 이름과 '신문의 편집인'이라는 직책이 함께 사용되었다. 이 점에 관해서는 국채보상기금을 설명할 때 또 말하겠다.

약 2년 전 한국의 일부 인사들은 한국이 일본에서 빌려온 돈을 갚을 만큼 돈을 모은다면 일본인들을 쫓아낼 수 있을 것으로 생각했다. 나는 한동안 그러한 것에 대해 아무것도 알지 못했다. 내가 처음으로 그러한 사실을 알게 된 것은 그에 관한 기부금이 내 사무실로 보내지기 시작하면서 부터였다. 나의 동의도 없이 국채보상운동에 앞장선 사람들은 기부자들이 나의 사무실에 돈을 보내도록 이야기했다. 기부금은 여러가지 형태였다. 은장식품이 있는가 하면 현금도 있고 구리도 있었다. 대부분은 여인의 머리비녀 등 은붙이였다. 나는 그러한 기부금을 어떻게 처리해야 할지 어리둥절했으나 곧 서울에 기부금을 맡은 기구가 생겨났고 나는 2주일분의 기탁금을 그들에게 넘겨주었다. 금액으로는 400엔 정도였다.

그 단체의 이름을 밝힐 수는 없다. 나는 일정기간 동안 들어오는 기부금을 은행에 예금했으며 거기에 보관했다. 그 뒤 이를 위한 한국인들의 모임이 있었으며 일부는 기부자였다는 것을 알게 되었으나 내가 어떤 역할을 담당한 것은 아니었다. 그들은 이 기금을 관리할 3명의 재무를 선출했다. 그들은 당시 내가 기부금을 맡았던 일에 대해 특별한 관심을 표하지는 않았으나 한국 전체로는 기부금을 거두는 많은 단체가 있었다.

그들은 의연금을 담당할 세 명의 재무를 선출하여 나에게 통보하였으며 나는 내가 맡았던 기부금을 그 중앙기관에 주기로 동의했다. 재무에는 내가 발행하던 신문의 편집장 양기탁을 비롯 한국 황제의

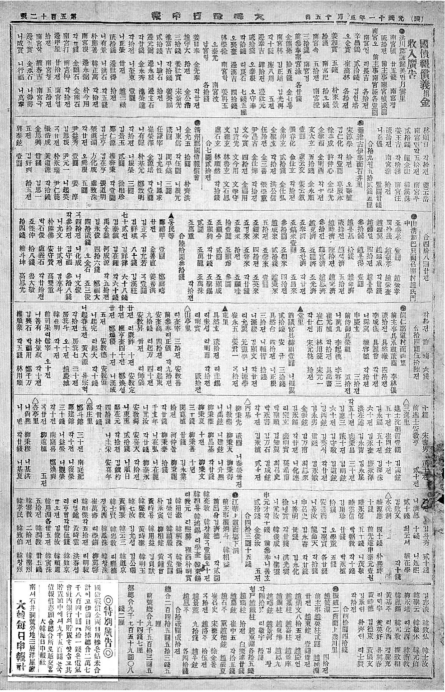

의연금 명단과 아래쪽에 있는 '특별광고'가 재판정에서 논란이 된다. 대한매일신보, 1907.5.15.

개인비서였던 박용규朴容奎, 윤웅렬尹雄烈 장군[2] 그리고 관찰사(도지사)를 지낸 바 있는 매우 나이가 많은 한사람 등이었다. 나는 모금된 기부금을 한동안 그 중앙기관에 보냈다. 내가 그들에게 준 모금액은 약 32,000엔가량이었다. 맨 먼저 박용규가 일본경찰에 쫓기는 신세가 되었고 양기탁은 자택에 연금되었다. 윤웅렬 장군은 나이가 많았고 병석에 누워있었으므로 일본 경찰의 감시대상에서 제외되었다. 양기탁은 내가 서울에 돌아가기 전에 체포되었다.

4) 명예훼손 기사의 확산

배설

내가 서울에 돌아갔을 때 양기탁이 체포된 이유와 국채보상금의 서기가 이강호李康鎬라는 사람이라는 사실을 알았다. 그는 그 기금문제에 관해 자신의 입장을 밝혔으며 회의도 소집되었다. 나는 그 모임에 초청되기를 희망했고 회의 하루 전에 초청장을 받았다. 회의에서 만난 사람 중 윤웅렬을 빼고는 낯선 사람들이었다. 회의 의장은 친일적 성향을 지닌 신문사의 편집인이라는 것을 후에 알았다[친일단체 일진회의 기관지 국민신보 사장 한석진韓錫振을 말한다].

그 회의에서 나는 국채보상금을 중앙기구에 전달한 사실을 설명했

---

2   尹雄烈(1840~1911). 조선 후기의 무신. 1880년 일본으로 파견된 수신사 김홍집을 수행하여 일본을 다녀왔다. 일본에 머무는 동안 신식군대 창설의 필요성을 절감하였고 1882년에는 별기군이 신설되자 훈련원 하도감(下都監) 신병대장(新兵隊長)의 영관이 되었다. 1882년 6월 임오군란이 일어나자 일본으로 피신하였다. 1884년 김옥균(金玉均)이 주도하는 갑신정변(甲申政變)으로 개화당 내각의 형조판서(刑曹判書)로 임명되었다가 정변의 실패로 능주(綾州)로 유배되었다. 1894년 갑오개혁 때 군부대신으로 있던 중 춘생문사건(春生門事件)에 가담, 실패하자 상하이로 망명하였다. 1910년 일본 정부의 남작 작위를 받았다. 윤치호(尹致昊)가 그의 아들이다.

대한매일신보 편집진. 왼쪽 두 번째가 양기탁.

다. 설명이 끝난 뒤 몇 사람들과 악수를 나누었다. 그들은 나에게 고마움을 표시하는 결의안을 통과시킨 후 그 자리를 떠났다. 그 회의는 아마도 8월 26~27일경이었던 것 같다. 어쩌면 8월 28일이었을는지도 모른다. 내가 불만을 표시하고 있는 통신은 도쿄 8월 30일 발로 되어있고 그같은 사실은 노스 차이나 데일리 뉴스 31일 자에 보도되었다.

나는 나 자신에 대한 명예훼손에 관한 기사를 9월 5일경 처음 보았다. 서울클럽[당시의 외교관 구락부]이 노스 차이나 데일리 뉴스를 구독하고 있었으며 나는 그곳에서 보았다. 나는 영국 총영사 코번에게 일본 신문들에 보도된 비슷한 내용을 보내고 명예훼손에 대한 대책을 세우기로 했다.

나는 그에게 가능하면 통감을 통해서 문제된 신문의 특파원들이 보다 정확한 사실을 보도해 주도록 어떤 압력을 가해주기를 요청했다. 9월 10일 나는 코번 영사의 편지를 받았다. 그후 나는 고베神戶로 갔다. 따라서 양기탁에 대한 재판이 계속되고 있었으나 갈 수가 없었다. 이 명예훼손 기사는 항저우杭州 데일리 뉴스, 사우스 차이나 모닝 포스트, 차이나 메일, 홍콩 텔리그라프와 마닐라 타임스에 보도되었다. 그러나 마닐라 타임스는 내가 일본인들에게 호감을 사는 사람이 아니라는 사실이 널리 알려져 있기 때문에 이 보도는 그 점을 감안하여야 한다고 보도함으로써 명예훼손 사건을 정당화하려고 했다.

언론인들은 항상 그들이 받는 봉급을 위해 일하고 있다. 한국에서 나는 한국 국민들에게 주는 나의 도움과 내 명예를 위하여 일하고 있다. 이번 사건이 일어나기까지 나는 한국 국민들의 눈에 이미지를 손상시킬 일을 하지 않았다. 지난번 내가 형을 언도받기 전에 나는 고국 영국으로 돌아가려 했었다. 그러나 나는 장래를 위하여 그 계획을 포기했다. 물론 이는 이번 명예훼손 사건과는 아무런 관계가 없다. 나는 런던의 편집인들로부터 이곳에서 일 할 특파원 자리가 있으면 나에게 그 일을 맡기겠다는 약속도 받았다. 크로니클지 편집인 도널드는 그런 자리가 있으면 맨 먼저 일을 내게 주겠다고 약속했다. 나는 언론계에서 얻는 수입 이외에는 고정된 수입이 없다. 나는 단지 약간의 개인 재산이 있다.

2. 피고 변호인 필립스의 신문

1) 배설의 언론인 경력

피고 측 변호인 모건 필립스의 반대 신문.

> 필립스　언론인으로서의 경력은?
>
> 배설　1904년 3월부터이다.
>
> 필립스　그전에도 다른 일에 손을 댄 일이 있는가?
>
> 배설　있다.
>
> 필립스　어디서였나?
>
> 배설　일본이다.
>
> 필립스　내가 알기로는 일본에서 당신 형제들과 일한 것으로 알고 있는데 사
> 　　　실인가?
>
> 배설　그렇다.
>
> 필립스　어떤 비즈니스였나?
>
> 배설　주로 수출업무였다.
>
> 필립스　어디서였나?
>
> 배설　고베와 요코하마였다.
>
> 필립스　저널리즘을 위해 그 일을 포기했나?
>
> 배설　그렇다.
>
> 필립스　러일전쟁이었나?
>
> 배설　전쟁이 일어난 바로 그 무렵이다.
>
> 필립스　당신은 데일리 크로니클지의 한국 특파원이었나?

배설 그렇다.

필립스 그리고 데일리 크로니클의 특파원을 그만두었나?

배설 그렇다.

필립스 우리가 듣기로는 그해 가을 세 가지 신문을 창간했다고 들었는데 사실인가?

배설 아니다. 처음부터 세 가지 신문을 창간한 것은 아니다. 원래 신문은 하나이지만 반은 한국어 그리고 반은 영어로 되어 있었다.

필립스 창간은 어느 해였나?

배설 1904년 가을이다.[7월 18일 창간이므로 가을이 아니라 '여름'이다]

필립스 뒤에 두 가지 신문을 창간했는가?

배설 그렇다. 영어신문이 하나의 독립된 신문으로 발행되었다.

필립스 영어신문은 코리아 데일리 뉴스였나?

배설 그렇다.

필립스 다른 것은 대한매일신보였나?

배설 그렇다.

필립스 당신이 기소되었을 때 그 신문이 있었나?

배설 그렇다.

필립스 세 가지 신문은 이제 폐간되었나?

배설 아니다. 두 가지 신문은 아직 발행되고 있다.

필립스 당신이 기소되었을 무렵 영어신문은 폐간했던 것으로 아는데?

배설 그렇다.

필립스 두 한국어 신문은 언제 창간되었나?

배설 영어신문이 창간된 지 일 년쯤 지나서이다.

필립스 언제 분리되었으며 한국어 신문이 창간된 것은 언제였나?

배설 1905년이다.

필립스 신문이 창간되었던 1904년에 한국과 일본 사이에는 별다른 문제가 없던 것으로 아는데?

배설 전쟁상태가 계속됐다. 그리고 강제노동 문제 등으로 작은 분규가 꼬리를 물었다.

필립스 그것이 정치적 분쟁은 아니었던 것으로 아는데?

배설 그렇다. 정치적 분쟁은 뒤에 일어났다.

필립스 한국과 일본 사이에 분쟁이 시작된 것은 언제였나, 전쟁 후인가?

배설 그렇다. 1905년 11월 17일(을사늑약) 일본이 조약체결을 한국 황제에게 강요했다.

필립스 그것은 일본과 한국 사이의 조약이었나?

배설 그렇다.

필립스 그때까지 당신네 신문의 정책이 무엇이었나?

배설 단순히 뉴스를 전해준다는 정책이었다.

필립스 언제부터 그들이 애국적인 한국인으로 행동하기 시작했는가?

배설 그들은 항상 그랬다.

필립스 당신은 그들이 일본인들에 대하여 적의를 품었던 것으로 이해하는가?

배설 그렇다. 그 조약을 맺을 무렵 나는 영자신문에 실린 주요기사에서 그 문제를 언급하면서 그들이 그런 종류의 일을 할 것이라고 말했다.

필립스 그것이 한국 신문들에도 게재되었는가?

배설 그렇다.

필립스	그런 것들이 당신의 개인적 견해들이었는가?
배설	그렇다.
필립스	당신은 그런 견해를 어떤 소식통에서 얻은 것이었나?
배설	때로는 내 고유 소식통으로부터였다.
필립스	그러면 당신의 의견은?
배설	우리 모두 같은 의견을 가졌다. 그 문제에 대하여 상반된 의견은 없었다.
필립스	그 이후로 당신의 신문은 일본과 일본 사람들에 대하여 적의를 보였는가?

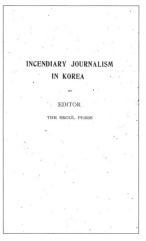

Incendiary Journalism in Korea

배설	절대로 그렇지 않다. 나는 매우 드문 일이기는 하지만 일본인들이 한 일에 대하여 가끔 칭찬한 일도 있었다.
필립스	당신은 일본 정부 당국에 대하여는 칭찬할 만한 일을 찾지 못하였나?
배설	거의 찾지 못하였다.
필립스	이 팸플릿의 글은 당신이 작성한 것인가?³
배설	그렇다.
필립스	(팸플릿의 일부분을 읽고) 이것은 1907년 9월 10일 자 당신의 신문에 게재되었던 것인가,⁴ 그 내용인즉 "그들의 조국을 위하여 항쟁하

3　여기서 말하는 '팸플릿'은 서울에서 배설의 공판이 열리기 직전인 5월 하순에 서울프레스가 *Incendiary Journalism in Korea*라는 제목의 영문과 일문(『韓國ニ於ケル排日新聞紙』)으로 편집하여 인쇄 배포한 간행물이다. 이 팸플릿은 배설의 기소에 증빙자료로도 사용되었다. 피고 측 증인으로 상하이 법정에 왔던 서울프레스 사장 즈모토가 이 자료를 제공한 것이다.

4　*KDN*, 1907년 9월 10일 자에 실린 2면 칼럼 「지방 곤란(The Trouble in the Interior)」은 배설 1차 재판에 제시된 지면이었다.

다가 죽을 각오가 되어 있는 한국 사람들의 애국심을 인정하지 않을 수 없다. 그것은 최고도의 용기의 표현이며 가장 심금을 울려 주는 일이다…", "한국은 세계에서 가장 가치 있는 독립을 얻지 못 하는 가"라고 되어있는데 이는 당신이 쓴 것인가?[5]

배설   내가 쓴 것이 아니다. 그것은 한국 신문들에 게재되었던 것이며 노래의 한 대목이었다.

필립스   당신은 당신 신문에 선동적인 기사를 실은 것 때문에 지난 6월 재판을 받은 일이 있는가?

배설   그렇다.

필립스   당신은 그때의 판결내용을 기억하고 있는가?

배설   감옥에 가야만 했다고 기억된다.

필립스   그리고 판결은 법정 내에서 원고에게 전달되었는가?

배설   그렇다

필립스   원고는 판사가 당시에 "그 기사는 한국 사람들에게 일본의 보호통치를 물리치라고 선동하는 울부짖음으로 가득 차 있다"고 말한 것을 들은 일이 있는가.

배설   들었다.

필립스   그리고 17명의 학생들의 혈서에 관한 5월 16일 자 기사에서 "우리는 우리의 조국인 한국을 기어코 되찾을 것이다. 피를 흘리지 않고 역사의 영웅들이 어떤 찬란한 기념물을 남겨놓았는가"라고 쓰고 있

---

5   필립스가 읽어주는 글은 내용으로 보아 1907년 9월 10일 자가 아니라 10월 1일 자 「귀중(貴重)혼 줄을 인(認)ᄒ여야 보수(保守)홀 줄을 인(認)ᄒ지」라는 논설로 짐작된다.

는데[6] 이런 기사들은 한국의 현 실정을 목격하고 있는 한국민들을 선동하여 일본 사람들에 저항하여 봉기하도록 했음에 틀림없다는 판사의 말도 들었는가?

배설   들었다.

필립스 그리고 추가적으로, 판사는 이와 같이 말하지 않았는가? "영국 정부가 이러한 행동이 지속되도록 방치하는 것은 굉장히 직무태만적인 행위다. 그대가 한국에 외국인으로 지내면서 영국 정부의 보호를 받는 한, 그대는 국가 내 질서와 안전을 지킬 의무가 있다. 그대는 신문을 통해 한국 내 반란을 유도하면서 혹시 모를 위험이 따른다면 본 법정으로 피난하고자 한다. 진정 그대가 인생, 가족과 재산을 건 싸움의 최전선에서 싸우고 있다고 할 수 있는가? 만약 그대의 독자들이 그대의 편집장의 의견을 따라 무기를 든다면, 그대는 그들의 피가 흐르는 중 어디에 설 것인가? 그대의 용기나 사심 없음에 대해서는 이견이 없으나, 나는 그대가 그릇된 위치에 있으며 그대의 친우들에게 큰 피해를 입힐 수 있다고 판단한다."

배설   그렇게 말했다.

2) 통감부 - 일본 신문과의 불화

필립스 당신은 한국 주재 일본 정부 요원들과 사이가 나쁜가?

배설   그렇다.

필립스 개인적인가 아니면 정치적으로인가?

---

6   제2차 재판에 배설을 기소한 증거로 제시되었던 「學界의 花」(1908.5.16)를 말한다.

배설   정치적인 면에서 사이가 좋지 않았다.

필립스   일본 신문들이 당신에 대하여 호의를 보였나?

배설   아니다.

필립스   저팬 크로니클은 어떠한가?

배설   그 신문은 공정하고 온건한 신문이었다.

필립스   그 신문에 투고하는가?

배설   투고하지 않는다. 하지만 공정한 신문이다. 저팬 크로니클이 나를 비판한 적도 몇 번 있다.

필립스   저팬 데일리 메일은 호의를 보이지 않았나?[7]

배설   나는 그 데일리 메일이 매우 수치스러운 신문이라고 생각하고 있다.

필립스   그 신문이 당신을 비난하는가?

배설   그렇다. 그 신문은 끊임없이 나를 중상하고 있다. 그려나 나는 그 중상을 개의치 않는다.

필립스   국채보상금에 관해서 말인가?

배설   그렇다.

필립스   당신은 그 기금모금의 발기와 관계가 있는가?

배설   관계가 없다.

필립스   그 기금운동이 시작된 직후에 기부금들이 당신의 대한매일신보에

---

7   저팬 데일리 메일은 1870년에 창간되었는데, 1881년부터는 영국인 브링클리(Francis Brinkley)가 경영하던 신문이다. 브링클리는 일본에 관한 저서도 몇 권 있는 사람으로 영국 *The Times*의 일본주재 통신원을 겸하고 있으면서 일본 여자와 결혼해서 일본을 자신의 나라로 생각했던 극히 친일적인 사람이었다. 배설이 대한매일신보와 *KDN*을 발행하기 시작한 후로 저팬 데일리 메일은 언제나 *KDN*의 논조를 비판하고 일본을 두둔하여 *KDN*과 일본에서 발행되는 저팬 데일리 메일이 여러 차례 비판과 논전을 전개했다. 반면에 배설이 살았던 고베의 저팬 크로니클은 배설에 호의적이었다.

보내졌지 않는가?

배설 그렇다.

필립스 방금 직접 신문訊問 중 누군가가 원고의 사무실로 기부금을 보내는 것을 추천했다고 하지 않았는가?

배설 누군가 추천했다고 여겨진다고 했다.

필립스 그게 누구인지 아는가?

배설 전혀 알지 못한다.

필립스 구독자들이 왜 원고의 사무실로 기부금을 보내줬는지 이유를 한 가지라도 말할 수 있는가?

배설 누군가의 추천에 의해 보냈다는 짐작이 든다는 것뿐이다.

필립스 원고의 신문이 한국인과 그들의 사상에 우호적이어서 기부금을 보냈다고는 생각하지 않는가?

배설 그렇지 않다. 내가 일본 경찰들의 부당한 통제로부터 자유롭고, 내 수중에 들어온 돈을 그들이 함부로 뺏을 수 없다는 것은 잘 알려진 사실이었다. 한국인들은 같은 한국인에게 돈을 맡기기 두려워하는데 이는 그들이 자신의 민족을 믿지 못해서가 아니라 누군가가 이렇게 부당한 수단으로 돈을 빼앗을 수 있기 때문이다.

필립스 원고의 신문은 한국을 지지하는 입장을 채택하지 않는가?

배설 우리 신문은 친한정책을 채택한 것이 아니라, 열렬한 한국 신문이 되는 것이 정책이었다.

필립스 원고의 신문에 기부금에 대한 광고를 실었는가?

배설 그렇다.

필립스 누가 그 광고를 냈는가?

배설	양기탁이 냈고 나도 그 사실을 알고 있었다.
필립스	광고의 효과는 어떠했나?
배설	그 광고는 앞으로의 기금을 우리가 사무실에 보관하고 그 기금을 유용하게 관리해야 한다는 취지의 광고였다. 왜냐하면 나쁜 사람들에게 맡겨진 기금 400엔의 손실을 보았기 때문이다.
필립스	그 이후에 기부금이 들어왔는가?
배설	그렇다.

3) 국채보상금 처리방법

필립스	원고는 기부금을 어디에 투자했는가?
배설	25,000엔은 광산업, 27,500엔은 서울에 있는 프랑스인 마르탱 M.Martin에게 두 번에 나누어 지불하고 10,000엔 정도는 은행에 보관했다.
필립스	그 기부금을 은행에 예치했는가?
배설	그렇다. 받은 대로 넣었다.
필립스	1908년 5월에 받은 금액이 얼마인가?
배설	정확히 기억나지 않는다. 60,000엔 정도였던 것 같다.
필립스	원고는 그 기금에 대하여 1908년 5월에 광고를 냈는가?
배설	아마 그랬을 것이다. 그 신문에는 이 기부금에 대하여 사의를 표하는 기사도 있었다. 그 칼럼에는 '국채보상기금'이라는 제목이 붙어 있었다.
필립스	1908년 5월 15일에 실린 광고를 읽었는가?
배설	읽지 않았다. 하지만 광고가 존재했던 것은 기억한다.

필립스   양기탁의 재판 중 기금에 대해 몇 가지 질문을 받은 것을 기억하는가?

배설   기억한다.

필립스   한 특정 광고가 국채보상운동 기금이 처리되었음을 알리지 않았는가?

배설   그러한 목적으로 쓰인 광고였다.

필립스   당시에 원고에게 기금의 큰 부분이 할당되지 않았는가?

배설   그랬다.

필립스   원고의 이름으로 은행에 예금되었는가?

배설   그랬다.

필립스   5월, 기금이 처리되었음을 알리는 광고가 실렸던 시점에 그 금액은 마르탱에게 대출금으로 지불되었는가?

배설   그랬다.

필립스   그리고 그중 큰 금액은 광산증권에 투자 되었는가?

배설   그랬다.

더글러스   필립스의 말을 끊고자 하는 것은 아니지만, 명예훼손을 한 것에 대한 정당성을 증명하고자 하는 것이라면 저의 말에 대한 답변에 의해 해야 한다는 것을 상기시키고자 한다.

필립스   그런 의도를 가지고 하는 질문이 아니다.

재판관   명예훼손을 한 것이 사실이 아니라는 것인가?

필립스   아니다. 내 질문의 의도에 대해서는 나중에 더글러스에게 설명할 것이며, 그 때에 그에 대해 질의를 받도록 하겠다. 정당화하려고 하는 것이 아니다.

필립스   1908년 5월 15일의 광고에 기금의 처리 방법에 대해 설명한 적이 있는가?

배설	양기탁의 재판 중 그 질문이 언급된 적이 있었다. 광고라고 불리기는 했지만 기금에 대한 칼럼의 머리말이었다.
필립스	광고는 기금의 처리에 대한 내용이었는가?
배설	그 글은 나의 조수였던 한국인이 쓴 허위 진술이었다.
필립스	허위 진술의 내용은 무엇인가?
배설	사고社告에 한국어로 기금은 은행에 예금되어 있다고 적혀 있다는 사실을 재판 중 알게 되었다. 은행에 예금됐었다, 고 서술하는 것이 옳았을 것이다. 사실은 기금 중 은행에 예금된 부분만 은행에 예금되어 있는 상태임에도 불구하고, 그 허위진술은 모든 기금이 아직 은행에 예금되어 있다는 인상을 주었다.
필립스	그 진술서에는 광산업과 마르탱에게 투자한 돈에 관해서는 전혀 언급하지 않았는가?
배설	언급하지 않았다.
필립스	그 광고에 대해 질문을 받았을 때, "배설은 자신의 책임이 있음을 인정하고 더 신중했어야 했다고 말했다"고 보고되었다.
배설	그 보고는 틀렸다. 내가 신중했어야 됐다는 것은 사고社告의 단어 선택에 있어서 더 신중했어야 했다는 것이다.
재판관	필립스가 '광고' 라고 하는 것을 원고는 '사고'라고 한다.
배설	그렇다.

4) 의혹에 대한 감사 실시

필립스	양기탁이 이 기금과 관련해서 금년도 7월[7월 12일]에 구속되었다고 원고가 말한 것으로 생각된다.

배설　그렇다. 그러나 그의 구금의 이유는 그 당시에 알려지지 않았다.

필립스　나는 지금 당신에게 그 사실을 묻고 있다. 그가 체포되었을 때 한국인들이 그 기금의 용도에 대하여 의혹을 갖고 있었나?

배설　서울에는 당시 약간의 잘못된 등요가 있었다. 20~30명이 기금의 용도에 대하여 조사하기 위한 모임을 소집했는데 그들 모두가 이 기금의 출연자들은 아니었다. 그들은 내가 모은 기금의 감사監査를 실시했다.

필립스　그 모임은 양기탁이 체포되기 전에 소집 되었나? 또는 후에 소집 되었나?

배설　후에 소집 되었다.

필립스　양기탁은 이 기금을 착복한 혐의로 구속 됐는가?

배설　그렇지 않다.

필립스　그는 무슨 죄목으로 고발됐는가?

배설　모르겠다.

필립스　그는 무엇 때문에 재판을 받았나?

배설　그 기금 때문에 재판을 받았다.

필립스　어떻든 그가 체포된 후에 그 모임이 소집되었나?

배설　그렇다.

필립스　당신은 그 모임에 참석했나?

배설　자진해서 참석했다.

필립스　어떤 일이 일어났는가?

배설　내가 참석하고 있는 동안은 아무런 일도 일어나지 않았다.

필립스　그것이 전부인가?

배설   나는 그들에게 기금의 용도에 대하여 자세한 설명을 해주었다.

필립스   원고가 그랬는가?

배설   그렇다.

필립스   모임은 어디에서 열렸나?

배설   상업회의소에서였다.

필립스   공공 건물인가?

배설   아니다, 몇 개의 방으로 나누어져 있다.

필립스   그 모임은 기금에 대한 관심이 있는 사람들의 모임이었나?

배설   기금에 관심이 없는 사람들이었다.

필립스   당신이 모임에 참석했을 때 그 사람들이 기금에 관심이 없다는 것을
알았나?

배설   그들이 관심이 없다는 것을 알지 못했다. 나는 전에 말한 매우 연로
하신 윤尹, 윤웅렬 장군에 대한 제안을 했다.

필립스   어떤 설명을 했나?

배설   그들에게 장부를 보여주었다.

필립스   그들에게 기금이 광산주식에 투자되었다는 것을 말했나?

배설   25,000엔 투자했다고 했다.

필립스   은행에는 얼마나 예치했다고 했나?

배설   12,000엔

필립스   마르탱에게는 얼마를 투자했는가?

배설   127,500엔.

필립스   그 당시 당신 수중에 얼마 가지고 있었는가?

배설   우리는 계속 돈을 받고 있었다.

필립스	그 모임에 기자들이 있었는가?
배설	없었다. 그 회의 회장은 서울에 있는 한 신문사 편집자였다.[국민신보 한석진] 나는 그 당시 그가 누구인지 몰랐다.
필립스	그의 신문의 정책은 어떤 것이었나?
배설	일진회의 신문이었다. 그 신문은 한때 일본 사람들이 운영했던 기관이다. 지금도 그들이 인본인들의 돈을 받고 있는지는 모르겠다.
필립스	그 편집장이라는 자가 의장이었는가?
배설	그렇다.
재판관	(변호인들에게)그대들은 이 신문의 운영 방침이 어떠했는지 알고 싶지 않은가?
원고	친일적이고 나에게 무척 적대적이었다.

재판은 이때부터 오후 2시까지 잠시 중단되었다. 심문이 재개되면서 배설에 대한 모건 필립스의 반대심문이 계속되었다.

3. 국채보상금의 투자

1) 서울프레스와 즈모토

필립스	당신은 서울프레스의 양기탁 재판 기록을 읽었나?
배설	읽었다. 그러나 나는 그 기사에 많은 주의를 기울이지 않았다. 그 기사를 일부분만 읽었다. 전 기사를 읽은 것은 아니다.
필립스	당신은 서울프레스의 편집자를 아는가? 즈모토頭本元貞씨가 내 쪽을

마주하고 있다.

더글러스는 피고가 즈모토를 증인으로 세우고자 한다면 즈모토를 법정에서 내보내기를 요청했다. 재판관은 즈모토에게 대기실로 이동하라고 요청했다.

필립스　(이어서)즈모토에게 재판에 대한 기사에 있어 몇 가지 사항을 수정해주기를 요청한 적이 있는가?

배설　한 가지 사항을 수정해달라고 요청했던 것 같다.

필립스　한 가지였는가, 두 가지였는가?

배설　한 가지였던 것 같지만, 확실하지는 않다.

필립스　원고가 기억하도록 돕겠다. 서울프레스는 원고가 좀 더 나은 이자를 얻기 위해 홍콩 상하이 합자은행 제물포지점에 당신 명의로 30,000엔을 예치했다고 보도했다. 그에 관한 수정을 요청하지 않았는가?

배설　나는 '좀 더 나은 이자를 얻기 위하여'라는 대목은 삭제해야 한다고 주장했다. 왜냐하면 그렇게 말한 적이 없었기 때문이다.

필립스　이후에 기사 내에서 원고는 "광산업에 대한 투자에 대한 몇 번의 상의가 진행되었고, 이 중 가장 최근의 상의 중 양기탁이 참가했다"고 언급한 것으로 보도되어 있다. 원고는 이에 대한 수정을 요청했는가?

배설　사실을 말하자면 양기탁은 상의에 참가하지 않았지만, 그 사항에 대해 수정을 요청했는지 기억나지 않는다. 그가 상의하는 자리에 참가했다고 내가 언급했을 리가 없다. 그것을 고려한다면 그 내용에 대해 기사의 수정을 요청했을 수도 있다.

필립스   그 밖에 기사에서 수정되어야 한다고 생각하는 것들이 있는가?

배설   그 외에는 없는 것 같다.

필립스   기사 수정을 요청한 적이 있는가?

배설   요청을 해도 즈모토가 받아들이지를 않는데 요청할 이유가 없지 않는가.

재판관   요청을 했는가, 아니면 하지 않았는가?

배설   내가 언급한 한 개의 수정 사항 외에는 없다.

배설   원고가 요청한 수정 사항은 그 두 가지가 전부인가?

배설   두 가지를 신청했다고 말하지 않겠다. 한 가지만 기억한다.

필립스   그렇다면 한 가지 이상의 수정 사항을 요청한 적이 없다는 말인가?

배설   내가 기억하기로는 그렇다. 두 번째의 오보를 지적한 것은 기억한다. 그에 대해 구두로 수정하는 것을 제안했을 수도 있다. 하지만 확실하지는 않다.

필립스   국채보상운동에 관한 회의 중 기금에 이용 내역을 공개했는가?

배설   그렇다.

2) 호텔 소유주 프랑스인 마르탱

필립스   기금 중 27,000엔은 마르탱에게 투자되었다고 했는가?

배설   그렇다.

필립스   마르탱은 누구인가?

배설   서울 아스토 하우스 호텔의 소유주이다.

필립스   마르탱에 대한 투자는 어떠한 형태로 이루어졌는가?

배설   기금을 그에게 대출해주었다.

필립스 원고가 직접 대출해준 것인가?

배설 22,500엔은 나의 계좌로부터 제공되었고, 5,000엔은 기금이 처음 입금되는 계좌로부터 제공되었다.

필립스 어느 쪽이 원고의 계좌였는가?

배설 신문의 계좌만 나의 계좌였다. 5,000엔은 중앙 위원회로부터 제공되었다.

필립스 5,000엔은 어떻게 중앙 위원회로부터 마르탱에게 제공되었는가?

배설 내가 요청한 수표를 통해 제공되었다.

필립스 이 수표를 발행한 것은 누구인가?

배설 이사들이 발행했다.

필립스 그리고 원고가 이 수표를 마르탱에게 전달한 것인가?

배설 아니다. 이사들로부터 발행된 수표의 일부 금액만 마르탱에게 투자되었다. 발행된 수표의 그 금액은 30,000엔이었다. 그중 25,000엔은 광산업에 투자되었고, 5,000엔은 마르탱에게 대출되었다.

필립스 마르탱에게 수표를 전달한 것은 원고인가?

배설 그렇다. 광산업 주식도 내가 구매했다.

필립스 다시 말하자면, 신보는 22,000엔 정도의 기금을 기부받았고, 이 가운데 중앙기금에 예금된 5,000엔을 마르탱에게 대출했다는 것인가?

배설 그렇다. 기부금은 신보로 전달된 뒤 기금 관리자들에게 전달되었고, 추후 다시 기금 관리자들에 의해 다시 전달되었다.

필립스 다시 말하자면, 이 22,000엔과 5,000엔의 금액은 국채보상운동 기금의 일부분이었다는 말인가?

배설 그렇다.

필립스　마르탱으로부터 어떠한 보증을 받았는가?

배설　보증은

더글러스　그 질문에 대해 이의를 제기한다.

필립스　어떤 보증이었는가?

배설　마르탱 본인과 나, 그리고 위원회가 만족할 만한 보증이었다.

필립스　마르탱에게 만족스러웠던 것에 대한 것에 확신하는가?

배설　마르탱에게 만족스러운 보증이었다.

필립스　어떠한 보증이었는가?

배설　그 질문은 공정하지 않다고 생각한다.

재판관　어째서인가?

더글러스　투자에 대한 질문이다. 원고와 관련 인물 모두 만족했었다.

재판관　본 재판은 명예훼손에 대한 것이며, 배심원단은 (질문에 있어) 충족
　　　　되어야 한다.

더글러스　원고가 그 질문에 대해 보편적인 답변을 제공해도, 본 법정은 투자
　　　　가 개인간에 실로 이루어진 투자였다는 사실을 인지하는 데 있어 충
　　　　분할 것으로 본다.

재판관　질문에 대한 답을 제공하지 못할 이유가 없다고 본다.

필립스　마르탱은 어떠한 보증을 제공했는가?

배설　부동산 형태의 보증이었다.

필립스　담보 대출이었는가?

배설　그렇다, 증서를 제공했다.

필립스　부동산에 대한 담보였는가?

배설　증서를 전달했다. 담보 대출이라고 할 수 있는지는 모르겠다.

필립스 증서는 원고에게 전달되었는가?

배설 그렇다. 하지만 그 외의 것에 대해서는 답변하지 않겠다.

필립스 단언하는가?

3) 원고와 피고 측 변호인의 논쟁

더글러스 이의를 제기한다. 그 질문은 특정한 의도를 가지고 있음을 알고 있다. 그 정보는 양기탁의 재판 중 요청되었고, 본 재판에 있어서도 요청되고 있다.

필립스 이 재판의 목적을 이루기 위해서다.

재판관 재판의 목적에 있어 요청될 수 있다. 배설은 이곳에 원고로 왔으며, 질문에 대해 답하는 것이 유리할 수 있다. 재판을 계속 진행하고자 한다면 질문에 대한 답을 반드시 제공해라. 질문에 대한 답변을 제공하지 않는다면, 배심원단은 질문에 답을 할 수 없다는 점에 대해 평의할 수 있다.

더글러스 원고에게 특정 기부금이 맡겨졌다. 이어서, 원고는 그 기금을 몇몇의 이사들에게 전달했다. 피고 측의 주장은 원고가 횡령을 했다는 것이 아니다. 그 내용에 대한 변호가 제시된 적이 없다. 피고 측은 명예훼손이 이루어졌다는 점에 대해 변호한 적이 없다. 원고는 한국이라는 국가 내에서 이사로서 기금을 전달받았다. 이미 숙지하고 있듯 한국은 정치적으로 불안정한 상태이며, 한국내 일본인들은 그들이 관여하지 말아야 할 다양한 일들에 대한 정보를 모으고 있다. 그 기금, 혹은 기금의 대부분은 기금의 이사회에게 맡겨졌으며, 이 이사회는 공정하게 선발되었다. 기금에 대한 모든 거래는 이사회의 승인하에 이

루어졌다. 기금을 이용한 모든 투자에 대
한 보증은 이사회에게 제출되었고, 이사
회는 이를 승인했다. 원고가 증인석에서
말하듯, 보증은 부동산이었으며 그 부동
산에 대한 증서가 제출되었다. 부동산이
어디에 위치하고, 어떻게 보증으로 제공
되었는지는 현 재판에 있어 중요한 점으
로 작용하지 않는다. 단, 그 정보는 다른
곳에 있어 매우 유용할 것이다.

ASTOR HOUSE.
(Formerly Grand Hotel)

on Electric Car line, near
Railway Terminus, West
Gate, Seoul.
The Best Hotel in Korea.
Handsome New Building.
Fine Airy Rooms.
Excellent Cuisine.
Moderate Rates.
L. MARTIN,
Proprietor.

코리아 데일리 뉴스에 실린 Astor House 광고

재판관 정보를 끌어낼 의도는 없는 것으로 판단
된다.

더글러스 그에 대한 이의를 제기한다.

맥클라우드(피고 측 변호인) 정보를 끌어낼 의도는 없다.

필립스 본 재판 중 처음으로 알게 된 사실이다.

재판관 본 재판의 본질적인 목적을 이루기 위한 충분한 사실을 제공하는 것
을 우선시 한다면 그런 관점은 그 후에 확인할 수 있을 수도 있다.
만약 필립스가 계속하여 그 부동산이 어디에 있는지 질의한다면, 그
질문을 배제할 수도 있다.

더글러스 원고가 제공한 답변이 충분하다고 주장한다. 이는 원고가 기금을 횡
령한 것이 사실이라는 것을 변호하는 주장이 없기 때문이다. 피고의
질문은 기금에 대한 횡령이 이루어졌다는 것이 사실임을 변호하고
자 하는 성격이 아니다.

재판관 질문의 목적은 원고가 어떠한 보증을 받고 선금을 지불했는지를 확

인하기 위해서이다. 피고는 이에 대해 알 권리가 있다.

더글러스 원고는 보증이 부동산이며, 보증으로 부동산 권리증서가 제공되었다는 사실을 밝혔다.

재판관 계속하라.

더글러스 재판관에게, 그 사항이 더 이상 다루어져야 하는지 충분히 고려하기를 제안한다.

재판관 배설이 본 재판에 출석한 이상, 배심원단이 옳은 판결을 내리는 데 있어 충분한 정보를 제공해야 하며 그 이상의 정보를 제공할 필요는 없다.

더글러스 진실성에 대한 변호가 이루어지지 않았으므로 이 질문들은 필수적이지 않다.

재판관 필립스는 계속하도록 해라.

필립스 더글러스가 언급하기 전까지는 다른 의도가 있었음을 알지 못했다. 본 재판의 목적을 위해서만 질문하는 것이다. 명예훼손을 정당화하려는 것이 아니며, 정당화를 하는 방향으로 진행하고자 하는 것도 아니다. 본 질문들은 정당하고 중요한 목적을 갖고 제시되는 것이다. 원고는 마르탱이 원고에게 부동산 권리증서가 전달되었다고 말하는 것인가?

배설 그렇다.

재판관 재산 양도증서라고 했는가?

배설 한국의 증서였으며 재산 양도증서도 포함했다. 증서들은 모두 양도됐어야 했다.

필립스 마르탱에게 지급된 27,500엔의 선금을 모두 포함하기 위해서인가?

배설	아니다. 왜냐하면 그 금액은 단번에 한꺼번에 제공된 것이 아니기 때문이다.
필립스	그렇다면 보증은 지급한 선금의 얼마큼에 해당되는 것이었는가? 선금의 전부, 일부 혹은 전혀 해당되지 않는가?
배설	보증의 가치는 대출된 금액을 초과했다.
필립스	그렇다면 지불한 선금에 대해 모두 보증받았다는 것인가?
배설	그렇다.
필립스	그것이 사실이라면, 양기탁의 재판 중 원고는 "마르탱에게 지급된 5,000엔의 대금은 보증되었는가"는 질문을 받았고, 이에 대해 원고는 "아니다, 대금은 약속어음을 기반으로만 지불되었다"고 하지 않았는가?
배설	아니다, 그것은 사실이 아니다. 재판관에게 22,500엔과 5,000엔의 금액이 어떻게 분할되었는지를 매우 힘들게 설명했다. 보증은 22,500엔의 대출에 대해서만 제공된 것이다. 5,000엔에 대해서는 약속어음이 발행되었다. 22,500엔에 대해서도 약속어음이 발행되었다.
재판관	그러하더라도, 원고는 재산 양도증서의 가치가 대출금의 총액인 27,500엔을 초과한다고 하지 않았는가?
필립스	대리인이 원고에게 질문하시라.
더글러스	필립스는 원고를 신문 기사를 통해 검토하고 있다. 같은 신문에 두 기사가 있는데, 필립스는 둘 중 부정확한 것을 기반으로 하여 검토를 하고 있다.
재판관	필립스는 그저 원고에게 말했는지 아닌지를 확인하고 있다. 만약에

더 부정확한 것을 기반으로 한다면 그런 내용에 대한 답변을 들을 수 있을 것이다.

더글러스 하지만 어떤 기사로부터 인용을 하고 있는지는 명확해야 한다.

필립스 나는 서울프레스의 기사를 참조하고 있다.

배설 그리 말하지 않았다.

필립스 무엇을 말하지 않았다는 것인가?

배설 채권에 대한 발언이다.

필립스 채권에 대해서 아무런 질문을 한 적이 없다. 하지만 이제 묻겠다. 대리인이 원고에게 "대금에 대한 채권을 받은 적이 있는가?"라고 묻지 않았는가?

배설 이 질문들은 현 재판과 아무런 관련이 없었지만, 대리인은 채권에 대해 몹시 만족했을 것이다.

필립스 그것이 사실인가?

배설 아니다, 그런 말 한 적이 없다.

필립스 마르탱이 진술을 제공했다는 사실을 들은 적이 있는가?

배설 들은 적 없다.

필립스 그의 진술서를 본 적이 있는가?

배설 본 적은 있지만, 특별히 관심을 가지지 않았다.

필립스 보았는가, 아니면 보지 않았는가?

배설 보았다.

필립스 마르탱이 현 재판에서 진술했을 때 "처음에는 5,000엔을 대출받았고, 추후에 22,500엔을 여러 번 나누어서 받았다. 채권에 대해 특별히 보증을 언급한 적은 없다"라고 하였다. 이는 사실인가?

배설   마르탱이 그런 진술을 했다는 것이 사실인지 모른다. 사실, 보증에 대해서 전혀 언급되지 않았을 것이라고 생각한다. 일본인 통역사가 약속어음과 보증을 헷갈려 오역한 것이 아닐까 예상한다. 재판 자체가 몹시 혼란스럽고 복잡했다.

필립스   듣자 하니 그러했던 것 같다. 또한 이러한 일이 있었던 것으로 보고된다. 마르탱에게 제공한 대출에 대해 개인 채권과 약속어음을 제외하고는 어떠한 보증도 없었다는 것이 사실인가?

배설   그 질문에 대해서는 이미 답을 했다. 개인 채권 외에 약속어음을 받았다.

4) 마르탱과의 관계

필립스   마르탱을 안 지 얼마나 되었는가?

배설   한국에 왔을 때부터 알게 되었다.

필립스   그가 호텔의 소유주라고 하지 않았는가?

배설   그렇다.

필립스   그의 호텔에서 지낸 적이 있는가?

배설   지낸 적이 있다.

필립스   얼마간 지냈는가?

배설   한국에 처음 오고 나서 3개월 정도 그의 호텔에서 지냈다. 그 이후에 7~8개월 정도 지냈다.

필립스   마르탱이 27,500엔의 대출금을 어떠한 용도로 이용했는지 아는가?

배설   대략적으로만 안다.

필립스   어떠한 용도로 이용했는가?

배설	금액 중 일부는 땅에 대한 선금이었고 자신의 호텔의 많은 부분을 개선했다.
필립스	땅에 대한 선금은 대출이었는가?
배설	그렇다. 호텔도 몇 가지가 개선되었다. 근래에 제빙기를 설치했다.
필립스	금액의 일부가 영사기 극장(영화관)에도 쓰였는가?
배설	마르탱이 돈을 어떻게 썼는지는 모른다. 하지만 그럴 확률이 높다.
필립스	마르탱이 법정에서 "받은 금액으로 음악실을 짓고, 영사기를 구매하고, 호텔 부지를 확장하고, 목욕탕을 짓고, 방의 난방을 위해 기관실을 설치하고 가구를 샀다"고 한 발언은 사실인가?
배설	한 개 이상의 목욕탕을 지었다.
필립스	원고가 국채보상운동과 관련된 회의에서 발언을 한 이후 일본으로 전달된 통신들에 대해 아는가?
배설	모른다. 당시인가?
필립스	무슨?
배설	통신에 대해서는 물론 요코하마의 해외 언론에서 그에 대한 논평을 읽고 나서야 알 수 있었다.
필립스	원고가 횡령죄로 기소되었다는 사실 말인가?
배설	아니다, 그에 대해서는 본 적이 없다. 그와 같은 기사는 저팬 데일리 메일에 실렸을 확률이 높고 다른 신문에서 있을 가능성은 낮다.
필립스	일본에 발간되는 신문들 중 기금의 부당한 이용에 대해 추궁하는 내용이 없었다는 것인가?
배설	있었던 것 같지만 확실히 알지는 못한다.
필립스	원고의 말이 사실임을 단언하는가?

아스토 하우스 호텔. 서울시 중구 새문안로 16 서대문역 근처 현 농협중앙회 건물 자리에 있었다.

배설　　내 관점에서 말하자면 그들이 거짓 보도를 했다는 것을 안다. 이러
　　　　한 거짓 보도는 너무나 흔한 일이어서 별 달리 관심을 가지지 않았
　　　　다. 익숙해졌기 때문이다.

필립스　그렇다면 왜 코번과 연락을 주고받았는가?

배설　　(연락을 주고받았건 아니건) 별 차이 없는 일이다.

필립스　차이를 만들 수도 있다. 일본에 전달된 통신들에 대한 기사에 관심
　　　　이 없고 그 내용에 대해서도 알지 못했다면 왜 코번에게 그 통신들
　　　　에 대해 연락을 주고받았는가?

배설　　기사의 내용이 어떠한 것인지 모른다고 한 적은 없지만 기사의 전반
　　　　에 대해 어떠한 내용이었는지 물어본다면 대답하지 못할 것이다.

필립스 읽어주는 통신을 아는가? 서울, 8월 30일, 도쿄 니치니치 (변호인은 그 통신을 읽었다)

배설 통신에 대해 들어본 적은 없지만 그와 아주 유사한 것에 대해 들은 적이 있다.

필립스 읽어주는 통신을 들어본 적이 있는가? ('쇼요신보'로부터 읽으면서)

배설 통신에 대해 들어본 적은 없다.

필립스 그와 비슷한 통신에 대해서 들어본 적이 있는가?

배설 그 주제에 대해서 말인가? 일본 자국어 신문에서 본 적은 없다. 요코하마의 외국어 신문이 그 통신들에 대해 언급했고 나는 언급된 부분들만 보았다.

필립스 원고는 일본 측에서 원고가 횡령이나 그와 비슷한 것을 했다는 제기를 했다는 사실을 전혀 알지 못했다는 것인가?

배설 알고 있었다. 지금도 안다.

필립스 당시에 코번과 연락을 주고받았는가?

배설 그랬다. 당시에 그러한 통신에 대해 연락을 주고받았다.

필립스 코번에게 이러한 항의를 한 것도 그 이유 때문인가?

배설 통신을 직접 읽은 적은 없다. 하지만 그에 대해 보도하는 외국어 신문을 읽고 알게 되었다.

4. 명예훼손 대응조치

1) 오보를 알게 된 시점

필립스 서울에서 우편으로 노스 차이나 데일리 뉴스를 통해 처음으로 명예
　　　　 훼손에 해당되는 출판물을 보았다고 언급했던 것 같은데 사실인가?

배설 그렇다.

필립스 9월 5일경이었는가?

배설 그렇다. 그리고 같은 날짜에 발행된 기사를 신문으로부터 오려낸 것
　　　　 을 전달받았다.

필립스 크로스와 야마시타山下에게 통신을 한 것은 언제인가? 같은 날인가?

배설 아니, 그럴 수 없었다. 당시에 양기탁의 재판에 증인으로 서기 위해
　　　　 기다리고 있었다. 크로스와는 재판에서 자리를 비울 수 있자마자 되
　　　　 는대로 빨리 약속을 잡았다.

필립스 노스 차이나 데일리 뉴스에 오보가 났다는 것에 대한 통신을 전달할
　　　　 생각이 들지 않았는가?

배설 아니다, 그러한 생각은 들지 않았다. 노스 차이나 데일리 뉴스도 나
　　　　 에게 오보가 났다는 통신을 전달할 생각이 들지 않았다는 것처럼 말
　　　　 이다.

필립스 명예훼손에 대해서 들은 뒤 원고는 노스 차이나 데일리 뉴스와 통신
　　　　 을 포함해 어떠한 연락 수단을 통해서도 논의를 하지 않았고 오직
　　　　 변호사를 통해서만 연락을 주고받았다는 것인가?

배설 그렇다.

필립스 원고는 우리가 들은 대로 언론인이다. 원고는 원고가 노스 차이나

데일리 뉴스와 기사의 정정에 대해 논하는 것이 일반적이고 옳은 일일 것이었다는 생각이 들지 않았는가?

배설 아니다, 일반적인 일이라고 생각하지 않는다.

필립스 원고는 노스 차이나 데일리 뉴스의 칼럼에 게재된 명예훼손의 건에 대해 다룬 차후 기사를 본 적이 있는가?

배설 몇 가지를 보았다.

필립스 9월 17일에 게재된 9월 16일 자 도쿄에서 온 통신을 본 적이 있는가?

배설 보았다.

필립스 언제 보았는가?

배설 서울에서 우편을 통해 보았다. 서울에 우편이 도착하기까지 4~8일까지 걸릴 수 있다.

필립스 명예훼손의 건에 있어서 그 통신은 어떤 만족할 만한 것을 제공했는가?

배설 아니다.

필립스 전혀 없었는가?

배설 만약에 그들의 입장에서 생각한다면 조금 더 만족했어야 했을지도 모르겠다.

필립스 노스 차이나 데일리 뉴스는 통신을 도쿄에서 전달했다. 신문에 그 통신이 게재된 것은 원고에게 전혀 만족감을 주지 않았는가?

배설 게재되기 전부터 이미 알고 있었다.

필립스 원래 게재되었던 통신에 대한 부정이 이루어진 것에 대해 원고는 전혀 만족감을 느끼지 못했는가?

배설 그저 자연히 이루어져야 하는 일이 이루어진 것이다. 당연히 게재됐어야 한다.

필립스 명예훼손의 건을 게재하는 것도 자연히 이루어져야 했던 일인가?

배설 겉보기에는 그러했던 것 같다. 모른다.

필립스 그에 관해 인지했는가? 변호인과 논의를 했는가?

배설 그 무렵에 변호인들의 편지가 여기 도착했던 것 같다.

필립스 그 무렵에 그대의 변호인들과 노스 차이나 데일리 뉴스에 명예훼손에 대한 반박이 실린 통신을 보냈다고 이야기했는가?

배설 아니다, 그렇지 않았다.

필립스 그러면 노스 차이나 데일리 뉴스의 9월 19일 자에 실린 사과문을 보았는가?

배설 보았다.

필립스 언제 보았는가?

배설 내가 서울에 있을 때 보았다.

필립스 그 사과문을 통해 어떠한 만족감을 느꼈는가?

배설 조금도 느끼지 못했다. 내 변호사들의 서신에 대해 반응하는 것이었다.

필립스 만족감을 전혀 느끼지 못했다는 것인가? 그렇다면 사과문을 읽고 나서도 당시에 원고가 진행하기로 예정한 일을 그만둘 생각이 전혀 들지 않았다는 것인가?

배설 전혀 들지 않았다.

필립스 사과문이 노스 차이나 데일리 뉴스의 지면 중 눈에 띄는 중요한 위치에 실린 것을 확인했을 것이라고 생각한다.

배설 그렇다, 눈에 띄는 위치에 실렸었다.

필립스 표제가 있었는가?

배설 평소보다 더 큰 글씨의 표제를 말하는가?

필립스 큰 글씨의 표제를 말하는 것이다.

배설 일반적인 표제였다.

필립스 코번이 원고에게 보낸 서신이 실린 9월 29일 자 노스 차이나 데일리 뉴스의 기사를 보았는가?

배설 노스 차이나 데일리 뉴스가 그 편지를 실었다는 것은 알지만 보지는 못했다.

필립스 원고가 명예훼손의 건으로 소송을 진행하기 전부터 그 기사의 존재를 알고 있었는가?

배설 소송을 진행한 후에 알게 되었다. 누군가가 보낸 편지를 보고서야 알게 되었던 것 같다. 누가 보냈는지는 기억나지 않는다.

필립스 소송을 진행하고 나서야 기사가 게재되었다는 것을 알게 되었다는 말인가? 소송 절차가 시작되고 영장이 공표되고 나서야?

배설 정확히 대답하기 어렵다.

필립스 기사를 언제 보았는가?

배설 언제 보았는지는 정확히 기억나지 않는다. 왜냐하면 동양의 거의 모든 신문이 발행한 기사이기 때문이다. 기사를 정확히 언제 보았는지 생각나지 않는다.

필립스 노스 차이나 데일리 뉴스가 그 기사를 게재했다는 것이 원고에게 어떠한 만족감을 주었는가?

배설 만족감을 주었지만 다른 어떤 신문에서 발행되어도 마찬가지였을 것이다.

필립스 여기서 코번이 원고에게 보낸 편지가 노스 차이나 데일리 뉴스의 눈에 띄는 중요한 지면에 실렸었다는 것을 인정하는가?

배설   인정한다.

필립스   원고가 상하이에 와서 변호인들에게 지시 사항을 전달했을 때도 이 사실에 대해 알고 있었는가?

배설   알고 있었다. 도착하고 나서 그에 대한 이야기를 전달받았던 것 같다.

필립스   다시 말하자면 영장이 공표되기 전에 원고는 그 기사에 대해 들었다는 것인가?

배설   그렇다.

필립스   노스 차이나 데일리 뉴스 10월 3일 자에 실린 양기탁의 재판에 대한 논설을 본 적이 있는가?

배설   본적이 있다.

필립스   이에 대해서는 언제 알게 되었는가?

배설   상하이에 오고 나서 알게 되었다.

필립스   명예훼손에 대한 소송을 진행하기 전인가?

배설   잘 기억나지 않는다. 이곳에 온 것은 영장 발급을 요청하기 위해서이다.

필립스   그렇다면 이러한 사항들은 원고에게 어떠한 영향도 미치지 못했다는 것인가? 사과문, 코번의 편지의 발행 및 논설 모두 원고에게 어떠한 영향도 미치지 못한 것인가?

배설   일정한 영향은 있었다.

필립스   하지만 소송은 계속해서 진행하지 않았는가?

배설   어떤 영향은 있었지만… 만약 그들이 적당하게 아니면 정당하게 반응했더라면-

필립스   원고에게 22,000엔을 지불하는 방식으로 말인가?

배설 　금액 이야기가 아니다. 그들은 한 번도 정식으로 사과한 적이 없다.
　　　내가 법적인 절차를 몇 가지 진행하고 나서야 그들은 사과의 반응을
　　　보였다.

필립스 　그것이 원고의 의견인가?

배설 　그렇다.

2) N-C 데일리 뉴스의 사과 편지

필립스 　그렇다면 원고는 동시에 게재되었던 9월 17일 자의 통신에 대해서
　　　는 어떤 의견을 가지는가?

배설 　내 의견을 말하자면 그 때가 노스 차이나 데일리 뉴스가 사과를 표
　　　시하기에 적절한 시기였을 것이다.

필립스 　그들은 그로부터 이틀 뒤에 사과의 표현을 했다는 것인가?

배설 　그렇다.

필립스 　그 논설에서 원고가 완벽히 결백함을 밝혔다는 것을 확인했는가?

배설 　만약에 그럴 수 있다면 다시 한번 읽고서 (정독을 한 뒤에) 나의 결백
　　　함이 그 논설에서 밝혀지는지 확인하고자 한다.

필립스 　논설의 일부분을 읽겠다. (변호인이 논설의 마지막 문단을 소리 내어
　　　읽었다). 내용이 노스 차이나 데일리 뉴스가 싣기 타당하고 합리적
　　　인 내용이라고 생각하는가?

배설 　아주 합리적인 내용의 기사였다.

필립스 　원고가 보기에 그 논설이 기금에 대한 횡령 혹은 기타 부당 거래에
　　　대해 결백함을 완벽하게 밝히고 있다고 생각하지 않는가?

배설 　기사에서 다루는 주제 상으로는 나의 결백함이 증명되지만 사설로

쓰인 내용은 나의 결백함을 증명하지 않는다.

필립스 원고는 10월 1일 날짜로 기록된 앤더슨의 편지를 언제 보았는가?

배설 여기서 서울로 돌아갔을 때 보았다.

(변호인은 편지를 소리 내어 읽었다.)

필립스 원고는 그 편지를 수중에 가지고 있었는가?

배설 내가 서울에 돌아왔을 때 받았다.

필립스 그 편지를 읽고서 당시 원고가 소송을 진행함에 있어 의도의 변화가 있었는가?

배설 그 당시에는 벌써 소송을 진행했었다.

필립스 그 편지를 읽고서 원고의 의견에 변화가 있었는가?

배설 있었을 것이다. 만약에 처음부터 편지를 받았더라면 조금 변화가 있었을 것이다.

필립스 편지에서 앤더슨은 기사로 인해 발생한 원고의 명예훼손을 회복시키기 위해 그 어떠한 조치도 강행하겠다고 밝혔다. 그 편지에 대해 원고는 어떠한 방법으로도 답변을 하거나 응답을 한 적이 있는가?

배설 한 적 없다.

필립스 원고는 노스 차이나 데일리 뉴스로부터 명예훼손에 대한 추가적인 보상 및 보증을 받았다고 생각하지 않는가?

배설 내 의견으로는 노스 차이나 데일리 뉴스 쪽에서 자발적으로 기사가 거짓이라고 명백히 밝히는 등 내 명예에 대한 손상을 회복시키기 위해 움직였다면 더 나았을 것 같다.

필립스 노스 차이나 데일리 뉴스 쪽에서는 원고가 제안하는 그 어떤 것도 진행하겠다는 제안이 있었다.

배설	진행되었던 것은 만족스럽지 못했다.
필립스	원고는 그보다 더한 것을 원했던 것인가?
배설	공식적인 입장을 원한다.
필립스	앤더슨이 그것을 원고에게 주겠다고 제안하지 않았는가? 왜 제안을 받아들이지 않았는가?
배설	만약에 처음부터 공식적인 입장을 밝히기로 제안했더라면 받아들였을지도 모른다.
필립스	그렇다면 왜 받아들이지 않았는가?
배설	왜냐하면 그런 제안들은 적절하지 않았고 만족스럽지 못했기 때문이다.
필립스	그 후에 상하이로 온 뒤 원고 대리인 브로웨트Browett에게 지시 사항을 전달한 것인가?
배설	그렇다.
필립스	브로웨트가 노스 차이나 데일리 뉴스의 이사회에 보낸 편지를 보았는가?
배설	편지의 사본을 본 것 같다.
필립스	크로스와 야마시타에게도 지시 사항을 전달했는가?
배설	그랬다.

3) 사과와 배상금 2만 5천 달러 요구

필립스	노스 차이나 데일리 뉴스의 비서로부터 편지를 받았는가?
배설	아니다, 벨Bell, 부편집인로부터 편지를 받았다.
필립스	크로스와 야마시타가 노스 차이나 데일리 뉴스의 비서로부터 편지

를 받았다는 사실에 대해 알고 있는가?

배설 편지는 전달받았다.

필립스 상하이에 와서 브로웨트에게 지시 사항을 전달한 것인가?

배설 그렇다.

필립스 그들이 쓴 편지를 보았는가?

배설 그렇다, 편지의 사본을 보았다.

변호인은 이하와 같이 편지를 소리 내어 읽었다.

상하이, 1908년 10월 12일

노스 차이나 데일리 뉴스와 헤럴드 유한책임회사 이사회,

귀하,

귀하도 이미 알려졌듯이 저는 E.T 배설의 지시 하에 노스 차이나 데일리 뉴스의 9월 5일 자의 신문에 실린 명예훼손의 건에 대한 법적인 조치를 진행하고 있습니다. 배설에 대한 귀하의 주장은 배설의 명예에 심각한 중상을 초래했고, 매우 무례하고 악의적이었으며 주장에 대한 근거가 전혀 없었다는 것은 제가 지적할 필요도 없을 만큼 명백합니다.

현재 상황에 대해 저의 의뢰인은 귀하에게 이하와 같은 조치를 취할 것을 요구합니다:

귀하의 신문에 현 상황에 대해 충분히 사과하는 내용의 사과문을 싣고, 사과문을 게재하기 전에 우선적으로 우리측에 보내 승인을 받을 것

배설에게 손해 배상금으로 $25,000(멕시코 달러)를 지불할 것

귀하가 위 요구 사항에 대해 대응할 기회를 제공하기 위해 목요일인 14일까

지 소환 영장 신청을 미루도록 하겠습니다.

H. 브로웨트

필립스　그 편지를 승인했는가?

배설　그랬다.

필립스　노스 차이나 데일리 뉴스에서 브로웨트에게 보낸 10월 13일 자 편
지에 대해서는 이미 알고 있지 않은가?

배설　그대가 편지를 읽어줬으면 한다.

변호인은 편지를 소리 내어 읽었다.

상하이, 10월 13일

　H. 브로웨트 귀하께,

　저희의 의뢰인 노스 차이나 뉴스와 헤럴드 유한책임회사로부터 귀하의 편
지에 대한 답변을 12일에 즉각적으로 전달하라는 지시를 받았습니다. 크로스
와 야마시타가 9월 18일부에 귀하의 의뢰인을 대변해 쓴 노스 차이나 데일리
뉴스의 기사가 본질적으로 거짓되었고 사실이 아니라는 내용의 편지를 받고
저희 의뢰인들은 노스 차이나 데일리 뉴스 9월 19일 자 신문에 실린 기사에 대
한 정정을 발표했으며 그 기사의 게재에 대해 사과문을 실었습니다. 또한 9월
10일 자로 코번이 배설에게 보낸 편지가 노스 차이나 데일리 뉴스의 9월 29일
자에 실렸습니다.

　10월 1일에 회사 대표가 배설에게 보내는 편지를 작성하기 시작했으며 2일
에 서울에 있는 배설에게 기사 정정 및 사과문의 게재에 대해 찬성하는 의견과

함께 배설의 명예에 가해진 손상을 회복하기에 이미 공표된 발행문으로 부족하다면 기사를 통해 신문의 독자들이 가지게 된 그 어떠한 부정적인 의견을 상쇄시키기 위해서 이사회는 어떠한 일도 강행할 준비가 되어 있다는 내용의 편지를 보냈습니다.

그리고 노스 차이나 데일리 뉴스는 10월 3일 자에 양기탁의 재판에 대한 논설을 실었으며 그 논설과 코번의 편지는 노스 차이나 헤럴드의 10월 3일 자에 출판되었습니다.

만약 배설이 아직도 만족하지 못하고 귀하께서 배설로부터 저희 의뢰인들이 앞으로 취했으면 하는 조치를 전달해준다면 저희 의뢰인들은 배설을 만족시키기 위해 할 수 있는 모든 것을 다 하겠다는 자세로 그 지시 사항들을 준수할 것을 약속합니다. 또한 배설이 그 사건으로 인해 발생한 경비에 대한 보상을 청구한다면 적당한 비용을 제공할 준비가 되어 있지만 손해 배상금을 제공할 수 있는 입장이 아님을 전달 드립니다.

저희 의뢰인들은 배설이 상기한 조건에 부합하는 요구 사항을 전달해주기를 희망하고 있으며 저희 의뢰인들은 요구 사항에 대해 편견 없이 임할 것입니다.

스톡스Stokes, 플렛Platt, 트레스데일Tresdale.

필립스 편지를 보았는가? 당시에 이곳에 있었는가?

배설 그렇다, 여기에 있었던 것 같다.

필립스 의심의 여지가 있는가?

배설 이곳을 떠난 날짜가 정확히 기억나지 않는다. 내 생각에 본 것 같다.

필립스 원고가 보기에 그 편지는 만족스러운 내용의 것이었는가?

배설 아니었다.

필립스 원고에게 발생한 경비에 대해서만 보상하여 주겠다는 내용 때문인가?

배설 만약에 그 편지를 나에게 더 일찍 보냈다면 만족스러운 내용이었을 것이다.

필립스 피고의 변호인들은 원고가 추가적으로 발행했으면 하는 글이 있는지 물었으며 추가적으로 요청하고자 하는 바가 있다면 피고가 최선을 다하여 그 요청에 임하겠다고 말했었다. 이에 대해 원고는 만족하지 못한 것인가?

배설 만족하지 못했다.

필립스 그렇다면 원고가 원한 것은 무엇인가?

배설 소송을 계속해 진행하는 것이다.

필립스 세간의 주목을 원했던 것인가?

배설 그렇다.

필립스 현재 원고가 법정에서 받고 있는 세간의 주목인가?

배설 그렇다.

필립스 편지를 받고 나서 원고는 굳이 법정까지 가지 않더라도 희망하던 세간의 관심을 받을 수 있을 것이라는 생각을 하지 않았는가?

배설 그렇게 생각하지 않았다.

필립스 편지를 다시 읽도록 하겠다.

배설 그럴 필요는 없다.

필립스 그걸로 만족하지 못한 것인가?

배설 그때까지 그들은 나를 취급하는 데 있어 관대하지 못했다. 신뢰감을 주지 않았다.

필립스 원고가 관대함이라고 하는 것은 무엇인가? 25,000엔[멕시코 달러를 엔으로 표시한 듯] 요구하는 크로스와 야마시타의 편지에 대해 호응하지 않은 것을 이야기하는가?

배설   그들은 스스럼없이 명예훼손의 기사를 철회했어야 했다.

필립스   그들이 그러하지 않았다는 것인가?

배설   고소할 것임을 통지하고 나서야 움직이기 시작했다.

필립스   그걸로 충분하지 않다는 것인가?

배설   충분하지 않다.

필립스   그들은 원고에게 적당한 비용을 제공할 용의가 있음을 밝혔다. 그런 제안은 원고에게 있어 정당하지 않은 것이었나?

배설   정당하지 않았다.

4) 언론인의 평판이 훼손되었다

필립스   세간의 주목이 필요했던 것인가? 그걸로 만족하지 못했던 것인가?

배설   그 당시에는 그렇지 못했다.

필립스   그 다음 날(10월 14일) 원고는 브로웨트에게 아래 편지를 작성하도록 지시했는가?

상하이, 1908년 10월 14일

스톡스, 플렛과 트레스데일 귀하께,

귀하께서 보내주신 어제 날짜의 편지를 제 의뢰인 배설에게 전달했으며, 제 의뢰인은 저에게 이하와 같이 답변을 하도록 지시했습니다. 귀하의 의뢰인들이 금전적인 손해 배상을 제공할 의향이 없으므로 제 의뢰인은 소송을 강행할 수밖에 없는 입장입니다. 귀하의 의뢰인들의 신문을 통한 세간의 주목을 고려하면 더욱이 그럴 수밖에 없습니다.

홍콩 텔레그래프, 차이나 메일, 그리고 사우스 차이나 모닝 포스트 모두 노스 차이나 데일리 뉴스의 명예훼손적인 통신을 실었으며 이는 제 의뢰인의 명예에 대한 손상을 더욱 악화시켰습니다.

제 의뢰인은 그 정보를 오늘 아침에야 받았으며 이에 따라 현재 시점에서 제 의뢰인의 명예훼손의 규모를 파악할 길이 없습니다.

H. 브로웨트

추신 : 오늘 중 소환 영장을 받을 수 있는 시점이 언제쯤일지 알려주시도록 부탁드립니다.

이에 대해 스톡스, 플렛과 트레스데일은 15일에 아래와 같은 답신을 발송했다.

1908년 10월 15일

노스 차이나 데일리 뉴스와 헤럴드 유한회사 및 배설 귀하께,

이 날짜의 편지에 대해 감사드립니다. 귀하의 의뢰인의 목적이 의뢰인의 명예에 대한 대규모 손상을 복구하고자 하는 것이라면 법적인 조치를 취하는 것이 올바른 선택임에 동의하며 이를 위해 영장 송달을 수리하도록 하겠습니다. 하지만 한 가지 언급한다면 어제 날짜로 저희가 보낸 편지 중 '취할 수 있는 모든 조치'는 귀하께서 말씀한 모든 신문, 그리고 그 외의 신문에 정정 기사를 내보내는 것까지 포함함을 말씀드립니다.

스톡스, 플렛과 트레스데일

필립스 노스 차이나 데일리 뉴스에서 진행한 이 모든 절차가 원고에게는 만족스럽지 못했다는 것인가?

배설 만족스럽지 못했다.

필립스 크로스와 야마시타가 편지를 보낸 이후로 사과문과 25,000엔의 보상 외에 추가적으로 요청한 것이 있는가?

배설 그들과 그 사항에 대해 논한 적은 한 번도 없다.

필립스 이러한 연락이 오고 가는 동안 원고는 한 번도 직접 답변을 한 적이 없다는 것인가?

배설 연락은 대부분 나의 변호사들과 이루어졌다.

필립스 제안을 한 일은 없는가?

배설 없다.

필립스 본 명예훼손 사건으로 인해 한국에서 원고의 평판에 악영향이 있을 것이라고 언급하지 않았는가?

배설 그랬다.

필립스 원고의 천직인 언론인으로써의 생활을 지속하는 데 있어서 말인가?

배설 그렇다.

필립스 원고가 아직 소유한 신문을 계속해서 발행하는 데 있어서 말인가?

배설 소유를 한 것이 아니라 소유권을 되찾을 수 있는 선택의 여지가 있다는 것이다.

필립스 어찌되었건 원고는 그 신문을 다시 발행할 계획이 있는 것인가?

배설 그렇다.

필립스 원고는 강연 활동은 하지 않을 계획인가?

배설 현재는 그렇다. 겨울에만 할 수 있을 것 같다.

필립스 강연은 영국에서 진행할 예정이지 않은가?

배설 그렇다.

필립스 명예훼손에 대한 정정 기사가 게재되었음에도 불구하고 원고가 본 명예훼손 건으로 인해 한국에서의 평판이 손상될 것이라고 생각하는 이유를 알고자 한다.

5) 명예훼손 기사는 계속 유포된다

배설 나의 생각은 이러하다. 한번 내 명예를 훼손하는 기사가 출판된 이상 이러한 기사는 번역되어 언제든지 한국에서 한국 국민들에 의해 새로운 뉴스거리가 될 가능성이 있다. 이전에 일본에서 발행된 기사가 유럽으로 유입된 뒤 다시 일본에 뉴스거리로 돌아오는 것을 본 적이 있다. 번역이 된다면 이러한 일이 일어날 확률은 더 높아진다.

필립스 한국인들은 원고와 친밀한 사이인가?

배설 나는 그렇다고 생각한다.

필립스 그렇다면 원고는 한국인들이 노스 차이나 데일리 뉴스에 발행된 사과문을 기꺼이 뉴스거리로 취급할 것이라고 생각하지 않는가?

배설 나에겐 동료도 있지만 적도 있다.

필립스 원고의 동료들이 그 기사를 번역해 한국인들 사이에 유포할 것이라고 생각하지 않는가?

배설 나의 적들이 번역해 유포할 확률이 훨씬 더 높다.

필립스 배심원단이 합리적인 사람들로서 원고가 정정 기사가 게재된 명예훼손의 건으로 인해 원고가 어떠한 피해를 입었다고 생각할 것 같은가?

배설 그것은 배설원단의 판단에 맡기겠다.

필립스   아주 타당한 답변이다.

여기서 더글러스의 신문이 진행되었다.

더글러스 원고는 본 재판 중 이전 기소 판결문 및 관련 기사의 일부 및 원고의 기소를 다룬 기사를 읽었었다. 이는 원고의 신문에 일반적으로 실리는 내용인가?

배설   아니다, 그 자료들은 기소를 염두에 두고 일부러 모은 것들이다.

더글러스 그렇다면 현지의 신문에서 일반적으로 발행되는 내용의 것들인가?

배설   아니다, 예외적인 사례들이다.

더글러스 현지 편집장을 감독할 때 원고가 택하는 방침 혹은 원칙이 있는가?

배설   그렇다, 늘 적용하는 원칙이 있었다.

더글러스 한국인들이 왜 원고에게 자신들의 기부금을 전달할지에 대해 반대 신문을 받았을 때 원고는 일본 경찰이 부당하게 기금을 쟁탈해 가는 것을 막기 위해서라고 답하였는가?

배설   양기탁의 체포가 좋은 사례였다. 양기탁은 어떠한 혐의도 받지 못한 채로 체포되었다. 이러한 일은 외국인에게는 일어나지 않는다.

더글러스 양기탁의 기소는 언제 공표되었는가?

배설   재판이 시작할 때였다.

더글러스 그것은 본 명예훼손의 건이 일어나기 전, 아니면 후에 일어난 일인가?

배설   오래 뒤에 일어났다.

더글러스 기금은 기금 관리자들에게 모두 전달되지는 못했는데 왜 그랬는가?

배설   양기탁은 감옥에 있었다. 박용규는 정치적 임무가 있어 사무를 볼 수 없는 상태였다. 윤 소장은 경영인에 속하지 않았다. 그래서 잠시 동안에 신문사에 기금을 보관했다.

더글러스 원고가 앞서 언급한 회의에 대해 원고는 '누군가의 권유로' 인해 회의에 참가했다고 했는데 원고는 회의 중 누구와 만날 것인지 사전에 알고 있었는가?

배설 회의에 참석하는 인원 중 한 두 명은 YMCA를 통해서 알게 된 사람들이었다. 나머지 참가자는 각종 협회장이나 다양한 단체에 소속된 인원들인 것 같았다. 한두 명의 구독자가 있었을 수도 있지만 대부분 구독자가 아니었다.

더글러스 회의의 의장은 누구였는가?

배설 나와 대립적 입장에 있는 신문의 편집인이었다. 그의 이름은 모르지만 신문의 이름은 국민신문이다. 대한매일신보가 항상 규탄해왔던 일진회의 기관지이다.

더글러스 양기탁 재판에 관한 기사가 한국 내에서 유포되지 않았는가?

배설 그랬다.

더글러스 기금의 부당한 사용에 대해 구독자 혹은 그 외의 사람에게 항의를 받은 적이 있는가?

배설 그와 반대로 나에게 기금의 이송을 요구하는 신청서가 들어왔다는 소문이 있다는 것을 암시하는 듯한 편지를 몇 통 받았다. 내가 기금을 넘길 경우, 이에 대한 책임을 물을 것이라고 강하게 주장했다.

더글러스 그 편지들을 가지고 있는가?

배설 한 통을 갖고 있다.

(원고는 11월 15일 자 '박'이라는 남자가 보낸 편지를 소리 내어 읽는다. 편지의 내용

은 기금을 넘기는 것은 분별없는 행동이며 기금을 넘긴다면 많은 구독자들이 배설에게 책임을 물을 것이라는 내용이었다.)

배설　내가 기금을 넘길 것이라는 소문은 한 달 전에 나돌기 시작했다. 이와 같은 맥락의 편지를 몇 통 더 받았으나 번역할 시간이 없었다.

더글러스　이러한 (국채보상운동) 기금을 모으는 기관이 여러 종류가 존재하는가?

배설　그렇다.

더글러스　이 중 기소된 곳이 있는가?

배설　단 하나도 없다.

더글러스　이러한 법적절차의 성격은 어떠하다고 묘사하겠는가? 일반적인 사법 절차에 해당되는가?

배설　재판 자체는 공정해 보였고 사법 절차였다. 내가 보기에 재판 전에 진행된 수사는 나를 향해서 진행된 것 같았다. 재판관은 공정하며 법률을 따랐다. 하지만 내가 받은 질문은 사건과 아무런 관련이 없는 것들이었다.

더글러스　재판에 관해서 한 개 이상의 영어 기사가 게재되었는가?

배설　2개의 기사가 실렸다.

더글러스　그중 하나는 저팬 크로니클의 기사인가?

배설　첫 번째 것은 서울프레스였고 다른 하나는 저팬 크로니클에 소속된 특파원이 쓴 것이었다.

더글러스　9월 22일 자 신문에 게재된 기사는 서울프레스를 전재한 것이고, 10월 3일 자 기사는 자체 특파원이 쓴 것인가?

배설　그렇다.

더글러스　영어 통역사가 대단히 문제를 일으키지 않았는가?

배설 그랬다.

더글러스 그에 대해 양기탁이 뭔가 발언하지 않았는가?

배설 재판이 끝날 즈음에 통역의 정확성에 대한 이의를 제기할 권리를 행사하고 싶다고 주장했다. 재판관은 흔쾌히 허락했으나 양기탁이 다음 공판에서 무죄 선고를 받아 권리를 행사하지 않아도 되는 상황이 되었다.

더글러스 통역관 때문에 많은 문제가 일어났는가?

배설 통역관은 몹시 부주의한 성격의 사람이었다.

더글러스 마르탱에게 대출에 대한 보증을 받은 적이 없다고 발언한 적이 있는가?

배설 없다.

더글러스 배심원단에게 기금을 이행했는지에 대해 명백하게 말할 수 있는가?

배설 확실하게 말할 수 있다.

필립스 원고가 달리 했다고 언급한 적은 없다.

더글러스 그렇다면 귀하의 반대신문의 어떠한 관련성을 가지는가?

재판관 그 질문은 인정받을 만하다.

더글러스 (코번의 편지를 읽으며). 그렇다면 원고가 코번에게 편지를 보낸 이유는 그러한 통신들이 영국으로 보내지는 것을 막기 위해서인가?

배설 그렇다.

더글러스 한국 내에서의 원고의 평판과 관련해 배심원단에게 일본과 영국에서의 명예훼손에 대한 소송이 가지는 상대적 중요성에 대해 이야기하기를 바란다.

배설 일단 일본 신문에 발행되는 명예훼손적인 기사들에 대해 그 누구도 크게 중요하게 생각하지 않는다. 두 번째로 일본 내에서 정정기사 게재를 요구하는 것은 무척 어려운 일이다. 그러므로 일본 내에서 명예훼손에 대한 법적 소송을 진행하지 않는다고 해서 명예가 훼손된 자가 그것을 받아들였다고 일반적으로 생각하지 않는다.

더글러스 필립스가 원고가 벨에게 명예훼손 기사의 정정을 요청하기 위해 통신을 보낸 적이 있다고 주장했었다. 언론에서 이러한 행위가 이루어진 것을 본 적 있는가?

배설 없다.

더글러스 양기탁 재판에 대한 이야기를 끝내기 전에 우리가 언급한 기금이 어떻게 처리되었는가를 명백히 밝히고자 한다. 기금의 이사회 중 몇몇은 이사회 일을 계속할 의욕을 상실해 원고에게 기금을 일부 넘기지 않았는가? 이사회가 30,000엔을 출금해 귀하에게 전달한 뒤 귀하는 그 금액을 마르탱에게 대출해주지 않았는가?

배설 그랬다.

더글러스 그리고 그 금액은 은행에 보관되었는가?

배설 그랬다. 25,000엔은 광산업에 투자되었고 나머지 5,000엔은 마르탱에게 전달되었다.

더글러스 귀하의 이름으로 예금된 뒤 대출로 지급되었는가?

배설 아니다, 콜브란Collbran 은행에 예치되어 있었다.

더글러스 수표로 전달되었는가?

배설 한 수표는 콜브란-보스트위크 은행에 대해 발행되었고, 다른 하나는 콜브란 앞으로 발행되어 두 은행 사이에 5,000엔 이외의 금액은 오가지 않았고 일본인들은 이에 대해 들었다.

대한매일신보 편집요원들. 앞줄 중앙이 양기탁.

더글러스 배설이 모든 것이 정당하며 유효하다는 것을 밝히는 통신은 9월 17
일 자 신문에 게재되었는가?

배설　　그랬다.

더글러스 그 통신을 제외하고 원고에 대한 다른 언급이 있었는가?

배설　　없었다. 그리고 그 다음 신문에도 없었다.

6) 사과만으로는 명예 회복 어려워

더글러스 원고는 10월 초에 왜 노스 차이나 데일리 뉴스의 사과를 받기를 망
설였는지에 대해 질의를 받았다. 배심원단에게 그 이유에 대해서 알
려주길 바란다.

배설　　내 의견을 말하자면 내 명예훼손의 정도가 지나쳤기 때문이다. 지구

의 끝까지 소문이 퍼져 일반적인 사과만으로는 무마하기 어려운 상태였다.

필립스 증거물 상에서 명예훼손의 기사가 홍콩 신문에도 발행된 것이 확인되었다. 원고에게 사과문이 홍콩 신문에서도 실렸었는지 묻고 싶다.

배설 실려 있었다.

필립스 그들과 연락을 주고받은 일이 있나?

배설 그랬다.

필립스 단번에 충분한 내용과 분량의 사과문이 실렸었나?

배설 그랬다.

더글러스 그들에게 편지를 받지 않았나?

배설 받았다.

더글러스 조금은 다른 어조의 편지들이지 않았나?

배설 읽기 좋은 것들이었다.

더글러스 그 편지들을 읽어 주기를 원하는가?

필립스 당치 않다.

매클라우드 언급한 타 출판물은 중요치 않지만 명예훼손이 발생했다는 것이 확인된 만큼 이러한 사과문들에 대해 언급할 필요가 있었다는 것을 진술한다.

더글러스 사과문이 어떠해야 하는지를 확인하기 위해 언급한 사과문들을 게시하길 바라는가?

매클라우드 그렇지 않다.

더글러스 그렇다면 사과문을 게시하지 않겠다. 브로웨트에게 연락하여 앤더슨으로부터 온 편지에 대해 확인을 해야 할 것 같다. 원고는 서울에 돌아올 때까지 편지를 받아보지 못했다고 말했다.

재판관 그 편지는 10월 1일에 작성되었으며 서울로 보내졌다.

더글러스 여기서 확인하고자 하는 바는 소환 영장이 발행되기 전 원고의 편지 수취 여부이다.

필립스 10월 13일에 우리측이 브로웨트에게 보낸 편지에 내용이 언급된다.

더글러스 그렇다. 10월 13일은 10월 1일 이후이다. 그 사이에 명예훼손 기사에 대한 정정이 일어나지 않았다는 것은 따로 보여주지 않아도 될 만큼 명백하다고 생각한다.

매클라우드 증명하도록 하겠다.

더글러스 이상 내 심문을 마친다. 벨에게 연락을 취하겠는가?

필립스 아니다, 편집자 대행인 그린Green에게 연락하겠다.

더글러스 신문의 대표로서 말인가?

필립스 그렇다.

재판은 다음 날 오전 10시까지 중단되었다.

5. 피고와 원고 측 변론 종결

1) "목적은 거액의 배상금"

상하이, 12월 10일.

피고 측 변론을 개시하면서 모건 필립스는 본 재판의 문제는 간단한 것이라고 언급했다. 피고 측의 변론을 간단히 요약하면 이러하다.

피고는 원고의 명예를 훼손하는 기사를 발행했음을 인정하고, 사과문과 추후 정정 기사의 발행을 원고에게 피고 측이 제공할 수 있는 모든 배상을 제공했다고 제안했다. 피고 측은 원고가 피해를 입지 않았으며, 더욱이 원고의 부주의한 행동이 명예훼손을 초래했다고 주장했다. 필립스는 배설의 경력에 대해 언급하며, 러일 전쟁이 끝난 뒤, 일본은 한국에 대한 종주권을 주장했다고 말했다. 열강들은 종주권을 인정했고 한국은 국민들의 입장이 어떠하건 일본의 지배하에 놓이게 되었다. 이는 한국인들의 국민성에 반하는 일이었으며 한국인들은 일본의 식민국이 되는 것에 강하게 반발했다. 한국인들은 개인, 그리고 국민으로서 이에 대해 반감을 가졌다. 이에 따라 안타깝게도 폭력 사태 및 무력충돌과 대규모의 인명손실이 있었다. 한국의 식민 통치를 맡은 일본 통감부에 반하는 애국당이 결성되었다. 배설의 신문은 이러한 애국 운동을 강하게 지지했다. 배설의 신문에는 폭력과 반란, 유혈사태를 선동하는 기사와 편지들이 실렸다. 이 문제의 심각성은 갈수록 심해져 영국 정부가 개입해 이러한 사태를 잠재우기 위해 추밀원 칙령을 통과시켰고 이 배후에는 일본의 압박이 있었을 것으로 추정된다.

재판관 추밀원칙령은 그 사건만을 위해 통과된 것은 아니다. 추밀원칙령은 중국과 한국 내에서의 언론을 고려해 통과된 것이다. 또한 영국 정부에서 배설을 위해 소급법을 통과시켰다는 사실을 간과해서는 안 된다. 추밀원칙령이 오로지 그 사건만을 위해 통과되었다는 의견이 사실이자 본 법정의 의견으로 통과되는 것을 원치 않는다. 필립스가 자료를 곡해했다는 것을 이야기하고자 하는 것은 아니지만 그것은 사실이 아니다.

필립스　더글러스가 언급한 것을 차용한 것이다. 더글러스가 '배설칙령Bethell Order'에 관해 언급하였다.

더글러스　나는 그것을 재판관으로부터 인용했다.

　필립스는 계속하여 배설은 기소되었고 그 결과 치안을 어지럽히지 말라는 경고를 받았다. 1908년 6월, 배설은 현 법정에서 재판을 받고 짧은 감옥형에 처해졌다. 변호인은 배심원단에게 배설의 신문 운영 방침은 '지각이 없고 위험하며 해로운 것'이지 않는가에 대한 동의를 구했다. 배설이 유약하며 전쟁을 싫어하는 이들을 선동해 일본의 압도적인 통치를 몰아내고자 했다고 했다. 이는 성공할 만한 방침은 아니었다. 폭력 사태와 인명 피해를 불러 일으켰기 때문이다.

　배설은 이때 자신의 행동에 대한 결과로 일본 정부가 자신을 적대시했으며 일본인들 또한 자신에게 우호적이지 않았다고 인정했다. "불장난하는 이는 데이기 마련이다"는 속담도 있듯이 배설은 일본으로부터 공격을 몇 번 받았다. 변호인은 계속해 국채보상운동의 성립에 대해 설명했으며 원고의 신문사에 보내진 기부금 및 신문에 실린 관련 광고에 대해 언급했다. 배설 앞으로 61,000엔이 모였다. 8월 말에 서울에서 그 기금에 대한 의혹이 일어났고, 양기탁은 체포된 뒤 기금의 일부를 횡령했다는 혐의를 받았다. 이후 양기탁은 재판을 받고 무죄를 선고받은 뒤 풀려났다.

　변호인은 자신이 이러한 이야기를 하는 것은 원고에 대한 불신을 불러 일으키기 위해서가 아니라 원고가 이러한 행동을 통해 한국 내에서 중요한 주제에 대한 주요 인물로서 자리 잡았다는 사실을 밝히기 위해서라고 말했다. 원고는 한국과 일본 두 국가 사이의 무척 중요한 공공 문제의 중심에 자리 잡고 있었다. 배설과 같은 공인, 특히 현재와 같은 정치적인 상황의 공인은 공공연하게 비방을 받기 마련이다. 이는 공인의 삶을 택한 이들과 정치인들의 숙명이다.

변호인은 계속해 앞서 이루어진 명예훼손 소송은 현재의 것과 다른 성질의 것임을 주장했다. 또한 배심원단은 이번 명예훼손을 고려할 때, 원고는 자신의 의지로 특정한 대중적인 위치를 꾀했다는 점, 그리고 원고의 일본 정부에 대한 태도를 염두에 두기를 요청했다. 필립스는 계속해 증거물에 대해 상세히 논했다.

배설은 자신이 횡령죄를 인정하는 내용의 통신들이 일본 신문들에 실렸음을 인정하고 그러므로 통신에 실린 내용은 정확했다고 말했다.

재판관　원고는 일반적으로 그러한 성질의 통신들이 있다고 말했다. 원고는 특정 통신에 대해 언급하지 않았으며 일본 언론 내에서 그에 대해 언급된 적이 있다고만 말했다.

더글러스　원고는 횡령을 인정한 적이 없다. 그는 이러한 일본 통신들이 명예훼손을 일으키고 있다고 말했다.

필립스는 원고가 이러한 통신들이 일본 신문에 발행된 뒤 일본 내에서 발행되는 영문 신문에 전재된다는 사실을 알고 있다고 말했다. 변호인은 이것이 사실임을 인정하고 통신에도 '일본 신문들이 배설이 횡령죄를 인정했다'는 내용이 있음을 진술했다. 그 후 피고는 '배설이 기금에 대한 모든 처리가 정당하며 유효하다'고 한 특파원으로부터 받은 두번째 통신을 게재했다고 했다. 배설의 횡령을 부정하는 내용의 통신이 배설이 횡령을 인정했다고 한 통신이 온 곳과 같은 출처로부터 왔을 때 노스 차이나 데일리 뉴스에 배설의 횡령을 부정하는 내용의 기사를 단번에 내보냈다.

첫 번째와 두 번째 통신이 완전히 상반되는 내용이었기에 피고는 그 통신에 대한 추가적인 정보를 받기 전까지 사과문을 도저히 기재할 수 없는 상태였다. 그 사건은 정당하게 다뤄졌으며 9월 18일에 크로스와 야마시타로부터 손해 배상액 25,000엔과 사과문을 요청하는 편지가 도착했다. 명예훼손에 대해 처음 보내는 항의로서는 보기 드문 요청이었다.(변호인은 편지를 소리 내어 읽었다) 필립스는 사과문은 조금도 거리낌 없는 솔직한 사과문이었으며 충분한 것이었다고 주장했으며, 추가적으로 사과를 할 수 있는 시점이 되자마자 이루어졌다고 말했다. 9월 10일 코번이 원고에게 보낸 편지가 신문의 주요 지면에 게재되었으며 노스 차이나 데일리 뉴스와 헤럴드 유한회사의 대표인 앤더슨은 원고에게 발생한 명예훼손을 자신의 선에서 회복할 수 있는 방법이 있다면 원고의 요청에 무조건적으로 응하겠다는 편지를 보냈다.

신문에는 배설의 무죄를 증명하는 논설이 실렸으며 그 내용은 배설을 만족시킬 만한 것이었다. 논설 중에는 아래와 같은 내용이 있었다.

누군가가 명령이라도 한 것처럼 이러한 무책임한 인물들은 자신의 과오를 무마하기 위해 양기탁과 직결되지 않은 이들에 대한 소문을 일사불란하게 내보내기 시작했다. 서울의 총영사인 코번은 개인적인 이유를 위해 국채보상운동 기금의 횡령에 가담했다고 추정하는 기사들이 발행되었으며, 배설은 그보다 더 날카로운 공격의 대상이 되었다. 우연일지도 모르겠지만 이러한 공격의 대상은 주로 한국에 거주하는 영국인들이었다는 것은 간과되어서는 안 되는 사실이다.

이러한 관점에서 보자면 일본의 자국어 신문들은 자신들의 과오로 인해 발생한 일들에 대한 중대한 책임이 있다는 것은 명백하며, 이를 위해 가장 처음 진행되어야 할 일은 해외 특파원 중 개인적인 적대감 때문에 보도의 진실과 공정성을 흐린 이들을 제거하는 일이다.

논설은 노스 차이나 데일리 뉴스가 악의 없이 부지불식간에 발행한 기사를 통해 훼손되었던 배설의 명예를 복구하기 위해 최선을 다하고 있다는 것을 보여준다. 변호인은 계속해 다른 편지를 읽고 10월 12일에 브로웨트가 보낸 25,000 멕시코 달러의 배상금과 원고 앞으로의 사과문을 보낼 것을 요구하는 편지에 대해 언급했다. 필립스는 그런 요구가 불합리한 것이며 원고의 본 목적은 소송을 진행하여 대량의 배상금을 얻어내는 것임을 명확하게 암시한다고 주장했다. 피고 측은 추가적인 사과문의 기재와 배설에게 본 사건으로 인해 발생한 경비에 대한 합리적인 배상을 제공하겠다고 제안했지만, 이 제안에 대해 원고 측이 보낸 답변은 오로지 소환 영장에 응해 달라는 요청이었다. 배설은 그 어떠한 요청 및 지시도 하지 않았고 이에 대한 이유는 변호인이 주장하기에는 오로지 하나뿐이었다!

원고는 본 사건을 만족스럽게 해결할 방법은 오로지 하나뿐이라고 판단했고 그것은 피고에게서 거액의 배상금을 얻어내는 것뿐이었다. 원고는 사과를 더 받는 것에 대해서는 무관심해 보였다. 원고가 희망했고 지금도 희망하는 것은 거액의 배상금을 받아내는 것이다. 손상되었던 그의 평판은 회복되었다. 배설이 본 사건으로 인해 받은 그 어떤 오명도 노스 차이나 데일리 뉴스의 관점에서 보자면 모두 제거된 상태였다. 필립스는 계속했다.

내 앞에 앉은 더글러스 변호인을 보면서 이런 생각이 들 수밖에 없는 것이다. 더글러스는 지난 몇 달 사이에 아주 정당한 방법으로 손해액을 두둑이 받고서 원고도 상하이에 와서 더글러스와 마찬가지로 주머니를 손해액으로 톡톡히 채울 수 있다고 부추긴 것이다. 본 건에 대해 원고가 만족할 수 있는 해결책은 오로지 하나이며 그것은 돈뿐이다.

필립스는 계속해 원고가 지각없이 행동해 자신의 명예훼손을 야기했다고 주장했다. 변호인은 블레이크 오저Blake Odgers의 『명예훼손과 비방』 4판 Libel and Slander, 4 ed.의 373면을 인용하고 원고가 국채보상운동과 어떤 관련성이 있고 그에 대해 어떠한 증거물을 갖고 있는지에 대해 상세히 논하기 시작했다. 필립스는 자신이 본 재판에 나온 것은 원고가 국채 보상 기금의 일부 혹은 전부를 횡령했다는 것이 사실임을 증명해 명예훼손을 정당화하기 위함이 아니라 원고가 기금을 다루는 데 있어 지각과 조심성이 없었음을 증명하기 위해서라고 밝혔다. 변호인은 배심원단에게 마르탱에게 대금을 지불할 때 원고는 마르탱 개인이 소유한 부동산을 보증으로 받았음이 사실임에 대한 결론을 내려 주길 요청했다. 필립스는 그가 기금과 기금 중 마르탱에게 제공된 대금에 대해 그토록 상세하고 집요하게 질문하고 반대 심문을 진행한 이유는 원고가 이러한 무분별한 행동을 통해 그에게 적대적인 일본인들이 명예훼손을 저지를 명분을 주었다는 점을 밝히기 위함에 있다고 말했다. 원고는 27,500엔을 호텔 소유주에게 대출해주었으며 그에 대한 보증으로 그의 개인 부동산을 받았다. 일본인들이 그 사실을 발견하자마자 명예훼손의 근간으로 삼은 것은 당연한 일이었다. 그들은 일본으로 배설이 기금의 횡령을 인정했다는 내용의 통신을 보냈다. 이는 왜곡된 사실이었지만 근거가 없는 것은 아니었다. 이렇게 일본으로 전달된 통신이 명예훼손 기사의 근원이었고, 이렇게 서울에서 도쿄로 전달된 통신들

중 하나가 노스 차이나 데일리 뉴스에 실린 통신였다. 배심원단이 원고가 약속어음만을 보증으로 대금을 제공했다고 판단한다면 이 또한 무척 비능률적인 행위였다고 볼 수 있다.

원고는 반대신문 중 서울프레스에 발행된 양기탁의 재판에 대한 기사에 대해 수정할 사항이 있는지에 대한 질문을 받았다. 원고는 그렇다고 답하였다. 원고는 수정을 요청한 1개의 건을 기억했고 변호인은 그에게 1개 더 있다고 상기시켜줬다. 두 수정 사항 모두 사소한 것들이었다. 원고는 한 번도 '마르탱에게 약속어음을 보증으로 대금을 제공했다'는 사실에 대해 수정을 요청한 적이 없다. 변호인은 배심원단이 원고가 마르탱의 인적담보를 보증으로 대출을 제공했다는 사실에 대해 결론을 내려야 한다고 주장했다. 만약에 원고가 그랬더라면 배심원단은 그토록 조심성 없는 행동을 하는 이가 법정에 서서 현재의 상황에서 25,000달러를 받을 자격이 있다고 생각하는가? 변호인은 그렇지 않다고 주장했다.

필립스는 명예훼손의 기사는 원고가 횡령을 인정했다는 내용의 일본 발 통신을 인용한 것이다. 기사는 자체적인 보도가 아니라 인용이었으며, 이는 명예훼손죄의 적용에 있어 매우 중요한 사실이 된다. 이러한 점을 고려했을 때 일본 내에서 원고가 횡령을 저질렀다는 명예훼손적인 기사가 반포되던 중 무고하게 그 기사를 전재하고 그 출처를 명백하게 밝힌 노스 차이나 데일리 뉴스가 명예훼손의 주범으로 지목되는 것은 지나친 처사이다.

일본 현지의 명예훼손적인 기사와 그 신문들이 기소되지 않았음을 밝힌 뒤 변호인은 명예훼손의 공공성 및 그에 대한 사과문, 그리고 원고가 입었을 피해에 대해 논했다. 원고는 한국으로 돌아가 그곳에서 언론인으로서의 생활을 계속할 계획이었다고 하는데 그렇다면 한국에서 거주하는 동안 본 명예훼손적인 기사가 그의 생활에 악영향을 미칠 가능성이 희박하다. 명예훼손의 기사로 인해 일어난 차후의 모든 일들이 한국에 널리 알려졌을 것이다. 그렇다면 원고가 언론인으로서의 생활을 계속할 한국에서의 평판이 손상될 일은 없다고 보는 것이 타당할 것이다. 명예훼손은 한 사람의 평판에 대한 손상을 말한다. 이러한 평판의 손상이 기소의 근원이 된 사례들이 있다. 변호인은 원고가 사과문에 의해 평판이 복구되었고 피고가 쓴 편지들을 고려한다면 배심원단이 원고에게 큰 배상금을 줘어 주는 것은 옳지 못하다고 주장했다.

이후 변호인은 자신의 주장을 요약해 원고는 명예훼손의 기사로 전혀 피해를 보지 않았으며 만약에 피해를 입었다면 영국의 통화 중 가장 작은 단위의 화폐로 보상이 가능하다고 주장했다.

2) 피고 신문 부편집인 증언

오웬 모티머 그린Owen Mortimer Green이 출두했다. 매클라우드가 심문했다. 증인은 자신이 노스 차이나 데일리 뉴스 및 헤럴드의 부편집인이라고 말했다. 그는 언론인으로 10년간 활동했으며, 1907년 7월 말 중국으로 왔다. 언론인으로 일하는 동안 영문 신문의 특파원으로 활동했다. 3년 가까이 파리 특파원이었고, 그 뒤 2년 가까이 모닝 리더Morning Leader의 로마 특파원으로 일했다. 그리고 편집부원으로는 3년간 근무했다. 그 뒤 증인은 특파원이 통신을 보내면서 정보의 출처를 밝히는 경우에 대해 증언했다. 신문이 이 사건과 같은 통신을 받았을 경우, 되도록이면 원본에 가깝게 인용을 하는 것이 관례였다. 8월 30일 벨은 상하이를 벗어나 있었고 증인이 노스 차이나 데일리 뉴스의 편집을 맡았다. 그 때 증인은 항의의 대상이 된 통신을 신문에 실었다. 그 기사를 실을 때 증인은 관례를 따라 되도록이면 원문에 가깝게 게재했다. 이 사건이 일어나기 전부터 노스 차이나 데일리 뉴스는 양기탁과 배설에 대해 보도하고 있었다. 9월 18일 즈음에 크로스와 야마시타의 편지가 도착했다. 편지 도착 직후부터 명예훼손의 기사가 더 유통되지 못하도록 절차가 취해졌다.

더글러스의 반대심문이 진행되는 동안 증인은 통신이 사실이 아니라고 생각할 이유가 없었다고 증언했다. 노스 차이나 데일리 뉴스의 도쿄 특파원은 시호츠Shihotsu였고, 그는 일본 내 주요 신문인 고쿠민신문国民新聞 소속이었다. 증인은 그 신문이 도쿄의 공식 기관지인지는 확실하지 않다고 했다. 더글러스가 증인에게 노스 차이나 데일리 뉴스에 발행된 모든 통신이 다소 편향된 성향을 가지고 있다는 사실을 인지하고 있는지에 대해 물었을 때 증인은 '외국인에 한해서는 그러지 않았다'고 답했다.

더글러스 이러한 원고가 횡령을 했다는 것을 인정했다는 내용의 통신을 발행할 때 통신에 각주로 '진위에 대한 보증은 일체 제공하지 않음'과 같은 경고문을 표시하는 것이 옳은 일이라고 생각하지 않은가?

그린 추후에 일어난 일들을 생각하면 당시에 어떻게 행동하는 것이 옳은 지에 대해 확실하게 말하긴 어렵지만 그 당시에는 그것이 옳은 일이라고 생각하지 않았다.

그 이후의 질문에 대해 증인은 신문에서의 '사과문'은 다음과 같은 성격을 가진다고 정의했다. ①항의받은 내용이 사실이 아니고 거짓임을 밝혀야 하며 ②그 내용을 공공적으로 기재한 사실에 대해 유감을 표하는 내용이 포함되어야 하며 ③오보를 정당화하는 핑계가 없는 글이어야 한다. 또한 '사과문'이라는 제목의 글이 게재되는 것이 흔한 일은 아니나, 본적이 없는 것은 아니라고 말했다.

> 증인 피고의 도쿄 특파원들은 본 건을 제외하고서 잘못된 보도를 한 적이 한 번도 없었으며 그 건에서도 틀리지 않았었다. 증인은 특파원이 인용을 한 통신들에 대해서 알고 있었다.

여기서 재판은 중단되었다.

3) 피고 신문 회장 증언

재판이 재개된 후 F. 앤더슨Anderson은 선서를 한 뒤 법정에서 그가 피고 회사의 회장임을 밝혔다. 명예훼손 기사가 발행되었을 때 입원해 있는 상태였으며 얼마 후 웨이하이威海, 중국 山東省의 항구 도시로 떠났다. 9월 28일 웨이하이에서 돌아와 다음날 노스 차이나 데일리 뉴스로 출근했다. 거기서 크로스와 야마시타로부터 온 편지 및 명예훼손의 기사, 사과문과 코번의 편지를 받아보았다. 증인은 다음날 경영진 회의를 소집했고, 회의 중 경영진은 원고가 항의한 명예훼손에 의해 발생한 피해를 복구하기 위해 그들이 할 수 있는 모든 일을 다하겠다는 내용의 경영진을 대표한 편지를 원고에게 보내야 한다는 결정을 내렸다. 증인이 편지를 썼을 시점에 원고가 서울을 떠났다는 사실을 알지 못했으며 원고가 그 편지를 받았다는 사실을 전혀 전달받지 못했다고 증언했다.

반대심문. 증인은 신문에 명예훼손 소송을 받을 만한 내용을 발행했었다. 증인은 이러한 회사에서 경영진 회의를 소집하는 것이 반드시 필요한 일이라고 생각했었다.

더글러스는 증인에게 사과문을 게시하기 전 경영진 회의를 진행해야만 했는지에 대해 질문했다.

필립스는 이 때 경영진 회의가 소집되기 2~3주 전에 사과문이 게시되었음을 밝혔다.

증인은 사과문이 이미 발행되었으며 그가 사무실에 출근했을 때 사과문을 받아 보았다고 말했다. 또한 증인은 그 사건과 관련된 모든 편지를 보았다.

반대신문은 계속되었고 증인은 경영진이 원고의 모든 합리적인 요구를 들어줄 의향이 있는 상태였다고 말했다. 경영진은 스톡스, 플렛, 트레스데일 및 화이트-쿠퍼White-Cooper와 필립스와 논의하였고, 사과문의 내용은 충분하다는 조언을 받았다. 만약에 사과문 내용이 부족하다면 경영진은 추가적인 사과를 제공할 준비가 되어 있었다. 증인은 경영진은 그 통신의 발행으로 인해 원고의 평판이 손상되었을 경우 그들이 할 수 있는 최선을 다하여 복구를 할 준비가 되어 있었으나 원고의 평판이 손실되었을 가능성은 매우 낮다고 생각한다고 밝혔다.

그 후 매클라우드가 법정에 출두했다. 배심원단은 단순히 명예훼손의 건으로 인해 발생한 피해와 그 과정에서 각 단체가 누구인지, 그리고 어떠한 일들을 했는지를 명확히 한 뒤 원고에게 명예훼손의 건으로 인해 발생한 피해에 대한 결론에 도달하면 되는 일이라고 했다. 원고에 대해서는 그가 공인이라는 사실은 명백하다고만 언급했다. 명예훼손이 일어난 과정은 충분히 설명되었다. 그것은 양기탁의 재판에 대한 보도 중 하나였다. 변호인은 누군가 다른 보도에 대한 사전 지식 없이 명예훼손을 일으킨 통신만 읽어도 누군가가 횡령 혐의를 받았고 일본인들은 그 인물이 횡령죄를 인정했다는 인상을 받았을 것이라고 말했다. 변호인은 코번의 의견에 대해 한국 내에서 그의 의견에 동의하는 다수의 한국인들이 있을 것이라고 말했다. 9월 17일에 발행된 정정기사는 완전무결했다. 그 내용은 '배설의 기금에 대한 처리가 정당하고 유효함을 증명했다'는 것이었다.

피고의 신문에 사과문이 같이 발행되지 않았던 사실에 대해 많은 말이 오갔지만 사과문이 같이 발행되지 않은 건 오히려 원고에게 유리한 일이었다고 본다. 유감을 분명하게 표현한 사과문은 이틀 뒤에 발행되었다. 원고에게 발생한 피해에 대해 2일간의 지체는 많은 차이를 불러일으키지 않았을 것이다. 만약에 크로스와 야마시타의 편지를 받았던 시점에 사과문이 이미 발행된 상태였다면 피고는 '사과문이 이미 발행되었다'고 답변했을 것이다. 하지만 그 대신 두 차례에 걸쳐 정정문이 발행되었다. 변호인은 그 다음에 사과문 자체에 대해 논했으며 사과문의 가치에 대해서는 이해하고 있으나 때로는 정정 기사가 더 설득력이 있음을 주장했다. 그리고 발행된 사과문보다 더 우수한 사과문인 앤더슨의 편지가 원고에게 닿지 못한 것은 피고의 탓이 아님을 주장했다. 앤더슨의 편지는 원고를 만족시켰어야 했다. 더 이전의 일을 다루자면 노스 차이나 데일리 뉴스의 비서가 크로스와 야마시타에게 보낸 편지도 있었다. 편지에 대해서는 한 번도 논해지지 않은 상태이다.

변호인은 이어서 10월 13일에 발행된 논설이 원고가 완전히 결백함을 밝혔다고 주장했다. 이상을 비추어 볼 때 피고는 자신들이 할 수 있는 모든 일을 다 했다고 변호인은 주장했다. 피고가 받은 피해는 그가 이미 이전에 받거나 본 명예훼손의 건과 무관하게 받을 만한 것들이었다. 원고는 배심원단에게 손해 배상의 금액을 계산할 근거를 제공하지 못했다. 그가 유일하게 제안한 것은 몇몇의 한국인들이 명예훼손의 건을 전재해 한국 내에 유포시킬 수도 있다는 것이었다. 그에 대해 재판관은 배심원단들에게 그에 대해 피고는 책임이 없다고 알려야 한다고 변호인은 주장했다. 한국 내에는 원고에게 해를 가하고자 하는 일본인들이 다수 있으며 이들은 피고가 별 다른 지원을 제공하지 않아도 원고의 명예를 훼손하는 기사를 해외에 유포할 의지와 능력이 있다. 원고가 한국 내에서의 자신의 평판이 훼손되는 것에 대한 우려는 마치 잭이 지은 집House that Jack Built이라는 동화와 비슷한 양상을 가진다.[8] 원고는 손해 배상금을 계산할 근거에 대한 제시할 것을 강요당하자 배심원단에게 맡기겠다고 말했다. 이는 그가 어떻게 피해를 입었는지 알 수 없다는 것과 마찬가지이다. 변호인은 배심원단에게 원고가 입은 피해를 알 수 없다고 발언하기를 요청했고 더 나아가서 원고가 피해를 입었다는 것에 대한 명백한 증거가 없다고 말하기를 요청했다.

명예훼손의 기사가 다른 신문들에 전재되는 것에 대해 피고는 책임이 없지만 만약에 원고가 모든 항구를 돌면서 명예훼손에 대한 소송을 진행한다면 이는 몹시 흥미로운 광경이 될 것이다. 원고가 명예훼손으로 인한 피해를 입기 위해서는 피고의 신문이 읽혀져야 한다. 명예훼손의 기사가 일본에서 원고에게 큰 피해를 입힐 가능성은 적다. 이미 일본에는 원고를 향한 명예훼손적인 성격의 기사가 대량으로 유포되어 있기 때문이다. 그

---

8 영국의 우화/동화. '잭'이라는 인물이 지은 집에 대한 이야기이나, 집이나 그 집을 지은 잭 자체에 대한 이야기는 없고 집 주변과 집 안에서 일어나는 일들에 대해서만 이야기한다. 여기서 변호인이 주장하고자 하는 바는 배설이 명예훼손의 건으로 인해 배설에게 일어난 직접적인 피해에 대해 이야기하지 않고 그 주변 상황에 대해서만 이야기하고 있다는 것이다.

러므로 중국과 다른 국가들이 남아 있다. 동쪽 국가(한국)에서 원고는 유명인사로, 그에 대해 관심을 가진 인물이라면 명예훼손의 건에 대해 대수롭지 않게 생각했을 것이다. 영국에서 많은 이들은 동쪽에 대해 관심을 가지지 않고 그에 대해 읽으려고 하지 않았을 것이다. 만약에 명예훼손의 건에 대해 읽을 만큼 관심이 있는 사람이었다면 발행된 4개의 정정 기사 중 하나라도 읽었을 가능성이 높을 것이다. 4개의 정정 기사 중 하나만 읽어도 앞서 발행된 명예훼손의 기사의 내용을 믿지 않을 것이다. 정정 기사가 신문의 각 칼럼에 하나씩 발행되었다고 봐도 무방할 만큼 높은 빈도로 수록된 것을 고려한다면 신문을 정기 구독하는 자는 정정 기사 중 하나라도 읽었을 것이다. 정기 구독자가 아닌 사람들 중 명예훼손의 건을 본 사람들을 고려한다면 이는 산술 문제에 가까워진다. 정기 구독자가 아닌 사람이 한 달에 한 번씩만 신문을 읽는다면 그가 명예훼손의 기사가 실린 신문을 볼 확률은 30분의 1이 된다. 이에 반해 그가 정정 기사가 실린 신문을 읽을 확률은 4분의 1이 된다. 변호인은 배심원단에게 명예훼손 소송 중 원고의 변호인은 언제나 문제의 명예훼손의 건이 초래한 피해가 대단히 크다고 주장하기 마련이지만 형사상 범죄로는 분류할 수 없어 소송은 할 수 없는 더 큰 피해를 일으키는 명예훼손도 존재한다고 주장했다.

예를 들어 만약 원고가 반일적인 성향의 신문을 운영하는 것은 누군가에게 큰 금액을 지불받은 결과라는 기사를 실었다면 명예훼손의 건은 반박할 수 없는 사항이기 때문에 형사상 범죄로 분류할 수 없어 더 심각한 피해를 초래했을 것이다. 본 건의 경우에는 원고에게 맡겨진 기금은 그 행방이 추적될 수 있었고 만약에 횡령이 발생했더라면 원고는 필연적으로 고발당했을 것이다. 만약에 원고가 원했더라면 피고는 영국의 명예훼손의 영향을 받은 편집자들에게 연락을 취했을 것이다. 원고는 자신이 마르탱으로부터 받은 보증의 내용에 대해 밝히기 주저했으며 만약에 서울에서 마찬가지로 그에 대해 밝히기를 주저했더라면 원고를 적대시하는 자들이 그것을 이용했을 가능성이 높다. 어찌 되었건 원고는 일본인들에게 명예훼손의 명분을 제공한 것이다.

변호인은 이어서 원고에게 피고의 제안에 대해 답변을 제공하지 않은 것에 대한 책임을 물었다. 피고가 크로스와 야마시타의 편지를 받았을 시점에 원고 본인으로부터 피고는 어떠한 말도 듣지 못했다. 원고가 만약 피고가 통신을 치기를 원했더라면 원고는 피고에게 그럴 이유를 제공하지 않았다. 겉보기에는 원고가 명예훼손의 건을 보았을 때 그로 인해 어떠한 피해를 입을지에 대해 전혀 생각하지 않고 오히려 신문을 주머니에 넣고 "이건 나에게 상당히 큰 가치가 될 물건이다"고 생각했을 것 같다. 원고는 공적인 해명 및 경비에 대한 보상에 대한 제안을 받았다. 배심원단이 판단하기에 원고가 합리적인 사람이라면 원고는 그런 제안을 받아들였을 것이다.

변호인은 이어서 배심원단은 피해 보상액을 계산할 때 원고가 앞서 말한 제안을 받았을 때와 같은 위치상에 있도록 산출해야 한다고 주장했다. 원고는 그 사건으로 인해 발생한 합리적인 선의 비용이 있었을 것이다. 예를 들어 서울에서 상하이까지 이동하는 데 든 200~300달러 정도의 경비 말이다. 변호인은 원고가 평판이 좋지 않음을 고려해서 배심원단에게 피해 보상액을 측정할 때 원고의 평판에 대한 피해는 고려하지 않을 것을 주장했다. 변호인은 배심원단에게 원고의 평소 행실 및 피고의 대응에 대해 고려해서 명목상의 손해보상만 결정하기를 요청했다. 만약에 본 재판이 원고의 무죄를 입증하기에 충분하다고 생각한다면 피고 측은 이 사건으로 인해 원고에게 발생한 경비에 대한 보상을 제공할 의향이 있었다.

4) 배설은 정직하고 모범적 언론인

원고 측 변호인 더글러스는 배심원단이 본 재판의 진실된 정황과는 매우 다른 설명을 들었다고 말했다. 배심원단은 증인석에 선 원고를 보았으며 그의 처신을 통해 그가 올곧고 정직하며 언론인 중 가히 모범이 될 만한 인물이라는 것을 알 수 있을 것이라고 주장했다. 변호인은 원고가 이전에 기소되었던 사례들을 통해 원고가 법원에 범죄자로서 선 적이 없다고 밝혔다. 변호인은 원고가 기소되었을 적에 발행된 추밀원령이 외무성의 두 인물을 통해 어떻게 통과되었는지에 대해 이야기했다.

원고의 태도는 그의 동료 언론인의 지지를 받을 만했다. 원고는 한국에 거주하는 영국인이었고 한국인들의 대의를 세상에 알렸다. 원고는 특히 그의 주변 사람들을 구경거리로 팔아 돈을 챙기는 투기꾼으로 오해받지 않도록 조심해야 했다. 변호인은 이어서 명예훼손의 심각성에 대해 이야기했다. 만약에 누군가가 한 인물이 횡령을 했거나 횡령죄로 기소되었다고 주장한다면 세상의 절반이 그것을 믿지 않을 수도 있지만 만약에 누군가 자신이 횡령을 했음을 인정했다고 주장한다면 그 사람의 친우들조차 고개를 들지 못할 것이라고 했다. 해당 보도가 일본에 출처가 있다고 언급한 것은 피해를 더 악화시켰을 뿐이다. 악의는 아직 언급되지 않았고 특별히 악의가 있음을 증명할 필요 또한 없었다. 하지만 만약에 배심원단이 판단하기에 악의나 중대한 불찰이 있다고 판단한다면 손해 배상금의 산정에 있어 이를 고려해야 할 것이다.

원고는 일본인들에게 눈엣가시 같은 인물이었으며 원고에 대한 불명예스러운 통신이 해외 신문에 실렸을 때 그들은 그것을 큰 기회로 삼았다. 도쿄에 있는 피고의 특파원은 일본인이었으며 그가 보낸 통신은 진실 여부와는 상관없이 신문에 대량으로 게재되었다. 피고는 일본이 원고를 공격하기 위한 프레스 캠페인을 개시 중임을 자각했어야 했지만 그와 반대로 그 캠페인에 이용당했다. 변호인은 피고인들에게 본 재판이 종료된 후 다른 곳에서 차변표借邊表를 작성할 것을 제안했다. 9월 17일에 통신이 발행되었을 때 피고는 명예훼손에 대해 정정하는 내용을 포함시킬 수 있었음에도 불구하고 그러지 않았다. 변호인은 계속해 사과문이 어떠한 것인지 정의했다.

더글러스가 사과문은 자발적이니 것이라야 하며 사과문임을 표시하는 머리말이 있어야 한다는 주장에 대해 맥클라우드는 이의를 제기했다.

재판관은 이에 대해 필수적인 것은 아니지만 사과문이 자발적일 경우 더 좋다고 말했다.

더글러스는 계속해서 그가 전날부터 올바른 형식의 사과문을 발행하기를 제안했다고 말했다. 명예훼손을 수습함에 있어 3주는 지체하기 지나치게 오랜 시간이었다. 사과와 보상의 취급에 있어서 피고는 배심원단이 보기에 무척 이례적인 경우였을 것이다. 배심원단은 판결에 있어 피고 본인의 행실과 더불어 법정 내에서의 그들의 변호인들의 행실을 고려할 자격이 있다. 원고는 2시간 반 동안 혹독하고 험악한 반대심문에 시달려야 했다. 또한 재판 내 몰인격한 이로 묘사됐다.

필립스는 그가 원고에 대해 그러한 의견을 보인 적이 없으며 그저 원고의 행실이 무지각했다고 언급했다고 더글러스의 주장을 부인했다.

재판관은 '무지각했다'는 묘사는 인격 모독에 해당되지 않는다고 언급했다. 아이가 무지각했다고 말할 수도 있는 것이다.

더글러스는 계속해서 반대 신문 중 양기탁 재판에 대한 내용은 오로지 한 가지 해석만이 존재하며 그것은 원고가 횡령 혐의가 없다면 행정 실책에 대한 혐의가 있다는 것이라고 주장했다.

필립스는 그가 그저 원고의 행실이 무지각했다고 언급한 것뿐이라고 되풀이했다.

더글러스는 원고는 기금의 모든 처리에 있어 이사회의 승인을 받았음을 증명했다고 말했다. 양기탁 재판에 대해서 매우 긴 논의가 오고 갔지만 이토 히로부미의 비서였던 즈모토는 법정에 출두하지 않았다.

더글러스 피고는 그가 누구인지 알고 있었는가?
필립스　아니다, 그를 알지 못한다. (큰 웃음)

더글러스는 계속해서 양기탁 재판은 명예훼손이 발생한 뒤 시간이 한참 지난 후에 진행되었으며 명예훼손 사건이 발생한 당시에는 피고가 재판 중 밝혀진 사항들에 대해 알 수 없었을 것이라고 주장했다. 변호인은 계속해서 피고가 원고의 평판에 미친 피해가 사과 및 정정 기사를 통해 완전히 복구되었다는 주장에 대해 말했다. 코번의 편지는 명예훼손이 발생하고서 긴 시간이 지나서야 신문에 게재되었다.

필립스는 코번의 편지가 10월 28일 저녁에 발행된 차이나 가제트*China Gazette*에 실렸으며 10월 29일 노스 차이나 데일리 뉴스에 게재되었다고 말했다. 편지는 상하이에 10월 28일에 도착했었다.

더글러스는 차이나 가제트가 피고보다 한발 앞서 편지를 게재했다는 것에 유감을 표했으며 차이나 가제트 편집장이 수감된 지금 자주 일어나는 일은 아니라고 언급했다. 원고는 그가 모르는 언어의 기사를 자신의 신문에 전재한 일로 수감된 적이 있었다.

피고 측에서 내놓은 주장 중 언급되지 말아야 할 것이 있었는데 그것은 원고가 그의 변호인의 주머니가 은화로 가득 찬 것을 보고 탐욕이 자극되었다는 것이다.

> **필립스** 내가 말한 것은 원고가 당신을 보았을 때 그가 그렇게 생각했을 수도 있다는 것이었다. (웃음)

더글러스는 필립스가 자신에 대해 개인적으로 어떤 의견을 가지고 있건 그것을 이용해 원고에게 피해를 입힐 권리가 없다고 답변했다. 만약에 필립스가 내놓은 의견에 대해 반박이 필요하다면 변호인은 그저 원고가 자신에게 오기 전에 3명의 변호사와 상담을 마친 상태였다는 것만 언급하면 되었다. 더욱이 그 제안은 본 재판과 완전히 무관한 것이었다. 명예훼손은 그 피해를 추정하기 어려우며 특히 배심원단이 같이 생활하며 아는 사이인 이들 간에서는 더욱이 그러하다. 더글러스는 징벌적 손해 배상금을 요청하지 않았으며 오직 자신의 의뢰인의 정당성을 입증함에 있어 충분한 배상금을 요청했다.

더글러스가 배심원단에게 시간 관계로 인해 오늘까지 넘어간 항소를 마친 후 재판관은 결론적으로 배심원단의 판결이 수치적인 것인 만큼 입장을 밝힘에 있어 최대한 수를 활용하겠다고 말했다. 재판관과 배심원단은 '도덕적인 대수학moral algebra'의 문제를 접근해야 했다. 증거로서 몇 가지 사실이 제공되었고 그들의 의무는 이제 미지수로 남겨진 것들의 측정에 있었다.

일단 그들은 본 명예훼손의 건으로 인해 원고가 평판에 대해 어떤 피해를 입었는지를 측정해야 했고 평판에 대한 가치를 측정해야 했다. 명예훼손이 발행되기 전 원고의 인격을 고려하는 데 있어 재판관이 원고가 서울에서 받은 재판을 가볍게 짚어본 결과 본 재판의 판결을 고려함에 있어 재판들은 원고의 인격에 있어 어떠한 영향도 미치지 않았다. 원고의 행실은 '절대 평화주의' 의회나 퀘이커 교도로서는 맞지 않는 것이었지만 명예훼손 자체를 고려한다면 원고의 발언을 보고 합리적인 사람들로서 그로부터 이해할 수 있는 사항들에 대해 생각해야 할 것이다. 횡령 혐의는 대단히 심각한 것이며 일본 통신으로부터 인용되었다고 출처가 밝혀졌었다. 영문 신문을 읽는 대중에게 그것은 어떠한 영향을 미쳤을 것인가? 그들은 신문 자체의 특파원이 쓴 기사나 런던의 더 타임스*The Times* 기사를 읽을 때와 동일한 신빙성을 갖고 기사를 읽었을 것인가? 그들이 들은 대로 코번은 통신이 일본 신문에 나타난 내용을 인용했다고 해서 어떠한 신빙성도 갖지 않는다고 생각했다. 이어서 재판관과 배심원단은 배상액의 경감에 관해서도 고려해야 했다.

이에 대한 첫 주제는 원고가 기금을 다루는 데 있어 무지각한 행실을 취했기 때문에 명예훼손의 여지를 주었다는 필립스의 주장이다. 재판관이 판단하기에 그 주장은 뒷받침하는 근거가 있었다. 재판관과 배심원단은 원고가 만약에 본 재판 중 그가 기금을 어떻게 투자했는지에 대해 이야기했을 때 그의 무지각한 행실이 명예훼손의 불씨를 제공하지 않았는가를 고려해야 했다. 만약에 그랬다면 배상액을 경감하는 데 있어 고려 사항이 되었을 것이다.

그 다음 주제는 노스 차이나 데일리 뉴스에 게재된 사과문과 정정 기사였다. 재판관과 배심원단은 신문에 게재된 사과문이 유감을 표현하는 솔직한 정정 기사인지 스스로 판단해야 할 것이다. 만약에 그랬다면 그 기사들은 명예훼손이 초래한 피해를 회복하는 데 있어 큰 역할을 했을 것이다. 그 후에 일어난 일들은 피고의 마음가짐, 그리고 원고에 대한 악의가 없음을 보여주었다. 본 명예훼손의 건은 최악의 경우로 보아도 부주의에 의한 것이었다. 그들은 그린이 통신의 발행을 저지하거나 발행할 때 설명을 붙였어야 했음을 말할 수 있었지만, 그것이 그들이 말할 수 있는 최악의 수였다. 그 명예훼손의 건에 대한 정정 기사가 9월 17일에 발행되었고, 변호사의 편지는 18일에 수취 되었으며, 사과문은 그 다음날에 발행되었다. 9월 29일 코번의 편지가 발행되었고, 10월 1일 앤더슨은 원고에게 편지를 보냈으며 10월 13일 스톡스, 플렛과 트레스데일이 브로웨트에게 편지를 보냈다는 점에 대해 각자의 결론을 내려야 했다. 만약에 편지가 공정하고 합리적인 제안이었다면 원고가 그것을 받아들였어야 했는지에 대해 심각하게 고려해야 한다. 만약에 원고가 그 편지의 제안을 받아들여야 했다고 생각한다면 그 당시에 원고가 받았던 것보다 더 많은 것을 받지는 않았을 것이다. 재판관과 배심원단은 그 점에 주목해야 한다.

5) 배심원단, 배상금 3천 달러 결정

재판관과 배심원단이 이 모든 것을 고려했다면 이제 얼마 정도의 배상금이 청구되어야 할지에 대해 고려해야 한다. 징벌적 손해 배상금의 청구에 대해서는 근거가 없는 한편 본 건은 모욕적 손해배상에도 해당되지 않

는다고 판단했다. 명목적 손해배상 혹은 작은 금액의 손해 배상을 청구할
수도 있었지만 재판관이 보기에는 그들이 고려해야 할 점이 한 가지 더 있
었다. 그것은 편지가 써진 이유였다. 그 뒤에 명예훼손의 건을 보고 원고의
입장과 그가 입은 피해, 그리고 사과문과 신문의 행위를 고려하고, 원고가
입은 피해를 복구하기 위해 어떠한 보상이 이루어져야 할지에 대해 고려
해야 했다. 만약에 배심원단이 질문하고자 하는 바가 있다면 재판관은 기
꺼이 그에 응할 것이다.

배설 묘비 뒷면. 장지연이 지은 비
문은 일제 강점기에 깎이고 흰 흔
적만 남았다. 왼쪽 작은 비석은 한
국신문편집인협회가 언론인들의
성금을 모아 비문을 새로 새겨 세
운 것이다.

마세이(Massey, 배심원) 원고는 그가 입은 피해를 금전을 통해 해결할 것인가?

재판관   그것은 그대와 전혀 상관없는 일이다.

더글러스는 법정에 그의 의뢰인이 상하이까지 왔을 뿐만 아니라, 고베까지도 가야 했음을 상기시켰다.

필립스   그는 크로스를 만나기 위해 시모노세키까지 갔을 뿐 고베로는 가지 않았다.

배심원단은 자리를 떴다가, 돌아와서 배상액이 3,000멕시코 달러로 산정되었음을 알렸다.

더글러스의 지원하에 이 금액은 경비까지 포함해서 내린 판결이었다.

제3장

배설의 죽음

1. 서울로 돌아와서

피고 측 변호인은 배설을 끈질기게 공격했다. 이틀째 공판에서는 두 시간 반에 걸친 모질고도 신랄한 반대심문으로 배설은 거의 넋이 나간 사람처럼 보였을 정도였다. 배설이 제시했던 배상금 25,000달러에 비하면 훨씬 적은 액수이기는 했지만 재판에 승리한 배설은 12월 17일 상하이를 떠나 일본을 거쳐 12월 21일 저녁 8시 30분 서울역에 도착했다.

그는 곧바로 영문판 *Korea Daily News*의 속간을 준비했다. 이 신문은 배설의 2차 재판 후부터 중단되었는데 배설이 상하이에 가 있는 동안에도 양기탁과 만함Alfred W. Marnham이 속간준비를 진행 중이었다가 그가 돌아온 지 40일 후인 1909년 1월 30일 자로 속간호를 내었다. 영문판의 속간은 많지 않은 서양 사람들을 상대로 경영상 이익을 얻자는 계획이 아니라 한국 국민과 대한매일신보 자체의 주장을 외국인에게 널리 알리자는데 목적이 있었다. 체재는 뉴스 불리틴 형식으로 월요일부터 금요일까지는 일간으로 발행하다가 토요일에는 8면을 발행하면서 논평과 일주일 동안의 기사를 종합해서 실었다.

*Korea Daily News*의 속간에 대해 주한 영국총영사를 대리하고 있던 레이Arther Hyde Lay는 그 논조가 이전과 마찬가지로 강한 반일색채를 띠고 있다고 본국 외무성에 보고했다.[1] 배설 때문에 크게 골치를 앓았던 영국 정부는 만일 이전처럼 신문을 제작했다가는 또다시 재판에 회부될 것이라고 배설에게 사적私的으로 경고하라고 Lay에게 훈령했다. 또한 만일 배설이 발

---

1   FO 371/646, Lay가 Grey에게, p.34.

행하는 신문이 일본에 대해 공격적이라고 생각되는 글이 있다면 무엇이거나 본국 정부에 보고하도록 지시했다.[2] 일본 당국만이 아니라 한반도에서 일본의 기득권을 양해한 영국으로서도 배설로 인해 더 이상의 정치적인 문제를 야기하도록 하고 싶지 않았던 것이다.

2. 한국에서 생을 마치다

한편 미국의 *Washington Post*는 배설의 영문판 속간은 *North China Daily News*로부터 받은 보상금이 밑천이 되었다고 보도하면서 그 보상금은 그가 대한매일신보를 경영해서 벌자면 5년치에 해당될 만큼 큰 액수라고 말했다. 영국 외무성이 신경과민적인 반응을 보이면서 배설을 견제할 태세였던데 비해 워싱턴 포스트는 다음과 같이 보도했다.

배설은 주한 영국총영사가 그에게 반대했던 일이 두 번 다시 되풀이될 것 같지는 않을 것으로 믿고 있는 것 같다. 그의 재판 때에 서울에 있던 백인들 사이에서 그를 향한 지지의 감정이 너무도 컸으며 영국 국민들마저도 총영사를 호되게 비난했었기 때문이다. 그렇기 때문에 배설은 주한 일본 통감부에 끈덕진 공격을 즐겁게 가하고 있다. 결국 그를 중단시킬 수 있는 방법이란 어두운 밤에 그가 탄 인력거의 포장을 찔러 뚫어버리는 방법 외에는 도리가 없다.[3]

---

2   FO 371/646, Grey가 Lay에게, p.35.

3   "Bull in the Korean shop, Troublesome, British Journalist is Again Gaffing at Japan", *The Washington Post*, Apr. 11, 1909.

그러나 배설은 밤중에 일인들의 칼에 찔려 죽기에 앞서 이 기사가 실린 지 불과 20여 일 뒤인 5월 1일 심장이 멎어버렸다. 그는 전해에 있었던 3차례의 재판과 일본의 탄압과 싸우는 긴장으로 심장에 해를 입었기 때문에 죽었으므로 원인은 일본이었다고 볼 수 있다. 평소에 독한 브랜디와 담배를 즐겼던 습관도 사인의 하나였다. 어쨌건 이 재판의 자초지종을 보면서 배설의 성격이 어떠했는가를 생각해 보게 된다. N-C 데일리 뉴스라는 큰 신문을 상대로 상하이까지 오고 가면서 법정 싸움을 벌였던 것을 보면 물불을 가리지 않는 저돌적이고 투쟁적인 성격의 일단을 엿볼 수 있으며 그러한 성격이 일제와의 힘겨운 투쟁에 목숨까지 잃게 만든 것이다.

배설은 죽은 후에도 일인들의 미움과 두려움의 대상이었다. 성금을 모아 한일합방 직전인 1910년 6월에 세운 묘비에는 장지연張志淵이 비문을 지어 새겼는데 총독부는 한국인의 민족

SUNDAY, MAY 2nd 1909

THE LATE MR. E. T. BETHEL.

WE are sincerely sorry to hear of the death of Mr. E. T. Bethel, Editor of the *Korea Daily News*. The career of the deceased in this country is too well known to the general public for us to give here any detailed account. Suffice to say that in any question whatever arising between Korea and Japan, he always sided with the former and showed himself such a strong and stubborn fighter that even his bitterest opponents could not help admiring him. Unfortunately the *Seoul Press* had to disagree with him in almost all questions relating to this country and Japan, but we have no doubt that he believed the course and attitude he took were right and in the best interests of the Koreans just as we believed and still believe in the justice of ours. We venture to say that although his methods and opinions were diametrically opposed to ours, the motives were the same and both of us were working together for the salvation of the Koreans, he from one end of the line and we from the other. The writer's arrival here is yet a recent one and he has had no opportunity of making personal acquaintance with him. Had we come to know each other well, we might have found that instead of being opponents we were allies in the best sense of the word. That opportunity is now forever lost to us and we regret it with all our heart.

배설의 죽음을 보도한 코리아 데일리 뉴스, 1909.5.2.

서울 양화진 외국인 묘지에 있는 배설의 묘. 한일합방 직전 1910년 6월 건립.

정신을 고취하고 자극시킬 것을 염려하여 이를 깎아버렸다. 반세기 후인 1964년 3월 한국신문편집인협회가 주동이 되어 전국 언론인의 성금으로 일제가 깎아낸 원래의 비석 옆에 장지연이 지은 비문을 다시 새겨 작은 새 비를 세웠다.

제5부

배설의 옥중기

수난의 현장, 옥중기에 관해서

이 글은 일본 고베神戸의 영어신문 저팬 크로니클*The Japan Chronicle*에 실렸던 배설의 옥중기다. 배설은 1908년 6월 서울에서 열린 두 번째 재판에서 3주일간의 금고형禁錮刑을 언도받고 상하이로 가서 복역한 뒤 7월 17일 서울로 돌아왔다. 배설이 상하이에서 돌아오기 전 통감부는 대한매일신보에 대한 또 다른 탄압의 방법으로 총무 양기탁을 구속했다. 민족적 성금운동으로 전개되던 국채보상의연금을 횡령했다는 혐의였다. 통감부는 이로써 신보에 대한 탄압과 동시에 한국의 항일 독립운동에 치명적인 타격을 주려했다.

「배설의 옥중기My Sentence of Three Week's Imprisonment」는 이같은 시기에 발표되었다. 그는 자신의 재판이 열리기 직전 상하이 주재 영국고등법원 검사 윌킨슨Hiram Parker Wilkinson이 서울에 온 직후 1908년 5월 말에 자신이 발행하던 영문판 코리아 데일리 뉴스의 발행을 중단해 버렸기 때문에 이 옥중기를 영국인 발행 신문에 게재했던 것이다. 설사 코리아 데일리 뉴스가 발행되고 있었다 하더라도 서울의 영어신문보다 훨씬 영향력이 큰 저팬 크로니클에 싣는 편이 효과적이고 객관성을 띈다는 평가를 받았을 것이다.

저팬 크로니클은 독립적인 논조로 편집되는 신문이었다. 배설은 고베에 살았을 때에 몇 차례 이 신문에 투고한 적이 있었다. 이 신문은 대체로 배설에게 호의적이었고 일본의 대한정책對韓政策에도 비판적 논조였다. 배설의 재판 때에는 기자 더글러스 영Douglas Young을 서울까지 특파하여 재판진행을 취재하면서 공판기록을 게재했다. 배설의 옥중기는 1908년 9월 3일부터 24일까지 4회에 걸쳐 저팬 크로니클 일요판에 실렸다. 일본 언론과 친일 영어신문들이 일제히 배설과 양기탁에게 공격을 가하던 때였다.

상하이 영국고등법원은 배설에게 3주일 금고형의 유죄판결을 내렸으나 서울에는 배설이 복역할 영국 형무소가 없었다. 주한 영국총영사 코번^{Henry} ^{Cockburn}은 여러모로 해결방안을 모색했다. 편법으로 만일 그를 서울의 호텔에 감금한다면 일본당국이 불만을 제기할 것이고, 그렇다고 일본인 관할 하에 있는 한국 안의 형무소에서 그를 복역케 하는 경우 영국이 배설을 적의 손에 넘겨주었다는 인상을 주게 될 것이었다. 상하이로 보내어 영국 형무소에 복역케 하는 방법이 있겠는데 이럴 경우에는 배설을 어떻게 상하이까지 보내느냐 하는 문제가 있었다. 당시에는 인천-상하이를 정기적으로 운항하는 배편이 없었기 때문에 서울-상하이 간을 내왕할 때에는 일본을 경유하도록 되어있었다. 대개 일본 모지^{門司}나 나가사키를 거쳐야했는데 배설이 그런 경로를 따라 상하이로 가는 경우에는 일시적으로 일본의 사법권 관할 하에 놓이게 된다는 문제점이 있었다. 가장 합리적인 해결책은 배설을 인천에서 상하이나 홍콩으로 직접 보내는 방법이었다.

코번은 이러한 문제점들을 지적하면서 배설을 인천에서 상하이로 직접 싣고 갈 수 있도록 요코하마에 정박 중인 영국 군함을 인천에 보내달라고 본국정부에 건의했다. 영국 외무성은 코번의 건의를 즉각 받아들였다.

이리하여 요코하마에 (또는 영국 해군 기지로 활용되던 중국 威海에 정박 중이던) 있던 영국군함^{Clio}호은 단 한사람의 죄인을 상하이로 호송하기 위해 인천을 향해 출항했다. 이와 함께 고등법원은 서울에서 유죄선고를 받은 배설이 상하이로 이송되어 형기를 마치도록 명하는 일반명령^{general order}을 내렸다.

배설은 6월 18일 오후에 금고형을 언도받았으나 상하이로 호송할 군함이 오는 동안 일단 석방되었다가 이틀 뒤인 6월 20일 오후 4시에 출두하라는 명령을 받고 총영사관에 들렀는데 거기서 곧바로 서울역으로 가야했다.

5시 20분발 인천행 기차를 타야 했기 때문이다. 배설이 서울역에서 떠난다는 소문이 퍼지면 많은 군중이 몰려와 한바탕 데모를 벌일 것을 우려했던 총영사관은 그에게 가족과 인사를 나눌 여유조차도 주지 않고 인천으로 보낸 것이다. 배설의 옥중기는 여기서부터 시작된다.

배설은 자신의 이름을 밝힌 글을 별로 남기지 않았는데, 감옥살이의 고통과 밤새도록 모기에 뜯기며 밤잠을 설치는 경험을 담은 옥중기는 그가 브리스톨의 사립학교 '머천트 벤처러스 스쿨'에서 교육받은 인문학 교양의 정도와, 항일 언론을 펼치면서 겪은 수난의 현장을 들여다 볼 수 있는 귀한 자료이다.

나의 3주간의 옥중생활

배설Ernest Thomas Bethell

클리오호에서의 첫날

"배설 씨에게 고물船尾로 오라고 하시오."

나는 고물로 갔다.

"배설 씨, 도망하지 않겠다고 약속한다면 당신은 내가 담당하게 돼요."

클리오호의 선장이 말했다.

"도망 안 하겠다고 약속하겠습니다."

"좋아요. 그러면 당신은 이 배 안에서는 자유요. 그러나 밥은 당신 방에서만 먹어야 합니다."

밥을 각자 방에서 먹는 것은 해군들 간의 관례인지, 선장은 이와 같이 말하고 곧 자기 방으로 사라졌다. 근처에 서 있던 누군가가 평소와 같이 사관실로 들어가도록 친절하게 설명했고, 곧 영국 해군 특유의 일사불란한 움직임으로 이동했다. 자랑은 아니지만 해군 출신이 아닌 나도 일반인 치고는 꽤 그럴싸하게 섞여서 함께 이동하던 중 경리관Paymaster이 나타났다(나는 해병들이 누가 누구인지 도저히 분간할 수 없었지만, 경리관은 소매의 금줄 중 하나는 은색이어서 틀림없이 알아볼 수 있었다).

"가서 당신 방을 보시오." 나는 그의 안내로 내가 먹고 자고 할 곳을 안내받았다. 그곳은 갑판실 사이의 공간으로, 양쪽 벽에 방수지가 발라져 있었고, 창문과 문이 여성들이 쓰는 표현으로는 '몹시도 귀여운' 모양으로 붙어 있었다.

"이 배에서 제일 좋은 곳이오. 우리가 양자강을 올라 갈 때 조타수를 위해 이 방을 꾸몄지요. 방은 아늑해요. 세면대 같은 것도 만들어 놓았어요. 무슨 필요한 것이 있으면 심부름꾼이 갖다 드릴 겁니다. 곧 심부름꾼을 보내 드리겠소. 수병이요. 심부름꾼이 당신을 돌봐드리게 되는데 이 여행이 끝나면 돈이나 몇 달러 집어주시오. 정부 규정대로 하면 당신은 수병과 같은 급식을 받아야 하지만 식당 지배인에게 값만 치르면 우리 식당 식사를 먹을 수도 있어요. 알았어요? 당신 심부름꾼에게 내가 일러 놓겠소. 잘 있어요."

이리하여 나는 제물포 발 상하이행 영국 범선 클리오호에 안락하게 승선하여 3주간의 형刑을 치르게 되었다. 여기서 혼동과 오해를 피하기 위해 밝혀두고 싶다. 나의 3주간의 형은 엘리너 글린Elinor Glyn[1] 양이 좀 당혹스럽

---

1 Elinor Glyn(1864~1943) 로맨스 소설을 주로 집필했던 영국 여류 작가. 배설의 옥중기 제목은 "My Sentence of Three Week's Imprisonment"인데, 엘리너 글린이 한 해 전에 출간한 소설 제목도 *Three Weeks*(1907년)였다. 소설 개요는 옥중기 마지막 부분 참고.

고 장황하게 서술한 내용과는 다르다. 내 경우는 에드워드 7세 폐하의 추밀원령 위반에 의한 21일간의 수감이다.

빗나간 예상, 제물포행 열차

1908년 7월 20일 토요일이었다. 그날 나는 별로 깊이 생각할 시간이 없었다. 소환을 받으면 출두하여 선고를 받겠다고 7월 18일에 서명한 서약서에 따라 나는 7월 20일 아침 아스토 하우스 호텔에 갔다. 재판 서기^{clerk}였던 로서^{T.E.W.Rosser}씨가 신문한 뒤에 오후 4시에 법정에 출두하라는 통지를 받았다. 상하이 고등법원에서 파견되어 온 로서씨는 그날 밤 상하이로 떠나야 할 것이기 때문에 여행할 차비를 하고 오는 것이 좋겠다고 말했다. 내가 들은 말은 이것이 전부였다. 나머지 사항은 그저 상상하는 도리밖에 없었다. 그런데 나는 제물포발 상하이행 배가 정박되어 있지 않다고 생각했기 때문에 그날 밤 10시 20분에 서울을 떠나 부산과 일본의 모지^{門司}를 거쳐 가야 하겠다고 잘못 추측하고 있었다. 그 후 여러 가지 희한한 준비 과정이 끝난 후 5시 20분발 기차로 제물포로 떠나야 한다는 통고를 받았는데 나로서는 전혀 뜻밖이었다. 결국 나는 7월 20일 눈물 한 방울 안 흘리고 이별의 노래 한 곡도 없는 가운데 심한 갈증을 느끼면서 뭔가 잊어버린 것 같은 생각을 떨쳐버릴 수 없는 심리 상태에서 서울을 떠났다.

배 안에 접이식 간이 침상은 그런대로 잠자는 데에 불편이 없었다. 그것은 기본적으로는 해먹^{hammock, 나무 등에 달아매는 그물·천 등으로 된 침대}과 비슷하나 바닥을 평평하게 하기 위해 나무 판대기가 깔려 있었다. 날씨가 좋아 배가 흔들리지 않을 때에는 간이 침상도 아무 손색이 없었다. 그러나 클리오호가 흔들리기 시작하면 침상을 어딘가에 매어 두지 않으면 흔들려 견딜 수가 없었다. 매어두기만 하면 배의 요동과 반대로 흔들리지는 않고 배와 같은 방향으로만 흔들려 조금 나아졌다. 클리오호의 인원들은 이와 같이 침대를 어딘가 매달아 두는 것에 대해 의견이 분분했다. 해상 경력이 오래된 이들은 침대를 배와 자연스럽게 흔들리도록 놔두면 중력의 중심을 '때때로' 지나갈 뿐이어서, 오히려 침대를 고정시켜 두는 편이 더 요란스럽게 흔들릴 것이라는 의견이었다.

이 13노트 쾌주선에 관해 한두 마디 해둘 필요가 있다. 이 배에는 돛대가 달려있다. 클리오호를 타고 있는 사람들은 이 배를 세 돛이 달린 범선이란 뜻인 '바컨틴barquentine'으로 불렀다. 내가 출옥 후에 들은 바로는 클리오호는 바다 위의 영창이라는 별명도 있었다. 이 배에는 총포도 많고 좋은 요리인도 있었다. 내가 직접 가보지는 않았지만 사관실에 관해 언급하자, 배의 수병장은 아래에는 충분히 넓은 자리가 있다고 테이블을 치면서 나에게 역설했다.

클리오호의 내 방에서 나는 많은 이야기를 엿들을 수도 있었다. 해병 대령과 나눈 이야기를 비롯해 내가 관찰한 바를 종합하면 클리오호는 수많은 객실을 갖추고 '임대 가능'이라는 현수막을 배의 선교에 걸고 대양을 횡단하는 그런 거대한 종류의 배는 아니었다.

"집에 갈 수 있어서 좋구면." 빌이 말했다.

"그렇고 말고! 계속 벽에 부딪쳐서 머리가 아주 떨어질 지경이야." 조리실 근처에 누군가가 브라이어 파이프를[2] 입에 물고 맞장구를 쳐 줬다.

"그런데 제물포에는 왜 가는 거야? 웨이하이威海, 영국 해군의 여름 주둔지에서 조

---

2   뿌리가 단단해서 담배 파이프를 만드는 데 쓰이는 남구산 관목.

358 THE JAPAN WEEKLY CHRONICLE. [September 3rd, 1908.

MY SENTENCE OF THREE WEEKS' IMPRISONMENT.

BY ERNEST T. BETHELL.

I.—FIRST DAY ON THE "CLIO."

[*The Right of Reproduction or Transcription is Reserved.*]

"Tell Mr. Bethell to come aft."

I went aft.

"Mr. Bethell," said the Captain of H.M.S. "Clio," "you are in my charge, but if you will give me your word that you will not attempt to escape——".

"I promise not to attempt to escape, sir."

"Very well, then; you are free of the ship, but you must take your meals in your own room, by yourself."

Thereupon the Captain disappeared into his own room, where naval etiquette apparently demanded that he, too, should have his meals by himself.

A kindly soul, standing adjacent, then suggested that we should repair to the wardroom, there to signify the same in the usual manner. This manœuvre was carried out with that promptitude and precision which has made the British Navy (hats off!) so famous, and I flatter myself that for a mere land-lubber I didn't get so badly out of step. Then the Paymaster spoke. (I can't distinguish any of the other officers, one from another, but the Paymaster has a silver thread among the gold on his sleeve, so I can't make any mistake about him.)

"Come and see your room," said he, and I was taken a few steps forward and introduced to the place where I was to eat and sleep. The space between two deck-houses had been covered in on both sides with tarpaulins, and these tarpaulins were fitted with windows and a door in a way which a lady would describe as too cute for anything.

"Best quarters on the ship," said the Paymaster. "We fixed this up for the pilots when we go up the Yang-tse. You'll find that cot comfortable, and here we've rigged you up a washstand and so on. If there's anything you find you want your servant will get it for you. I'll send you a servant presently—one of the marines. He'll look after you and you can give him a couple of dollars at the end of the trip. Oh! by the bye, Government only allows you blue-jackets' rations, but you can have your chow from our mess by paying the steward whatever it costs. You'll do that eh? All right, I'll tell your servant. Chin Chin."

So there I was, comfortably installed on board his Majesty's sloop "Clio," bound from Chemulpo to Shanghai, there to "do" three weeks. To avoid confusion I should like to say at once that my three weeks have nothing in common with the three weeks described with such a perturbing wealth of detail by Miss (or let us hope Mrs.) Elinor Glyn. Mine is just a plain twenty-one days' imprisonment for having transgressed the Orders of his Majesty King Edward VII. in Council.

This was on Saturday, July 20th, and I had not been given much time for meditation that day. In accordance with a bond which I had signed on Thursday promising to appear to undergo sentence when called upon, I was run to earth at the Astor House Hotel on Saturday morning by Mr. Rosser, the Supreme Court Marshal, and served with a notice to attend the Court at 4 p.m. Mr. Rosser added that I had better bring my kit with me, as we should probably leave for Shanghai that night. This was all that I was told, and so, left to my own imaginings, and knowing there was no boat on the berth from Chemulpo for Shanghai, I wrongly concluded that we should travel via Fusan and Moji, leaving Seoul at 10.20 that night. Thus it came to pass that when I was told at 4.40 (various mysterious preliminaries having been enacted) that we should leave for Che-

taken aback, and thus it was that I departed from Seoul on June 20th unwept, unsung, with a thirst unquenched, and a haunting sense of having forgotten something.

There are worse things to sleep in than a cot. It is similar in principle to a hammock, but is provided with a wooden framework which keeps the bottom flat. In fine weather, ... a cot leaves not ... when the "Clio' ... it best to lash ... keep it steady, ... motion as the shi... one. Expert opi... to the rightness ... manœuvre; and ... the "Clio" was ... or hammock free ... centre of gravity ... whereas, if anyt... made the thing ... the ship, it ... Throgmorton Str... that he would pa... without knowing ...

A word or two ... clipper. She carr... fore; and fore a... This looks like ... adds up to ten. ... the people on ... cribed her as a ... pate a little, I h... my release from ... She was "so ma... draught, and a "... many guns, and ... never went to s... mented upon the ... room, the Colone... pounded the tab... also insisted upo... had a place dow... swing cats with e...

"From my roo... heard a great d... may have been g... concerning the ... the Cat, the "Cl... ships which tr... "apartments to ... just below the br...

"Glad I'm goi...

"Yus!" says ... anuff of this; ... bloomin' 'ead of... near the galley.

"What are we ... for anyway? Ju... at Wei-hai, an' ... all, and here we ... blasted fog."

"We took som... board; and he ... with the old m... about the 'arbou... in this 'ere roo... backwards.

"Well; shan't ... ship. Some sa... badmiral dreamt ... supper at Scotts ... these bloomin' sa... an' what differen... of exercise for u... says I."

"Stop that cel... "You're keeping ... Then the passe...

THE JAPAN ... I...

PROBABLE S... I...

Baron Makino ... Minister of E... Cabinet, is ment... as the successo... Japanese Ambas... Makino was the ... last time Count ... Foreign Affairs...

A POET'S TOUR.

Gedichte von einer Weltreise und andere Lieder. Von CHARLOT STRASSER. Zürich: Rascher & Cie., Rathaus-Quai 20. Preis: broschiert Mk. 2.50; gebunden Mk. 3.50.

Many residents of Kobe will no doubt recall the sojourn in Japan of the author ...

September 24th, 1908.] THE JAPAN WEEKLY CHRONICLE. 469

MY SENTENCE OF THREE WEEKS' IMPRISONMENT.

BY ERNEST T. BETHELL.

IV.—THE DAYS IN PRISON.

The day broke upon the remains of the feast—an exhausted, hot, and angry first-class misdemeanant. Many prayers had been offered up for anything in the shape of a mosquito curtain, and each glance at the three woolly blankets had called forth an honest expression of opinion of those who with such incredible fatuity had withheld a mosquito net but loaded me with three blankets, the mere sight of which produced a profound perspiration. Had I the gifts of Job, I could have written his Lamentations. As it was, I found solace in the endless repetition of those words of the English language that are not found in the dictionary.

Some of the warders apparently kept geese; and after the fashion of schoolboys' games, where "tops" come in as "conkers" go out, the geese started asking for breakfast as soon as the mosquitoes had returned thanks for their supper.

Exhausted, I stretched myself upon my straw bag and fell into the land of pleasant dreams. The geese had eaten all the mosquitoes and a polite attendant with a hatchet wished to know which goose I would like killed first, and it was at this stage of one of the finest dreams I have ever had that I was roughly roused by my Celestial custodian of the night before.

Under the orders of this martinet, I had to carry my bucket downstairs, empty it, clean it and carry it back again. I also had to wash myself under his personal supervision. I was then locked up again for about an hour, when I was released to take exercise up and down the corridor outside. This corridor was adorned only by a kind of Tudor reading desk of teak with "V.R." stamped all over it upside down; and although I may be fastidious, I still hold to my opinion that the prison architect was no disciple of Ruskin.

After this came breakfast; and, not to dwell upon a painful subject, I will only say that it was a twin brother to "Afternoon Tea." I took the stuff into my room, and set it upon the mantelpiece. I glared at it and swore at it: and tried to calculate how many—if any—warders I could kill with it, applied either externally or internally. Then I looked around for a cigarette to calm myself; but—quoting that sublime passage from Dr. Watts which we all know so well—I once more found oblivion on my bed of straw.

But it was not to be. There is no rest for the weary. Before I had both eyes really properly shut, the Chief Constable of the Jail came in and proceeded to read the "prison regulations" to me. I did not listen. I had heard the Orders in Council of 1907; I had overheard copious extracts from the Articles of War; and I felt that I should in a way demean myself by paying attention to anything so low down as "prison regulations." Therefore, to this day, I do not know what they were. But, if I may be permitted to pass a word to the wise, I earnestly recommend those who have had the patience to read thus far, to discard the old-fashioned razor and go in for one of the "safety" kind. You never know your luck. In prison, unless you have a safety razor, you must let your whiskers grow or pull them out by the roots, as the old-fashioned razor comes under the heading of "weapons."

Then the Constable went on to say that I was now to be treated as a first-class misdemeanant. I had hitherto held the status of a prisoner under remand. I could now—at my own expense—indulge in some luxuries. He told me I could have my meals from outside and beer to wash them down. I made a bargain with him upon the spot, and secured a promise that I might extract some of my more immediate toilette necessaries from my baggage. I stipulated for a chair and a table, a pillow, and a mosquito curtain; and thus equipped, I started on my eighteen days' solitary confinement.

The Koreans in Shanghai had heard of my arrival and I received from them every day an enormous bunch of flowers; and there often came other tokens of their friendship and sympathy. Unintentionally, however, they did me rather a bad turn. A number of them had applied for permission to visit me, and although—on political grounds, I presume—their request was not acceded to, their applications completely blocked the way for others of my friends; and I saw no one after the first day but the Parson on Sundays and the Doctor once.

There is no need to dwell upon the monotony of that time. I read, and wrote. I dawdled over my meals; and three times a day I took half an hour's constitutional in the corridor. I grew to like my jailers; more especially as after the first day my Celestial tyrant had become my servant. He waited upon me at meals, and to him now fell the task of carrying the bucket up and down stairs.

There was only one exciting period of the day, and that was between four and five in the afternoon, when those who had been sentenced or remanded were brought from the Court. From my window I could see them as they entered the prison; and during exercise time, I watched them marching about in the corridors below. During my brief stay, the family never consisted of more than fifteen; and one of these was a Eurasian who was being accommodated to oblige the Portuguese authorities. He was only a boy and not ill-looking; but the warders had no use for him. He had already broken jail twice, and although his feet were already chained together, he was the source of considerable anxiety. Among the other older "residents," there were three or four Englishmen and a number of Sikhs. They were all of course sentenced to hard labour; but I envied them everything except their diet. They were mostly doing odd jobs, cleaning and painting the prison, and working in the garden.

I used to receive the papers every day and took great interest in accounting for the new arrivals. There came a real nigger one day whose offence I could never discover; but in my opinion a charge of "General Dirtiness" would have been sufficient. He was brought in and unceremoniously stripped and hustled into a bath. Not a moment too soon; he went in a dull mud colour and came out shining like ebony. The case of two other prisoners amused me hugely. They were brought in one evening, both dejected, and one with a black eye; and I discovered from the newspapers of the following morning that they were both constables of the Municipal Police who had succeeded in getting mixed up in a row with an unknown old man and some of those Japanese who seem to represent their nation in every disturbance that occurs in Shanghai. Whatever the rights of the quarrel might have been, it was shown that both constables were drunk; and one of them was furthermore charged with being two miles off his beat.

I do not think it right that the man's defence should be forgotten. He earnestly explained to the magistrate that he had only been on the Force one week and did not know where his beat was. May it not be that the officials are a little too exacting?

With such diversions, common to prisons, select boarding-houses, and the like, time passed without wings and with leaden feet, until the day dawned when I was to be released. Shall I ever forget that morning when I arrayed myself in my best, went into "Search Room No. 2" and scraped the mildew off my baggage, got my money back, and resumed the title of "Mr."? No! I shall never forget that morning.

Thus I close this faithful history. Whosoever wants "Three Weeks" of a complete change, but who finds the prescription of "Elinor Glyn" too drastic, may come to Seoul and try to keep his "Editorial Chair" and the "Peace" at the same time.

JOINT ENTERPRISE IN JAPAN.

ADVICE BY A JAPANESE JOURNAL.

The *Jiji Shimpo* points out that some of the enterprises undertaken jointly by Japanese and foreigners since the late war do not seem to be progressing satisfactorily, while others are on the verge of being wound up. It is very regrettable that such should be the case, says our contemporary, for it is more than probable that the failure of joint enterprise by Japanese and foreigners will give a very bad impression to the foreign capitalist regarding industrial undertakings in Japan and will have the effect of deterring him from seeking investments in this country. It should be remembered, however, that amongst the industrial undertakings in which foreigners have participated there may have been some which were of an unstable or doubtful nature, coming into being owing to the industrial boom that prevailed at the time. It is not improbable that the promoters of these questionable schemes, taking advantage of the ignorance of foreigners regarding Japanese affairs, persuaded foreigners to participate in them. If such has been the case, it is not surprising that these enterprises should end in failure.

However detestable may be the conduct of those Japanese who induced foreigners to take part in business for which there were no real prospects of success, continues our Tokyo contemporary, the latter are not entirely blameless in making their investments without careful inquiries into the nature of the business in which they were invited to engage. It must not be supposed, however, that all business enterprise in Japan is of a dangerous and doubtful nature. There are many promising schemes promoted by trustworthy men. At the same time there are in Japan as elsewhere a class of men who palm off worthless wares on the unsuspecting buyer, and it is the duty of the latter to sift the chaff from the wheat. It would be a mistake to despair of the success of foreign and Japanese joint enterprise because of the failure of a few undertakings which may not have been on firm ground from the outset. It is to be hoped, concludes the *Jiji*, that in future would-be foreign investors will seek the co-operation of really trustworthy Japanese and conduct full and careful investigations into the prospects of the schemes in which they intend participating.

CHINESE FINANCIAL COMMISSIONER.

FOREIGN METHODS TO BE STUDIED.

According to the Peking dispatch to the *Jiji*, the Japanese Legation in Peking has received a note from the Chinese Government stating that, in view of the financial difficulties being experienced by China, which prevent the promotion of any State undertakings Mr. Tung Shao-yi, a Cabinet Minister, was to be sent abroad on commission to study foreign financial affairs, and that he would visit Japan. The note asked the Japanese Minister to recommend the Tokyo Government to give all possible assistance to the commissioner whilst in Japan.

Mr. Tung is to visit England, France, Germany, and Austria, besides Japan.

배설의 옥중기. 저팬 크로니클에 「내게 내려진 3주일간의 금고형(禁錮刑, My Sentence of Three Weeks' Imprisonment)」이라는 제목으로 4회 연재되었다. 1908.9.3.

금만 더 머물렀으면 우편물도 받아가고 할 수 있었을 텐데 또 안개 속에 처박힌 신세잖아."

"무슨 포로인지를 태워야 했는데, 방금 증기선을 타고 선장이랑 왔어. 항구에 대해서 잘 알고 있는 모양인데, 꽤 괜찮은 놈인 거 같아. 저 뒷방에 있어"라고 하면서 엄지로 내 쪽을 가리켰다.

"그래, 이 배를 내려서 좋을 테지. 소문에 의하면 무슨 제독이 스코틀랜드서 가재요리를 먹고 잠을 설친 뒤에 만든 엉망진창인 배라고 하더라. 매일 뼈가 부서져라 돛을 올리고 내리고 하는데 대체 무슨 짓인지 모르겠어. 운동이야 될지도 모르겠지만, 배의 속도가 줄어들 텐데."

"조용히 해! 시끄러워서 승객이 못 자고 있잖아."

그리고 승객은 잠들었다.

죄수가 잠을 깨다

수인이 잠을 깬다. 바리톤, 테너와 같은 저음의 소리가 선미루船尾樓에서 들려온다. 쉰 목소리가 갑판에서 들려온다. 클리오호의 승무원들이 아침의 일과를 거치면 사관들은 만족해하는데, 그것을 지켜보는 승객들은 전적으로 혼란스러울 뿐이다. 모든 수병들은 맨발로 마구 뛰어다니는데, 이 광경을 수족 치료 전문의가 본다면 놀라 심장마비라도 걸릴 만큼 위험한 짓이다.

나는 이런 것을 곰곰이 생각하면서, 클리오호의 갑판 위에서 아침 공기를 들이 마시고 있었다. 내가 머물고 있는 이곳은 일명 '무인지대No-Man's-Land'[3]로, 뒷 갑판의 앞 끝에서부터 시작되어, 나의 선실과 양수기 몇 개를

---

3   선박/해상 용어. 선체 중앙부의 도르래, 밧줄 등을 보관하는 용도로 쓰이는 공간, 혹은 관리인이 별도로 존재하지 않고 누구에게도 속해 있지 않은 선박 상의 공간.

포함해 중국인들이 거처하는 주방까지를 포함한다.

어제 내가 엿들은 두 선원은 이곳에서 이야기를 주고받았던 듯하였다. 갑판의 넓이는 카페트의 폭 정도이고, 길이는 보통의 방 길이보다는 월등 길었다. 뒷 갑판은 길이 10피트, 폭 6피트짜리 카페트를 깔려면 당황하게 될 정도의 크기였다.

'피-푸-피' 수병장의 호각이 울렸다. 두껍고 굳은살이 잔뜩 박힌, 뿔 같은 발을 한 수병들이 다시 고물로 달려갔다. 그리하여 나의 명상은 중단되었다.

"빌, 저기 매트 하나를 우리에게 던져!" 수병 하나가 크게 고함을 지르는 것이 들렸다. 생각을 정리하려던 찰나, '철썩!' 하는 소리가 났다. 빌이 재빠르게 던진 매트 중 하나가 내 위로 떨어져, 나는 흠뻑 젖은 매트에 뒤엉켰다. 범포에 덮쳐진 사람이 선장이 아닌 다른 사람이라는 사실이 빌에게는 상당히 다행한 일이었다.

내가 이 배를 탔을 때의 첫 느낌은 답답하다는 것이었다. 나중에야 나는 큰 돛대 앞에 110명의 사람이 있다는 사실을 발견했다. 이들은 억센 사람들이었지만 한두 가지 병에 걸리지 않고 어떻게 무사히 견딜 수 있었을까 의아스럽게 생각되기도 했다.

배 안에서 하루를 지내니 나의 의문은 사라졌다. 이 배의 일정표가 내 방에 우연히 게시된 것이다. 대부분 잘 알아들을 수 없는 내용이었지만, 새벽 5시부터 저녁 6시까지 일과가 꽉 짜여있다는 사실은 틀림이 없었다. 그 일과표를 베끼는 것은 예의가 아니어서, 따로 기록을 하지는 않았다. 그러나 머릿속에 남은 기억만으로도 독자에게 얼마를 전할 수는 있다. 정확하지는 않지만 대충 다음과 같이 되어 있었다.

오전 11:30 요리인이 그릇 도구 등을 갖고 나온다.

오전 11:33 종료 호적號笛을 분다.

한 시간에 두 번이나 우리는 배를 정지시켰다. 배 밑바닥에 구멍이 났으리라는 생각에 우리는 구멍을 막기 위해 모든 물건을 옮겨놓았다. 이 작업은 두 번 행해졌다. 왜냐하면 첫 조치가 몇 초 늦었다고 선장이 불만을 터뜨렸기 때문이다.

그 뒤에 나는 어떤 남자가 인용하는 말을 들었다. "이 시계를 왼손바닥에 쥐고, 도해 상에 'F'라고 써진 표시를 누르고, 시곗바늘이 0을 가리켜 멈출 때까지 기다리세요. 그리고 여길 보세요." 남자는 바다를 가리킨 뒤, 다시 말을 이어 나갔다. "그들은 내가 시계 위에 앉아서 부화시키려고 할 거라고 생각한 건가? 아니면 내 오른발로 쥐고 머리에 문댈 것이라고 생각한 건가? 아니면 내가 스톱워치를 쓸 줄 모른다고 생각한 건가?"

그 다음에는 정말 어려운 작업이 진행되었다. 몇 년도 제품인지 모르지만 QF포에[4] 수병들이 탄환을 장전하여 발사했다. 순식간에 다시 탄환이 장전되었다. 나는 흥미를 갖고 그러나 공정한 태도로 구경했다. 이 작전에 대해서 나는 전적으로 칭찬하고 싶었다. 사격작전을 다시 하라는 말이 나오지 않은 것으로 보아 선장도 만족한 것임에 틀림없다.

이런 특별 연습과는 관계없이 수병들은 수병장이 선미에서 사관들을 대신하여 직접 부는 호각 소리에 따라 계속 고물 쪽으로 달려가고 있었다. 수병들은 줄을 서, 나로서는 무슨 소린지 전혀 알 수 없는 명령에 따라 여

---

4 QFgun(Quick-Firing). 영국 해군용 포. 19세기 말~20세기 초 군함에 장착되었다.

러 방향으로 달려갔다. 갑판의 다른 쪽에서 유사한 명령을 받은 일단의 수병들과 더러는 부딪치기도 했다. 나는 연습에 대해 깊이 생각해 보았다. 이 연습이 무슨 소용이 있을 것인지 나의 의견을 말할 수는 있다. 이 연습의 목적은 수병들로 하여금 어떤 혼란 사태에 적응케 하려는 것같이 생각되었다. 만일 나의 추측이 맞는다면 이 전술은 극히 높은 수준의 훈련에 도움이 될 것 같았다.

나는 선상에서 일어나는 모든 일들을 다 알려고 하지는 않았다. 무슨 일에도 깊이 파기를 좋아하는 사람 같으면 아마 다 기록하지 못할 정도로 기이한 일들이 많았다. 선상에 있는 모든 사람들의 단결심은 나에게 역력히 엿보였다. 내가 들은 바로는 그 배 위에 있는 사람 중에서 그 배를 좋아하는 사람은 한 사람도 없었다. 수병들은 그 배의 장비와 돛은 폐물이나 다름없다고 혹평했다. 날씨라도 나쁘면 누구든지 배 멀미를 하게 되는 이 배의 상태에 관해 수병들은 장광설을 늘어놓기가 일쑤이다. 상세한 상황은 다 생략하더라도 이 범선은 미국 애리조나주의 승마자를 뛰어 떨어뜨리는 걷잡을 수 없는 당나귀에나 비유될 수 있다는 것이 이 배에 대한 모두의 일치된 견해 같았다. 이 형편없는 범선이지만 아직 보여주지 않은 재주가 하나 있다. 그것은 한쪽 끝으로 섰다가 뒤로 자빠지는 묘기였다. 나의 방은 기관실 바로 위에 있었기 때문에 내가 육지에 오르기까지에는 이 배가 그 묘기만은 연기해줄 것을 나는 말은 하지 않았지만 열렬히 소망했다. 배가 거꾸로 뒤집혀서 뜨겁고 벌건 석탄이 나에게 폭포처럼 쏟아질 수도 있다는 생각은 결코 유쾌한 것이 아닐 뿐만 아니라, 나에게는 하나의 극형같이도 생각되었다.

상하이까지의 항해 도중에는 일요일이 끼어 있었다. 일요일의 일과는 평일과는 다르다. 일요일 일과는 수병들이 원하는 대로는 하지 않는다. 종교 예배도 있고 더욱 고역인 것은 「육해군 조례」 낭독이라는 것이 있었다. 선상의 일요행사에 관한 상세한 보고는 보류한다. 왜냐하면 이 죄수와 간수는 일요행사 중에는 사관실에 갇혀있어야 했기 때문이다. 그러나 나중에 나는 선박 상의 '무인지대'에서 나의 방이 전략적인 위치에 있는 덕택으로 하여 수병들이 「육해군 조례」를 환히 알고 있다는 사실을 나에게 알려주는 몇 가지 솔직한 논평들을 수집할 수 있었다. 수병들은 육해군 조례에 규정된 위법사항과 벌칙을 낭송하기 시작하다가도 몇 년 또는 몇 월 '이내의' 각종 형벌에 이르면 대개 감정을 나타내지 않았다. 영국 육해군 조례라는 것은 영국 추밀원 칙령의 요점을 모아 놓은 것 같다.

그럭저럭 시간은 지났다. 안개 낀 날도 이따금 있었다.

그러나 음식은 좋았다. 사관실 집사는 칵테일학원 출신이었다. 내가 사귈 수 있는 사람은 1백 명도 넘었다. 그러나 나는 감옥에 있는 몸이었다. 그래서 안개 낀 날이 반갑지 않은 것은 아니었다. 클리오호에서의 21시간은 나의 범법 행위에 알맞은 처벌같이 생각되기도 했다. 그러나 안개마저 떠나버리면 나는 쓸쓸하게 혼자 남는 기분이 되기도 했다. 월요일 정오에 배는 강을 거슬러 상하이로 올라갔다. 그러다가 오후 2시에는 다시 우쑹구吳淞로 내려왔다. 나와 무서운 나의 간수는 아무 예고도 눈물도 노래도 없이 더위와 갈증에 허덕이며 상하이에 기차로 도착했다.[5]

상하이 영국 감옥

상하이 영국 총영사관에서 나는 자존심이 조금 깎였다. 나는 환승역에서 짐짝처럼 한 간수에서 다른 간수에게 넘겨졌다. 나의 새 간수는 서로 익숙해짐에 따라 조금 나아지긴 했지만, 당시의 나는 그에게 결코 좋은 인상을 가질 수 없었다. 어느 정도 예의범절을 갖춘 이들이 서로를 부를 때 '미스터'라는 칭호를 반드시 붙이는 데 반해, 그는 마치 잘 아는 사람에게 대하듯이 칭호를 생략하고 오직 성만으로 나를 불렀다. 인력거를 타고 이동하자는 말을 할 때는 스스럼이 없는 정도를 넘어 사뭇 명령조로 느껴질 정도였다. 상하이의 길거리를 거쳐 가스 공장을 지날 때, 나는 이 여행의 가장 즐거운 부분은 이미 끝난 게 아닌가 생각하기 시작했다.

건축학적인 관점에서 감옥은 내 마음에 들지 않았다. 만약 누군가가 감옥의 수많은 결점에 대해 변명하고자 한다면, 나는 그를 단번에 몰상식한 사람으로 치부할 것이다. 나의 새 거처의 문에는 '흡연 절대 엄금'이라는 흉측한 간판이 걸려 있었다. 나의 부족함을 더 드러내기는 싫지만, 나는 자신이 끈기 있는 편이라고 얘기할 수는 없다. 그러나 담배를 피우는 것만큼은 끈기 있게 해내는 편이다. 심한 뱃멀미 중에 파이프 담배를 피며 위안을 받기도 하고, 한가할 때는 술을 마시며 담배를 즐긴다. 나의 오랜 친구(담배)에게 마지막 인사의 한 모금을 피울 때의 나의 가슴을 가득 채운 감정을 눈치 빠른 독자면 짐작하고도 남을 것이다.

"법은 귀찮기 짝이 없는 것이다The Law is a hass" 또는 비슷한 맥락으로 "인간은 누구나 죄를 짓기 마련To Sin is Human"이라는 어록이 있다. 그러므로 이

5 　기차로 도착했다는 것은 우쑹철도(吳淞鉄道, 1898년에 영국인들이 부설)를 타고 왔다는 의미다.

귀절을 읽고, 나와 같이 20년간이나 '나의 니코틴 여사my Lady Nicotine'에게 흔들림 없이 충실했던 이들이라면 이런 나의 슬픔을 이해할 것이다. 그런 이들을 위해, 나의 이러한 수기手記의 역사적인 면은 잠시 제쳐두고, 나의 심리에 대해 조금 이야기할까 한다.

마약, 알코올과 담배의 즐거움을 조금도 알지 못하는 사람들은 그것들을 인류에 대한 무자비한 폭군으로 묘사한다. 개인적으로 마약을 사용한 적은 없지만, 나는 술을 좋아하고 담배를 열렬히 피운다. 조금 전에도 이야기했지만, 나는 20년간 내 마음대로, 내가 내키는 곳이라면 어디서든 술을 마시고 담배를 피웠다. 그래서 나는 내 뒤로 감옥문이 쇳소리를 내며 닫히는 소리를 들으며, 나만큼의 골초에게는 '흡연 절대 엄금'이라는 문구는 '여기에 온 모든 이들은 희망을 버려라All Hope Abandon Ye Who Enter Here'**6**라는 단테의 인용구를 써 붙인 것과 마찬가지라고 절망적으로 생각했다. 흡연에 대한 욕구는 단순히 육체적인 것도 아니고, 그렇다고 완전히 정신적인 것도 아니다. 내가 보기에는 손톱을 깨물거나, 소리 내어 혀를 차는 것과 같은 성격의 습관인 것 같았다. 단 한 번도 앉아서 담배를 피우고 싶다고 생각한 적은 없으나, 담배를 피울 수 없다는 사실이 끊임없이 신경 쓰였다. 나는 감옥에서 대부분의 시간 책을 읽거나 글을 쓰면서 보냈는데, 쓰고 있던 문단, 혹은 읽고 있던 장章의 끝에 다다랐을 때마다 무의식적으로 담배를 찾아 주머니를 뒤적거리거나 방을 가로질러 걸어가고 있었다. 나는 내 생각의 마침표를 찍을 때마다 담배를 피우는 습관이 있다는 것을 인지하기도 전에 이러한 행동을 습관적으로 하고 있던 것이다. 나는 이러한 나의 행동에 대해 진절머

6　단테(Dante)의 신곡(Divine Comedy)에 나오는 구절.

리가 나서 멋대로 움직이는 내 팔다리를 꾸짖으며 원칙적으로 금연인 감옥 안에서 그러한 행동을 하는 것은 헛수고일 뿐이라고 되새기고는 했다. 다시 말하면 흡연에 대한 분명한 욕구는 없었지만, 흡연을 할 수 없다는 사실은 하루에도 몇 번씩이나 나의 신경을 거슬리게 했다. 사실 담배를 멀리하며 내가 본 해악은 없고 오히려 흡연으로 인한 기침이 줄어들어 득이 되었지만, 석방 후 나는 감옥문을 벗어나기도 전에 담배에 불을 붙였다.

위압적인 중국인 간수

건축과 담배에 관한 여담은 여기서 줄이고, 다시 본론으로 내가 경험한 것들에 대한 기록으로 돌아가겠다. 왕이 돌보고 그의 산하에서 법규와 정의를 관장하는 이들이 오가는 이 상하이 건물의 정문에 들어서면 오른쪽에 「조사실 제1호」라는 멋없는 흑백 간판이 붙은 문을 발견하게 된다. 이 방으로 인도된 나는 호주머니에 들어 있는 모든 물건을 내어놓으라는 명령을 받았다. 파이프, 담배, 성냥부터 내 애인의 편지, 한국의 엽전, 와이셔츠의 장식용 단추 등 가졌던 모든 소지품은 무자비하게 압수되었다. 그리하여 나는 입도 위胃도 호주머니도 손도 빈털터리가 된 채로 이 방을 떠났다.

그리고는 한 중국인 간수가 나의 손을 잡아끌었다. "이리 와" 나는 그를 따라 계단 앞까지 갔다. 거기서 그는 내가 감옥에서 사용할 가구류를 가리켰다. 거기에는 둥근 등의자와 E.R.Edwardus Rex[7]라고 쓰인 양동이, 그리고 '감옥Jail'이라는 글이 찍혀있는 담요 석장이 있었다.

"갖고 올라와"라고 중국인 간수는 내게 명령했다. 나는 분노를 삼키고 1

---

7   당시의 영국왕 Albert Edward(Edwardus Rex, 1841~1910)의 약자.

급 경범죄자 처우가 이럴 수가 있는가 하는 의심이 고조되는 상태에서 짐을 챙겨서 실눈을 한 중국인 폭군을 따라 계단을 올라갔다. 나는 양동이를 한 손에 들고 의자는 다른 손에 들고, 담요는 가슴에 안고 가려고 했다. 그러나 그렇게 되지 않았다. 그 중국인은 "빨리 해"라고 서둘렀다. 그러나 소용없었다. 이 짐을 안고 가려는 나의 노력은 다시 실패했다. 좋은 일이 생겼을 때에는 인도 미술에 나오는 4개의 팔을 가진 신처럼 되었으면 하는 생각이 들기도 했다. 등의자는 땀나는 내 손에서 미끄러져 내려 거꾸로 땅바닥에 떨어졌다. 결국 한 손에 등의자와 양동이를 들고 다른 손에는 담요를 들고 나는 신경이 날카로워진 간수를 따라 위층으로 갔다.

내 방은 2층에 있었다. 방 문지방을 건너자마자 문은 닫히고 자물쇠로 잠겨 버렸다. 나는 방안의 물건들을 점검했다. 꽤 넓은 방이었다. 방 안에는 내가 가져온 물건 외에 6피트 길이 3피트 넓이의 중국제 나무 침대가 있었고 그 위에는 짚을 넣은 카키색 이불과 가스등 그리고 벽난로가 있었다. 창쪽을 보니 감옥 별관 건물이란 소름끼치는 광경이 보였고 다른 한쪽의 창으로는 상하이 가스공장의 광경과 냄새가 풍겨왔다.

이윽고 자물쇠가 열리더니 이번에는 영국인 간수가 들어와 물었다.

"차 마셨소?"

"아니요."

"그러면 따라오시오."

나의 방과 음침한 기분은 사라지기 시작했다.

나는 원기가 생기고 나의 몸은 활기를 띠기 시작했다. 상황은 처음 느꼈던 만큼 나쁘지는 않았다.

'애프터눈 티afternoon tea, 오후의 차'[8]는 비교적 사치스럽게 사는 사람들만의 관습이다. 그러므로 그것을 언급하기만 해도 곧 맛있는 아침 식사와 충실한 점심 그리고 정성들인 저녁 식사가 제공될 것을 약속하는 느낌이었다. 그래서 나는 기쁜 마음으로 간수를 따라 '애프터눈 티'를 마시러 갔다.

나는 돌층계를 내려갔다. 층계 아래 선반 위에는 1쿼트 정도의 암갈색 액체를 담은 큰 사발과 1파운드의 빵이 있었다.

"저걸 가지고 올라가시오." 간수가 말했다. 그리고 나는 내 모든 희망이 꺼지는 것을 느끼며 마음에 썩 들지 않는 음식을 갖고 계단을 다시 한번 올라갔다.

다시 내 방문은 자물쇠로 잠겼다. 어떤 사람이 문 아래에 조그만 촛불을 밀어 넣어주기까지 나의 방은 암흑에 잠긴 채였다. 나는 모기에 관해 언급하는 걸 잊고 있었다. 모기가 얼마나 많았는지, 모기로 인한 참상은 어떻게 모두 말해야 할지 모르겠다. 저녁 때부터 새벽까지의 시간, 나에게 대한 '온정적인 처리'를 한다고 하여 나를 서울로부터 상하이로 이송하게 한 판사가 이런 상황을 직접 좀 맛볼 수 있기를 나는 얼마나 기도했던가. 잠을 잔다는 것은 전혀 불가능했다. 나는 밤새 팔다리를 격렬하게 휘저어대며 방안을 거니는 것으로 겨우 모기떼를 물리칠 수 있었다.

모기에 물어뜯기면서

모기들에게 잔뜩 물어뜯긴, 지치고 더위에 녹초가 되어 성난 1급 경범자에게도 어김없이 새벽이 찾아왔다.

모기장 비슷한 거라면 뭐든지 하나 주십사고 수많은 기도를 올렸다. 처

---

8 영국에서 오후 3~5시경에 다과를 곁들여 휴식을 즐기는 생활문화.

다보기만 해도 팥죽 같은 땀이 흐르는 양모 담요는 3장이나 주면서, 모기장을 줄 생각은 하지 못한 이들에 대한 나의 의견을 가감 없이 표했다. 만약 내가 욥과 같은 재주가 있었더라면 애가라도[9] 집필할 수 있었을 것이다. 그저 사전에는 수록되어 있지 않은 영국 속어俗語들을 끊임없이 되풀이하면서 마음의 위안을 얻었다.

간수들 중 몇몇은 거위를 기르는 모양이었다. 남학생들이 으레 하는 마로니에 놀이에서[10] 한 열매가 들어가면 다른 열매가 빠지듯, 모기들이 밤동안 제 볼일을 보고 빠지자마자 거위들이 아침밥을 요구하며 우르르 들어왔다. 지친 나는 짚으로 된 요 위에 누워 즐거운 꿈나라로 갔다. 꿈속에서 거위들은 모든 모기들을 잡아먹었고, 손도끼를 든 공손한 수행원이 어느 거위부터 먼저 잡아들일지를 물었다. 일찍이 꿔보지 못한 이런 단꿈을 꾸고 있던 때, 한 중국인 간수가 나를 거칠게 깨웠다.

이 엄격한 중국인 간수의 명령에 따라 나는 양동이를 아래층으로 갖고 내려가 비운 뒤 씻어서 갖고 와야 했다. 그리고 그의 감시 하에 몸도 씻어야 했다. 그리고는 다시 한 시간쯤 방에 갇혀 있다가, 나와서 바깥 복도를 왕래하며 운동할 시간이 주어졌다. 복도는 'V.R. Victoria Regina'빅토리아 여왕이라는 글자가 거꾸로 된 상태로 온통 찍혀 있는, 티크목으로 만든 튜더Tudor 풍의 독서대 외에 장식이라고는 전무했다. 내가 까다로운 때문일 수도 있지만, 분명 이 감옥의 건축가는 러스킨Ruskin의[11] 제자가 아니었다는 것만은 틀림없었다.

---

9   구약 성경의 욥기(Job)의 애가(哀歌, The Lamentations). 아라비아 국경 지대 Hus 땅에 살면서 하느님을 공경했으나, 억울한 고통을 받으며 참는 사람의 대표가 된 사람.

10   마로니에 놀이(Conkers). 마로니에 열매를 실에 매달아 서로의 열매를 번갈아 가며 부딪쳐 깨는 아이들 놀이.

그런 다음 아침 식사 시간이 되었다. 생각하기 괴로운 주제에 대해 오래 얘기하고 싶지 않아 간략하게 말한다면, 아침밥은 '오후의 차'의 쌍둥이와 같다고 할 수 있겠다. 나는 아침 식사를 내 방으로 가져와서 벽난로 위에 놓고 응시하며 욕설을 지껄였다. 이 '식사'로 간수를 몇 놈이나 죽일 수 있을까 헤아려 보기도 했다. 그리고 나는 분노를 진정시키기 위해 담배를 찾았으나, 우리 모두가 다 잘 아는 와츠Watts 박사의 숭고한 말귀를 인용하며 다시 한번 짚 침대 위에서 망각을 추구했다.

그러나 그렇게도 안 되었다. 지친 자에게 휴식은 허용되지 않았다. 내가 두 눈을 제대로 붙이기도 전에 간수장이 들어와서 「감옥규칙」을 나에게 읽어주었다. 나는 귀담아듣지 않았다.

나는 이미 1907년의 추밀원령樞密院令을 듣기도 하고 육해군 조례의 방대한 발췌문을 엿듣기도 했다. 이런 것들보다는 훨씬 하위법이긴 하지만 「감옥규칙」에 대해서도 주의를 기울이는 태도를 보이긴 해야겠구나 하는 생각도 들었다. 이 글을 쓰는 현재 나는 감옥규칙 내용에 관해 아무런 기억도 없다.

면회는 일절 금지

그러나 지금까지 이 글을 참을성 있게 읽어준 독자들을 위해 내가 진심으로 한마디 권고하고 싶은 것은, 구식 면도기를 버리고 '안전' 면도기를 사용할 것이라는 것이다. 감옥에서는 안전면도기가 없으면 수염을 자라는 대로 내버려두거나 뿌리째 뽑아버리는 방법밖에 없다. 왜냐하면 감옥에서

---

11 존 러스킨(John Ruskin, 1819~1900). 빅토리아 시대 영국의 중요한 예술 평론가이자 후원가, 소묘 화가, 수채화가, 저명한 사회운동가이자 독지가. 그는 지질학부터 건축, 신화, 조류학, 문학, 교육, 원예와 경제학에 이르는 다양한 주제의 글을 썼다.

는 구식 면도는 '무기'라는 항목에 포함되기 때문이다.

간수는 나에게 이르기를 이제 1급 경범자로 다루어질 것이라고 말했다. 지금까지는 혐의가 드러날 때까지 재유치 당할 신분 상태에 있었던 것이다. 나는 이제 내 비용으로 약간의 사치품도 사용할 수 있게 되었다.

간수는 내가 감옥 바깥 식사나 맥주 같은 것도 사 먹을 수 있게 되었다고 말했다. 나는 당장 그와 협상했다. 그리하여 갖고 온 짐에서 세면도구와 같은 일상 용품을 조금 더 꺼내와도 된다는 약속을 받았다. 나는 추가적으로 의자, 탁자, 베개 그리고 모기장도 요구했다.

이런 것을 갖춘 뒤 나는 18일간의 독감방 생활을 시작했다. 나의 상하이 도착 소식을 들은 상하이의 한국인들은 연일 엄청나게 많은 꽃다발을 가져왔다. 더러는 우정과 동정의 징표로서 꽃 아닌 다른 물건들도 가져왔다. 그러나 그들의 이러한 선의는 본의 아니게 나에게 해를 입히기도 했다. 수많은 한국인들이 나에게 면회 신청을 제출했는데, 이들의 이러한 면회 신청은 정치적인 이유 때문에 허락되지 않았을 뿐만 아니라, 나의 다른 친구들과의 면회마저 봉쇄하는 결과를 초래했다. 이에 따라, 나는 감옥에 수감된 첫 날 이후로 면회를 일절 받지 못해서 일요일에 보는 목사와 한 번 본 의사가 내 면회인의 전부였다.

당시 나의 생활의 단조로움에 대해 상술할 필요는 없다. 나는 독서하고 집필했다. 하루 세 번씩 복도에서 30분간의 보건체조를 했다. 나는 간수들도 좋아하게 되었다. 더 구체적으로 말하면 이 감옥에서 하루를 지낸 후부터 나에게 폭군처럼 대하던 중국인 간수도 마치 심부름꾼처럼 되었다. 그는 이제 식사 때 나의 시중을 들 뿐만 아니라 양동이를 갖고 아래 위층을 오르내리는 일까지도 그의 일이 되어버렸다.

하루 중 흥미로운 순간이라고는 단 한 번밖에 없었다. 오후 4시부터 5시 사이 형의 선고를 받았거나 재유치 명령을 받은 자들이 법정으로부터 감옥으로 몰려온다. 나는 내 방 창에서 그들이 감옥으로 들어오는 것을 볼 수가 있었다. 운동 시간에도 그들이 아래 복도에서 행진하는 것을 볼 수 있었다. 나의 짧은 수감기간 중 이들이 15명 이상이 된 적은 없었다. 이들 중 한 명은 유라시아인으로, 포르투갈의 높으신 분들의 명령에 따라 수감된 듯 했다. 수감자는 건강하고 어린 소년이었지만, 간수들에게는 골치 덩어리인 모양이었다. 이미 2번이나 탈옥을 해서, 발에 족쇄까지 찼는데도 상당한 걱정거리로 취급되었다. 조금 더 나이가 많은 '주민들' 중에는 서너 명의 영국인과 몇 명의 시크교도들이 있었다. 모두 중노동을 선고받았지만, 나는 식사를 제외한 그들의 모든 것을 부러워했다. 그들은 대체로 이런저런 잡일을 도왔으며, 감옥의 청소, 페인트질 그리고 화단을 다듬는 일 따위를 했다.

나는 매일 신문을 받아 보고는 감옥의 신참자 수효를 세어 보는 데에 큰 관심을 가졌다. 어느 날은 흑인이 들어왔는데, 죄목은 알 수 없었으나 내 의견을 말하자면 '전반적인 불결함'이 타당할 것 같았다. 그는 수감되자마자 인정사정없이 옷이 벗겨져 서둘러 욕실로 떠밀려졌다. 들어갈 때 탁한 진흙색이었던 피부가 욕실서 나오니 흑단처럼 검게 빛났다. 다른 두 명의 무척 흥미로운 수감자들도 있었다. 어느 날 저녁 두 명이 동시에 수감되었는데, 둘 다 실의에 빠진 듯한 상태였고 그중 한 명은 눈에 멍이 들어서 왔다. 다음 날 아침 읽은 신문에 의하면, 그 둘은 자치제 경찰의 순경들이었는데, 한 노인과 일본인 사이에 일어난 싸움에 휘말린 듯했다. 그 밤의 싸움 원인이 무엇이었던 간에 두 순경은 모두 취한 상태였고, 그 중 한 명은 순찰 지역에서 2마일이나 떨어져 있었던 것이다. 여기서 순경이 주장한 바도 주목할 만하다. 그는 진지하게 판사에게 자신이 순경으로서 취임한 지 아직 일주일밖에 안됐으며, 그의 순찰 구역이 어디인지 몰랐다고 해명했다. 공직자들이 지나치게 엄격한 기준을 채택하고 있는 것이 아닌지?

특정 부류의 하숙집, 혹은 감옥에서나 있을 갖가지 별 일들을 겪는 속에서도, 내가 석방되는 새벽이 오기까지의 나날은 유수처럼 흐르지 않고 납덩이처럼 무거운 발걸음으로 다가왔다. 나는 나의 최상급의 옷을 입고 「제2조사실」에 들어간 날 아침을 나는 평생 잊을 수 없다. 나는 내 짐보퉁이의 곰팡이를 털며 영치금을 돌려받고 "미스터"라는 호칭도 되붙여 불리게 된 그날 아침을 영원히 잊을 수 없다.

이걸로 나는 나의 기록을 마친다. 약 '3주간' 완벽한 변화가 이루어지길 원했지만, 엘리너 글린Elinor Glyn(앞의 각주 1 참고)과 같은 류의 소설[12] 읽기를 버거워하는 이들이라면, 서울에서 '편집장' 자리와 '평화'를 함께 유지하려는 시도를 해보기 바란다.[12]

---

[12] 엘리너 글린의 소설 *Three Weeks*(1907년)의 개요. 20대 초반의 부유한 영국 귀족인 폴 버데인(Paul Verdayne)은 목사의 딸과 애정 행각이 발각되자 그의 부모가 프랑스에 이어서 스위스로 보내게 되었다. 버데인은 스위스에서 소설에 '레이디(The Lady)'라는 칭호로만 언급된 연상의 30대 여인을 만나게 된다. 며칠 동안 서로를 의식하며 의미심장한 시선을 주고받던 두 사람은 우연한 계기로 만나게 되자 그녀는 버데인을 자신의 집으로 초대해서 3주간 성적인 관계를 가진다. 버데인은 결국 그녀가 러시아 속국(屬國)의 여왕이며, 왕인 남편이 그녀를 학대하고 있다는 사실을 알게 된다. 버데인과의 3주가 지난 후 그녀는 사라지고, 상심한 버데인은 영국으로 귀국한다. 버데인은 그 후에 '레이디'가 그들의 아들을 출산했음을 알게 된다. 버데인은 아버지의 도움으로 '레이디'의 정체를 알아내지만, 그녀를 만날 기회가 생기기도 전에 그녀는 남편에게 살해당한다. 다시 한번 상심한 버데인은 5년간 여러 지역을 떠돌다가 아들을 만날 준비를 하게 된다는 줄거리다.(Wikipedia) 이 소설은 출간 첫 3주 만에 50,000부가 팔리는 등 무척 인기가 있었는데, 당시 기준으로는 상당히 원색적인 내용과 표현으로 큰 화제가 되었다. 그러나 배설이 엘리너 글린의 여러 소설 가운데 반드시 *Three Weeks*를 염두에 두고 언급했는지 단정할 수는 없다.

배설 · 양기탁 연보

① 배설과 양기탁 두 인물은 대한매일신보의 발행, 재판 등과 분리할 수 없는 연관이 있기 때문에 공동 연보를 작성하였다.

② 양기탁 연보는 대한매일신보와 관련이 없는 1910년 이후는 생략함.

1871년 4월 2일 양기탁 평안남도 평양 소천(小川)에서 양시영(梁時英)의 장남으로 태어남. 어릴 적 이름은 의종(宜鍾).

1872년 11월 3일 배설 영국 항구도시 브리스톨에서 출생. 아버지 토마스 핸콕(Thomas Hancock Bethell), 어머니 마서 제인 홀름(Martha Jane Hollom)의 장남. 아버지 토마스 핸콕은 회계원(accountant), 양조장 직원(brewers clerk), 또는 상업서기(commercial clerk)로 직업란에 기재되어 있다. 양조회사에 근무하는 경리담당 사무원이었다.

1878~1885년 양기탁, 8세부터 15세까지 마을 사숙(私塾)에서 한학을 배움.

1880년 배설(8살), 브리스톨의 명문 머천트 벤처러스 스쿨(Merchant Venturers School) 입학. 1887년 무렵까지 재학.

1885년 3월 양기탁(16살), 제중원의 알렌이 외국인 의사의 보조가 필요했기 때문에 외아문에 요청하여 8도 감영에 14~18살 사이 소년 추천을 의뢰. 평안도에서 梁宜鍾과 金永鎭을 추천하여 제중원에서 영어 배움. 6개월 후 퇴학.

1886년 배설(14살)의 아버지 토마스 핸콕, 일본 고베에서 극동지방 상대 무역업 시작.

1888년 배설(16살), 일본으로 건너와서 고베에서 무역업 종사.

1891년 토마스 핸콕, 베델 앤드 컴퍼니(Bethell & Co.) 설립.

1891년 양기탁(21살), 게일(奇一, James Scarth Gale, 1863.2.19~1937.1.31)의 『한영자전(A Korean English Dictionary)』 편찬 작업을 돕기 시작. 6년간 편찬기간에 양기탁과 양시영이 함께 일함.

1896~1898년 게일 『한영자전』 완성(1차 편찬). 양기탁(26살)은 1898년 5월 원산의 영사관원 소개로 일본 나가사키상업학교(長崎商業學校) 조선어 교사로 2년 근무 후 돌아옴.

1896년 토마스 핸콕, 단독으로 운영하던 무역상을 다른 사람이 경영하는 세 개 무역상과 합쳐서 프리스트 마리안스 베델 모스 합자회사(Priest, Marians, Bethell, Moss & Co. Limited) 설립. 배설(24살)은 이 회사의 고베 지점 근무.

1899년 배설(27살), 일본 고베에 머물면서 두 동생들과 베델 브라더스 설립.

1899년 배설, 고베 레가타(요트 경조회(競漕會))와 체육클럽(Kobe Regatta & Athletic Club, KR & AC) 사무국장 맡음.

1900년 5월 26일 배설(28살), 고베에서 마리 모드 게일(Mary Maude Gale)과 결혼식.

1901년 7월 배설(29살), 고베 근처 사카이[堺]에 러그 공장 운영. 일인 러그업자들의 방해로 실패.

1901년 3월 24일 아들 허버트 오웬 친키(Herbert Owen Chinki) 출생. Chinki는 일어로 親規.

1904년 3월 10일 배설(32살), 영국 데일리 크로니클 특별통신원에 임명되어 러일전쟁 취재를 위해 서울 도착.

1904년 3월 11일 양기탁(34살) 예식원 번역관보 판임관(判任官) 6등 9품에 임명됨. 4월 덴마크인 통신 기술자 뮐렌스테트(彌綸斯, H.J. Mühlensteth)가 양기탁과 배설을 소개함.

1904년 4월 16일 배설, 경운궁(현재의 덕수궁) 화재기사 데일리 크로니클에 보도.

1904년 6월 29일 배설, 데일리 크로니클 그만두고 대한매일신보 견본판 발행.

1904년 7월 18일 배설, 영문 4면 코리아 데일리 뉴스와 한글 2면 대한매일신보 2국어 신문 (bilingual paper) 6면 창간.

1905년 8월 11일 배설(33살) 코리아 데일리 뉴스와 국한문 대한매일신보를 분리하여 두 개의 신문 발행.

1905년 3월 25일 양기탁(35살), 예식원 주사 승진.

1905년 11월 18일 양기탁, 을사늑약 강제 체결을 보고 예식원 사직하고 배설의 대한매일신보에 합류하여 총무를 맡음. 예식원 사임이 정식 수리된 날은 12월 23일.

1905년 11월 20일 황성신문 사장 장지연 을사늑약을 반대하는 명 논설 「시일야방성대곡」을 검열받지 않고 배포 후 신문은 정간, 장지연 구속되다.

1905년 11월 27일 배설 「시일야방성대곡」을 영문과 한문으로 번역하여 호외 발행. 한쪽 면에는 「시일야방성대곡」 영문, 다른 한 면은 「오건조약청체전말」을 한문으로 번역 배포. 이 호외는 일본 고베에서 영국인이 발행하는 저팬 크로니클(The Japan Chronicle)이 전문을 게재(1905년 12월 21일)하여 일본의 강압적인 한국침략을 일본 거주 서양 사람들과 서방 여러 나라에 널리 알리다. 호외에 실린 영문 「시일야방성대곡」은 맥켄지(F.A.McKenzie)의 『대한제국의 비극(The Tragedy of Korea)』(1908)과 『한국의 독립운동(Korea's Fight for Freedom)』(1920)에도 실렸다. 맥켄지는 영국 데일리 메일(The Daily Mail) 특파원으로 한국에 왔던 언론인이다. 맥켄지의 The Tragedy of Korea 일본어 번역판 『朝鮮の悲劇』(1972)에도 「시일야방성대곡」이 실렸다.

1906년 9월 18일 양기탁(36살), 한미전기회사 검찰관(6품)에 임명되다.

1907년 1월 16일 대한매일신보 고종이 을사늑약을 승인하지 않았다는 밀서 사진 게재.

1907년 2월 6일 양기탁(37살), 국문연구회 연구원(10인)에 추천됨. 4월에는 항일 비밀결사 신민회 총감독.

1907년 1월 31일 대구에서 국채보상운동 시작. 대한매일신보는 2월 21일 자에 김광제와 서상돈의 「국채보상취지서」를 실었고, 이어서 27일과 28일 자에도 이 운동에 참여하라는 취지서 게재. 이 운동은 단시일에 전국 확산.

1907년 3월 하순, 국채보상지원금총합소 임시 사무소를 대한매일신보사에 두다. 양기탁은 재무를 담당하여, 신보사는 이 운동의 실질적인 본부 역할을 수행하다.

1907년 5월 23일 대한매일신보 한글판 창간. 배설(35살)은 ①국한문, ②한글 전용, ③영문 3개 신문 발행.

1907년 10월 14~15일 배설 1차 재판. 주한 영국총영사 헨리 코번이 진행한 영사재판. 6개월 근신형.

1908년 4월 17일 대한매일신보 친일 외교고문 스티븐스 암살 상세보도(須知分砲殺詳報, 한글판은 4월 22일).

1908년 4월 29일 「일백 명의 메테르니히가 능히 이태리를 압제치 못함(百梅特揑이 不足以壓一伊太利)」(한글판은 5월 2일)

1980년 5월 16일 「학계의 꽃(學界의 花)」(한글판도 같은 날자)

1908년 5월 27일 배설(36살) 대한매일신보 발행 겸 편집인 영국인 만함(萬咸, Marnham)에게 양도.

1908년 6월 1일 코리아 데일리 뉴스 발행 중단.

1908년 6월 15~19일 상하이 고등재판소에서 한국에 온 판사 보온(F.S.A.Bourne)과 검사 윌킨슨, 일본 고베의 변호사 크로스(C. N. Crosse)를 비롯하여 통감 이토 히로부미를 대리하여 통감부의 제2인자인 서기관 미우라 야고로(三浦彌五郎)가 고소인의 자격으로 참석. 4일 동안 진행된 재판에서 배설에게 3주일간의 금고형. 배설은 상하이 영국 형무소에서 복역 후 7월 11일 출옥, 7월 17일 서울로 돌아옴.

1908년 7월 12일 국채보상의연금 횡령 혐의로 신보사 총무 양기탁(38살) 구속. 영-일 두 나라 외교 갈등 야기.

1908년 8월 31일 양기탁 국채보상의연금 횡령 혐의 공판, 9월 29일까지 5회 재판 끝에 무죄 석방.

1908년 9월 3~24일 저팬 크로니클 일요판에 「배설의 옥중기(My Sentence of Three Week's Imprisonment)」 4회 연재.

1908년 12월 9~10일 이틀 동안 상하이의 영국고등법원에서 노스 차이나 데일리 뉴스와 노스 차이나 헤럴드 상대 배설이 제기한 명예훼손 소송 재판. 배설의 승소로 멕시코 은화 3,000달러 배상받음.

1909년 1월 30일 배설(37살) 영문판 코리아 데일리 뉴스 주간 발행 시작. 5월 1일 배설 사망으로 지령 14호 발행 후 중단.

1909년 5월 1일 배설 사망. 양화진 외국인 묘지에 안장. 이듬해 6월 성금으로 묘비 건립.

1910년 5월 21일 통감부가 만함에게 7,000엔(영국 화폐 약 700파운드 이상)을 주고 대한매일신보 매수.

1910년 6월 14일 양기탁(40살), 대한매일신보 퇴사.

1910년 8월 29일 한일병합이 공포된 이튿날부터는 대한매일신보의 제호에서 '대한' 두 자를 떼어내고 매일신보(每日申報)로 제호 변경. 총독부의 기관지가 됨.

참고문헌

영국 국립문서보관소(British National Archive, London)

FO 17-General Correspondence, CHINA.

　/1649, 1682. Chief Justice at Shanghai, Tientsin, etc.(1904, 1905).

　/1654, 1655. Various Diplomatic(Igo4).

　/1660, 1692, 1693, 1694. Sir J. Jordan, Corea Diplomatic Draft(1904, 1905).

FO 46-General Correspondence, JAPAN.

　/203, 204, 205. Sir H. Parkes(1876).

FO 228-Embassy and Consular Archives, CHINA.

　/1626. To and From Amoy, Chefoo and Chiang(1906).

　/1654. Corea, Supreme Court, etc.(1907).

FO 262-Embassy and Consular Archives, JAPAN.

　/942. To and From Corea(1906).

　/978, 979. To and From Seoul(1907).

　/992, 993. To Foreign Office(1908).

　/1009. From Seoul(1908).

　/1065. From Seoul(1910).

　/1125. From Seoul(1912).

　/1148. Seoul(1913).

　/1472. To Japanese(1908).

　/1473. From Japanese(1908).

FO 371 - General Correspondence, KOREA.

　/44. Corea(1906).

　/179. Japanese Policy in Corea(1906).

　/237, 238, 437, 438, 439, 440, 646, 647, 688, 877. General Correspondence, Corea(1907, 1908, 1909, 1910).

　/274, 275, 278, 474, 475, 477. Japan(1907, 1908).

FO 405 - Confidential Print, CHINA.

　/150, 158. Further Correspondence, Respecting Affairs of Corea and Manchuria, Part Ⅶ, Ⅷ(1904, 1905).

FO 410 - Confidential Print, JAPAN.

　/47, 50, 51, 52. Further Correspondence, Respecting Affairs of Japan, Part Ⅴ, Ⅳ(1906, 1907, 1908).

FO 800/68 - Edward Grey Papers.

/134. Lansdowne Papers, Japan.

FO 881/8477, 8524, 8650. Further Correspondence: Affairs of Corea and Manchuria(1904, 1905).

/9107. Memorandum on Bethell Case.

일본자료

일본 アジア歴史情報センタ, www.jacar.go.jp

外務省, 『日本外交文書』, 1867~1913, 東京.

국사편찬위원회 소장, 『주한일본공사관기록』, 「1906.1907 대한매일신보 베세루」.

국사편찬위원회 소장, 통감부문서 4권, 9. 대한매일신보관계(1, 2, 3) 「국채보상금에 관한 件」.

『구한국외교문서』, 「日安 6, 7」, 고려대 아세아문제연구소, 1969.

신문

The Daily Chronicle, London, 1904.

The Japan Weekly Chronicle, Kobe, 1900~1915.

The Japan Weekly Mail, Yokohama, 1876~1910.

The Korea Daily News, Seoul, 1904~1905.

The North China Herald, Shanghai, 1904~1910.

The Seoul Press, Seoul, 1905~1910.

The Tribune, London, 1906~1908.

The Daily Mirror, London.

The Daily Mail, London.

『대한매일신보』 국한문판, 1904~1910.

『대한매일신보』 한글판, 1907~1910.

『황성신문』, 1898~1910.

공판기록

영국 National Archive 소장문서 *British Journalism in Korea*, 1907.

E.T.Bethell v. The N-C Daily News and Herald Ltd., *The N-C Herald and S.C. Gazette*, Oct. 31, 1908, pp.272~273 · Dec. 12, 1908, pp.659~673.

Foreign Journalism in Korea, *The Seoul Press*, 1908.

Incendiary Journalism in Korea(영문)과 일문(『韓國ニ於ケル排日新聞紙』), *The Seoul Press*, 1907.

The Bethell Libel Case, Full Proceedings, *The Japan Weekly Chronicle*, Dec. 24, 1908, pp. 966~972.

R v Bethell

Before FSA Bourne, Assistant Judge

Date of Judgment : 15 June 1908

Mr H.P. Wilkinson, Crown Advocate (Shanghai), appeared for the Prosecution

Mr C.N. Crosse of Kobe, appeared for the Defence

Original Report : Seoul Press, reproduced in the North China Herald of 27 June 1908

[selected, edited and transcribed by Douglas Clark, barrister, Hong Kong]

Judgement :

Ernest Thomas Bethell, I find you guilty of the offence complained of.

Your counsel urged that you ought not to be tried summarily, but on a charge with a jury. Article 5 of the Order in Council, 1907, is silent as to the mode of trial. Articles 45 and 48 of the Principal Order, therefore, apply which provide that an offence such as be tried summarily, provided this may that no greater punishment shall be than imprisonment for three months or a fine of £20 or both awarded. Article 5 makes sedition a grave offence against the Order punishable by a maximum imprisonment of two months and a fine of £10. The offence complained of can, therefore, be tried summarily. In regard to deportation it appears that Article 83 (2) (3) of the Principal Order apply to a case tried summarily; but I think that if the Crown intended to press for "deportation on a further conviction for a like offence "(Article 5 (1)) the case would have to be tried with a jury, as this further penalty not authorized by Article 83 would bring the case under the proviso to Article 48. The Crown elected to proceed summarily, and I saw no special reason myself to order a jury under Article 45(3).

Now the offence complained of is that you published in your newspaper on April 17, April 29, and May 16 seditious matter contrary to Article 5, of the Order in Council, 1907, which provides that any person who prints seditious matter shall be guilty of a grave offence against the Order and defines seditious matter to be "Matter calculated no excite tumult or, disorder, or to excite enmity between the Government of Korea and its subjects."

Bearing that definition in mind I will turn to the papers complained of. The article of April 17, on the subject of the murder of Mr. Stevens, refers to his assassins as patriots and as loyal and righteous gentlemen because they murdered a man who supported the Japanese protectorate of Korea, and continues to talk about the freedom and independence of Korea. One cannot read it as a whole without being convinced that it was intended to be a rallying cry to the Koreans to throw of the protectorate of Japan. In the article of April 29 on the subject of Metternich, Korea is palpably being compared to Italy in the middle of last century: the article ends:

"But at last patriotic sons of Italy rose up in great force and with banners of right flying and with bells of freedom ringing, opposed him. That Metternich who was like a devil, fox and badger had to put up the white flag and fleeing his native country to spend the rest of his life in a foreign land. This should serve as a warning to such as may have the same barbarous mind as Metternich and like him plot against another country."

The article of May 16 about "the finger blood of the seventeen students" says:

"We will certainly recover our Korea… What heroes have left glorious monuments in history except through blood?"

I cannot doubt that these articles incite the Koreans to rise against the Japanese, looking to the present condition of the country. And I am bound to take judicial notice not only of the three Treaties by which the Korean Government has submitted itself to the Protectorate of the Japanese Government, but also of the actual political condition of Korea, because I am sitting in the place of a Korean judge and exercising powers which have been delegated by the Emperor of Korea to the King of England.

I am not the King's Judge in virtue of his territorial sovereignty as a Judge in England is, but in virtue of the limited powers which Korea has granted to Great Britain. I am to apply the law as laid down by the King in Council, but I am to take notice of Korean law and of Korean political conditions (Secretary of State v. Charlesworth, 1901, A.C. 373). In Regina v. Sullivan (Cox Criminal Cases, Volume XI, p.45) tried in Dublin in 1868, Fitzgerald J. in charging the Grand Jury said:

"In dealing with the question whether the articles were published with the seditious intention charged in the indictment you will fairly consider the surrounding circumstance; coupled with the state of the country and of the public mind when the publication took place, for these may be most material in considering the offence. For example, if the country was free from political excitement and disaffection and was engaged in the peaceful pursuits of commerce and industry the publication of such articles as have been extracted from the American papers might be free from danger and comparatively innocent but in a time of political trouble and commotion when the country has just emerged from an attempt at armed insurrection and whilst it is still suffering from the machinations and overrun by the emissaries of a treasonable conspiracy . . . the systematic publication of articles advocating the views and objects of that conspiracy seems to admit but of one interpretation."

Now what is the actual political condition of Korea? About half the country is in a condition of armed disturbance against the Japanese: the object being to get rid of them and of their protectorate. That being the condition of the country, how can one doubt that the articles in question are calculated to excite enmity between the Government of Korea and its subjects Mr. Crosse on your behalf, urged upon me that the Japanese Government was not the Government of Korea. But if the Government of the existing Emperor, protected by the Government of Japan, is not the Government of Korea, who is governing the country? Nations sometimes fall into the wretched state of organized rebellion when a de jure and a de facto government, are existing in the same national territory at the same time, for instance in England in 1645 when the King ruled at Oxford and the Parliament in London. Here there is no existing body that can be called a government but the Emperor under the protection of Japan. By Treaty and in fact, that is the only political body that can be called the Government of Korea: so far as appears here the insurgents have no organization and no responsible leaders. I have no doubt that the reigning Emperor, under the protection of Japan, constitutes the Government of Korea, and that matter exciting enmity between the Koreans and the Japanese protectorate as these writings do, falls within Article 5 of the Order.

In regard to the punishment that I ought to inflict, your counsel has been able to urge on your behalf some very strong arguments in mitigation; the weightiest being that your intentions were fair and honest, that you cannot read Korean and could not judge with your own mind of what you published but were dependent on your Korean editor. On the other hand, Mr. Wilkinson pointed out that the effect of you, an Englishman, espousing the cause of Korean independence is that under the shelter of our ex-territorial rights your newspaper escaped Japanese censorship and your staff the arm of the Japanese law; and that your paper has become a recognized mouthpiece of Korean disaffection. This was proved by the number of treasonable articles sent you by Koreans for insertion, of which the one put in called "Explosive Thunder,'" is an example; you rightly refused to insert these, but their being sent shows the state of the Korean mind in regard to your paper. Now I think it would be monstrous neglect of duty if His Majesty's Government allowed such a state of things to continue: it comes to this, that you being a foreign guest in this country and owing a duty of quiet and orderly conduct to its Government in return for the protection they extend to you, set yourself up as paper leader of insurrection with this Court as a sanctuary to flee to in case of danger. In what respect can you be a real leader in the forefront of the battle with your life and family and property at stake? Suppose they follow the advice of your editor and take up the sword, where will you be when their blood is flowing? Without at all questioning your courage or disinterested motives. I say you are in a false position and likely to do the most grievous harm to the people you wish to befriend. It is my duty to warn you that if you continue to preach rebellion you must be deported.

I think I ought to be much more concerned that you should take these words to heart and regulate your conduct accordingly, than that you should be severely punished. You will go to prison for three weeks as a misdemeamour of the first division, and you will be brought up after your imprisonment and required to give security to be of good behaviour for six months or be deported. Where you are to suffer imprisonment is not yet settled : meantime I am prepared to release you on bail to come up on summons - yourself in $1,000 and one surety in $1,000 - otherwise you must remain in the charge of the Marshal of the Court. (*The Times*, Jul. 27, 1908)

찾아보기

영문